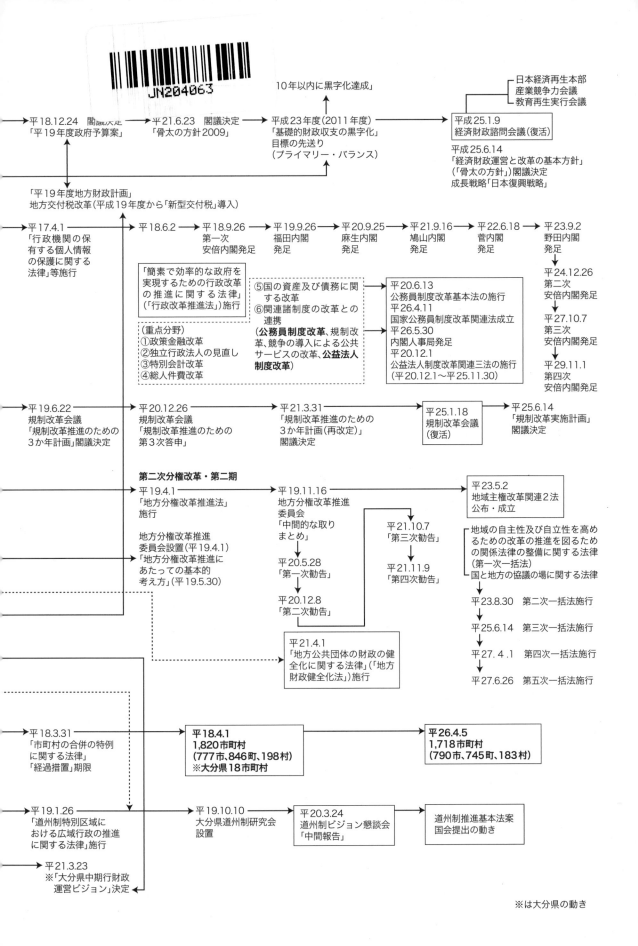

新 図解

自治体職員のための
トラブル解決
事例集

元大分県副知事
元立命館アジア太平洋大学客員教授
石川公一［著］

ぎょうせい

はしがき

～判例、実例に学ぶことの意義　いま、なぜ「判例、実例に学ぶ！」なのか～

　判例、実例に学ぶことの意義は、自治体職員の「仕事の根拠」（地方行政における「法」）とは「なに」か、について明らかにするとともに、地方行政の最高かつ最終的なステーク・ホルダーである「主権者たる」住民、高度情報社会における（「立法、行政、司法」と並ぶ）「第四の権力」であるマスコミに対し、いかに「説明責任」（なお、コンプライアンス視点に立って！）を果たすかという点にある。

　これまでの地方行政に関する判例、実例から「なに」を学ぶべきか、いま地方行政活動に求められている、コンプライアンス視点に立った「説明責任」とは「なに」か？

　地方行政活動は、不断の「改革」が不可欠であり、「改革」なき自治体、「改革の意識」なき自治体職員に明日はない！

　「改革」の基本方向は、常に、地方行政における「法」とは「なに」か、を念頭におきながら、「コンプライアンス」視点に立って「説明責任」を果たすことができるかということである。

○　地方行政をめぐる状況を「どのように」とらえるか

1　既成の価値観、これまでのものの考え方が改めて問われている！

　いま、地方自治、地方行政に関し、これまで自治体、自治体職員として、当然のこととしてきた、既成の価値観、これまでのものの考え方が、大きく揺れ動き、次のような問題、事例に端的に表れているように、改めて地方自治、地方行政の在り方、自治体職員の真価が問われている！

⑴　自治会・町内会あるいはPTAの加入、退会をめぐって

　自治会・町内会には、加入しないといけないのか、退会はいつでも自由にできるのか、寄付金集めなど、その活動について問題はないのか。

　PTAについてはどうか、加入を強制することができるのか、退会はいつでも自由にできるのか、PTA会費の使途についてはどう考えるべきか。

⑵　給食費の滞納をめぐって

　小中学校の学校給食をめぐっては、全国的には23億円に上る給食費の滞納があると推計され、法的な措置の可否が問題とされるとともに、一方で、まだ少数の、一部の地方自治体にとどまってはいるが、給食費の無償化の動きもみられる。児童・生徒の教育に関し、給食、給食費についてどう考えるべきか。

⑶　生活保護受給者とパチンコ等をめぐって

　生活保護受給者とパチンコ店、競輪場等への出入りをめぐっては、市町村の一部でこれまで行ってきた「誓約書」の提出、生活保護費の一部減額を含む生活保護受給者に対する指導の当否が問われ、これらの措置が取り止められるなどの動きがあったが、これらの問

題についてどう考えるべきか。

⑷ 「公文書」の意義をめぐって

公文書の意義、すなわち「組織共用文書」「守秘義務」対象文書、個人的な「メモ（備忘録）」は、どこがどうちがうのか。

決裁後における公文書の「書き換え」（公文書の「変造」「偽造」？「虚偽公文書作成罪」「公文書偽造罪」の成立の可否？）、そんなことが「あり」うるのか!?

地方自治体あるいは自治体職員としては、客観的な事実に基づきステーク・ホルダー、マスコミに対し「説明責任」を果たすことが求められ、その基になるのが、確定した、客観的な事実を記載した（決裁後の）「公文書」である！（自治体職員としての「仕事」の基本）

2　いま問われている！　自治体職員の「矜持」とは？

地方自治体においてガバナンスを実現するためには、自治体職員として、常に「コンプライアンス」ということを念頭において、「説明責任」、最終的には「社会的責任」を果たすということが求められる。

この場合、自治体職員としては、「矜持（自分の能力を信じて抱く誇り、自負、プライド）」を保つこと！これが、極めて重要となる。

決して忘れてはならない！自治体職員としての「矜持」を保つこと！（自治体職員としての「在り方」の基本）

3　現代の地方自治、地方行政をめぐる「潮流」をどうみるか

～分権改革の進展、情報公開の進展と「説明責任」、官（公）民を問わない「コンプライアンス」確立の動き～

⑴　分権改革の進展

まず、明治維新、戦後改革に次ぐ「第三の改革」である分権改革（平成12年4月1日の地方分権推進法の施行、平成19年4月1日の地方分権改革推進法の施行、第1次一括法から第5次一括法の施行による「義務付け・枠付け」等の見直しなど）が進展し、いまや「地方自治体」といわれる地方公共団体の地位、立場が大きく転換したということである。

国との関係では「上下・主従」関係から「対等・協力」関係へ、さらには「自己決定、自己責任（自己負担）」の原則に立つこととなり、住民との関係では条例制定権の範囲の飛躍的な拡大により、「自治事務」を中心に、これまで以上に「住民の福祉の増進」を図るべき役割を担うこととなった。

⑵　情報公開の進展と「説明責任」

次に、行政改革の流れの中から登場した情報公開制度、国民の「知る権利」に対応する「説明責任（政府の有するその諸活動を国民に説明する責務）」の確立である。「説明責任」は、多くの自治体レベルの情報公開条例においても、国の情報公開法の施行等を受け、その前文あるいは第1条で明記されることとなっている。

このことは、地方自治体の職員一人一人が、実際の地方行政活動における事務処理に当たって、地方行政活動のステーク・ホルダー（利害関係者）である「主権者」たる住民、「第四の権力」であるマスコミなどに対し当該事務処理の根拠（「仕事の根拠」）について十分

に「説明責任」を果たすことが求められているということを意味する。

　⑶　官（公）民を問わない「コンプライアンス」確立の動き

　また、官（公）民を問わない「コンプライアンス」確立の動きについてである。

　平成12年9月20日の大和銀行ニューヨーク支店巨額損失事件に関する大阪地裁判決を契機とし、同年4月1日の国家公務員倫理法等の施行、遡れば昭和57年4月1日の山形県金山町の情報公開条例の施行を嚆矢とする、神奈川県、埼玉県、東京都の情報公開条例の施行、さらには平成6年7月29日の全国市民オンブズマン連絡協議会の発足などにより、官（公）民を問わない「コンプライアンス」確立の動きがみられた。

　ここで問題とされたのは、企業、地方自治体を問わず、ガバナンス（企業統治あるいは地方自治体の統治の確立）、パフォーマンス（業績の向上、住民福祉の増進）だけではない、コンプライアンス（企業経営の「健全性」の確保、地方自治体運営の「健全性」の確保）、そして企業、地方自治体の「社会的責任」であった。

　いまや、民間私企業の事業活動、地方自治体の地方行政活動を問わず、「法の支配」「法治主義」「法令の遵守」だけでよかった時代が終焉を告げ、「（倫理、道徳規範をも含む）社会規範の遵守」が要求され、とりわけ税金をはじめ「公金」をその財源とする地方行政活動においては、当該地方行政活動自体が「主権者」たる住民などのステーク・ホルダー、「第四の権力」であるマスコミの監視・批判に耐えられるかということが問題とされる時代が到来している。

4　いま、問われている！　自治体職員は、「なに」を根拠に仕事をするのか？

　①　自治体職員の「仕事の根拠」は「法」である！

　②　地方行政における「法」とは「なに」か？

　　　社会においてなんらかの意味で社会関係を実際に規律している社会規範（憲法、法律の明文の規定、判例（とりわけ確定した最高裁判決）、慣習法、さらには条理）をいう。

　③　そもそも、いま、なぜ「仕事の根拠」を問題とするのか？

　　　「コンプライアンス」視点に立って、ステーク・ホルダー、マスコミに対し「説明責任」を果たすためである。

5　「仕事の根拠」、地方行政と「法」、コンプライアンス視点に立った「説明責任」の関係についてどのように考えるか？

　①　職員の「仕事の根拠」とはなにか、「仕事の根拠」は「法律」だけではなく、「法」（法律（条例）、最高裁判決、慣習法さらには条理をも含む。）であり、これを踏まえ、地方行政活動においては、地方自治体の職員一人一人が、実際の地方行政活動における事務処理に当たって、地方行政活動のステーク・ホルダー（利害関係者）である住民、マスコミなどに対し当該事務処理の根拠（「仕事の根拠」）について十分に「説明責任」を果たすことが求められている。

　　地方自治体、地方自治体職員、地方行政活動をめぐっては、情報公開と「説明責任」という流れ、究極的には地方行政における「法」概念の変容にもつながる、官（公）

民を問わない「コンプライアンス」の確立という動きがあり、いまや、地方自治体、自治体職員は、ステーク・ホルダーである住民、「第四の権力」であるマスコミに対し、その地方行政活動、あるいはその職務に関し、その「仕事の根拠」を明らかにし、「コンプライアンス」視点に立って「説明責任」を果たすことが求められている。

② しかし、実際の地方行政活動の事務処理においては、「法」と「法律」との明確な区別もしないまま、職場における悪しき慣行として、先例踏襲主義、「類似団体」等との横並び意識さらには「縦割り」行政が横行し、個別・具体の問題の処理に当たっては、その「仕事の根拠」について考えることなく、極論すれば、職員は無意識のうちに、いわば「思考停止症候群」に陥っている場合もみられる。

③ このような実際の地方行政活動における事務処理の現状に鑑み、ここで改めて原点に立ち帰り、地方行政における「仕事の根拠」とはなにかを明らかにし、最終的には、住民、ステーク・ホルダーに対し、しっかりと「説明責任」を果たすよう努める必要がある。

いうまでもなく、繰り返しになるが、「仕事の根拠」とは「法」であり、これを明らかにするということは、地方行政における「法」とは「なに」か、について考えてみるということにほかならない。

この「法」とは「なに」かという問題に関し、現代の地方行政活動においては、「法令の遵守」にとどまらず、「(倫理、道徳規範をも含む) 社会規範の遵守」を包摂する「コンプライアンス」という「新しい」考え方が登場しており、ステーク・ホルダー、マスコミの監視・批判に耐えられるかという新しい視点から、地方行政における「法」概念が「変容」していると考えるべきではないかということについても十分留意すべきである。

なお、一般的に、これまでの地方行政活動においては、①で言及したとおり、「法」とは、国の法令、地方公共団体の条例、最高裁判決、慣習法、条理をいうものとされてきたが、上記の視点に立つとき、これからはどのように考えるべきか、この際、少なくとも、「法」と「法律」とのちがいについて改めてきちんと認識すべきである。

○ 法的問題の解決に当たって留意すべきポイントとは「なに」か

1 一般的なポイント

・「上下・主従」関係から「対等・協力」関係へという地方自治、地方行政におけるいわば「コペルニクス」的転回を遂げた**分権改革の進展**（地方行政の主体の「在り方」、「自己決定、自己責任」の原則の確立）

・地方行政と「法の支配」「法治主義」（「法律による行政」の原理）

地方行政における「法」概念の変容（「法」と「法律」との明確な区別を前提）、地方行政と「**コンプライアンス**」確立の動き、ステーク・ホルダー、マスコミによる監視・批判に耐えられる地方行政活動の展開

・地方行政と「法律上の争訟」（裁判所法第3条第1項）の意義

地方行政活動と「仕事の根拠」、地方行政と「法」「説明責任」

・許認可等処分に係る「法定の要件」と「行政指導」事項との区別を！

　「指導要綱」は「法」ではない！「行政指導」には法的強制力はなく、自治体として「住民の福祉の増進」を実現するため、相手方関係住民等の「任意的、自発的な」協力を求める事実行為にすぎない！

・常に、地方行政をめぐる法律関係の「全体像」を念頭において！

・地方行政活動と「縦割り行政」の弊害の是正

・地方行政の「公開」の進展、（「コンプライアンス」視点に立った）「説明責任」についての認識を！

・「実体法」中心から「手続法」重視へ（「行政手続制度」の確立）！

・結果における「満足」と、手続における「納得」の峻別

・地方行政の目的（「住民の福祉の増進」）の認識、住民の意識動向の的確な把握

・法的問題の解決から得られた地方自治の「知恵」をこれからの地方自治体の運営に生かす！

2　事務事業担当課としてのポイント

・「事実」についての客観的な把握、「事実」の確定

・事務事業の趣旨、目的についての認識

・法的問題の予防的解決、タイミングの重要性

・事務事業担当課としての考え方の整理の必要性

・国の見解、他の自治体の状況、当該自治体の先例等について

　法的判断の最終的なよりどころとは、「なに」か、「法」である！

・事務事業担当課こそが、最もよく働かすことができる地方行政の「知恵」

3　法務（法令事務）担当課としてのポイント

・法的問題の解決のための手がかり

① 　事務の類型　自治事務、法定受託事務、許認可等処分、私法上の契約、事実行為（例　行政指導）のいずれに当たるのか。

② 　その担い手　公法人たる地方公共団体、許認可等処分権限の帰属・行使主体である行政庁のいずれか。

③ 　法律関係の区別　権力関係、行政上の管理関係、私経済関係（その基底にある公法関係、私法関係）のいずれか。

④ 　訴訟の類型　許認可等処分取消訴訟、国家賠償訴訟、住民訴訟等（行政事件訴訟法、民事訴訟法、刑事訴訟法等）のいずれによることになるのか。

・いわゆる法的三段論法

① 　事実の確定（小前提）「Aの事実が存するか？」

② 　法の適用（大前提）　（「法律問題」）

　　　　　　　　　　　「Aの事実とは？」「Xという効果は？」

③ 　法的結論（「法的判断」）「Xという効果を生ずる。」

　「法的判断（適法性の判断）」「行政判断（当・不当、妥当性の判断、公益性の判断）」

「政治判断」のちがいを峻別して！

・「法的なものの考え方　リーガルマインド（legal mind)」、「健全な」社会通念の涵養

・法の適用に当たっては、就中、関係法令の第1条（目的規定、趣旨規定）を念頭において

4　「法的問題」の解決に当たっての考え方、手順

・問題点の所在の把握・確認

　　当該法的問題の問題点は、「なに」か、「いくつ」あるのか、いわば「論点」の明確な整理を！

・結　論

　　「適法か、違法か」「妥当か、不当か」「行うことができるのか、できないのか」「有効か、無効か」、いわゆる「崖っぷち論」ともいうべき考え方に立って、まさに「ぎりぎり」の判断を！

・理由づけ

①　小前提としての「事実の確定」　事務事業担当課、当該自治体にとって都合が良いか、悪いかを問わず、すべての事実を明らかに！

②　大前提としての「法の適用」（適用すべき関係規定、判例、実例等の決定、当該自治体としてのこれらの解釈・適用）

③　「法的結論」「法的判断」（「適法性の判断」）

　　なお、法的判断を踏まえた「行政判断」（「当・不当の判断」「公益性の判断」）、さらには必要に応じ「政治的判断」について考慮すべき場合も

5 事件（問題）をめぐる経緯等、関係図の作成、活用

○○事件（問題）の経緯等（例）

年 月 日	○○県知事 （行政庁）	△△会社 （許認可等申請者）	関係住民など	備 考
・ ・	→ 許認可等処分申請に係る事前の行政指導 →			
・ ・		関係住民に対する説明会の開催等 →		
・ ・	← 陳情、請願 など			
〜		← 関係住民の「同意」など		
	← 許認可等処分申請			
	許認可等処分 →			
	← 許認可等処分取消請求等訴訟の提起			

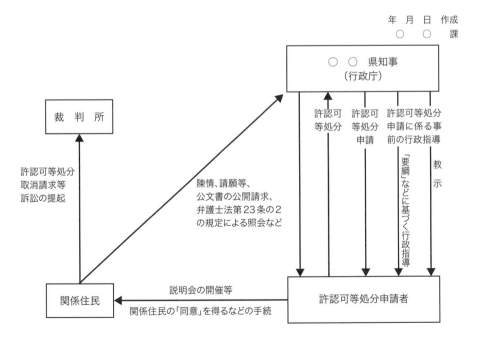

○○事件（問題）の関係図（例）

この事例集は、55事例を収録しているが、いずれも以上において言及した、基本的な視点に立って作成したものである。

　なお、参考として挙げるべき私の著書としては、次のとおりである。
　『自治体職員と説明責任　判例・実例に学ぶ　法令の遵守とコンプライアンスの確立』
　平成26年7月31日　発行
　『図解　自治体職員のためのトラブル解決事例集』平成23年1月20日　発行
　『図解　自治体職員必携　分権時代を生き抜くための決断力を』平成22年2月10日
　発行
　『実践　政策法務・地方行政における「法」とは』平成19年11月15日　発行

　2018年5月

　　　　　　　　　　　　　　　　　　　　　　　石　川　公　一

メッセージ「事例解決のための視点」

メッセージ「事例解決のための視点」

本書において取り上げる事例は、以下のような視点から作成したものである。

I　地方行政と「法」

第1講　地方行政における「法」とは「なに」か ⇒ 事例№1〜№3

> 常に「仕事の根拠」を明らかにし、究極において「コンプライアンス」視点に立って「説明責任」を！　なお、「仕事の根拠」である「法」と「法律」とのちがいを！

【事例解決のための視点】

① 　自治体職員の「仕事の根拠」は「なに」か。

② 　なぜ、「仕事の根拠」を問題とするのか。

③ 　全ては、コンプライアンス視点に立った「説明責任」を果たすため！

第2講　地方自治、地方行政と憲法 ⇒ 事例№4〜№8

> 統治機構、基本的人権を問わず、地方自治、地方行政にも必要な場合、「憲法の視点」を！

【事例解決のための視点】

① 　統治機構に関し、特に「自治立法権」としての条例制定権の進展については、第3講において関係する事例を取り上げる。

② 　基本的人権の保障に関し信教の自由、政教分離、個人情報保護とプライバシー、情報公開と「知る権利」に関わる問題について、改めて地方自治、地方行政にとっても、憲法の存在意義が高まっている。

第3講　分権改革の進展と条例 ⇒ 事例№9〜№12

> 分権改革の進展と「条例」のもつ現代的意義、その果たすべき役割とは？
> 「条例」を制定すべき場合、「指導要綱」によるべき場合の区別を明確に認識して！

【事例解決のための視点】

① 　分権時代における条例、指導要綱の意義

　　分権時代に、真の意味において地方自治の「知恵」を発揮するために、自治事務、法定受託事務を問わず、その制定権の範囲が飛躍的に拡大した条例、指導要綱の役割分担について、条例の積極的な活用による「地方自治の本旨」（住民自治、団体自治）の実現について、改めて考えてみる必要があるのではないか。

② 　自治基本条例、まちづくり基本条例制定の意義

　　制定した以上、自治基本条例、まちづくり基本条例を大切にし、決して、首長が代

9

わったとたんにお蔵入りさせるようなことがあってはならない。いわゆる「パフォーマンス条例」にしてはならない！

③　住民投票条例に基づく住民投票の結果の法的拘束力

　　現行の地方自治法を前提として、下級審判決ではあるが住民投票の結果について法的拘束力が認められないとする見解も出されている住民投票条例を制定することの意義、その役割等について、これまでの地方自治法の一部改正の動きも含め、立法論的解決についてもここでもう一度考えてみる必要があるのではないか。

④　指導要綱との役割分担の明確化

　　多くの「指導要綱」、その前提である行政指導について、地方行政活動において、条例との役割分担を明確に意識し、十分に生かしていくことが地方行政、地方自治の真の発展につながっていくのではないか。

Ⅱ　地方行政をめぐる法律関係の「全体像」

第4講　地方行政をめぐる法律関係の「全体像」⇒ No.13 〜 No.16

> 「権力関係、行政上の管理関係、私経済関係」、その基底にある「公法関係、私法関係」のちがい、常にその「全体像」について考えているか。地方行政の「主体」と「活動手段」、その「相手方」をめぐって、いま「なに」が問題となっているのか？

【事例解決のための視点】

①　実際の地方行政の事務処理においては、公立保育園の保育料、公営住宅の家賃、給食費や水道料金の滞納などをめぐり、消滅時効、強制執行などに関し、公法上の債権と私法上の債権とのちがいが問題となっているだけではなく、行政財産の目的外使用の許可と普通財産の貸付けをめぐり、行政処分と私法上の契約とのちがいなど、その基底にある公法関係、私法関係からするちがいを明確に認識して、ことに当たることが当該問題の的確かつ円滑な解決に役立つことが多い場合がある。

②　その「全体像」について常に考えているか、地方行政の主体、地方行政の相手方、地方行政の活動手段をめぐって、いま「なに」が問題となっているのか。

Ⅲ　地方行政と「争訟」

第5講　地方行政活動と訴訟 ⇒ No.17 〜 No.22

> 地方行政をめぐる法律関係の「最終章」！
> 　許認可等処分取消訴訟、国家賠償（損害賠償）訴訟、住民訴訟（四号訴訟）などをめぐって、いま「なに」が問題となっているのか？　ここでは、「法律上の争訟」の意義、国家賠償（損害賠償訴訟）

【事例解決のための視点】

　地方自治体も一つの社会的実体であり、地方自治体をめぐる「社会関係」には、「非法

律関係（なんら「権利義務」に関係のない、例えば、地方公共団体の長が、福祉関係団体等の会合に出席して挨拶するなどの事実行為を行う場合）」と、「法律関係（地方公共団体が工事請負契約を締結し、あるいはその職員が起こした交通事故に関する示談（和解）契約を締結するなど、当該地方公共団体と住民等との間の「権利義務」関係を発生させる場合）」がある。

Ⅳ 分権改革の進展と地方行政の「主体」の変容

第6講　地方行政活動の「主体」としての「公法人」たる地方公共団体又は「行政庁」たる都道府県知事、市町村長等 ⇒ №23〜№27

> 「公法人」である地方公共団体と「行政庁」である都道府県知事、市町村長等とのちがい、「補助機関」である地方公務員の地位と権限とはどのようなものか？

【事例解決のための視点】

① 地方行政の事務処理においては、地方行政をめぐる法律関係のいずれにおいても最終的な権利・義務の帰属・行使主体である「公法人」たる地方公共団体と、許認可等処分権限を行使する「行政庁」たる地方公共団体の長等とのちがい、また、「補助機関」たる職員の地位を明確に認識して、ことに当たることが必要である。

② 政府の公式文書でも使われている「地方自治体」と、現行地方自治法上の「地方公共団体」、さらには将来における完全自治体である「地方政府」という言葉が使われる理由・背景についても認識すべきである。

③ 地方公務員にとっては、地方公務員法上の権利、義務、責任のほか、公務員倫理に関する条例、規程等が制定され、また、セクハラ、パワハラ、マタハラ等のいくつものハラスメントが問題とされるようになっているという新しい状況についても、十分に考えておく必要がある。

Ⅴ 地方行政の「相手方」「主権者」たる住民の地位の確立の動き

第7講　地方行政活動の「相手方」である住民⇒ №28〜№34

> 地方行政をめぐる三つの法律関係の相手方としての住民、当該地方公共団体の区域内における「主権者」たる住民という「四つの地位」、地方行政と住民との「事実上の関係」、「法的関係」における対応とは？

【事例解決のための視点】

① 税金を納め、許認可等処分を受ける住民の消極的・受動的な地位だけではなく、当該地方公共団体における「主権者」たる地位に基づいて、地方自治、地方行政の最高かつ最終的なステーク・ホルダーであり、情報公開請求権等を行使し、住民監査請求・住民訴訟を提起するなど、住民の積極的・能動的な地位に基づく要求・請求等への対応についても、十分に留意する必要がある。

② 実際の地方行政の事務処理に当たっては、住民からの事実上の要望・陳情、申入れ等に対し、いかに対応するか、「市民オンブズマン」への対応はいかにすべきか。そもそも「オンブズマン」とは「なに」か、マスコミ対応のポイントは、どのようにすればいいのかなどの問題がある。

③ 自治会・町内会とは「なに」か、加入、退会は自由か、宗教法人とは、どのようなものか、宗教団体とどうちがうのか、宗教法人について「なに」が問題となっているのか。

VI　地方行政の「活動手段」

第8講　地方行政の「活動手段」(1)～許認可等処分　⇒ No.35～No.38

> 地方行政活動と許認可等処分、権力関係、行政上の管理関係における地方行政の重要な活動手段である「許認可等処分」をめぐる問題点とは？

【事例解決のための視点】

① 郊外型レストランひとつオープンするためにも、まず土地取引・土地利用規制の所定の手続を行い、敷地となるべき土地の開発行為の許可等を受けて当該土地の造成を行い、さらに建築物について建築確認を受けた後、ようやく飲食店営業の許可申請をするなど、実際の地方行政活動においては、「いくつかの」必要な許認可等処分を、関係する市町村長、都道府県知事から受けなければならない。住民生活の隅々まで地方行政の許認可等処分権限がいわば網の目のように張りめぐらされており、「行政自治体」化が進行している。

② 公法人である地方公共団体と許認可等処分権限を行使する地方公共団体の長等である「行政庁」とのちがい、許認可等処分と私法上の契約のちがい等について、地方自治体職員として明確に認識しておく必要がある。

③ 許認可等処分の成立、効力の発生などと法の一般原則を定める民法総則の規定との関係、行政手続法、行政手続条例による手続的な制約についても認識しておく必要がある。

第9講　地方行政の「活動手段」(2)～行政指導　⇒ No.39～No.41

> 権力関係、行政上の管理関係における地方行政のもう一つの重要な活動手段である「行政指導」「指導要綱」をめぐる問題点とは？

【事例解決のための視点】

① 「法律による行政」の原理（「法治主義」）のルールが、形骸化、空洞化し、これに代わって、実際の地方行政活動においては、例えば宅地開発等指導要綱などによる、行き過ぎた「行政指導による行政」が行われていた過去がある。

② 行政手続法が施行され、地方行政活動における行政指導、指導要綱に対しては行政手続条例が「直接」適用されることとなっている。

③　行政指導は、行政手続法、行政手続条例によって、どのような制約を受けるのか、地方行政活動に対する行政手続法と行政手続条例との適用関係はどうなっているのか、行政指導をする根拠・理由は「なに」か、行政指導に限界があるか、その限界を超えた場合、どうなるのか、行政指導を受ける相手方住民の「任意的、自発的な」協力を求める事実行為にすぎない（したがって、法的強制力はない）行政指導の実効性を担保するためには、どうすればよいのか。

第10講　地方行政の「活動手段」(3)〜私法上の契約 ⇒ №.42〜№.44

> 　地方行政活動への民法総則の規定の適用、私経済関係における活動手段である私法上の「契約」などをめぐって

【事例解決のための視点】

①　地方公共団体も公法人として地方行政活動を行うに当たっては、私法、とりわけ民法総則に定める「法の一般原則」に関する規定が適用される。

②　実際の地方行政活動の事務処理に当たっては、住所、期間、時効、意思表示、到達主義、債務不履行と「安全配慮義務」、過失責任、不法行為と国家賠償法等、民法の基礎知識が必要となる。

Ⅶ　地方行政の「公開」と「説明責任」

第11講　地方行政の「公開」の進展と「説明責任」の確立⇒ №.45〜№.48

> 　守秘義務（実質秘、形式秘）、プライバシー（古典的プライバシー、現代的プライバシー）と「知る権利」（「報道の自由」、情報公開（開示）請求権の根拠）の「二つ」の意義、公文書、「組織共用文書」、個人的「メモ（備忘録）」のちがい、「決裁」済みの文書の書き換え？　いま、地方自治体、自治体職員が果たすべきは、「コンプライアンス視点」に立った「説明責任」！

【事例解決のための視点】

①　地方行政の公開の基礎・前提である「二つ」の守秘義務（「形式秘」「実質秘」）とは「なに」か、地方行政に関する行政情報の公開の基底にある「知る権利」、地方行政の保有する膨大な個人情報の保護の基底にある「プライバシー」に、それぞれ「二つ」の異なる意味があることについて、正確に認識しておく必要がある。

②　「プライバシー」には、「そっとしておいてもらいたい」という消極的な、古典的・伝統的なプライバシー、自己情報開示請求権など、自己の情報については、その発生から消滅まで、自ら管理するという「自己情報コントロール権」という考え方に基づく積極的な、現代的プライバシーという「二つ」の意味がある。

③　「説明責任」

「政府の有するその諸活動を国民に説明する責務」（行政機関の保有する情報の公開に関する法律（「情報公開法」）第1条（目的））

Ⅷ　地方行政と「コンプライアンス」の確立の動き

第12講　地方行政と「コンプライアンス」の確立 ⇒ No.49～No.51

　地方行政に求められている「説明責任」の前提・基礎としての「コンプライアンス」とは「なに」か。いま、なぜ「コンプライアンス」が問題となるのか？

　政治的責任、法的責任、行政責任だけではなく、いま、地方自治体が厳しく問われているのは、その「社会的責任」であるという認識を！

【事例解決のための視点】

① 　地方自治体の運営に関しても、コーポレート・ガバナンス（CG）（自治体の統治）、究極においてその社会的責任（CSR）が問われるという状況にある。

　　地方自治体の運営の健全性を示す「コンプライアンス（Compliance）」は、その業績の向上、業績の確保、運営効率の向上を示す「パフォーマンス（Performance）」と並んでコーポレート・ガバナンスの一環をなすものである。

② 　地方自治体の行う地方行政活動に関しても、「法令の遵守」だけでよかった時代が終焉し、「（倫理、道徳規範をも含む）社会規範の遵守を要求される時代が到来しているという認識をもつべきである。

③ 　地方自治、地方行政にとって最大かつ最終的なステーク・ホルダーである「主権者」たる住民、高度情報社会において（立法、行政、司法と並ぶ）「第四の権力」であるマスコミからの、「コンプライアンス」視点に立った監視・批判に耐えられるかということが、いま、問われている。

Ⅸ　地方行政と「危機管理」

第13講　地方行政と危機管理 ⇒ No.52～No.55

　いまこそ求められる「コンプライアンス」視点に立った危機管理の確立！「内部告発」、公益通報、行政対象暴力、クレーマーなどにいかに対応すべきか？　「クライシス・コミュニケーション（危機管理広報）」とは「なに」か？

【事例解決のための視点】

① 　危機とは「なに」か。「法令の遵守」だけではなく、「（倫理、道徳規範の遵守を包摂する）社会規範の遵守」をも要求する「コンプライアンス」視点に立って考える必要がある。

② 　平常時における事前の危機の予防（リスク・マネジメント）、緊急時における事後的な、発生した危機への対応（クライシス・マネジメント）を問わず、危機には「いかに」対処すべきか、「コンプライアンス」視点に立った、危機管理の確立が必要である。

③ 　立法、行政、司法と並ぶ「第四の権力」であるマスコミへの対応は、「いかに」あるべきか。

目　次

はしがき

メッセージ「事例解決のための視点」

Ⅰ　地方行政と「法」　　　1

第1講　地方行政における「法」とは「なに」か ･･････････････････ 2

事例No.1　住民に「同意書」を提出させる「法的」根拠／2

事例No.2　「覚書」の作成・交付の要否、その法的拘束力／8

事例No.3　自治体職員は「なに」を根拠に仕事をするのか／13

第2講　地方自治、地方行政と憲法 ･･････････････････････････ 19

事例No.4　天皇の「生前退位」に伴う「大嘗祭」、「抜穂の儀」と地方公共団体の関わり／19

事例No.5　地方公共団体から宗教法人に対し、公金の支出、公有財産の貸付け等をすることができるか／29

事例No.6　知事、市町村長等は、「公人」として宗教的行事へ参列し、祝辞を述べる等の行為をすることができるか／37

事例No.7　市役所の庁舎及び敷地内を「全面禁煙」とすることができるか／43

事例No.8　国旗「日の丸」、国歌「君が代」と憲法19条／49

第3講　分権改革の進展と条例 ･･････････････････････････････ 55

事例No.9　生活保護受給者によるパチンコ等と保護措置の一時停止／55

事例No.10　自治基本条例、まちづくり基本条例の制定に当たっての留意点／60

事例No.11　ラブホテル規制条例等と憲法、国の法令との関係／64

事例No.12　「条例」を制定すべき場合と「要綱」によるべき場合はどう区別するか／68

Ⅱ　地方行政をめぐる法律関係の「全体像」　　　83

第4講　地方行政をめぐる法律関係の「全体像」 ･･･････････････ 84

事例No.13　地方行政をめぐる法律関係における二つの「主体」のちがい、その関係／84

事例No.14　地方行政をめぐる法律関係の「全体像」をどうとらえるか／90

事例No.15　給食費、水道料金等の滞納があった場合、市町村はどのような措置をとることができるか／95

事例No.16　公有地を「市民農園」として市民に貸し付け、あるいは庁舎の一室を記者クラブとして使用させる法律関係／107

Ⅲ　地方行政と「争訟」　　115

第5講　地方行政活動と訴訟 ･････････････････････････････････ 116

事例No.17　「連帯保証人にはなっていない！」ということを主張するためには、裁判に応じなければならないのか／116

事例No.18　市議会議員の「出席停止」と「除名」、公立大学の学生の「単位の授与（認定）」と「専攻科修了の認定」とのちがい／121

事例No.19　自然災害と地方自治体の責任の射程距離の範囲／126

事例No.20　公立大学法人である市立大学の学生の自殺と「安全配慮義務」違反の成否／133

事例No.21　町立小学校の教員が教育的指導として行う「有形力の行使」と、町の国家賠償法1条の規定に基づく賠償責任／139

事例No.22　国家賠償訴訟の被告は、だれか／144

Ⅳ　分権改革の進展と地方行政の「主体」の変容　　149

第6講　地方行政活動の「主体」としての「公法人」たる地方公共団体又は「行政庁」たる都道府県知事、市町村長等 ･････････････････ 150

事例No.23　「地方公共団体」と「地方自治体」とは、どこが、どうちがうのか、「政策自治体」、「地方政府」とは「なに」か／150

事例No.24　公民共同の「実行委員会」の法的性格は、どのようなものか／156

事例No.25　「住民総会」とは「なに」か／161

事例No.26　いま、自治体職員に求められるものとは「なに」か／168

コラム　　「実践論的・体験論的」自治体職員論／175

事例No.27　ハラスメントと地方自治体、自治体職員の責任／180

Ⅴ　地方行政の「相手方」「主権者」たる住民の地位の確立の動き　187

第7講　地方行政活動の「相手方」である住民 ･････････････････ 188

事例No.28　「主権者たる地位」を強く意識するようになってきた住民にどう対応すべきか／188

事例No.29　住民からの要望・陳情、抗議・クレームにどう対応すべきか／193

事例No.30　住民監査請求、住民訴訟の提起への対応はいかにすべきか／200

事例No.31　住民訴訟の趣旨を没却させかねない議会の「権利の放棄」の議決は認められるか／207

事例No.32　自治会・町内会とは「なに」か、その加入、退会は自由なのか／211

事例No.33　市民オンブズマンは、「なに」を問題としたのか／216

事例No.34　宗教法人を「買う」とは!?　墓地を「買う」とは!? ／ 220

Ⅵ　地方行政の「活動手段」　229

第8講　地方行政の「活動手段」⑴～許認可等処分 ・・・・・・・・・・・・・・・・・ 230

事例No.35　許認可等処分（「処分」「行政処分」）と私法上の契約とのちがい／ 230

事例No.36　許認可等処分の成立、効力の発生の時期はいつか／ 235

事例No.37　地方行政活動の実効性の担保／ 238

事例No.38　許認可等処分、行政指導と行政手続法、行政手続条例との適用関係／ 243

第9講　地方行政の「活動手段」⑵～行政指導 ・・・・・・・・・・・・・・・・・・ 248

事例No.39　「行政指導」とは「なに」か、その根拠はあるのか／ 248

事例No.40　「指導要綱」とは「なに」か／ 258

事例No.41　「農用地区域からの除外の申出」に係る行政指導と行政手続法、行政手続条例の適用関係／ 263

第10講　地方行政の「活動手段」⑶～私法上の契約 ・・・・・・・・・・・・・・・・ 268

事例No.42　地方行政活動には「法の一般原則」について定める民法総則の規定が適用されるのか／ 268

事例No.43　公共用地の取得と民法物権編、債権編の規定の適用／ 275

事例No.44　修学資金の借主の死亡による返還義務の相続、複数の相続人を相手方とする用地買収をめぐって、「なに」が問題となるのか／ 282

Ⅶ　地方行政の「公開」と「説明責任」　287

第11講　地方行政の「公開」の進展と「説明責任」の確立 ・・・・・・・・・・・・・ 288

事例No.45　「公文書」（「行政文書」）、「組織共用文書」と個人的な「メモ（備忘録）」のちがい、「決裁」済みの文書の「書き換え」はありうるのか／ 288

事例No.46　事実上の公文書の公開・閲覧の要求、弁護士法23条の2の規定による照会等への対応は、いかにすべきか／ 296

事例No.47　プライバシーの「二つ」の意義、ちがい／ 300

事例No.48　「知る権利」の二つの意義、ちがい／ 306

Ⅷ　地方行政と「コンプライアンス」の確立の動き　313

第12講　地方行政と「コンプライアンス」の確立 ・・・・・・・・・・・・・・・・・ 314

事例No.49　市職員採用試験の合否の結果を「事前通知」することは許されるか／ 314

事例No.50　地方公務員法と職員倫理条例、職員倫理規程との関係／ 320

事例No.51　JR「不正」乗車問題とコンプライアンス視点に立った対応とは／325

Ⅸ　地方行政と「危機管理」　　　329

第13講　地方行政と危機管理 ・・・・・・・・・・・・・・・・・・・・・・・・・・・・・・・・・・・・・・ 330

事例No.52　市民オンブズマンから、県立美術館の「議会の議決」のない美術品の買
　　　　　入れ等について申入れがあった場合、いかに対応すべきか／330

事例No.53　発生した事件、事故、不祥事等への対応のポイント／339

事例No.54　事件、事故、不祥事等の発生とマスコミ対応、「記者会見」のポイント
　　　　　／348

事例No.55　学生に対する教員のハラスメントと「内部調査委員会」「第三者委員会」
　　　　　／354

あとがき ・・・ 360

参考文献 ・・・ 367

キーワード索引 ・・ 371

地方行政と「法」

(第1講~第3講　事例№1~事例№12)

~自治体職員の「仕事の根拠」、地方行政における「法」とは「なに」か、地方自治、地方行政と憲法、分権改革の進展と条例~

第1講　地方行政における「法」とは「なに」か

第2講　地方自治、地方行政と憲法

第3講　分権改革の進展と条例

第1講 地方行政における「法」とは「なに」か

~常に「仕事の根拠」を明らかにし、究極において「コンプライアンス」視点に立って「説明責任」を！

なお、「仕事の根拠」である「法」と「法律」とのちがいを！~

住民に「同意書」を提出させる「法的」根拠

~墓地の経営許可に当たり、当該許可申請者に対し、付近住民の「同意書」を提出させる「法的」な根拠はあるのか？~

> **Q** 「条例による事務処理の特例」として、A知事から墓地、埋葬等に関する法律に関し、事務移譲されているB市長に対し、宗教法人Eの代表役員Fから、「霊園形式」の墓地の区域変更（拡張）に係る経営許可申請をするに先立ち、C環境衛生課に相談があった。
>
> 環境衛生課長C及び担当係長Dは代表役員Fに対し、区域の変更（拡張）に係る経営許可に当たっては、付近住民の「同意書」をとり、提出するよう要請した。
>
> C環境衛生課が宗教法人Eに対し、「同意書」を提出させる目的は「なに」か。また、提出させる根拠はあるのか。

【墓地の経営許可のために「同意書」の提出が必要になった】

地方自治法第252条の17の2の規定に基づく「条例による事務処理の特例」として、A県知事から墓地、埋葬等に関する法律（以下「墓埋法」という。）に関し、事務移譲されているB市長に対し、宗教法人Eの代表役員Fから、墓埋法第10条第1項の規定によりいわゆる「霊園形式」の墓地の区域の変更（拡張）に係る経営許可申請をするに先立って、C環境衛生課に事前の相談があった。

担当係長Dは、上司である環境衛生課長Cとともに、墓埋法及びB市墓地、埋葬等に関する法律施行条例（以下「施行条例」という。）の関係規定等も踏まえ、宗教法人Eの代表役員Fに対し数か月間にわたって行政指導をした。

環境衛生課長C及び担当係長Dは、本件墓地の区域の変更（拡張）に係る経営許可に当たっては、付近住民の「同意書」をとって、これを墓地の経営許可申請書とともに、B市長あてに提出するよう宗教法人Eの代表役員Fに対し要請した。

この要請を受けて、宗教法人Eの代表役員Fは、自治会長名義の「同意書」をもらうため、関係する4人の自治会長に働きかけた（各自治会は、総会を開くなど、自治会内部の所定の手続を経る必要がある。）が、10年前の当初の本件霊園墓地を

事例 No.1 住民に「同意書」を提出させる「法的」根拠

設置した場合とは異なり、急激に宅地開発が進み、付近住民の数も増加するとともに、さまざまな意見を主張する意識の高い住民も多くなるなど、地域の社会環境の変化もあり、数か月たっても、4つの自治会のうち3つの自治会からは今回の墓地の区域の変更（拡張）に反対する意見が強く、どうしても「同意書」をもらうことはできないでいる。

　そこで、困り果てた宗教法人Eの代表役員Fは、やむを得ず、当初墓地の経営許可をもらったときの4つの自治会の会長名義の「同意書」の写しを作成し、これに自ら「原本証明」をした（結果的には一部「偽造」した）「同意書」をC環境衛生課に提出した。

【「同意書」の提出要請するための法的根拠はあるのか】

　C環境衛生課においては、「同意書」が偽造された事実を看過したまま、本件墓地の区域の変更（拡張）の経営許可をしようとしたところ、その後、たまたま宗教法人Eの関係者からこの事実を知り得た、3人の自治会長ら関係住民が、宗教法人Eの代表役員Fに強く抗議するとともに、C環境衛生課に押しかけ、本件墓地の区域の変更（拡張）の経営許可をしないよう、厳重に申し入れた。

　このような状況になり、C環境衛生課に対し、宗教法人Eの代表役員Fからは、そもそも墓埋法及びB市施行条例の規定に基づく関係書類のほかに、なぜ、関係自治会長名義の「同意書」を提出しなければならないのか、「同意書」の提出を要請する法的根拠はあるのか、明らかにしてほしいという申入れがあった。

　また、最終的に、宗教法人Eが当該「同意書」を提出できなかった場合、墓埋法、施行条例所定の要件を充足しているにもかかわらず、本件墓地の区域の変更（拡張）に係る経営許可申請について、これを不許可処分とするのか、という点についても、明らかにしてほしいといわれた。

　環境衛生課長C、担当係長Dは、このような状況について、関係自治会長、宗教法人E代表役員Fらに、どのように対応すべきか。

問題点の整理

1　C環境衛生課が申請者である宗教法人Eに関係住民の「同意書」を提出させるのはなぜか、その目的は「なに」か。

2　A県知事から墓埋法に関し事務移譲されている行政庁であるB市長として、関係住民の「同意書」を提出させる根拠は「なに」か、法的根拠はあるのか

3　申請者である宗教法人Eが関係住民から「同意書」をもらうに当たり、「なに」が問題となっているのか。

第1講 地方行政における「法」とは「なに」か

> 4 最終的に、申請者である宗教法人Eから付近住民の「同意書」が提出され
> なかった場合、行政庁であるB市長は、これを理由として、本件墓地の経営
> 許可をしないとすることができるか。
>
> 5 「違法な」行政指導がなされた場合、これを受けた許認可等処分申請者は、
> どのような救済を受けることができるか。

················· 問題解決の手がかり ·················

① 行政指導は、「行政機関がその任務又は所掌事務の範囲内において一定の行政
目的を実現するため特定の者に一定の作為又は不作為を求める指導、勧告、助言
その他の行為であって処分に該当しないもの」をいうとされている（行政手続法
第2条第6号）。

② 地方行政における実際の事務処理に当たっては、最終的にその要件を充たさな
ければ、行政庁として当該許認可等処分をすることができない法令上の許認可等
処分に係る「法定の要件」（したがって、行政庁として、申請者に対しこれを法
的に強制することができる法的行為）と、許認可等処分申請があった場合に、行
政庁があらかじめ、指導要綱を定めて一般的に、又は指導要綱を定めることなく、
必要に応じ、随時、個別、具体的に行い、当該許認可等処分の申請者の任意的、
自発的な協力を求める事実行為にすぎない「行政指導」とは、明確に区分されな
ければならない。

解 決 法

1 C環境衛生課が申請者である宗教法人Eに関係住民の「同意書」を提出させる
のはなぜか、その目的は「なに」か。

申請者である宗教法人Eに関係住民の「同意書」を提出させるのは、「行政指導」
として行うものであり、一般的には、行政指導は実定法と実定法では処理しきれな
い新しい行政需要との間隙を埋めるため、すなわち、実定法の規定の不備を補い、
新しい行政需要に対し臨機応変かつ弾力的な対応をするために、地方自治体あるい
は行政庁が、その公益上の判断に基づき、必要と認めて行う事実行為にすぎず、申
請者の任意的、自発的な協力に俟つものであり、なんら法的な強制力はないもので
ある。

その中でも、いわゆる「迷惑施設」の設置をめぐって関係住民の「同意書」を提
出させるのは、関係住民の理解を得てこれを設置し、将来にわたり関係住民との紛
争を未然に防止するとともに、地方行政活動の安定性・継続性を確保しようとする

目的からである。

2 A県知事から墓埋法に関し事務移譲されている行政庁であるB市長として、関係住民の「同意書」を提出させる根拠は「なに」か、「行政指導」に法的根拠はあるのか。

行政指導と法律上の根拠については、「法治主義」（「法律による行政」の原理）すなわち「法律の留保」の原則、「法律の優先」の原則との関係で問題となるが、行政指導の根拠となる実定法上の規定としては、行政指導を直接授権する規定のほか、一般的には、許認可等処分権限を授権する規定（法令が一定の行政機関に対して許認可等処分権限を付与している場合には、同一の趣旨・内容の行政指導を行う権限も同時に授権されているものと解される。）、訓示規定ないし努力規定、さらには組織法上の行政機関の任務ないし所掌事務を定める規定があげられる。

なお、この点に関し、行政手続法第2条（定義）の第6号の規定は、行政指導の根拠とはなりえないと解されている。

3 申請者である宗教法人Eが関係住民から「同意書」をもらうに当たり、「なに」が問題となっているのか。

申請者である宗教法人Eが、関係住民から「同意書」をもらうに当たっては、実際には、関係する自治会の会長名義の「同意書」をもらうこととなる。

自治会長は、宗教法人Eに対し当該「同意書」を交付するためには、各自治会の規約に定めるところにより、総会を招集し、その議決を経るなど所定の内部手続を踏まなければならず、例えば、区域内の市道の改良工事のための地元負担金や自治会公民館の建設資金の一部負担など、さまざまな地元住民の要求に応じることが求められる場合も生じてくる。

4 最終的に、申請者である宗教法人Eから付近住民の「同意書」が提出されなかった場合、行政庁であるB市長は、行政指導に従わなかったことを理由として、本件墓地の経営許可をしないとすることができるか。

申請者である宗教法人Eから付近住民の「同意書」を提出させる行為は、これを強制できる「法定の要件」とは異なり、あくまでも行政指導であり、したがって、最終的には、申請者である宗教法人Eの任意的、自発的な意思に依拠すべきものである。

このため、B市長は、行政庁として当該許認可等処分権限の行使に当たり、その裁量の範囲内において相当と認められる期間、行政指導を続けることはもちろん可能であるが、申請者である宗教法人Eからの墓地の経営許可申請が「法定の要件」を充たしている限り、行政指導に基づく付近住民の「同意書」が最終的に提出されなくても（「偽造」された「同意書」が提出された場合も同じ。）次の5において言

第1講 地方行政における「法」とは「なに」か

及する点も考慮しつつ、最終的には、これを許可すべきものである。

5 「違法な」行政指導がなされた場合、これを受けた許認可等処分申請者は、どのような救済を受けることができるか。

　国家賠償法第1条に定める「公権力の行使」の意義について通説である「広義説」に立ち、「国又は公共団体の作用のうち、純然たる私経済作用と国家賠償法第2条に定める公の営造物の設置及び管理の作用を除くすべての作用」と解するときは、行政指導は、「公権力の行使」の範囲に含まれる。

　したがって、許認可等処分に係る法定の要件を充足しているにもかかわらず、行政指導に従わなかったことを理由として当該許認可等処分を行わないなど、職員が行った行政指導が違法と認められる場合は、地方公共団体は、相手方住民に対して国家賠償法に基づく損害賠償責任を負うこととなり、「違法な」行政指導に基づいて地方公共団体に損害賠償を命じた多くの判決が出されている。

関係判例等
- 行政指導と建築確認の留保（東京都）に関する判決（最高裁昭60.7.6第三小法廷判決）
- 要綱による開発協力金徴収の適否に関する判決（大阪地裁堺支部昭62.2.25判決）
- 宅地開発等指導要綱に基づく開発負担金の納付（武蔵野市）に関する判決（最高裁平5.2.18第一小法廷判決）

事例 No.1　住民に「同意書」を提出させる「法的」根拠

関係図 1　住民に「同意書」を提出させる「法的」根拠

Ⅰ　地方行政と法

```
┌─────────────────────┐
│ A県知事              │
│                      │
│ 墓地、埋葬等に関する  │
│ 法律第10条            │
│ （墓地の経営許可）    │
└─────────────────────┘
           │
           │ 自治法第252条の17の2の規定
           │ （条例による事務処理の特例）による
           │ 事務移譲
           ↓
┌─────────────────────────────────────┐
│ B市長　B市墓地、埋葬等に関する法       │
│        律施行条例                       │
│                                         │
│ ・「法定の要件」は全て充足              │
│   ┌ 所有権、抵当権の状況               │
│   │ 人家、学校、病院等との              │
│   │ 距離                                 │
│   └ 飲料水を汚染するおそ                │
│     れ等                                 │
│   の設置場所の基準等                    │
│                                         │
│ 環境衛生課長C  ・「行政指導」として    │
│ 担当係長D       の付近住民の「同       │
│                 意書」の提出の要       │
│                 請                      │
└─────────────────────────────────────┘
```

（行政指導に係る宗教法人Eの対応）
① 4つの自治会からの「同意書」を提出
・「法定の要件」を充足するとともに、「行政指導」にも従う。

② 4つの自治会からの「同意書」を提出せず
・「法定の要件」は充足するものの、「行政指導」には従わない。

③ 一部「偽造」された「同意書」を含む4つの自治会からの「同意書」を提出
・「法定の要件」は充足するものの、「行政指導」には従わない。

区域の変更（拡張）に係る墓地経営の許可申請　　墓地経営の許可

```
┌─────────────────────┐
│ 宗教法人E            │
│   代表役員F          │
│                      │
│ ┌ 本来の宗教活動     │
│ │ 公益事業 ── いわゆる「霊園 │
│ └ 収益事業    形式」の墓地の │
│              経営    │
└─────────────────────┘
```

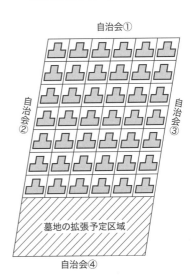

自治会①
自治会②　自治会③
墓地の拡張予定区域
自治会④

第1講 地方行政における「法」とは「なに」か

「覚書」の作成・交付の要否、その法的拘束力
～住民から「覚書」の作成・交付を要求された場合、これに応じなければならないか？～

> **Q** A市が市道拡幅工事のために用地の取得（用地買収）するに当たり、担当課BがＣと交渉し、売買契約等を締結することになった。
> しかし、契約を締結する局面になり、Ｃが今回の買収の対象となる土地とは別の土地の件でかねてよりＡ市長を通じＤ県に対して要望を出していた案件があった。今回の買収に当たり、ＣからＡ市にその別件に関しての再度要望をし、さらに「覚書」の作成を迫られた。この場合の「覚書」とは「なに」か。

【住民から「覚書」の作成を要求されたら】

　Ａ市がその市道の拡幅工事のために用地の取得（用地買収）をするに当たり、用地買収の担当課Ｂにおいて、19回に及ぶ交渉を重ねた結果、ようやく、土地所有者Ｃから、「わかった！今回の用地買収の対象となっている自分の所有する土地及び家屋等の買収には応じよう。」、と道路用地となるべき土地及び家屋等の売却について承諾を得、当該土地及び家屋等に係る売買契約、損失補償契約を交わすこととなった。

　しかし、これら二つの契約を締結するに当たり、最後になって、土地所有者Ｃから、用地買収の担当課Ｂに対し、新たな要求が出された。

　実はＣは、今回の用地買収の対象となった土地とは別の場所に3ヘクタールほどの山林を所有している。かねてから伐期齢になっている立木について売却の話があったが、大型車が通行できないため、伐採・搬出を容易にするためには、既設の林道の改良が必要であり、これまでもＡ市長を通じてＤ県の農林水産部の林道の担当課に度々要望しているが、なかなか実現していない。

　そのため、今回の用地買収に当たり、直接は関係のないＤ県の農林水産部の林道の担当課に対し、当該林道の改良を急ぐよう要望してくれないか、という相談があり、そのことについて用地買収の担当課長Ｂの名義でいいから「一筆書け！」という要求があった。

　この要求に応じ、Ａ市の用地買収の担当課長Ｂは、本件用地買収をスムーズに行うためになどと考え、その趣旨の「覚書」を作成し、これを土地所有者Ｃに交付した。

　このような場合において、Ａ市は、その後、土地所有者Ｃから、この「覚書」の記載内容の履行を迫られたときは、どのように対応すべきか、そもそも「覚書」とはなにか、自治体職員は、住民と自由に「覚書」を交わすことができるのか、交わ

事例 No.2　「覚書」の作成・交付の要否、その法的拘束力

すに当たってはどのような点について留意すべきか。

問題点の整理

1　地方行政と社会生活関係、法律関係、非法律関係
2　地方行政活動と権力関係、行政上の管理関係、私経済関係
　～その基底にある公法関係、私法関係～
3　地方行政活動と民法の適用についてどう考えるべきか。
4　「覚書」の意義、法的性質、類型はどうなっているのか。
5　「覚書」の内容の履行を請求された場合、どうすべきか。

‥‥‥‥‥‥‥‥‥‥‥　問題解決の手がかり　‥‥‥‥‥‥‥‥‥‥‥

「覚書」を締結するに当たっての留意点

①　当該覚書を締結した職員の権限、所掌事務の範囲内に属する事項か。
　　当該職員の所掌事務の範囲内であり、かつ、専決権を有しているか否か。

②　記載内容が一般的、抽象的なものにとどまるか、個別的、具体的なものとなっ
　ているか。
　　(例　「○○するよう努める。」「○○するものとする。」等)
　　個別的、具体的に権利義務を発生させるような記載内容となっているか否か。

③　予算措置を伴うものにあっては、その見通し、裏付けがあるか。
　　「債務負担行為」を伴うような問題か否か。
　　当該覚書を締結した担当課が予算に関する権限を有しているか否か。

④　当該覚書を締結するに至った経緯等により、当事者の意思を推認できるか。
　　当事者の合理的な意思解釈の問題として、個別的、具体的な権利義務関係を発生
　させようとする当事者の確定的な意思が認められるか否か。

⑤　標題から見ても、当事者間において個別的、具体的な権利義務を発生させよう
　とする意思が認められるか。

解 決 法

1　地方行政と社会生活関係、法律関係、非法律関係

　地方自治体をめぐる社会生活関係は、法律関係と非法律関係に分かれる。

　法律関係とは、地方自治体と相手方住民との間における権利義務の関係、すなわ
ち権利義務の発生、変更、消滅の関係をいい、究極において、それが「法律上の争
訟」である限り、裁判（訴訟）によって解決が図られ、原則として「法律行為」に

よって成立する。

　非法律関係とは、基本的に権利義務の発生、変更、消滅以外の関係をいい、例えば、各種行事における首長の挨拶、外国の賓客の接遇、文書訓告等の事実上の訓戒措置、公害防止協定、企業の立地協定等の締結、いわゆる「覚書」等の締結など、権利義務の発生、変更、消滅に関わらない事実上の関係であり、「事実行為」によって成立する。

2　地方行政活動と権力関係、行政上の管理関係、私経済関係〜その基底にある公法関係、私法関係〜

　地方行政をめぐる法律関係は、権力関係、行政上の管理関係、私経済関係に区別され、さらに、その基底には公法関係、私法関係があるが、いわゆる「覚書」等の締結は、主として私法関係を基底とする私経済関係において問題となる。

3　地方行政活動と民法の適用についてどう考えるべきか。

　「行政法総則」のない地方行政法においては、当然に民法総則において定める「法の一般原則」の適用がある。

　また、地方自治法、関係条例等による公法的観点からする制約はあるが、地方行政活動についても、私経済関係に対する民法物権編、債権編の規定の適用があり、いわゆる「覚書」等の締結も、この関係において問題となる。

4　「覚書」の意義、法的性質、類型はどうなっているのか。

・「覚書」の意義

　　その題名が「覚書」「協定書」「確認書」「念書」「確約書」であるか否か、また、その内容が権利義務の発生、変更、消滅を目的とするものであるか否かを問わず、地方自治体と相手方住民との間におけるなんらかの「合意」の成立を証する文書をいう。

・「覚書」の法的性質

　　地方自治体と相手方住民との間における権利義務の発生、変更、消滅に関する法律文書である場合と、そうではない非法律文書である場合がある。

・「覚書」の類型

①　当事者間において、正式の「合意文書」を作成する前に、とりあえず原則的な点あるいは大綱だけを取り決めたもの

②　当事者間における権利義務の発生、変更、消滅を目的とする確定的な「合意文書」として作成されたもの

③　既に作成された「合意文書」の附属的、細目的な事項を取り決めるもの

④　地方公共団体あるいは行政庁としての政治的、行政的な責務ないし努力目標を表明したにすぎないもの

事例 No.2 「覚書」の作成・交付の要否、その法的拘束力

5 「覚書」の内容の履行を請求された場合、どうすべきか。

その内容が、権利義務の発生、変更、消滅を目的とする文書である法律文書である場合、当事者はその内容の実現のために履行の請求をすることができ、また、これができない場合、当事者は損害賠償請求をすることができる。

その内容が、権利義務の発生、変更、消滅を目的としない文書である非法律文書、いわゆる「紳士協定」にとどまると認められる場合は、当事者は、履行の請求も、損害賠償請求もすることができない。

以上のことから、A市の用地買収の担当課長Bが土地所有者Cに交付した「覚書」については、その記載内容が、当事者間における権利義務の発生、変更、消滅を目的とする確定的な「合意文書」（「法律文書」）として作成されたものか、地方公共団体あるいは行政庁としての政治的、行政的な責務ないし努力目標を表明したにすぎないもの（いわゆる「紳士協定」にとどまる場合）かによって、A市の対応は、異なることとなる。

関係判例等

・土地売買代金請求事件判決（前橋地裁昭61.5.29判決）

・し尿海洋投棄中継所仮処分事件決定（高松地裁昭61.7.29決定）

・葬祭場建設差し止め事件判決（高松地裁昭61.11.13判決）

第1講 地方行政における「法」とは「なに」か

 関係図2 「覚書」の作成・交付の要否、その法的拘束力

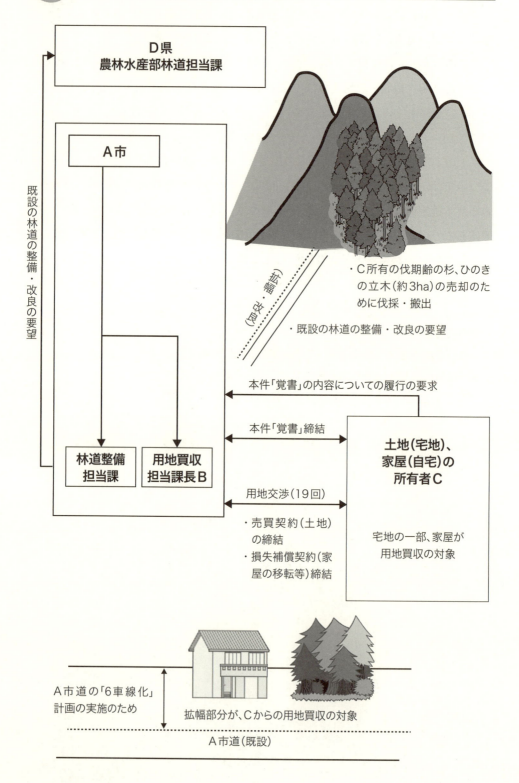

事例 No.3　自治体職員は「なに」を根拠に仕事をするのか

自治体職員は「なに」を根拠に仕事をするのか

～「仕事の根拠」とは、地方行政における「法」とは「なに」か？
コンプライアンス視点に立った「説明責任」を果たすために！～

> **Q** 　A市において、就学が困難な大学生に対し、新たに「給付型奨学金」を支給しようとしたところ、「支給要綱」を制定すればよいという財政担当課Bと「支給条例」を制定するべきであるという企画担当課Cと見解が対立した。
> 　「給付型奨学金」の給付に当たり、「条例」を制定することなく「要綱」を奨学金支給の根拠にすることができるか。

【「条例」と「要綱」、どちらを根拠とするか】

　A市において、A市長の指示により、A市出身の就学が困難な大学生に対し、新たに「給付型奨学金」を支給しようとしたところ、予算措置を講じて「A市給付型奨学金支給要綱」を制定すればいいという財政担当課Bの見解と、「A市給付型奨学金支給条例」を制定すべきであるという「給付型奨学金」支給事務を担当する企画担当課Cの見解とが対立した。

　A市が「給付型奨学金」を支給しようとする場合、「給付型奨学金」支給「条例」を制定することなく、「給付型奨学金」支給「要綱」を「仕事（「給付型奨学金」支給事務）の根拠」とすることができるか。

問題点の整理

　自治体職員の「仕事の根拠」、地方行政における「法」とは、社会においてなんらかの意味で社会関係を実際に規律している社会規範を意味するという点において「法律」より広く、また、（「自然法」を認める立場から）「自然法」を含むという意味において「法律」より深い範囲のものである。（問題解決の手がかり①、②）

　地方自治体あるいは自治体職員の「仕事」（「事務処理」）に当たっては、当該個々の仕事（「事務処理」）をその目的に照らし適正に行い、究極において「住民の福祉の増進」という、自治体としての存立目的を実現する必要があることはいうまでもない。

　このため、必要に応じ、関係住民等に対して「法的に」一定の行為を「強制」することができるのであり、その実現について、関係住民等との間で争いが生じた場合は、それが「法律問題」である限り、最終的には「法律上の争訟」と

して司法の「場」で解決されることとなる。

　「仕事」(「事務処理」)の根拠とは、地方行政における「法」とは「なに」か、この問題に関しては、端的にいえば、それが関係住民等に対し「法的に」一定の行為を「強制する根拠」となりうるか否かという規準によって判断されるべき問題である。

1　地方行政活動における「法」(「仕事の根拠」)となりうるもの
　(地方自治体あるいは自治体職員として、関係住民等に対し「法的に」一定の行為を「強制する根拠」となりうるとともに、その適否は最終的には「法律上の争訟」として司法の「場」で解決される。)
　(地方自治体あるいは自治体職員の「法的責任」が問題とされる。)
・国の法令(法律、政令、省令等の規定のうち、規定の性質により「強行規定」であるもの)
・自治立法(条例、規則等のうち、規定の性質により「強行規定」であるもの)
・判例(確定した最高裁判決)
・慣習法
・条理

2　地方行政活動における「法」(「仕事の根拠」)となりえないもの
　(地方自治体あるいは自治体職員として、関係住民等に対し「法的に」一定の行為を「強制する根拠」とすることはできず、したがって、また、原則として、その適否が最終的に「法律上の争訟」として司法の「場」で解決されることもない。)(地方自治体あるいは自治体職員の「行政責任」が問題とされる。)
・罰則、措置命令等を伴わない法律、条例上の規定(「訓示規定」「任意規定」)
・法律、条例上の「行政指導」の根拠規定
・当該事務処理に関する一般的な「行政指導」について定める「指導要綱」の条項
・給付行政など、特定施策の推進のための自治体内部の事務処理等について定める事務処理「要綱」
・自治体内部の先例的取扱い、慣行(関係法令の強行規定、公序良俗に反しない限りにおいて、その効力が認められるもの)
　なお、国の見解、「類似団体」における先例、住民と締結した「覚書」(その法的性質は、多くの場合、「法律文書」ではなく、「紳士協定」)なども、

問題となる場合がある。

　また、「確定した下級審判決」が「仕事の根拠」となりうるか、という問題もある。

3　地方自治体あるいは自治体職員の「社会的責任」をめぐって、現代の地方行政活動のいわば「公序」の確立という視点に立った、「仕事の根拠」についての「新しい」考え方も議論されている。

(1)　法の支配、法治主義のさらなる深化、いわばその「内延的な」拡がりとしての「公正の確保」、「透明性の向上」、「説明責任」という考え方

(2)　法の支配、法治主義の射程範囲のいわば「外延的な」拡がりとしての「法令の遵守」、「(倫理、道徳規範をも含む) 社会規範の遵守」を包摂する「コンプライアンス」という考え方

(3)　自治体の「社会的責任」

　「コンプライアンス」視点に立った「説明責任」を果たすためにステーク・ホルダー、マスコミからの監視・批判に耐えうるかという考え方

・・・・・・・・・・・・・・・・・・・・・・・ 問題解決の手がかり ・・・・・・・・・・・・・・・・・・・・・・・

① 「法律」と「法」とのちがい

　「法律」とは、国の唯一の立法機関である国会が議決した法律（憲法第41条、第59条）をいうが、これに準ずるもの、憲法その他法律によって、「法律」と同じ効力を有するものとされているもの（条約、政令、最高裁判所規則、条例など）も含むものである。

　「法」とは、社会においてなんらかの意味で社会関係を実際に規律している社会規範を意味するという点において「法律」より広く、また、（「自然法」を認める立場から）「自然法」を含むという意味において「法律」より深い範囲のものである。

② 地方行政と「法源」（「法」の存在形式）

　憲法、法律の明文の規定が地方行政における「法源」であることは、いうまでもないが、そのほか、判例（とりわけ、確定した最高裁判決）、慣習法、さらには条理などが「法源」としてあげられる。

③ 「法律上の争訟」

　憲法第76条第1項では「すべて司法権は、最高裁判所及び法律の定めるところにより設置する下級裁判所に属する。」と規定されており、また、裁判所法第3条第1項では「裁判所は、日本国憲法に特別の定めのある場合を除いて一切の法律上の争訟を裁判し、その他法律において特に定める権限を有する。」と規定されている。

裁判所法第3条第1項に規定する「法律上の争訟」の意義に関する判例（最高裁昭29.2.11第一小法廷判決　など）では、「法律上の争訟」の意義について、「事件性」と「争訟性」、すなわち

① 　当事者間の具体的な権利義務ないし法律関係の存否に関する紛争であること（事件性）

② 　それが法令を適用することにより終局的に解決することができること（争訟性）

が求められている。

解　決　法

1　地方行政活動における「仕事の根拠」

地方自治体にとって、「第四の権力」であるマスコミ、「主権者」である住民等ステーク・ホルダー（地方行政活動の利害関係人）からの監視・批判に耐え、その「社会的責任」を果たすためには、その担い手である自治体職員は、常に「仕事の根拠」とは「なに」か、地方行政における「法」とは「なに」か、について明らかにし、「コンプライアンス」視点に立った「説明責任」を果たすことが求められる。

2　地方行政活動における「法」

「法」とは、一般的に、社会関係を実際に規律している社会規範を意味するという点において「法律」より広く、また、（「自然法」を認める立場から）「自然法」を含むという意味において「法律」より深い範囲のものであるといわれており、これは基本的に、地方行政活動における「法」についても妥当する。

3　地方行政活動における「仕事の根拠」である「法」（その存在形式としての「法源」）

憲法、法律の明文の規定が地方行政における「法源」であることは、いうまでもないが、そのほか、判例（とりわけ、確定した最高裁判決）、慣習法、さらには条理などが地方行政における「法源」としてあげられる。

4　以上において言及してきたところから、A市が「給付型奨学金」を支給する場合、「給付型奨学金」支給「条例」を制定することもできるが、「給付型奨学金」支給「要綱」を、仕事（「給付型奨学金」支給）の根拠とすることもできる。

最終的には、「給付型奨学金」支給「条例」を制定することにより、これを最近における国、他の地方自治体の動きを先取りして市民にアピールし、廃止が困難な条例上の恒久的な制度にするか、又は毎年度の財政状況により、「予算の範囲内」で容易に廃止することもできるというイメージをもつ制度とするか、という市長の政治的判断、高度の行政判断（「政策的判断」）に委ねられているということができる。

事例 No.3　自治体職員は「なに」を根拠に仕事をするのか

> **関係判例等**
>
> ・滋賀県労働委員会委員月額報酬支出差止請求住民訴訟判決（大津地裁平21.1.22
> 　判決　最高裁平23.12.15第一小法廷判決）
> ・議決事件であるにもかかわらず、「議会の議決」を経ていない行為の効力に関する
> 　確定した高裁判決（仙台高裁昭33.4.15判決、大阪高裁昭53.10.27判決、東京高
> 　裁昭57.5.25判決）
> ・堺市宅地開発等指導要綱事件判決（大阪地裁堺支部昭62.2.25判決）
> ・葬祭場建設差止め請求事件判決（高松地裁昭61.11.13判決）
> ・国営諫早湾干拓事業に関する確定した福岡高裁判決（福岡高裁平22.12.20判決）

第1講 地方行政における「法」とは「なに」か

関係図3 自治体職員は「なに」を根拠に仕事をするのか

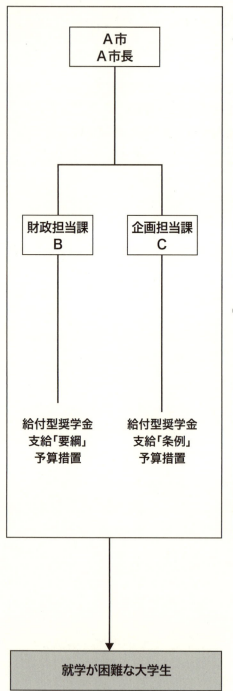

○「仕事の根拠」となりうるか否かの判断の基準

①「仕事の根拠」となりうるもの：関係住民等に対し、「法的に」一定の行為を「強制する根拠」となりうるもの

- 国の法令
  （法律、政令、省令等の規定のうち、当該規定の性質が「強行規定」であるもの）
- 自治立法
  （条例、規則等の規定のうち、当該規定の性質が「強行規定」であるもの）
- 判　例
  （確定した最高裁判決）
  ※確定した下級審判決は「仕事の根拠」となりうるか、個別・具体的に検討の必要
- 慣習法
- 条　理

②「仕事の根拠」となりえないもの：関係住民等に対し、「法的に」一定の行為を「強制する根拠」とはなりえないもの

- 罰則、措置命令等の規定を伴わない法律、条例上の規定（「訓示規定」「任意規定」）
- 法律、条例上の「行政指導」の根拠規定
- 当該事務処理に関する一般的な「行政指導」について定める「指導要綱」の条項
- 自治体内部の先例的取扱い、慣行（関係法令の強行規定、公序良俗に反しない限りにおいて、その効力が認められるもの）
- 給付行政など、特定施策の推進のための自治体内部の事務処理等について定める事務処理「要綱」

第2講　地方自治、地方行政と憲法

〜統治機構、基本的人権を問わず、地方自治、地方行政にも必要な場合、「憲法の視点」を！〜

天皇の「生前退位」に伴う「大嘗祭」、「抜穂の儀」と地方公共団体の関わり

〜昭和天皇の崩御に伴う国事行為としての「即位の礼」、皇室の公的行事としての「大嘗祭」「抜穂の儀」の先例に学ぶ〜

Q 「天皇の退位等に関する皇室典範特例法」の公布、施行と天皇の「生前退位」に伴う「退位の礼」、伝統的皇位継承儀式である「即位の礼」「大嘗祭」の挙行と地方公共団体の関わりについてどのように考えるか。

【天皇の国事行為と地方公共団体の関わり】

　平成28年8月8日に今上天皇が「お言葉」の表明をされ、その後、政府、有識者会議、国会の動きがあり、「天皇の退位等に関する皇室典範特例法案」が閣議決定されて国会に提出され、平成29年6月16日に公布、一部施行され、平成31年4月30日から施行されることとなっている。

　今上天皇の「生前退位」がなされることとなった場合、どのような代替わり儀式が挙行され、地方自治体としては、どのような関わりが生じてくるのか。

　昭和天皇の「崩御」に伴い挙行された、昭和から平成へという代替わり儀式（「即位の礼」「大嘗祭」）の例も踏まえて、改めて確認しておく必要がある。

〈平成28年8月8日以降における今上天皇の「生前退位」をめぐる動き〉
（平成28年　2016年）

平成28年7月13日	天皇陛下「生前退位」のご意向表明とのNHKの報道
平成28年8月8日	天皇陛下「お言葉」の表明（ビデオメッセージ）
平成28年9月23日	政府が「天皇の公務の負担軽減等に関する有識者会議」設置
平成28年10月17日	有識者会議第1回会合
平成28年11月〜12月30日	
	有識者会議が専門家16人からのヒアリング（3回）終了

（平成29年　2017年）

平成29年1月23日	有識者会議「論点整理」公表
平成29年3月17日	「国会提言」決定
平成29年4月21日	有識者会議「最終報告書」を内閣総理大臣に提出

第2講 地方自治、地方行政と憲法

平成29年5月19日　　　内閣が「天皇の退位等に関する皇室典範特例法案」閣議決定、国会に提出

平成29年6月16日　　　「天皇の退位等に関する皇室典範特例法」成立、公布、一部施行

「退位の日（特例法の施行日）」については、公布の日から3年を超えない範囲で、皇室会議の意見を聴き、決定

平成29年12月1日　　　皇室会議

平成29年12月8日　　　「天皇の退位等に関する皇室典範特例法の施行期日を定める政令」制定

施行期日　平成31年4月30日

（平成30年　2018年）

平成30年1月9日　　　天皇陛下の御退位及び皇太子殿下の御即位に伴う式典準備委員会（政府）発足

退位の礼、即位の礼、大嘗祭準備委員会（宮内庁）

（平成30年半ば　新「元号」公表）

平成30年3月30日　　　「天皇陛下退位・即位式典の基本方針」取りまとめ

2019年

2019年（平成31年）2月24日　天皇陛下在位30年記念式典

〜　　　　（政府が新元号を事前発表）

2019年4月30日　　　「退位礼正殿の儀」（文化14年（1817年）3月22日　光格天皇「生前退位」以来）

2019年5月1日　　　　皇太子殿下、新天皇として「即位」「改元」

2019年10月22日　　　即位礼正殿の儀

2019年11月14日〜11月15日　大嘗祭（1989年12月21日閣議口頭了解「即位の礼・大嘗祭の挙行等について」）

2020年　　　　　　　立皇嗣の礼

問題点の整理

・平成28年8月8日の天皇陛下の「お言葉」の表明を受けた政府、国会の動き、「天皇の退位等に関する皇室典範特例法」の公布、施行と天皇の「生前退位」に伴う「退位の礼」、伝統的皇位継承儀式である「即位の礼」「大嘗祭」の挙行と地方公共団体の関わりについてどのように考えるか。

・先例としての、昭和64年1月7日の昭和天皇の「崩御」に伴い挙行された即位の礼、大嘗祭と地方自治体との関わりについて議論された問題点は、どのようなものであったか。

事例 No.4 天皇の「生前退位」に伴う「大嘗祭」、「抜穂の儀」と地方公共団体の関わり

---

1 「退位の礼」「即位の礼」「大嘗祭」の挙行に関し、憲法第20条第3項に定める「政教分離」の原則の意義についてどう考えるべきか。
2 即位の礼、大嘗祭（大嘗宮の儀）及びその関係儀式の一つである悠紀斎田抜穂の儀、主基斎田抜穂の儀は、宗教的性格を有するか。
3 即位の礼、大嘗祭に、都道府県の知事が参列し、又は悠紀の地方、主基の地方と決定された都道府県の知事が、地元を代表して悠紀斎田抜穂の儀、主基斎田抜穂の儀に参列することができるか。

・・・・・・・・・・・・・・・・・・・・・ **問題解決の手がかり** ・・・・・・・・・・・・・・・・・・・・・

　天皇の「生前退位」、代替わり儀式と地方自治体の関わりについては、次のとおり、今回の今上天皇の「生前退位」に当たっても参考とされるべき、昭和天皇の崩御に伴い挙行された即位の礼、大嘗祭に関する「政府見解」がある。すなわち、

「『即位の礼』の挙行について」（平成元年12月21日　閣議了解）
第1「即位の礼」について
　1 「即位の礼」について
　2 挙行時期
　3 挙行場所
　4 参列者数
　5 所掌
第2 大嘗祭について
　1 意 義
　　大嘗祭は、稲作農業を中心とした我が国の社会に古くから伝承されてきた収穫儀礼に根差したものであり、（中略）皇位の継承があったときは、必ず挙行すべきものとされ、皇室の長い伝統を受け継いだ、皇位継承に伴う一世に一度の重要な儀式である。
　2 儀式の位置づけ及びその費用
　　大嘗祭は、前記のとおり、収穫儀礼に根差したものであり、伝統的皇位継承儀式という性格を持つものであるが、その中核は、（中略）この趣旨・形式からして、宗教上の儀式としての性格を有すると見られることは否定することができず、また、その態様においても、国がその内容に立ち入ることにはなじまない性格の儀式であるから、大嘗祭を国事行為として行うことは困難であると考えられる。
　　次に、大嘗祭を皇室の行事として行う場合、大嘗祭は、皇位が世襲であることに伴う、一世に一度の極めて重要な伝統的皇位継承儀式であるから、皇位の世襲制を

●21●

とる我が国の憲法の下においては、その儀式について国としても深い関心を持ち、その挙行を可能にする手だてを講ずることは当然と考えられる。その意味において、大嘗祭は、公的性格があり、大嘗祭の費用を宮廷費から支出することが相当であると考える。

解 決 法

天皇の「生前退位」に伴う「退位の礼」、伝統的皇位継承儀式である「即位の礼」「大嘗祭」の性格については、「退位の礼」「即位の礼」は「国事行為」であり、「大嘗祭」は皇室の公的行事であると考えられる。

これらの国事行為あるいは皇室の公的行事としての性格を有する儀式に、都道府県知事、市町村長等が当該地方公共団体を代表して参列する等の行為は、日本国の象徴であり、日本国民統合の象徴である天皇に対し礼を尽くすため、それぞれ地方公共団体の統括代表機関である地位に基づいて行う、社会通念上相当と認められる社会的儀礼の範囲内の行為であると認められる。

このことは、以下において言及する関係の最高裁判決からも明らかなとおりであり、たとえ、当該儀式が宗教的性格を有するものであることを否定することができない場合であっても、その結論においてなんら異なるところはない。

1　憲法第20条第3項に定める「政教分離」の原則の意義

・神道式地鎮祭と政教分離の原則に関する津地鎮祭訴訟判決（最高裁昭52.7.13大法廷判決）

(1)　「政教分離規定は、いわゆる制度的保障の規定であって、……間接的に信教の自由の保障を確保しようとするものである」が、国家と宗教の完全な分離の実現は不可能に近く、かえって不合理な自治を生じる（特定宗教と関係のある私立学校に対する助成、文化財である神社等の建築物等の維持保存のための補助金支出、刑務所等における教かい活動などが考えられる。）。

　　それゆえ、「政教分離原則は、国家が宗教的に中立であることを要求するものではあるが、国家が宗教とのかかわり合いをもつことを全く許さないとするものではなく、宗教とのかかわり合いをもたらす行為の目的及び効果にかんがみ、そのかかわり合いが右の諸条件（各々の国の社会的・文化的諸条件）に照らし相当とされる限度を超えるものと認められる場合にこれを許さないとするものである。」

(2)　憲法20条3項にいう「宗教的活動」とは、「およそ国及びその機関の活動で宗教とのかかわり合いをもつすべての行為を指すものではなく、そのかかわり合いが右にいう相当とされる限度を超えるものに限られるというべきであっ

て、当該行為の目的が宗教的意義をもち、その効果が宗教に対する援助、助長、促進又は圧迫、干渉等になるような行為をいうものと解すべきである」。

そして、その判断に当たっては、

「当該行為の主宰者が宗教家であるかどうか、その順序作法（式次第）が宗教の定める方式に則ったものであるかどうかなど、当該行為の外形的側面のみにとらわれることなく、当該行為の行われる場所、当該行為に対する一般人の宗教的評価、当該行為者が当該行為を行うについての意図、目的、及び宗教的意識の有無、程度、当該行為の一般人に与える効果、影響等、諸般の事情を考慮し、社会通念に従って、客観的に判断しなければならない」。（いわゆる「目的効果基準」）

なお、3項の「宗教的活動」に含まれない宗教上の行為であっても、国が参加を強制すれば2項違反となる。

(3) 以上の見地に立って本件起工式を検討すると、それは「宗教とのかかわり合いを持つものであることを否定しえないが、その目的は建築着工に際し土地の平安堅固、工事の無事安全を願い、社会の一般慣習に従った儀礼を行うという専ら世俗的なものと認められ、その効果は神道を援助、助長、促進し又は他の宗教に圧迫、干渉を加えるものとは認められないのであるから、憲法20条3項により禁止される宗教的活動にはあたらないと解するのが、相当である」。

（したがって、「政教分離」の原則の意義については、「目的効果基準」に従って、判断されるべきである。）

・信教の自由・政教分離の原則に関する自衛官合祀事件判決（最高裁昭63.6.1大法廷判決）

① 合祀申請行為の性格

「県隊友会において地連職員の事務的な協力に負うところがあるにしても、県隊友会の単独名義でされた本件合祀申請は、実質的にも県隊友会単独の行為であったものというべく、これを地連職員と県隊友会の共同の行為とし、地連職員も本件合祀申請をしたものと評価することはできない。」

② 地連職員の行為と政教分離原則

地連職員の行為は、「宗教とのかかわり合いは間接的であり、その意図、目的も、合祀実現により自衛隊員の社会的地位の向上と士気の高揚を図ることにあったと推認される……からどちらかといえばその宗教的意識も希薄であった……のみならず、その行為の態様からして、国又はその機関として特定の宗教への関心を呼び起こし、あるいはこれを援助、助長、促進し、又は他の宗教に圧迫、干渉を加えるような効果をもつものと一般人から評価される行為とは認

め難い。」

③ 原告の法的利益

「信教の自由の保障は、何人も自己の信仰と相容れない信仰をもつ者の信仰に基づく行為に対して、それが強制や不利益の付与を伴うことにより自己の信教の自由を妨害するものでない限り肝要であることを要請している……。このことは死去した配偶者の追慕、慰霊等に関する場合においても同様である。……原審が宗教上の人格権であるとする静謐な宗教環境の下で進行を送るべき利益なる者は、これを直ちに法的利益として認めることはできない。」

合祀は県護国神社が「自由になし得るところであり」、原告の信仰に何ら干渉するものではないから、原告の「法的利益は何ら侵害されていないというべきである」。

2 大嘗祭（大嘗宮の儀）及びその関係儀式の一つである悠紀斎田抜穂の儀、主基斎田抜穂の儀と宗教的性格

「問題解決の手がかり」において言及した、大嘗祭に関する「政府見解」、「『即位の礼』の挙行について」（平成元年12月21日　閣議了解）のとおり、「宗教上の儀式としての性格を有すると見られることは否定することができ」ない。

したがって、悠紀斎田抜穂の儀、主基斎田抜穂の儀が大嘗祭の関係儀式の一として、宗教的性格を有することは、これを否定することができない。

3 即位の礼、大嘗祭（大嘗宮の儀）への都道府県知事の参列、又は悠紀の地方、主基の地方と決定された都道府県の知事の悠紀斎田抜穂の儀、主基斎田抜穂の儀への参列

この問題に関しては、即位の礼、大嘗祭、抜穂の儀に関する判決である、鹿児島県知事大嘗祭参列違憲訴訟判決（最高裁平14.7.11第一小法廷判決）、大分県知事抜穂儀参列違憲訴訟判決（最高裁平14.7.9第三小法廷判決）、神奈川県知事、県議会議長即位の礼・大嘗祭参列違憲訴訟判決（最高裁平16.6.28第二小法廷判決）において、最高裁の見解が示されている。

① 鹿児島県知事大嘗祭参列違憲訴訟判決

「大嘗祭は、天皇が皇祖及び天神地祇に対して安寧と五穀豊穣等を感謝するとともに国家や国民のために安寧と五穀豊穣等を祈念する儀式であり、神道施設が設置された大嘗宮において、神道の儀式にのっとり行われたというのであるから、鹿児島県知事がこれに参列し拝礼した行為は、宗教とかかわり合いを持つものである。

しかしながら、原審が適法に確定した事実関係によれば、(1)大嘗祭は、7世紀以降、一時中断された時期はあるものの、皇位継承の際に通常行われてきた皇室の重要な伝統儀式である、(2)鹿児島県知事は、宮内庁から案内を受け、三権の長、国務大臣、

各地方公共団体の代表と共に、大嘗祭の一部を構成する悠紀殿供饌の儀に参列して拝礼したにとどまる、(3)大嘗祭への鹿児島県知事の参列は、地方公共団体の長という公職にある者の社会的儀礼として、天皇の即位に伴う皇室の伝統儀式に際し、日本国及び日本国民統合の象徴である天皇の即位に祝意を表する目的で行われたものであるというのである。

これらの諸点にかんがみると、鹿児島県知事の大嘗祭への参列の目的は、天皇の即位に伴う皇室の伝統儀式に際し、日本国及び日本国民統合の象徴である天皇に対する社会的儀礼を尽くすものであり、その効果も、特定の宗教に対する援助、助長、促進又は圧迫、干渉等になるようなものではないと認められる。

したがって、鹿児島県知事の大嘗祭への参列は、宗教とのかかわり合いの程度が我が国の社会的、文化的諸条件に照らし、信教の自由の保障の確保という制度の根本目的との関係で相当とされる限度を超えるものとは認められず、憲法上の政教分離原則及びそれに基づく政教分離規定に違反するものではない」。

② 大分県知事抜穂の儀参列違憲訴訟判決

「(1) 大嘗祭は、7世紀以降、天皇の即位に当たり行われるようになった儀式であり、……皇位継承の際に通常行われてきた皇室の重要な伝統儀式であるところ、主基斎田抜穂の儀は、大嘗祭の中心的儀式である主基殿供饌の儀において使用される新穀を収穫するための儀式であり、大嘗祭の一部を構成する一連の儀式の一つとして大嘗祭挙行の際に必ず行われてきたものであって、天皇の即位に伴う皇室の伝統儀式としての性格を有するものである。

(2) 被上告人らは、宮内庁から案内を受け、地元の農業関係者等と共に主基斎田抜穂の儀に参列して拝礼したにとどまる、

(3) 主基斎田抜穂の儀への被上告人らの参列は、その開催地において重要な公職にある者の社会的儀礼として、地元で開催される天皇の即位に伴う皇室の伝統儀式に際し、日本国及び日本国民統合の象徴である天皇の即位に祝意、敬意を表する目的で行われたものであるというのである。

これらの諸点にかんがみると、被上告人らの主基斎田抜穂の儀への参列の目的は、地元で開催される皇室の伝統的儀式に際し、日本国及び日本国民統合の象徴である天皇に対する社会的儀礼を尽くすというものであると認められ、その効果も特定の宗教に対する援助、助長、促進又は圧迫、干渉等になるようなものではないと認められる。

したがって、被上告人らの主基斎田抜穂の儀への参列は、宗教とのかかわり合いの程度が我が国の社会的、文化的諸条件に照らし、信教の自由の保障の確保という制度の根本目的との関係で相当とされる限度を超えるものとは認めら

れず、憲法上の政教分離原則及びそれに基づく政教分離規定に違反するものではないと解するのが相当である。」

　知事らの主基斎田抜穂の儀への参列の目的は、地元で開催される皇室の伝統的儀式に際し、日本国及び日本国民統合の象徴である天皇に対する社会的儀礼を尽くすというものであると認められ、その効果も特定の宗教に対する援助、助長、促進又は圧迫、干渉等になるようなものではないと認められる。

　したがって、知事らの主基斎田抜穂の儀への参列は、憲法上の政教分離原則及びそれに基づく政教分離規定に違反するものではないと考えられる。

③　神奈川県知事、県議会議長即位の礼・大嘗祭参列違憲訴訟判決

「憲法に日本国及び日本国民統合の象徴であると定められている天皇の即位に祝意を表する目的で、地方公共団体の長あるいは議会の議長の職にある者の社会的儀礼として、三権の長、国務大臣、各地方公共団体の代表と共に、皇室典範24条の規定する即位の礼のうち伝統的な皇位継承儀式である即位礼正殿の儀に参列した行為は、その目的及び効果にかんがみ、憲法20条3項により禁止される宗教的活動には当たらないと解するのが相当である。（中略）

　また、憲法に日本国及び日本国民統合の象徴であると定められている天皇の即位に祝意を表する目的で、地方公共団体の議会の議長の職にある者の社会的儀礼として、三権の長、国務大臣、各地方公共団体の代表と共に、即位礼に際しての皇室の重要な伝統儀式である大嘗祭の一部を構成する大嘗宮の儀に参列した行為は、その目的および効果にかんがみ、憲法20条3項により禁止される宗教的活動には当たらないと解するのが相当である。」

関係判例等

1　政教分離の意義に関する判決
　神道式地鎮祭と政教分離の原則に関する津地鎮祭訴訟判決（最高裁昭52.7.1大法廷判決）
　信教の自由・政教分離の原則に関する自衛官合祀事件判決（最高裁昭63.6.1大法廷判決）
2　大嘗祭、抜穂の儀への参列と政教分離に関する判決
　大分県知事抜穂の儀参列違憲判決（最高裁平14.7.9第三小法廷判決）
　鹿児島県知事大嘗祭参列違憲判決（最高裁平14.7.11第一小法廷判決）
　即位の礼・大嘗祭への参列と政教分離に関する判決（神奈川県）
　（最高裁平16.6.28第二小法廷判決）
3　先例としての、昭和64年1月7日の昭和天皇の「崩御」と地方自治体との関わり
　・「改元」「昭和」から「平成」へ

事例 №.4 天皇の「生前退位」に伴う「大嘗祭」、「抜穂の儀」と地方公共団体の関わり

元号法

　　1　元号は、政令で定める。

　　2　元号は、皇位の継承があった場合に限り改める。

・伝統的皇位継承儀式の挙行

　即位の礼　「国事行為」（憲法第7条第10号）

　大嘗祭　皇室の公的行事（「公的性格」がある皇室の行事）

①　斎田点定の儀

　　悠紀及び主基の両地方（斎田を設ける地方）を定めるための儀式

　　「悠紀の地方」（東日本）　秋田県

　　「主基の地方」（西日本）　大分県

　　（斎田抜穂前一日大祓　斎田抜穂の儀の前日、抜穂使はじめ関係諸員のお祓いを
　　する行事）

②　斎田抜穂の儀　斎田で新穀の収穫を行うための儀式

　　悠紀斎田抜穂の儀（「悠紀の地方」）　秋田県で挙行

　　主基斎田抜穂の儀（「主基の地方」）　大分県で挙行

　　（悠紀主基両地方新穀供納　悠紀主基両地方の斎田で収穫された新穀の供納をす
　　る儀式　秋田県、大分県の太田主から新穀供納）

③　大嘗宮の儀

　　悠紀殿供饌の儀

　　主基殿供饌の儀

　　　天皇が即位の後、大嘗宮の悠紀殿及び主基殿において初めて新穀を皇祖及び
　　天神地祇に供えられ、自らも召し上がり、国家・国民のためにその安寧と五穀
　　豊穣などを感謝し、祈念される儀式

④　大饗の儀

　　　大嘗宮の儀の後、天皇が参列者に白酒、黒酒及び酒肴を賜り、ともに召し上
　　がる饗宴

I

地方行政と法

●27●

第2講 地方自治、地方行政と憲法

関係図4 天皇の「生前退位」に伴う「大嘗祭」、「抜穂の儀」と地方公共団体の関わり

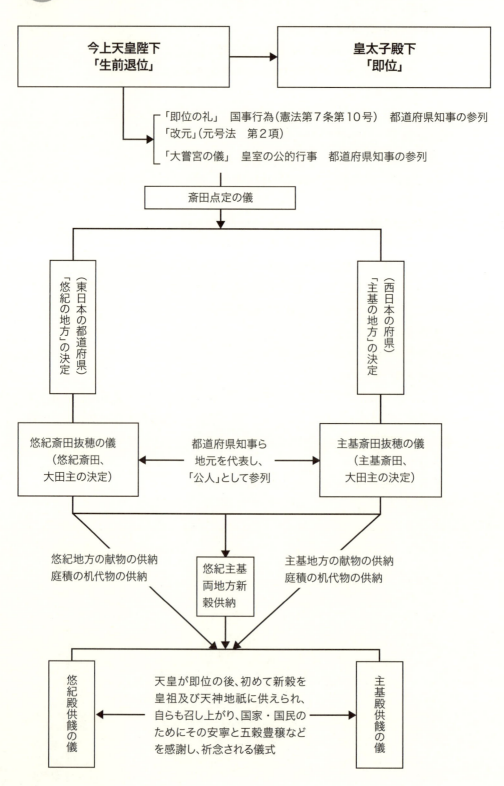

事例 No.5　地方公共団体から宗教法人に対し、公金の支出、公有財産の貸付け等をすることができるか

地方公共団体から宗教法人に対し、公金の支出、公有財産の貸付け等をすることができるか

～地方公共団体は、宗教法人に対し、玉串料等として公金を支出し、公有財産を貸し付ける等することができるか？～

Q　A市は毎年度、宗教法人に対し玉串料として公金を支出している。また、公有財産を貸し付け、補助金の交付等を行っている。
　地方公共団体は宗教法人に対し、公金の支出、公有財産の貸付け等をすることができるのか。

【宗教法人に対する公金の支出】

　A市においては、A市長の固い信念のもと、(1)毎年度、東京の靖国神社、県の護国神社の春季、秋季の大祭に公費から玉串料を支出し、(2)あるいは市内の特定の神社Bの敷地内に、B神社氏子会館と地区の公民館を合築し、(3)また市内の特定の寺院Cの仏像の修理に補助金を交付している。

　これらの一連のA市長の行為に対し、これらの行為は、いずれも憲法第20条、第89条の規定に違反するのではないかという申入れが、市民グループDからなされ、なお、期限を設定し、文書により回答し、また、直接A市長にその見解を聴くため、面談するよう求められた。

　A市長から回答案を検討するように指示された担当課長は、どのような考え方に基づき、具体的にどのように回答案を作成すべきか。

問題点の整理

1　地方公共団体と宗教団体との関わりに関する「政教分離」の原則の意義
・神道式地鎮祭と政教分離の原則に関する津地鎮祭訴訟判決（最高裁昭52.7.13大法廷判決）
(1)「政教分離規定は、いわゆる制度的保障の規定であって、……間接的に信教の自由の保障を確保しようとするものである」が、国家と宗教の完全な分離の実現は不可能に近く、かえって不合理な自治を生じる（特定宗教と関係のある私立学校に対する助成、文化財である神社等の建築物等の維持保存のための補助金支出、刑務所等における教かい活動などが考えられる。）。

　それゆえ、「政教分離原則は、国家が宗教的に中立であることを要求する

ものではあるが、国家が宗教とのかかわり合いをもつことを全く許さないとするものではなく、宗教とのかかわり合いをもたらす行為の目的及び効果にかんがみ、そのかかわり合いが右の諸条件（各々の国の社会的・文化的諸条件）に照らし相当とされる限度を超えるものと認められる場合にこれを許さないとするものである。」

(2) 憲法20条3項にいう「宗教的活動」とは、「およそ国及びその機関の活動で宗教とのかかわり合いをもつすべての行為を指すものではなく、そのかかわり合いが右にいう相当とされる限度を超えるものに限られるというべきであって、当該行為の目的が宗教的意義をもち、その効果が宗教に対する援助、助長、促進又は圧迫、干渉等になるような行為をいうものと解すべきである」。

そして、その判断に当たっては、「当該行為の主宰者が宗教家であるかどうか、その順序作法（式次第）が宗教の定める方式に則ったものであるかどうかなど、当該行為の外形的側面のみにとらわれることなく、当該行為の行われる場所、当該行為に対する一般人の宗教的評価、当該行為者が当該行為を行うについての意図、目的、及び宗教的意識の有無、程度、当該行為の一般人に与える効果、影響等、諸般の事情を考慮し、社会通念に従って、客観的に判断しなければならない」。（いわゆる「目的効果基準」）

なお、3項の「宗教的活動」に含まれない宗教上の行為であっても、国が参加を強制すれば2項違反となる。

(3) 以上の見地に立って本件起工式を検討すると、それは「宗教とのかかわり合いを持つものであることを否定しえないが、その目的は建築着工に際し土地の平安堅固、工事の無事安全を願い、社会の一般慣習に従った儀礼を行うという専ら世俗的なものと認められ、その効果は神道を援助、助長、促進し又は他の宗教に圧迫、干渉を加えるものとは認められないのであるから、憲法20条3項により禁止される宗教的活動にはあたらないと解するのが、相当である」。（したがって、「政教分離」の原則の意義については、「目的効果基準」に従って、判断されるべきである。）

2 公金の支出（地方公共団体と宗教団体との「公金の支出等」に関する関わり①）

・玉串料等としての公金の支出に関する愛媛県玉ぐし料等訴訟判決（最高裁平9.4.2大法廷判決）

本件支出の合憲性の審査基準については、神道式地鎮祭と政教分離の原則に関する津地鎮祭訴訟判決（最高裁昭52.7.13大法廷判決）、信教の自由・政教分離の原則に関する自衛官合祀事件判決（最高裁昭63.6.1大法廷判決）を引

用して、憲法20条3項、89条は、国家の活動で宗教とかかわり合いを持つ行為又は公金支出行為等のうち、その目的及び効果にかんがみ、当該行為における国家と宗教とのかかわり合いが我が国の社会的・文化的諸条件に照らし相当とされる限度を超えるものを禁止しているのであり、これに該当するかどうかを検討するに当たっては、諸般の事情を考慮し、社会通念に従って、客観的に判断しなければならないとして、判例理論であるいわゆる「目的効果基準」を踏襲することを明らかにした。

　そして、愛媛県が本件支出をして玉串料等を奉納したことは、一般人がこれを社会的儀礼にすぎないと評価しているとはいえず、奉納者においてもそれが宗教的意義を有するものであるという意識を持たざるを得ないのであり、これにより県が特定の宗教団体との間にのみ意識的に特別のかかわり合いを持ったことを否定することができないし、一般人に対して、県が特定の宗教団体を特別に支援しており、それらの宗教団体が特別のものであるとの印象を与え、特定の宗教への関心を呼び起こすものといわざるを得ないなどという事情を考慮すれば、その目的が宗教的意義を持つことを免れず、その効果が特定の宗教に対する援助、助長、促進になると認めるべきであって、憲法20条3項の禁止する宗教的活動に当たり、また、本件支出は、憲法89条の禁止する公金の支出にも当たると判断した。

3　公有財産の貸付け（地方公共団体と宗教団体との「公金の支出等」に関する関わり②）

・地方公共団体が宗教法人に公有財産を貸し付け、補助金を交付することができるかに関する**空知太神社市有地無償利用違法確認請求事件判決**（砂川市市有地神社無償使用違憲訴訟判決）（最高裁平22.1.20大法廷判決）

　本判決は、本件利用提供行為を違憲と判断するとともに、本件怠る事実の適否についてさらに審理を尽くさせる必要があるとして、原判決を破棄し、本件を原審に差し戻した。

⑴　国又は公共団体（以下「国等」という。）が国公有地を無償で宗教的施設の敷地としての用に供する行為は、一般的には、当該宗教施設を設置する宗教団体等に対する便宜の供与として、憲法89条との抵触が問題となる行為である。

　もっとも、当該施設の性格や来歴、無償供与に至る経緯、利用の態様には様々なものがありうるところであり、上記のような行為が、信教の自由の保障の確保という制度の根本目的との関係で相当とされる限度を超えて憲法

89条に違反するか否かを判断するに当たっては、当該宗教施設の性格、当該土地が無償で当該施設の敷地としての用に供されるに至った経緯、当該無償提供の態様、これらに対する一般人の評価等、諸般の事情を考慮し、社会通念に照らして総合的に判断すべきものと解される。

(2)　現在、本神社の敷地となっている本件各土地（本件建物及び本件神社物件の敷地として利用されている土地）には、地域の集会場等である本件建物が建てられているが、その一角に本件祠が設置され、建物の外壁には本件表示が設けられている。また、同土地上には、本件鳥居及び本件地神宮が設置されている。これらの鳥居、地神宮、神社と表示された建物入口から祠に至る本件神社物件（「本件祠」、「本件神社の表示」、「本件鳥居」及び「本件地神社」）は、一体として神社施設に当たるとみるほかはなく、そこで行われている祭事等の諸行事も、宗教的行事として行われているものということができる。これらの諸行事を行っているのは、本件町内会（空知太連合町内会）とは別に社会的に実在している本件氏子集団であり、本件利用提供行為（市が本件各土地を本件神社物件のために無償で提供していること。）は、その直接の効果として、宗教団体である本件氏子集団（神社付近の住民らで構成される氏子集団）が神社を利用した宗教的活動を行うことを容易にしているものということができる。

　　このように、本件利用提供行為は、一般人の目から見て、市が特定の宗教に対して特別の便益を提供し、これを援助していると評価されてもやむを得ないものである。

　　以上のような事情を考慮し、社会通念に照らして総合的に判断すると、本件利用提供行為は、市と本件神社ないし神道とのかかわり合いが、我が国の社会的、文化的諸条件に照らし、信教の自由の保障の確保という制度の根本目的との関係で相当とされる限度を超えるものとして、憲法89条の禁止する公の財産の利用提供に当たり、ひいては憲法20条1項後段の禁止する宗教団体に対する特権の付与にも該当し、違憲と解される。

(3)　もっとも、上記の違憲状態を解消するためには、本件訴訟において原告らが求めている本件神社物件の撤去及び土地明渡請求以外にも適切な手段があり得る。例えば、本件各土地の全部又は一部を無償で譲与し、有償で譲渡し、又は適正な時価で貸し付けるなどの方法によっても上記の違憲性を解消することができる。被告には、本件各土地、建物及び本件神社物件の現況、違憲性を解消するための措置が利用者に与える影響、関係者の意向、実行の難易

事例 No.5 地方公共団体から宗教法人に対し、公金の支出、公有財産の貸付け等をすることができるか

等、諸般の事情を考慮に入れて、相当と認められる方法を選択する裁量権があると解される。

また、被告において直接的な手段に訴えて直ちに本件神社物件を撤去させるべきものとすることは、神社敷地として使用することを前提に土地を借り受けている本件町内会の信頼を害するのみならず、地域住民らによる宗教的活動を著しく困難なものにし、本件氏子集団の構成員の信教の自由に重大な不利益を及ぼすものである。

これらの事情に照らすと、被告において上記の撤去土地明渡請求という手段を講じていないことが財産管理上違法とされるのは、上記のような他の手段の存在を考慮しても、なお被告において同請求をしないことが財産管理上の裁量権を逸脱又は濫用するものと評価される場合に限られる。本件利用提供行為の違憲性を解消するための他の手段があり得ることは、当事者の主張の有無にかかわらず明らかである。また、原審は、富平神社に関する住民訴訟の審理を通じて、本件訴訟においても違憲状態を解消するための他の手段が存在する可能性があり、被告がこうした手段を講ずる場合があることを職務上知っていた。

そうすると、原審が、本件利用提供行為の違憲性を解消するための他の合理的で現実的な手段が存在するか否かについて審理判断せず、当事者に対して釈明権を行使しないまま、前記の撤去土地明渡請求を怠る事実を違法と判断したことには、怠る事実の適否にする審理を尽くさなかった結果、法令の解釈適用を誤ったか、釈明権の行使を怠った違法がある。

(4) 以上のとおり、本件利用提供行為は違憲であるが、その違憲性を解消するための他の手段の存否等について更に審理を尽くさせる必要があるから、本件を原審に差し戻すのが相当である。

・なお、空知太神社市有地無償利用違法確認請求事件第二次上告審判決（最高裁平24.2.16第一法廷判決）において、本件手段（集会場に設置されている本件建物の「神社」の表示を撤去する行為）は、本件利用提供行為の前示の違憲性を解消するための手段として合理的かつ現実的なものというべきであり、市が、本件神社物件の撤去や土地の明渡しの請求の方法を採らずに「本件手段を実施することは、憲法89条、20条1項後段に違反するものではないと解するのが相当である。このことは、当裁判所大法廷判決（最大判昭和52.7.13、最大判平成22.1.20）の趣旨に徴して明らかというべきである。」と判示している。

第2講 地方自治、地方行政と憲法

······················ **問題解決の手がかり** ······················

　公金の支出、公有財産の貸付けという、地方公共団体と宗教団体との「公金の支出等」に関するかかわりが政教分離原則に違反するか否かが問われている場合、津地鎮祭訴訟判決（合憲判決）の中で示された「目的効果基準」によりつつ、愛媛県玉ぐし料等訴訟判決（違憲判決）、**空知太神社市有地無償利用違法確認請求事件判決（違憲判決）を踏まえて**判断されるべきである。

解　決　法

　(1)から(3)のいずれの場合においても、公金の支出、公有財産の貸付けという、地方公共団体と宗教団体との「公金の支出等」に関するかかわりが政教分離原則に違反するか否かが問われており、基本的に、津地鎮祭訴訟判決（合憲判決）の中で示された「目的効果基準」により、愛媛県玉ぐし料等訴訟判決（違憲判決）、**空知太神社市有地無償利用違法確認請求事件判決（違憲判決）を踏まえて**判断されるべきである。

(1)　地方公共団体が行う公費からの、東京の靖国神社、県の護国神社の春季、秋季の大祭への玉串料等の支出

　　愛媛県玉ぐし料訴訟判決によれば、東京の靖国神社、県の護国神社という特定の宗教法人に対し、玉串料等として公金を支出することは、憲法第20条第3項、第89条の規定に違反するものである。

(2)　神社Bの敷地内のB神社氏子会館と地区の公民館の合築

　　宗教法人に対し、公有財産の貸付け等をすることができるか。

　　空知太神社市有地無償利用違法確認請求事件判決、同事件第二次上告審判決によれば、B神社氏子会館と地区の公民館の合築は、合築に至った目的、経緯等について社会通念に従って総合的に判断し、憲法第89条、第20条第1項後段の規定に違反するおそれがあるか否かについて検討すべきである。

(3)　市内の特定の寺院Cの仏像の修理への補助金の交付

　　憲法第89条の規定に抵触するおそれがないかという点について、国又は都道府県、市町村の指定に係る文化財の保護という観点に着目して補助金を出すことができる余地があるか否かについて検討すべきである。

関係判例等

（玉ぐし料等公金の支出等、公有財産の貸付け等に関する判決）

・憲法第20条（信教の自由）

　①　信教の自由は、何人に対してもこれを保障する。いかなる宗教団体も、国か

●34●

事例 No.5 地方公共団体から宗教法人に対し、公金の支出、公有財産の貸付け等をすることができるか

　　　ら特権を受け、又は政治上の権力を行使してはならない。

　②　何人も宗教上の行為、祝典、儀式又は行事に参加することを強制されない。

　③　国及びその機関は、宗教教育その他いかなる宗教的活動もしてはならない。

・憲法第89条（公の財産の支出又は利用の制限）

　　　公金その他の公の財産は、宗教上の組織若しくは団体の使用、便益若しくは維持のため、又は公の支配に属しない慈善、教育若しくは博愛の事業に対し、これを支出し、又はその利用に供してはならない。

・愛媛県玉ぐし料等訴訟（最高裁平9.4.2大法廷判決）

・空知太神社市有地無償利用違法確認請求事件判決（砂川市市有地神社無償使用違憲訴訟判決）（最高裁平22.1.20大法廷判決）

・空知太神社市有地無償利用違法確認請求事件第二次上告審判決（最高裁平24.2.16第一法廷判決）

・富平神社市有地無償利用違法確認請求事件判決（最高裁平22.1.20大法廷判決）

第2講 地方自治、地方行政と憲法

関係図5 地方公共団体から宗教法人に対する公金の支出等

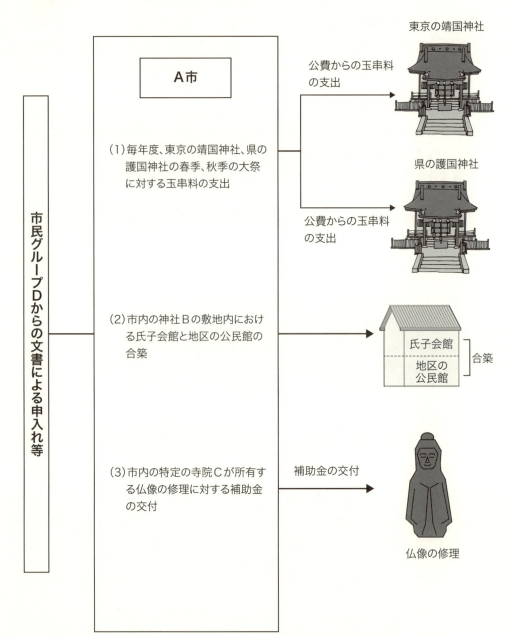

事例 No.6　知事、市町村長等は、「公人」として宗教的行事へ参列し、祝辞を述べる等の行為をすることができるか

知事、市町村長等は、「公人」として宗教的行事へ参列し、祝辞を述べる等の行為をすることができるか

〜社会通念上相当と認められる儀礼の範囲内の行為か、憲法第20条第3項の規定との関係が問題となるのではないか？〜

Q 知事や市町村長が、公務として宗教的行事に参列し、祝辞を述べる等の行為をしたことに対し、住民訴訟が提起された。

公人が特定の宗教法人の宗教的行事に参列することについて、問題はないか。

【公人の宗教的行事参列に対する住民訴訟】

(1) A市長は、今年4月、創建1000年を迎え、1000年記念式典を来年秋に控える寺院Bの創建1000年記念式典奉賛会の発会式に、公用車を使い、秘書を伴って出席し、祝辞を述べた。

(2) C県知事は、C県で挙行された、即位の礼とともに天皇の代替わり儀式である大嘗祭の関係儀式である主基斎田抜穂の儀に、地元を代表して、公用車を使い、秘書を伴って参列した。

(3) D市教育委員会教育長は、勤務時間中に地元の戦没者遺族会が忠魂碑前で神式又は仏式で挙行した各慰霊祭に参列した。

これら、A市長の寺院Bの創建1000年記念式典奉賛会の発会式、C知事の大嘗祭の関係儀式である主基斎田抜穂の儀への参列行為、D市教育委員会教育長の慰霊祭への参列に対し、いずれも、憲法第20条第3項などの規定に違反するのではないかと、それぞれ、住民訴訟（四号訴訟）が提起された。

A市、C県、D市としては、宗教的行事への「公人」としての参列の可否という問題について、どのような考え方に立って、これらの住民訴訟に対処すべきか。

問題点の整理

1　地方公共団体と宗教団体との関わりに関する「政教分離」の原則の意義

・神道式地鎮祭と政教分離の原則に関する津地鎮祭訴訟判決（最高裁昭52.7.13大法廷判決）

(1)「政教分離規定は、いわゆる制度的保障の規定であって、……間接的に信教の自由の保障を確保しようとするものである」が、国家と宗教の完全な

分離の実現は不可能に近く、かえって不合理な自治を生じる（特定宗教と関係のある私立学校に対する助成、文化財である神社等の建築物等の維持保存のための補助金支出、刑務所等における教会活動などが考えられる。）。それゆえ、「政教分離原則は、国家が宗教的に中立であることを要求するものではあるが、国家が宗教とのかかわり合いをもつことを全く許さないとするものではなく、宗教とのかかわり合いをもたらす行為の目的及び効果にかんがみ、そのかかわり合いが右の諸条件（各々の国の社会的・文化的諸条件）に照らし相当とされる限度を超えるものと認められる場合にこれを許さないとするものである。」

(2) 憲法20条3項にいう「宗教的活動」とは、「およそ国及びその機関の活動で宗教とのかかわり合いをもつすべての行為を指すものではなく、そのかかわり合いが右にいう相当とされる限度を超えるものに限られるというべきであって、当該行為の目的が宗教的意義をもち、その効果が宗教に対する援助、助長、促進又は圧迫、干渉等になるような行為をいうものと解すべきである」。

そして、その判断に当たっては、「当該行為の主宰者が宗教家であるかどうか、その順序作法（式次第）が宗教の定める方式に則ったものであるかどうかなど、当該行為の外形的側面のみにとらわれることなく、当該行為の行われる場所、当該行為に対する一般人の宗教的評価、当該行為者が当該行為を行うについての意図、目的、及び宗教的意識の有無、程度、当該行為の一般人に与える効果、影響等、諸般の事情を考慮し、社会通念に従って、客観的に判断しなければならない」。（いわゆる「目的効果基準」）

なお、3項の「宗教的活動」に含まれない宗教上の行為であっても、国が参加を強制すれば2項違反となる。

(3) 以上の見地に立って本件起工式を検討すると、それは「宗教とのかかわり合いを持つものであることを否定しえないが、その目的は建築着工に際し土地の平安堅固、工事の無事安全を願い、社会の一般慣習に従った儀礼を行うという専ら世俗的なものと認められ、その効果は神道を援助、助長、促進し又は他の宗教に圧迫、干渉を加えるものとは認められないのであるから、憲法20条3項により禁止される宗教的活動にはあたらないと解するのが、相当である」。

（したがって、「政教分離」の原則の意義については、「目的効果基準」に従って、判断されるべきである。）

2 宗教団体等の宗教的行事等への「公人」としての参列、祝辞等（地方公共団体と宗教団体等の「人的な」関わり①）

・白山市長神社関連行事参列違憲訴訟判決（最高裁平24.7.1第三小法廷判決）

本件大祭は宗教上の祭祀であるからこれに奉賛する目的の発会式に「出席して祝辞を述べる行為が宗教とのかかわり合いを持つものであることは否定し難い。」

しかし、「地元にとって、本件神社は重要な観光資源としての側面を有していたものであり、本件大祭は観光上重要な行事であった」ことからすると、奉賛会の「事業自体が観光振興的な意義を相応に有する」ものである。

また、本件発会式も市内の一般施設で行われ、宗教的儀式を伴わず、地元の市長として招かれた被告の祝辞の内容も「一般の儀礼的な祝辞の範囲を超えて宗教的な意味合いを有するものであったともうかがわれない」。

そうすると、本件行為は、「市長が地元の観光振興に尽力すべき立場にあり、本件発会式が上記のような観光振興的な意義を相応に有する事業の奉賛を目的とする団体の発会に係る行事であることも踏まえ、このような団体の主催する当該発会式に来賓として招かれたのに応じて、これに対する市長としての社会的儀礼を尽くす目的で行われたものであり、宗教的色彩を帯びない儀礼的行為の範囲内にとどまる態様のものであって、特定の宗教に対する援助、助長、促進になるような効果を伴うものでもなかったというべきである。

したがって、これらの諸事情を総合的に考慮すれば」本件行為は、「宗教とのかかわり合いの程度が、我が国の社会的、文化的諸条件に照らし、信教の自由の保障の確保という制度の根本目的との関係で相当とされる限度を超えるものとは認められず、憲法上の政教分離原則及びそれに基づく政教分離規定に違反するものではないと解するのが相当である」。

3 即位の礼、大嘗祭、大嘗祭の関係儀式の一である主基斎田抜穂の儀等への参列（地方公共団体と宗教団体等の「人的な」関わり②）

・鹿児島県知事大嘗祭参列違憲訴訟判決（最高裁平14.7.11第一小法廷判決）

「大嘗祭は、天皇が皇祖及び天神地祇に対して安寧と五穀豊穣等を感謝するとともに国家や国民のために安寧と五穀豊穣等を祈念する儀式であり、神道施設が設置された大嘗宮において、神道の儀式にのっとり行われたというのであるから、鹿児島県知事がこれに参列し拝礼した行為は、宗教とのかかわり合いを持つものである。

しかしながら、原審が適法に確定した事実関係によれば、(1)大嘗祭は、7

第2講 地方自治、地方行政と憲法

世紀以降、一時中断された時期はあるものの、皇位継承の際に通常行われてきた皇室の重要な伝統儀式である、(2)鹿児島県知事は、宮内庁から案内を受け、三権の長、国務大臣、各地方公共団体の代表と共に、大嘗祭の一部を構成する悠紀殿供饌の儀に参列して拝礼したにとどまる、(3)大嘗祭への鹿児島県知事の参列は、地方公共団体の長という公職にある者の社会的儀礼として、天皇の即位に伴う皇室の伝統儀式に際し、日本国及び日本国民統合の象徴である天皇の即位に祝意を表する目的で行われたものであるというのである。

これらの諸点にかんがみると、鹿児島県知事の大嘗祭への参列の目的は、天皇の即位に伴う皇室の伝統儀式に際し、日本国及び日本国民統合の象徴である天皇に対する社会的儀礼を尽くすものであり、その効果も、特定の宗教に対する援助、助長、促進又は圧迫、干渉等になるようなものではないと認められる。

したがって、鹿児島県知事の大嘗祭への参列は、宗教とのかかわり合いの程度が我が国の社会的、文化的諸条件に照らし、信教の自由の保障の確保という制度の根本目的との関係で相当とされる限度を超えるものとは認められず、憲法上の政教分離原則及びそれに基づく政教分離規定に違反するものではない」。

······················· **問題解決の手がかり** ·······························

市町村長、都道府県知事等が、当該地方公共団体を代表し「公人」として宗教的性格をもつ儀式、行事に参列して祝意を表すなど一定の行為を行うことが政教分離原則に違反するか否かが問われている場合、検討すべき問題は、

① 参列行為等の意図・目的、宗教的意義、効果、一般人に対する影響等、当該参列行為が、その目的、効果に鑑みていかなる意味を有するかということであり、

② 参列の対象となる儀式、行事の性格等ではない、すなわち、儀式、行事の性格が宗教的意義を有しているからといって、直ちに、当該参列行為が宗教的意義を有し、その効果が当該宗教に対する援助等になるものと解すべきではない。

解 決 法

(1)から(3)のいずれの場合においても、市町村長、都道府県知事等が、当該地方公共団体を代表し「公人」として宗教的性格をもつ儀式、行事に参列して祝意を表すなど一定の行為を行うこと、地方公共団体と宗教団体等の「人的な」関わりが政教分離原則に違反するか否かが問われており、基本的に、津地鎮祭訴訟判決（合憲判決）の中で示された「目的効果基準」により、白山市長神社関連行事参列違憲訴訟判決、大嘗祭知事参列違憲住民訴訟判決等即位の礼・大嘗祭等に関する判決、さら

40

に箕面忠魂碑・慰霊祭訴訟事件判決を踏まえて判断されるべきである。

すなわち、それぞれ、

(1) A市長の寺院Bの創建1000年記念式典奉賛会の発会式への出席、祝辞を述べた行為については、
　白山市長神社関連行事参列違憲訴訟判決

(2) C県知事の大嘗祭の関係儀式である主基斎田抜穂の儀への参列については、
　主基斎田抜穂の儀知事等参列違憲住民訴訟判決

(3) D市教育委員会教育長の忠魂碑前での慰霊祭への参列については、
　箕面忠魂碑・慰霊祭訴訟事件上告審判決

に照らして判断されることとなる。

① 地方公共団体と宗教団体等との「人的な」関わり（儀式、行事への参列等）に関する「政教分離」の原則の意義
　・神道式地鎮祭と政教分離の原則に関する津地鎮祭訴訟判決（最高裁昭52.7.13大法廷判決）

② 市長の神社関連行事への「公人」としての参列、祝辞等
　参列の対象となったのは宗教団体関連の儀式、行事ではあるが、当該儀式、行事の目的等は宗教的性格を有するとは認められない場合
　・白山市長神社関連行事参列違憲訴訟判決（最高裁平24.7.1第三小法廷判決）

③ 即位の礼、大嘗祭、大嘗祭の関係儀式の一である主基斎田抜穂の儀等への参列
　参列の対象となった当該儀式、行事そのものが宗教的性格を有するものと認められる場合
　・鹿児島県知事大嘗祭参列違憲訴訟判決（最高裁平14.7.11第一小法廷判決）
　・主基斎田抜穂の儀知事等参列違憲住民訴訟判決（最高裁平14.7.9第三小法廷判決）
　・**箕面忠魂碑・慰霊祭訴訟事件上告審判決**（最高裁平5.2.16第三小法廷判決）

関係判例等

（神社関係儀式等への参列、祝辞等に関する判決）
・箕面忠魂碑・慰霊祭訴訟事件上告審判決（最高裁平5.2.16第三小法廷判決）
・主基斎田抜穂の儀知事等参列違憲住民訴訟判決（大分県）（最高裁平14.7.9第三小法廷判決）
・大嘗祭知事参列違憲住民訴訟判決（鹿児島県）（最高裁平14.7.11第一小法廷判決）
・知事、県議会議長即位の礼・大嘗祭への参列違憲住民訴訟判決（神奈川県）（最高裁平16.6.28第二小法廷判決）
・白山市長神社関連行事参列違憲訴訟判決（最高裁平24.7.1第三小法廷判決）

第2講 地方自治、地方行政と憲法

関係図6 知事、市町村長等の「公人」としての宗教的行事への参列、祝辞等

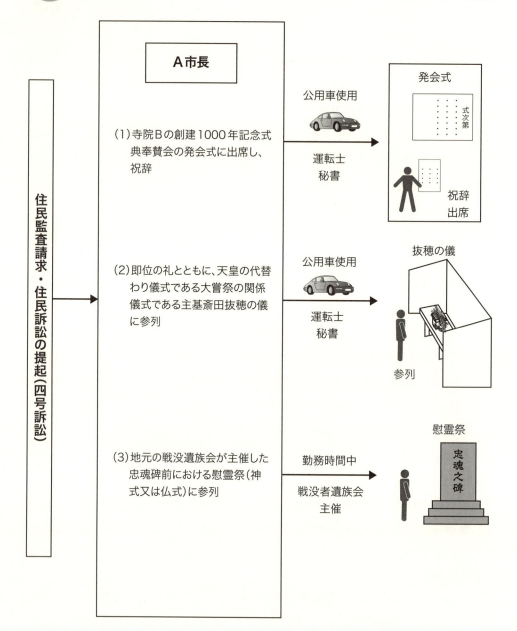

事例 No.7　市役所の庁舎及び敷地内を「全面禁煙」とすることができるか

市役所の庁舎及び敷地内を「全面禁煙」とすることができるか

〜市役所の庁舎及び敷地内における外来者及び職員の喫煙を「全面禁止」とすることができるか？〜

> **Q**　A市ではA市長の積極的な取組により、新たに「禁煙条例」の制定やA市職員服務規程の一部を改正し、市役所庁舎及び敷地内において「全面禁煙」を実施しようとしている。
> 　憲法や関係法令等の規定と照らし合わせ、A市としてどこまで「禁煙」の措置をとることができるか。

【禁煙の推進】

　A市では、これまでも、医師でもあるA市長が「禁煙」の推進に熱心に取り組んできており、「禁煙」の推進について市民に対して積極的に呼びかけてきた。

　しかし、そもそも「禁煙」については「全面禁煙」ではなく、「分煙」でいいのではないかなど、市民の間にもいろいろな考え方があり、また、A市内には葉タバコ生産農家も10数戸あることなどから、いまひとつ市民の理解が得られない状況にあり、なかなか「禁煙」の実効を挙げられないでいる。

【市役所庁舎及び敷地内における禁煙】

　そこで、A市長としては、まず「隗より始めよ！」と、市民などの外来者及びA市の職員に対し、新しくA市「禁煙条例」の制定及びA市職員服務規程の一部改正により、A市役所の庁舎及び敷地内において「全面禁煙」を実施しようと考えている。

　そこで、憲法や関係法令等の規定に照らし、市民などの外来者及びA市の職員に対し、それぞれ条例や服務規程によって、どこまで「禁煙」の措置をとることができるのか、総務課長Bに検討するよう指示した。

　A市長から指示を受けた総務課長Bは、具体的にどのような検討をすればいいのか。

問題点の整理

1　規制の目的

　　「受動喫煙防止対策について」（平成15年4月30日付け健発0430003号厚生労働省健康局長通知）

> 2 規制の手段・方法
>
> 　「受動喫煙防止」条例を制定して規制するか、職務命令又は訓令（服務規程）の制定によるか。
>
> 3 規制の態様
>
> 　「全面禁煙」ではなく、「喫煙コーナー」内で喫煙を認める「分煙」でもいいのではないか。
>
> 　また、市民などの外来者と、市役所の職員という規制の対象によって異なる規制の態様とすることが妥当ではないか。

·········· **問題解決の手がかり** ··········

1 受動喫煙防止対策に関する世界各国等の動き

　受動喫煙防止対策に関する世界各国、WHO、就中、「たばこのない五輪」を目指している国際オリンピック委員会（IOC）の動きがあり、現在、国や東京都においては、2020年東京オリンピック・パラリンピックの開催までの受動喫煙防止対策をより一層の推進しようという動きがある。

2 国レベルの動き

　受動喫煙防止対策に関する世界各国等の動きを踏まえ、厚生労働省は、平成29年3月に原則屋内禁煙とし、面積30平方メートル以下のバーやスナックなどに限り例外的に喫煙を可とする案を提示したが、関係者との協議が調わず、現在、2020年東京オリンピック・パラリンピックまでの全面施行に向け、受動喫煙防止策として、事務所、ホテルなどは屋内禁煙（喫煙室設置可）、病院・大学・官公庁、保育所・幼稚園、小中高等学校は敷地内禁煙、飲食店は客席面積100平方メートル以下（資本金5000万円以下）の既存店での喫煙を可とする新たな健康増進法の一部改正案を、平成30年の通常国会に提出することを目指している。

3 地方自治体の動き

① 秋田県健康づくり推進条例（平成16年4月1日施行）

② 神奈川県公共的施設における受動喫煙防止条例（平成28年4月1日施行）

③ 兵庫県受動喫煙の防止等に関する条例（平成25年4月1日等施行）

　なお、東京都においても2020年の東京オリンピック・パラリンピックの開催をにらんで、受動喫煙の防止等に関する条例の制定に向けた動きがあり、条例骨子案が発表されたが、飲食店は従業員を雇っている場合は原則禁煙とし、雇用していない場合は禁煙、喫煙を選択可とするなど、国より厳しい規制となっている。

事例 No.7 市役所の庁舎及び敷地内を「全面禁煙」とすることができるか

関係判例等

・憲法

（自由・権利の保持の責任とその濫用の禁止）

第12条　この憲法が国民に保障する自由及び権利は、国民の不断の努力によつて、これを保持しなければならない。又、国民は、これを濫用してはならないのであつて、常に公共の福祉のためにこれを利用する責任を負ふ。

（個人の尊重・幸福追求権・公共の福祉）

第13条　すべて国民は、個人として尊重される。生命、自由及び幸福追求に対する国民の権利については、公共の福祉に反しない限り、立法その他の国政の上で、最大の尊重を必要とする。

・地方自治法

（条例、罰則の委任）

第14条　普通地方公共団体は、法令に違反しない限りにおいて第2条第2項の事務（地域における事務及びその他の事務で法律又はこれに基づく政令により処理することとされるもの）に関し、条例を制定することができる。

2　普通地方公共団体は、義務を課し、又は権利を制限するには、法令に特別の定めがある場合を除くほか、条例によらなければならない。

3　普通地方公共団体は、法令に特別の定めがあるものを除くほか、その条例中に、条例に違反した者に対し、2年以下の懲役又は禁錮、百万円以下の罰金、拘留、科料若しくは没収の刑又は5万円以下の過料を科する旨の規定を設けることができる。

・健康増進法

（目的）

第1条　この法律は、我が国における急速な高齢化の進展及び疾病構造の変化に伴い、国民の健康の増進の重要性が著しく増大していることにかんがみ、国民の健康の増進の総合的な推進に関し基本的な事項を定めるとともに、国民の栄養の改善その他の国民の健康の増進を図るための措置を講じ、もって国民保健の向上を図ることを目的とする。

（受動喫煙の防止）

第25条　学校、体育館、病院、劇場、観覧場、集会場、展示場、百貨店、事務所、官公庁施設、飲食店その他の多数の者が利用する施設を管理する者は、これらを利用する者について、受動喫煙（室内又はこれに準ずる環境において、他人のたばこの煙を吸わされることをいう。）を防止するために必要な措置を講ずるように努めなければならない。

第2講 地方自治、地方行政と憲法

解 決 法

A市役所の庁舎及び敷地内において「全面禁煙」とすることができるか。

1 規制の目的

この点については、「受動喫煙防止対策について」（平成15年4月30日付け健発0430003号厚生労働省健康局長通知）において、次のように言及されている。すなわち、健康増進法第25条において、「学校、体育館、病院、劇場、観覧場、集会場、展示場、百貨店、事務所、官公庁施設、飲食店その他の多数の者が利用する施設を管理する者は、これらを利用する者について、受動喫煙（室内又はこれに準ずる環境において、他人のたばこの煙を吸わされることをいう。）を防止するために必要な措置を講ずるように努めなければならない」こととされた。

また、本条において受動喫煙とは「室内又はこれに準ずる環境において、他人のたばこの煙を吸わされること」と定義された。

受動喫煙による健康への悪影響については、流涙、鼻閉、頭痛等の諸症状や呼吸抑制、心拍増加、血管収縮等生理学的反応等の関する知見が示されるとともに、慢性影響として、肺がんや循環器疾患等のリスクの上昇を示す疫学的研究があり、IARC（国際がん研究機関）は、証拠の強さによる発がん性分類において、たばこをグループ1（グループ1〜4のうち、グループ1は最も強い分類）と分類している。さらに、受動喫煙により非喫煙妊婦であっても低出生体重児の出産の発生率が上昇するという研究報告がある。

本条は、受動喫煙による健康への悪影響を排除するために、多数の者が利用する施設を管理する者に対し、受動喫煙を防止する措置をとる努力義務を課すこととし、これにより、国民の健康増進の観点からの受動喫煙防止の取組を積極的に推進することとしたものである。

このような規制の目的について、あらゆる機会、手段・方法により、職員及び市民に周知するよう努める。

2 規制の手段・方法

・市民などの外来者と、市の職員という規制の対象によって異なる規制の手段・方法をとることがいいのではないかと考えられる。

・市議会において「無煙化都市宣言」をしてもらうなど、あらゆる機会をとらえ、受動喫煙防止について市民に周知徹底を図るとともに、市民などの外来者を対象とする場合、受動喫煙防止のための努力規定を明文化した「受動喫煙防止」条例を制定し、A市役所の庁舎及び敷地内における「全面禁煙」についてA市として強い決意をもって協力を求める。

なお、当該条例に違反したときには罰則をもって担保するということを、その

内容とする「受動喫煙防止」条例を制定して規制することの可否についても、A市として引き続き検討している、ということについても明らかにし、この点についても周知徹底を図っていくものとする。

・A市の職員に対しては、すべての職員に対し、文書により受動喫煙防止に関する職務命令を通知し、又は訓令（服務規程）に基づいて規制し、再三再四にわたり警告したにもかかわらずこれに違反したような場合、その状況によっては、文書訓告等の事実上の措置にとどまらず、地方公務員法上の懲戒処分を行うことについても検討していることを明らかにする。

　なお、A市の職員に対しては、禁煙治療を推進する（必要な経費の個人負担等の軽減を図る）ための補助金交付制度を創設する。

3　規制の態様

　A市役所の庁舎及び敷地内における規制の態様としては、「全面禁煙」ではなく、庁舎内及び敷地内に設置した「喫煙コーナー」内で喫煙を認める「分煙」でもいいのではないかという議論があるが、たばこの煙が衣服に付着するという「二次的受動喫煙」ということなども考慮に入れるとき、この点については「分煙」ではなく、「全面禁煙」とすべきであると考えられる。

関係判例

① 在監者喫煙権訴訟判決（最高裁昭45.9.16大法廷判決）
　憲法第13条と喫煙権に関する判決

② 旧国鉄禁煙車両設置等請求訴訟判決（東京地裁昭62.3.27判決）
　受動喫煙（嫌煙権）訴訟のリーディングケース

③ 江戸川区職員（受動喫煙）訴訟判決（東京地裁平16.7.12判決）

第2講 地方自治、地方行政と憲法

関係図7 市役所の庁舎内等における「受動喫煙」防止のための「全面禁煙」の可否

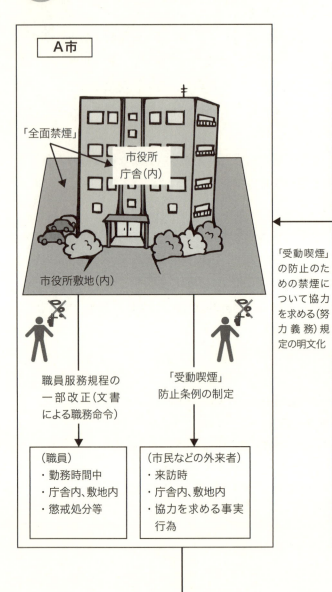

1 庁舎内、敷地内における「全面禁煙」か、分煙か
2 市民などの外来者に対しては、「努力義務」を明文化した「受動喫煙」防止条例の制定
3 職員に対しては、職員服務規程の一部改正(文書による職務命令)、懲戒処分等、なお禁煙治療の推進

事例 No.8　国旗「日の丸」、国歌「君が代」と憲法19条

国旗「日の丸」、国歌「君が代」と憲法19条
～入学式あるいは卒業式において、国旗「日の丸」に向かって一礼せず、国歌「君が代」の起立斉唱を行わなかった教職員に対し、懲戒処分等を行うことができるか？～

Q　A市の市立中学校Bでは、入学式・卒業式において国歌「君が代」の起立斉唱を行わなかった教職員に対し、B中学校長より口頭で厳重注意がなされた。
　B中学校長はその後、当該教職員に対し懲戒処分を行うようA市教育委員会に内申したところ、教職員らで組織する団体から強い抗議を受けた。B中学校長はいかに対応すべきか。

【教職員による国歌斉唱不起立】
　従来からA市の市立中学校Bで、卒業式において、式次第の中にある国歌斉唱に当たり起立せず、又は国歌斉唱をしない複数の教職員がおり、事前に起立斉唱するよう職務命令を発していたB中学校長は、本年度の入学式に当たっても同様の状況であったため、卒業式終了後、個別に関係教職員を校長室に呼んで口頭で厳重に注意した。

【教育委員会への教職員の懲戒処分の内申】
　その後、B中学校長は、当該教職員に対し懲戒処分を行うよう、A市教育委員会に内申したところ、この情報を聞きつけた当該教職員らで組織する職員団体から、交渉の申入れがなされ、交渉の席上、B中学校長の一連の行為は、憲法第19条の規定をはじめ、関係法令に違反するものであるという強い抗議がなされた。
　B中学校長としては、どのような考え方に立って、この問題にいかに対応すべきか。

問題点の整理

1　国旗及び国歌に関する法律に定める国旗「日の丸」、国歌「君が代」と、当該地方公共団体に勤務する（「全体の奉仕者」であり、公務に従事する立場にある）地方公務員としての法令遵守義務
2　入学式、卒業式等において国旗に向かって起立し、国歌「君が代」を斉唱すること、又はそのピアノ伴奏を行うことを命じる上司の「職務命令」の適法性
3　憲法第19条（思想及び良心の自由）の規定と一人の「個人」（「私人」）としての地方公務員の「内心の自由」

第2講 地方自治、地方行政と憲法

···················· 問題解決の手がかり ····················

1 「国旗」及び「国歌」について定める「国旗及び国歌に関する法律」（平成11年8月13日　施行）

　第1条（国旗）

　　国旗は、日章旗とする。

　2　日章旗の制式は、別記第一のとおりとする。

　第2条（国歌）

　　国歌は、君が代とする。

　2　君が代の歌詞及び楽曲は、別記第二のとおりとする。

　我が国においては、大日本帝国憲法の下、第二次世界大戦に至たった経緯等や、その制定過程に関する問題はあるとしても、現在「国旗」及び「国歌」が、実定法として現に施行されている「国旗及び国歌に関する法律」に、その法的根拠が明規されているというのも事実である。

　一人の地方公務員として、いま、この現実にどう向き合うべきかが、問われている。

2 法令等及び上司の職務上の命令に従う義務（地方公務員法32条）

　地方公務員法32条の規定、当該地方公共団体の服務規程等により、職員は、その職務を遂行するに当たっては、法令、条例、地方公共団体の規則及び地方公共団体の機関の定める規程に従い、また、当然に当該地方公共団体の行政組織の一員として、自らの上司である職員の職務上の命令に従わなければならない。

3 憲法19条（思想及び良心の自由）の規定の趣旨、位置づけ

　日本国憲法は、精神活動の自由を保障するため、第19条（思想及び良心の自由）、第20条（信教の自由）、第21条（表現の自由）及び第23条（学問の自由）について規定しているが、第19条の規定は、精神的自由を包括的に保障するものであり、精神的自由の原理的規定としての位置を占めるものと考えられる。

　第19条が保障する「思想」と「良心」の意義については、「良心」は思想のうち倫理性の高いものをいうが、特に二つを区別する必要はないと考えられており、「思想及び良心」とは、世界観、人生観、主義、主張などの個人の人格的な内面的精神作用を広く含むものと解されている。

　また、このような思想及び良心の自由を「侵してはならない」とは、①国民がいかなる国家観、世界観、人生観をもとうとも、それが内心の領域にとどまる限りは絶対的に自由であり、国家権力は、内心の思想に基づいて不利益を課したり、あるいは、特定の思想を抱くことを禁止することができない、ということであり、また、②国民がいかなる思想を抱いているかについて、国家権力が露見を強制することは許されないこと、すなわち、思想についての沈黙の自由が保障されることである。

事例 №.8　国旗「日の丸」、国歌「君が代」と憲法19条

解　決　法

1　「国旗及び国歌に関する法律」に定める国旗「日の丸」、国歌「君が代」と、当該地方公共団体に勤務する（「全体の奉仕者」であり、公務に従事する立場にある）地方公務員としての法令遵守義務について

　公立小中高等学校及び公立養護学校に勤務する教職員は、「法令（その中には、当然に「国旗及び国歌に関する法律」をも含む。）遵守義務」を負う。

2　入学式、卒業式等において国旗に向かって起立し、国歌「君が代」を斉唱すること、又はそのピアノ伴奏を行うことを命じる上司の「職務命令」の適法性について

　国歌斉唱の際に国旗に向かって起立して斉唱することを命ずる旨の校長の職務命令は、「国旗及び国歌に関する法律」、学校教育法、学習指導要領などの趣旨を踏まえたものであり、地方公務員法の関係規定（第30条、第32条）に照らしても適法であると考えられる。

3　憲法19条（思想及び良心の自由）の規定と一人の「個人」（「私人」）としての地方公務員の「内心の自由」について

　国歌斉唱の際に国旗に向かって起立して斉唱することを命ずる旨の校長の職務命令は、「全体の奉仕者」であり、公務に従事する立場にある地方公務員（いわば「公人」）としての立場の教職員に関わるものであり、一人の「個人」（「私人」）としての地方公務員の「内心の自由」に関わるものではないので、通常の場合、その侵害という問題は起こらないのではないかと考えられる。

関係判例等

・憲法

　第19条（思想及び良心の自由）

　思想及び良心の自由は、これを侵してはならない。

・地方公務員法

　第30条（服務の根本基準）

　　すべて職員は、全体の奉仕者として公共の利益のために勤務し、且つ、職務の遂行に当たっては、全力を挙げてこれに専念しなければならない。

　第32条（法令等及び上司の職務上の命令に従う義務）

　　職員は、その職務を遂行するに当たって、法令、条例、地方公共団体の規則及び地方公共団体の機関の定める規程に従い、且つ、上司の職務上の命令に従わなければならない。

・関係判例及び判決の要旨

①　「君が代」ピアノ伴奏拒否事件判決（最高裁平19.2.27第三小法廷判決）

第2講 地方自治、地方行政と憲法

　　市立小学校の校長が職務命令として音楽専科の教諭に対し入学式における国歌
斉唱の際に「君が代」のピアノ伴奏を行うよう命じた場合において、

(1)　上記職務命令は「君が代」が過去の我が国において果たした役割に関わる同
　　教諭の歴史観ないし世界観自体を直ちに否定するものとは認められないこと、

(2)　入学式の国歌斉唱の際に「君が代」のピアノ伴奏をする行為は、音楽専科の
　　教諭等にとって通常想定され期待されるものであり、当該教諭等が特定の思想
　　を有するということを外部に表明する行為であると評価することは困難であっ
　　て、前記職務命令は前記教諭に対し特定の思想を持つことを強制したりこれを
　　禁止したりするものではないこと、

(3)　前記教諭は地方公務員として法令等や上司の職務上の命令に従わなければな
　　らない立場にあり、前記職務命令は、小学校教育の目標や入学式等の意義、在
　　り方を定めた関係諸規定の趣旨にかなうものであるなど、その目的及び内容が
　　不合理であるとはいえないことなど判旨の事情の下では、前記職務命令は、前
　　記教諭の思想及び良心の自由を侵すものとして憲法19条に違反するということ
　　はできない。

②　公立高等学校教諭に対する国歌斉唱義務不存在確認事件判決（最高裁平23.5.30
　第二小法廷判決）

　　公立高等学校の校長が教諭に対し卒業式における国歌斉唱の際に国旗に向かっ
　て起立し国歌を斉唱することを命じた職務命令が憲法19条に違反しないとされた
　判決

③　公立高等学校教職員に対する国歌斉唱義務不存在確認事件判決（最高裁平
　23.6.6第一小法廷判決）

　　公立高等学校の校長が教職員に対し卒業式等の式典における国歌斉唱の際に国
　旗に向かって起立し国歌を斉唱することを命じた職務命令が憲法19条に違反しな
　いとされた判決

④　公立中学校教諭に対する国歌斉唱義務不存在確認事件判決（最高裁平23.6.14第
　三小法廷判決）

　　公立中学校の校長が教諭に対し卒業式又は入学式において国旗掲揚の下で国歌
　斉唱の際に起立して斉唱することを命じた職務命令が憲法19条に違反しないとさ
　れた判決

⑤　公立高等学校等の教職員に対する国歌斉唱義務不存在確認事件判決（最高裁平
　23.6.21第三小法廷判決）

　　公立高等学校等の校長が教職員に対し卒業式又は入学式において国旗掲揚の下
　で国歌斉唱の際に起立することを命じた職務命令が憲法19条に違反しないとされ
　た判決

⑥　公立高等学校等の教職員に係る懲戒処分取消等請求事件判決（最高裁平24.1.16
　第一小法廷判決）

・公立の高等学校又は養護学校の教職員が卒業式等の式典において国歌斉唱の際

事例 No.8 国旗「日の丸」、国歌「君が代」と憲法19条

に国旗に向かって起立して斉唱すること又は国歌のピアノ伴奏を行うことを命
ずる旨の校長の職務命令に従わなかったことを理由とする戒告処分が、裁量権
の範囲を超え又はこれを濫用するものとして違法であるとはいえないとされた
判決

- 公立養護学校の教職員が卒業式において国歌斉唱の際に国旗に向かって起立し
て斉唱することを命ずる旨の校長の職務命令に従わなかったことを理由とする
減給処分が、裁量権の範囲を超えるものとして違法であるとされた判決

⑦ 公立養護学校等の教員に係る停職処分取消等請求事件判決（最高裁平24.1.16第
一小法廷判決）

- 公立養護学校の教職員が同校の記念式典において国歌斉唱の際に国旗に向かっ
て起立して斉唱することを命ずる旨の校長の職務命令に従わなかったことを理
由とする停職処分が、裁量権の範囲を超えるものとして違法であるとされた判
決

- 公立中学校の教職員が卒業式において国歌斉唱の際に国旗に向かって起立して
斉唱することを命ずる旨の校長の職務命令に従わなかったことを理由とする停
職処分が、裁量権の範囲を超え又はこれを濫用するものとして違法であるとは
いえないとされた判決

第2講 地方自治、地方行政と憲法

関係図8 国旗「日の丸」、国歌「君が代」と憲法19条

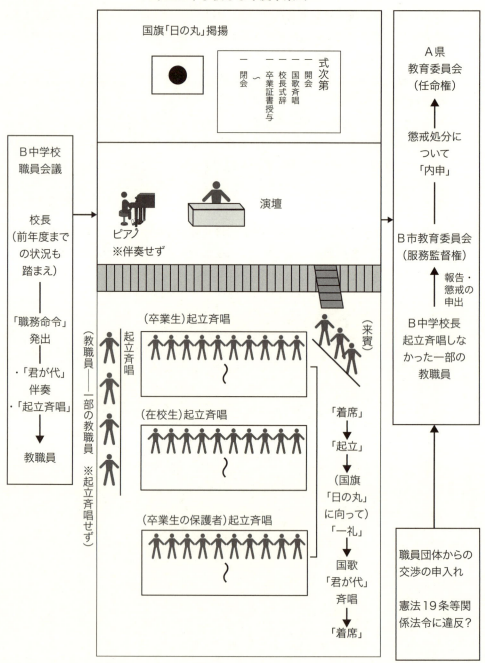

第3講　分権改革の進展と条例

～分権改革の進展と「条例」のもつ現代的意義、その果たすべき役割とは？
条例を制定すべき場合、「要綱」によるべき場合の区別を明確に認識して！～

生活保護受給者によるパチンコ等と保護措置の一時停止

～生活保護受給者が繰り返しパチンコ、競輪等を行っている事実が明らかになった場合、生活保護措置の一時停止等をすることができるか？～

Q　A市では、生活保護受給者がパチンコや競輪等に頻繁に出入りしていることに関する匿名の抗議が相次いでいる。
　A市長はこのような声を受け、生活保護受給者が生活保護費をパチンコや競輪等に使うことを、条例を制定することにより規制できないかと考えている。憲法25条の生存権の保障や生活保護法の目的などと照らし合わせ、このような規制をすることはできるのか。

【生活保護受給者の生活保護費での遊興】

　A市の福祉事務所生活保護担当課では、これまでも、一部の市民から、生活保護受給者が市内のパチンコ店あるいは市営の競輪場に頻繁に出入りしていることなどを問題視し、匿名の投書や抗議の電話等が度々あり、最近ではその内容も次第にエスカレートし、「生活保護をもらっていながら、パチンコや競輪をするのはおかしいのではないか、なんとかしろ！」などと、この問題に対するA市の強い対応を求める多くの批判的な意見が増えている。

【生活保護費を遊興に使うことへの条例制定の可否】

　そこで、A市長は、このような市民の声を受け、生活保護受給者がその生活保護費の一部をパチンコあるいは競輪などに使うことについて、これを条例により規制することができないかと考え、生活保護担当課長Bに、当該条例の制定の可否について検討するよう指示した。

　指示を受けた生活保護担当課長Bは、憲法第25条の生存権の保障の規定や生活保護法制定の目的などに照らし、この問題についてどのように検討すべきか。
　また、この場合、指導要綱の制定によることについてはどうか。

第3講 分権改革の進展と条例

> ## 問題点の整理
>
> 1　憲法第25条の生存権の保障の規定、生活保護法（第1条）の目的に照らしてどのように考えるべきか。
> 2　本件事例の直接の解決のために、生活保護法上の関係規定を解釈するに当たっては、罰則なしの努力規定である生活保護法第60条（生活上の義務）に違反した場合の法的効果は、どうなるのかという点についてはどうか。
> 3　国の「法令に反しない限りにおいて、条例を制定することができる」という地方自治法第14条第1項との関係において、本件事例の直接の解決のために、条例を制定することと生活保護法との関係についてはどうか。
> 4　指導要綱を制定し、当該指導要綱に基づき行うとき、又はこれを制定することなく必要に応じ、随時、個別的、具体的に行うときのいずれであっても、生活保護受給者に対し行政指導を行う場合、どのような点に留意すべきか。
> 5　分権時代における条例と指導要綱の役割分担、その限界についてどのように考えるべきか。

············ 問題解決の手がかり ····························

・大分県別府市においてパチンコ店に出入りしていた生活保護受給者に対し、生活保護の停止などの制裁を実施していたという事件（平29.4.1からは当該制裁を廃止）などから見えてきた問題点とは「なに」か。

解　決　法

・「問題点の整理」において言及した5点を踏まえ、規制の内容及び規制の方法について検討すれば、次のとおりである。
①　憲法第25条の生存権の保障の規定、生活保護法（第1条）の目的に照らして、現行憲法が社会国家の理念に基づいて、「健康で文化的な最低限度の生活を営む権利」を保障しているという「原点」に立ち返って、考えてみる必要がある。
②　生活保護法第27条（指導及び指示）、第62条（指示等に従う義務）なども問題となりうるが、本件事例の直接の解決のために、生活保護法上の関係規定を解釈するに当たっては、とりわけ、罰則なしの努力規定である生活保護法第60条（生活上の義務）に違反した場合の法的効果は、どうなるのかという点について考えるべきである。
③　条例を制定することにより生活保護受給者のパチンコ、競輪等に対する措置を定めようとする場合には、国の「法令に反しない限りにおいて、条例を制

●56●

定することができる」いう地方自治法第14条第1項の規定との関係において、生活保護法と当該条例との関係について考えてみる必要がある。

④　生活保護法の目的を実現するため、指導要綱を制定し、当該指導要綱に基づき行うとき、又はこれを制定することなく必要に応じ、随時、個別的、具体的に行うときであっても、生活保護受給者に対し行政指導を行う場合は、行政指導が本来、専ら相手方である生活保護受給者の「任意的、自発的な」協力に基づき達成することができる事実行為であるという点について明確に認識して行うべきであり、少なくとも、これが強制にわたることのないよう留意すべきであることはいうまでもない。

・規制の内容

①　期間を定めて生活保護費について、全額の支給を停止する。

②　期間を定めて、生活保護費について、一部の支給を停止する。

③　「誓約書」の徴求等により、パチンコ店、競輪場等への立入りの規制について「任意的、自発的な」協力を求める。

・規制の方法

①　条例を制定することにより、規制する方法

②　指導要綱を制定することにより、規制する方法

③　必要に応じ、随時、個別、具体的に行政指導を実施することにより、規制する方法

・いかなる「規制の内容」を、どのような「規制の方法」により実施すべきか。

憲法第25条の生存権の保障の規定、生活保護法（第1条）の目的に照らし、生活保護法が罰則なしの努力規定である生活保護法第60条（生活上の義務）を定めているということを基本として、なお、条例を制定する場合は、国の「法令に反しない限りにおいて、条例を制定することができる」という自治法第14条第1項の規定、また、指導要綱を制定し、又はこれを制定することなく必要に応じ、随時、個別的、具体的に行政指導を行う場合は、専ら相手方である生活保護受給者の「任意的、自発的な」協力に基づき達成することができる事実行為であるということを踏まえ、「規制の内容」の③を、「規制の方法」の②又は③により実施すべきであると考える。

第3講 分権改革の進展と条例

関係判例等

・いわゆる朝日訴訟上告審判決（最高裁昭42.5.24大法廷判決）

・大分県別府市議会における議員からの「生活保護対策について」の一般質問、答弁（平27.12.15　平成27年別府市議会第4回定例会）

・厚生労働省の見解　「生活保護法に遊興費に支出を禁じる直接の規定はなく、（別府市が行った）調査は適切ではない。」

・平成29年3月、厚生労働省が生活保護受給者のパチンコ、競輪等の事例、自治体の指導状況に関する調査を実施する旨市町村等に通知

・平成25年3月27日兵庫県小野市の「小野市福祉給付制度適正化条例」可決、成立し、公布の日（同年4月1日）から施行

事例 No.9　生活保護受給者によるパチンコ等と保護措置の一時停止

関係図9　生活保護受給者のパチンコ、競輪等に対する規制

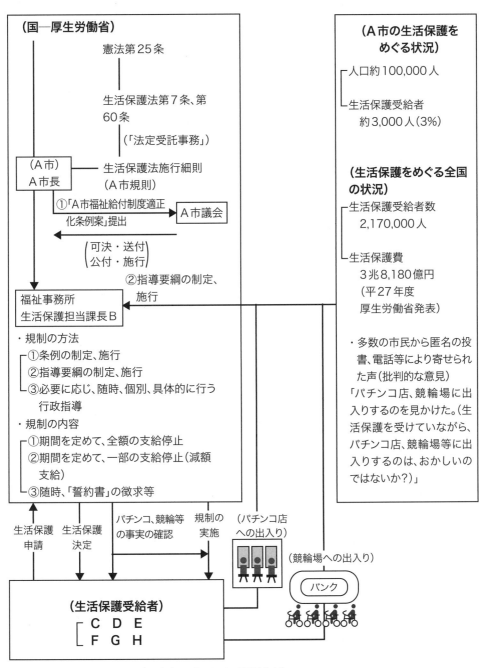

※兵庫県小野市条例、大分県別府市などにおける問題事例
　（平23.4.1施行）（平26.12.15別府市議会一般質問）
※神奈川県小田原市の生活保護担当職員ジャンパー（「生活保護なめんな」「不正を罰する」などとプリントしたもの）着用問題（平成19年から）（平29.1.17公表）

第3講 分権改革の進展と条例

自治基本条例、まちづくり基本条例の制定に当たっての留意点

～自治基本条例、まちづくり基本条例を制定することの意義、既存の条例との関係、その実効性の担保等についてどう考えるか？～

Q A市長は市長選の公約として掲げた自治基本条例、まちづくり基本条例の制定を実行しようとしている。
条例の制定に当たり、意義、問題点、また既存の条例との関係などどのように考えればよいか。

【基本条例を制定する意義】

新しく就任したA市長は、市長選に当たり公約として掲げた自治基本条例、まちづくり基本条例の制定について、企画課長Bに検討するよう指示した。

指示を受けた企画課長Bは、かねてより、自治基本条例、まちづくり基本条例を制定する必要があるのか、特に、既存の条例との整合性をどうとるかなど、制定後の運用についても疑問を持っていたが、A市長の公約であり、その具体的な指示もあって、この機会に、A市として制定しなければならないと考えているが、いまひとつ納得がいかないでいる。

自治基本条例、まちづくり基本条例の制定に当たって、問題点、疑問について、どのように整理すべきか。

問題点の整理

1　「自治基本条例、まちづくり基本条例」とは、「なに」か（意義）。
2　いま、なぜ、「基本条例」を制定するのか（背景・理由）。
3　条例の構成、内容は、どうなっているのか（規定事項）。
4　新たに制定した場合、既存の条例との関係は、どうなるのか（既存条例との整合性）。
5　基本条例の実効性を担保するためには、どうすればいいのか（実効性の担保）。
6　「基本条例」を制定することによって、地方行政運営の、どこが、どう変わるのか（その後の地方行政運営に及ぼす効果）。
7　自治立法の体系をどう考えるべきか（「基本条例」の位置づけ）。

事例 №.10　自治基本条例、まちづくり基本条例の制定に当たっての留意点

I
地方行政と法

・・・・・・・・・・・・・・・・・ 問題解決の手がかり ・・・・・・・・・・・・・・・・・

・まちづくり基本条例、自治基本条例の先進的事例としての「ニセコ町まちづくり基本条例」（平13.4.1施行）、「杉並区自治基本条例」（平15.5.1施行）の制定と施行後における運用状況に照らして考えていく必要がある。

・国のレベルにおける教育基本法、環境基本法をはじめ「○○基本法」とは、国法の体系において、どのような位置づけがなされているのか、「○○基本法」と「自治基本条例」は、どこが、どうちがうのか。

　「基本法」とは、一般的には、国政に関する重要な分野について、国の制度、政策、施策に関する基本方針、準則、大綱などを示したものであり、憲法と個々の法律との間をつなぐものとして、憲法の理念を具体化し、補完するという役割をもっている。

　「基本法」は、国法の体系においてはもちろん「法律」であり、その形式的効力は「法律」と同一であるが、最近では、事実上、国法の体系が憲法→「基本法」→法律→政令→省令→告示等に変容しているのではないかと考えられる。

解 決 法

1　「自治基本条例、まちづくり基本条例」とは、「なに」か（意義）。

　地方自治体の運営の全般に関わって、当該自治体における「地方自治の本旨」の実現、地方行政の運営に関し、その根本を定めるという性格を有する条例である。

2　いま、なぜ、「基本条例」を制定するのか（背景・理由）。

・1970年代後半ころから80年代にかけて、「むらおこし、まちづくり」の活発化、「地方の時代」の提唱（1978年　昭和53年）

・1980年代後半から1990年代にかけて、地方自治体の自己改革と国との在り方を含む「地方分権」の推進、地方分権一括推進法の施行（2000年　平成12年）

・1990年代後半以降には、平7.1.17　の阪神・淡路大震災の発生もあり、地方自治体と地域における公共部門の新しい「担い手」としてのNPOとの協働の推進という新しい動きも

3　条例の構成、内容は、どうなっているのか（規定事項）。

・「基本条例」のいわば「自治体の憲法」としての位置づけの明確化

・総論的な部分　地方自治、地方行政の基本的な理念や基本原則

　住民の権利や義務、行政や議会の責務、自治体の運営方法

　住民自治、参加と協働、情報共有、透明性の確保

　地域の現状や将来像

・各論的な部分　住民参加、住民協働、行政執行体制、コミュニティ、まちづくり

●61●

4 新たに制定した場合、既存の条例との関係は、どうなるのか（既存条例との整合性）。

　基本条例との整合性を保つため、必要に応じ既存条例の改廃が必要となる場合が生じる。

5 基本条例の実効性を担保するためには、どうすればいいのか（実効性の担保）。

・4年程度の期間を設け、定期的に「基本条例」の見直しを行う。

・基本条例の施行状況をチェックする有識者、住民もメンバーとする委員会を立ち上げる。

6 「基本条例」を制定することによって、地方行政運営の、どこが、どう変わるのか（その後の地方行政運営に及ぼす効果）。

　行政組織の改廃も含む行政運営の不断の改革、なによりも、当該自治体がどういう方向に進もうとしているのか、常に、明確に意識させる自治体職員の意識改革を行うことができる。

7 自治立法の体系をどう考えるべきか（「基本条例」の位置づけ）。

・自治体の「最高規範」と位置づけられる「基本条例」と、一方の極にある指導要綱とのはざ間で、これからの地方行政の運営はどうあるべきか。

・実際の地方行政の事務処理に当たって、自治体職員として、「基本条例」「指導要綱」とどう向き合うべきか、まさに、自治体職員としてのリーガル・マインドが問われている。

　なお、制定した基本条例を一過性の「パフォーマンス条例」（例えば、首長が代わった場合、当該基本条例が「お蔵入り」するなど）としないために、職員の不断の努力が求められることとなる。

関係判例等

・全国の自治基本条例、まちづくり基本条例は、365件（平29.3.27現在）であり、また、国のレベルにおける法律の総数1,966件（平29.2.1現在）のうち、その名称中に「基本法」という文字を含む法律は、教育基本法をはじめ47件制定されている。

事例 No.10　自治基本条例、まちづくり基本条例の制定に当たっての留意点

関係図10　「基本条例」の制定に当たっての留意点

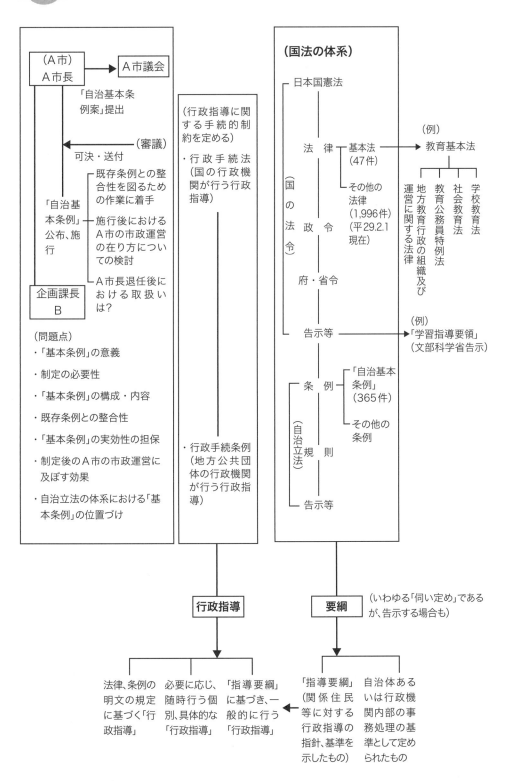

第3講 分権改革の進展と条例

ラブホテル規制条例等と憲法、国の法令との関係

～分権改革後に出された初めての条例に関する最高裁判決である東郷町ラブホテル訴訟判決を踏まえ、これからの条例と憲法、国の法令との関係についてどう考えるべきか？～

> **Q** A町では良好な生活環境のために、「A町ホテル等建築の適正化に関する条例」を制定している。この条例に基づきBホテル業者がラブホテルの建築工事を計画し、A町長に対して申請をしたが、A町長は当該条例を検討し、建築工事の中止命令を出した。
> Bホテル業者は、本件条例及び本件中止命令は憲法第22条、風俗営業等の規制及び業務の適正化に関する法律及び旅館業法に違反するものであると主張しているが、これは、認められるか。

【条例に基づき建築工事を中止に】

A町では、町内全域がいまも田園的雰囲気を有し、宅地化された地域も生活のための居住空間がほとんどであり、その全域において、良好な生活環境、教育環境を維持していきたいという方針の下、ラブホテルの建設についてもできるだけこれを抑制するため、A町ホテル等建築の適正化に関する条例（以下「本件条例」という。）を制定している。

ラブホテルの建設に当たっては、建築主は、あらかじめ町長に申請し、その同意を得なければならないと定めた本件条例の規定に基づき、ラブホテル（以下「本件建築物」という。）の建築工事を計画しているBホテル業者が、A町長に本件建築物に係る同意の申請をしたが、A町長は当該条例の関係規定を子細に検討した上、これに同意しなかった。

その後、Bホテル業者は、A町を所管するC県土木事務所の建築主事Dに建築確認申請書を提出し、建築基準法第6条第1項の規定による建築確認を受けて本件建築物の建築工事に着手した。

このため、A町長は、本件条例の関係規定に基づいて本件建築物の建築工事の中止命令を出した。

Bホテル業者は、本件条例及び本件中止命令は憲法第22条、風俗営業等の規制及び業務の適正化に関する法律及び旅館業法に違反するものであるとして主張しているが、これは、認められるか。

事例 No.11 ラブホテル規制条例等と憲法、国の法令との関係

問題点の整理

1 国の法令が条例の制定を禁止しているか否か。

　平成12年4月1日の地方分権一括法の施行による機関委任事務の廃止、法令の解釈・適用の原理の転換がなされた。

　最高裁の国の法令と条例との関係についてのリーディング・ケースである徳島市公安条例事件判決を、分権改革後においてどう解するか、国の法令と条例に重複がある場合には、条例における規制（重複規制）が特別の意義と効果を有し、かつ、その「合理性」が肯定されるときは、当該法令は当該条例を排除するものではないという点が再確認されるべきである。

2 この「合理性」を裏付ける事実、すなわち立法事実の詳細な検討が必要である。

　法律と条例の重複があっても、特別の目的と意義を有し、合理性があれば、両者は矛盾抵触するものではなく、条例は有効であるという考え方は、当該条例を支える「立法事実」が十分に基礎づけられるか否かにかかっている。

　それでは、「立法事実」とは「なに」か、「立法事実」は、「目的に関する事実」と「手段の合理性に関する事実」との二つに分かれ、さらに、①「規制目的」、②「規制による弊害」、③「規制と目的との合理的関連性」、④「代替手段の存在及び目的と規制手段との均衡」の四つに分類されるといわれている。

···································· 問題解決の手がかり ····································

　風俗営業等の規制及び業務の適正化に関する法律、旅館業法が、ラブホテル等建築規制条例を禁止しているか否かについて判断した愛知県東郷町ラブホテル建築工事中止命令無効確認等請求事件判決（名古屋地裁平17.5.26判決）において、裁判所は、立法事実を詳細に認定し、自治体の自主性にも配慮を示しつつ、条例の有効性判断基準としての「規制の必要性」（上述した①「規制目的」）「相応の合理性」「比例原則」（上述した②「規制による弊害」、③「規制と目的との合理的関連性」、④「代替手段の存在及び目的と規制手段との均衡」）に鑑みて、当該条例を適法としている。

解 決 法

1　本件条例は、「規制の目的」について、ホテルや旅館等の建築全般の適正化を図るという建前をとっているものの、その内容に照らすと、その主たる目的は、自然と調和のとれた生活環境、教育環境を維持すべく、これの妨げとなると考えられたラブホテル等のこれ以上の出現を抑制するためであり、その目的の正当性

●65●

が認められる。

2 「規制の弊害」については、本件条例の規制内容が不明確であるため、不当に広範に規制を加えるものであるかという点が問題となるが、この点に関しては本件条例の施行規則、指導基準によってさらに基準の具体化が図られており、また、そもそもラブホテルの定義についても、風営法上の規定等に照らし、その定義、内容が規制内容の適否を判断できないほどに不明確であるということはできない。

3 「規制と目的との因果的関連性」については、A町では、町内全域がいまも田園的雰囲気を有し、宅地化された地域も生活のための居住空間がほとんどであり、その全域において、良好な生活環境、教育環境を維持していきたいという方針の下、ラブホテルの建設についてもできるだけこれを抑制するため、本件条例を制定したことについては、相応の合理性がある。

4 「代替手段の存在及び目的と規制手段との均衡」については、本件条例の定める構造基準を満たすホテル等を、あえてラブホテル等として使用すること、すなわち性的な営みをする場所として提供すること自体を禁ずるものでなく、また、既存の建物をラブホテル等として利用することも禁ずるものでないことを考慮すると、その規制の手法、内容が比例原則に反するものとまではいえない。

以上のところから、本件条例及び本件中止命令は、憲法第22条、風俗営業等の規制及び業務の適正化に関する法律及び旅館業法に違反するものではなく、適法であり、かつ、有効であると考えられる。

関係判例等

・徳島市公安条例事件判決（最高裁昭50.9.10大法廷判決）

・愛知県東郷町ラブホテル建築工事中止命令無効確認等請求事件判決（最高裁平19.3.1第一小法廷決定　上告棄却　名古屋高裁平18.5.18判決　確定）（名古屋地裁平17.5.26判決）

・長崎県飯盛町旅館建築の規制に関する条例事件判決（福岡高裁昭58.3.7判決）

・なお、次のような、憲法第21条の表現の自由、第22条の営業の自由に関する規定などとの関係が問題となった青少年保護育成条例に関する最高裁判決も出されている。

　① 青少年保護育成条例による淫行禁止に関する判決（最高裁昭60.10.23大法廷判決）

　② 青少年保護育成条例による「有害図書」指定と表現の自由に関する判決（最高裁平元.9.19第三小法廷判決）

〈参考〉

「神奈川県臨時特例企業税に関する意見書」鈴木庸夫（千葉大学法学論集　第24巻第2号(2009)）

事例 No.11　ラブホテル規制条例等と憲法、国の法令との関係

関係図11　ラブホテル規制条例と憲法、国の法令との関係

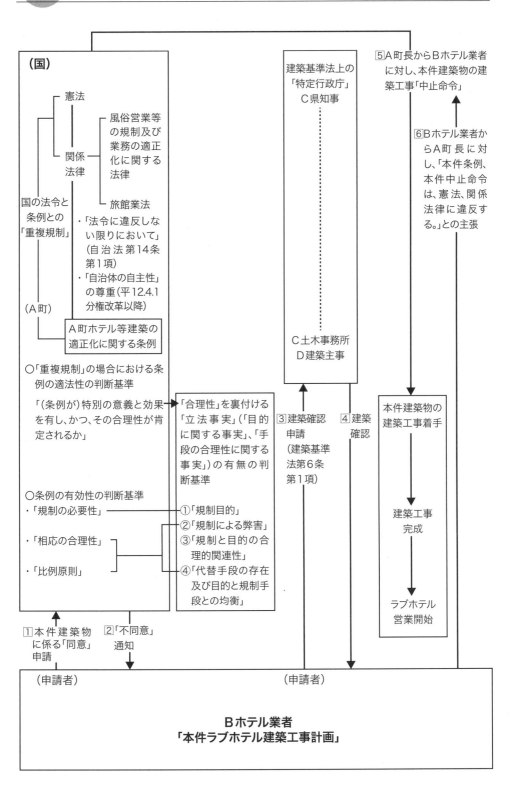

第3講 分権改革の進展と条例

「条例」を制定すべき場合と「要綱」によるべき場合はどう区別するか

～「条例」とは、「要綱」とは「なに」か、その役割分担についてどう考えるべきか？～

Q 地方行政活動における事務処理に当たり、「条例」を制定すべき場合と、「要綱」によるべき場合はどのように区別するのか。

【「条例」を制定すべきか、「要綱」によるべきか】

A市では、市議会において、法律に詳しいと自認しているベテランの市議会議員Bがおり、これまでも、一般質問や常任委員会における質疑等を通じて、「条例」を制定すべきか、「要綱」によるべきかという問題について、次のような疑問が議員から繰り返し提起されてきた。

① 情報公開制度を設けるに当たり、情報公開条例を制定するのはなぜか、情報公開条例を制定しなくても、情報公開実施「要綱」を制定して制度化することができるのではないか。

② 市内の中小企業向けの低利の運転資金の貸付制度を創設するために、条例を制定しなければならないのか、運転資金貸付「要綱」の制定でいいのではないか。

③ 市内の高校に通う就学困難な生徒に対し奨学金の貸付制度を創設するために、条例を制定しなければならないのか、奨学金貸付「要綱」の制定でいいのではないか。

④ 市内で新たに産業廃棄物処理施設を設置しようとする場合、関係法令上の手続を履践するほか、生活環境保全条例を制定して、市長に対し関係地元住民の「同意書」の提出を義務付けようとしたところ、条例上「同意書」の提出を義務付けても、その法的性質は、行政指導だから、生活環境保全「要綱」を制定すればいいのではないか。

⑤ なお、「条例」を制定すべきか、「要綱」によるべきかという問題とは、若干異なるが、関連する問題として、「職員倫理」に関するコンプライアンス「条例」と職員倫理「規程」との関係についても、どのように考えるべきか。

これら①～⑤までの問題について、法制を担当している総務課長Cとしては、「条例」を制定すべきか、「要綱」によるべきか、その判断基準についてはどのように考えればよいか。

事例 No.12 「条例」を制定すべき場合と「要綱」によるべき場合はどう区別するか

Ⅰ

地方行政と法

問題点の整理

1 「条例」とは「なに」か。

〜「条例」の意義、普通地方公共団体の事務〜

憲法第94条は、「地方公共団体は、その財産を管理し、事務を処理し、及び行政を執行する権能を有し、法律の範囲内で条例を制定することができる。」と規定している。

また、地方自治法第14条第1項、第2項は、次のとおり規定している。

「普通地方公共団体は、法令に反しない限りにおいて第2条第2項の事務に関し、条例を制定することができる。

② 普通地方公共団体は、義務を課し、又は権利を制限するには、法令に特別の定めがある場合を除くほか、条例によらなければならない。」

この第14条第2項では、「法令」とは、憲法をはじめ、法律（「基本法」を含む。）、政令、府・省令、告示などの「国の法令」をいい、また、従来の「行政事務」の概念が規定上削除されている。

なお、地方自治法第2条第2項の「普通地方公共団体の事務」、同条第8項の「自治事務」、同条第9項の「法定受託事務」については、それぞれ次のとおり規定されている。

② 普通地方公共団体は、地域における事務及びその他の事務で法律又はこれに基づく政令により処理することとされるものを処理する。

ここで普通地方公共団体が法令で処理することとされている事務は、自治事務たると法定受託事務たるとを問わない。

（③〜⑦ 略）

⑧ この法律において「自治事務」とは、地方公共団体が処理する事務のうち、法定受託事務以外の事務をいう。

⑨ この法律において「法定受託事務」とは、次に掲げる事務をいう。

(1) 法律又はこれに基づく政令により都道府県、市町村又は特別区が処理することとされる事務のうち、国が本来果たすべき役割に係るものであつて、国においてその適正な処理を特に確保する必要があるものとして法律又はこれに基づく政令に特に定めるもの（「以下「第一号法定受託義務」という。」）

(2) 法律又はこれに基づく政令により市町村又は特別区が処理することとされる事務のうち、都道府県が本来果たすべき役割に係るものであつて、都道府県においてその適正な処理を特に確保する必要があるものとして

●69●

法律又はこれに基づく政令に特に定めるもの（「以下「第二号法定受託
義務」という。」

2 「要綱」とは「なに」か。

～「要綱」の二つの類型──地方公共団体あるいは行政庁内部の「事務処理
基準」として、「行政指導の一般的な基準」として～

① 地方公共団体あるいは行政庁における内部的な「事務処理基準」としての
性質を有するもの（内部「事務処理基準」）

専ら、自治体職員を名宛人とし、地方公共団体あるいは行政庁内部における、
慣行として確立している事務処理の一方法であり、「事務処理基準」として（最
終的には知事あるいは市町村長の決裁を経て、）いわゆる「伺い定め」により
定められたものであって、必ずしも一般的に住民等に公示されるものではない。

なお、補助金交付要綱等により、関係住民に対する授益的な性質をもつ給付
行政に関する事務処理を行う場合など、本来は内部「事務処理基準」であると
考えられるが、その事務の性質上、これを住民に対し公示するものもある。

② 許認可等処分申請者等当該事務処理に係る関係住民に対する一般的、規制
的な行政指導の基準としての性質を有するもの（「指導要綱」）

事業者等関係する不特定多数の相手方住民等に対し、地方公共団体あるいは
行政庁として、一定の行政目的を実現するために、任意的・自発的な協力を求
める事実行為（したがって、これに従わなかったとしても、なんら法的効力は
生じない。）である一般的な「行政指導」（行政手続法第2条第6号）の基準・
指針を示したものであって、いわゆる「伺い定め」により定められるものであ
るが、必要に応じ、議会の全員協議会等において審議され、その了解を経、告
示等により一般的に住民等に公示されることもあるものである。

③ 行政手続法第36条（複数の者を対象とする行政指導）は、「要綱」につい
て次のように規定している。

「同一の行政目的を実現するため一定の条件に該当する複数の者に対し行政
指導をしようとするときは、行政機関は、あらかじめ、事案に応じ、行政指導
方針を定め、かつ、行政上特別の支障がない限り、これを公表しなければなら
ない。」

3 特に「条例」と「指導要綱」との関係、役割分担についてどう考えるか。

～条例と指導要綱との適切な役割分担のために～

① 条例の意義、役割

現行の地方自治法第14条第1項、第2項は、「条例」について次のとおり規

定していることは先に言及したとおりである。

「普通地方公共団体は、法令に反しない限りにおいて第2条第2項の事務に関し、条例を制定することができる。

②　普通地方公共団体は、義務を課し、又は権利を制限するには、法令に特別の定めがある場合を除くほか、条例によらなければならない。」

平成12年4月1日の地方分権一括法の施行により、地方公共団体の事務区分が、それまでの「団体事務、機関委任事務」から「自治事務、法定受託事務」へと再構成された。

これまで、団体事務については条例の制定が「可能」とされていたが、機関委任事務（都道府県においてはその事務のうち約7～8割、市町村においてはその事務のうち約3割から4割といわれていた。）については条例の制定は「不可」とされていた。

しかし、地方分権一括法が施行された後、地方公共団体においては自治事務、法定受託事務を問わず、すべての事務について「条例」の制定が「可能」となっている。

このような「条例」をめぐる制度的な変革を踏まえ、これからも住民の権利を制限し、義務を課するという権利義務の規制（政策目的を達成するためには行政指導ではなく、権利義務の規制によることが適当な事項、条例で規定すべき事項）に関しては、一般的に政策の実効性の向上や公平性の確保という視点に立って、必ず「条例」によらなければならないものと解されている。

②　指導要綱の意義、役割

その一方において、行政指導については、実定法上「行政機関がその任務又は所掌事務の範囲内において一定の行政目的を実現するため特定の者に一定の作為又は不作為を求める指導、勧告、助言その他の行為であって、処分に該当しないものをいう。」（行政手続法第2条第6号）と規定されており、また、指導要綱についても、現在は行政手続法第36条（複数の者を対象とする行政指導）において、「同一の行政目的を実現するため一定の条件に該当する複数の者に対し行政指導をしようとするときは、行政機関は、あらかじめ、事案に応じ、行政指導方針を定め、かつ、行政上特別の支障がない限り、これを公表しなければならない。」と規定されている。

しかし、これまでの多くの判例、実例等の蓄積もあり、実定法上、行政手続法においてどのように定義しようと、行政指導が、事業者等関係する不特定多数の相手方住民等に対し、地方公共団体あるいは行政庁として、一定の行政目

的を実現するために、任意的・自発的な協力を求める事実行為（したがって、これに従わなかったとしても、なんら法的効力は生じない。）であることについてはなんら変わらない（その意味では、これら行政指導、指導要綱に関する行政手続法上の規定は、これまでの多くの判例、実例等の蓄積の上に立ち、その内容を実定法化したということができる。）。

このような行政指導、指導要綱をめぐる現下の状況を踏まえ、「行政指導」が任意的・自発的な協力を求める事実行為（いかなる意味においても、法的強制力を伴わない。）にすぎず、「指導要綱」は複数の関係住民に対し行政指導をしようとする場合における行政指導方針であるという、その意義と限界を十分に見極めながら、いかなる場合に「指導要綱」によるべきか、について判断すべきこととなる。

なお、行政手続法においては、ここで言及した行政指導の定義（第2条第6号）、複数の者を対象とする行政指導（第36条）のほか、行政指導の一般原則（第32条、第34条）、申請、許認可等の権限に関連する行政指導（第33条）、行政指導の方式（第35条）について規定しているが、ここで留意すべき点は、もとより、行政手続法、行政手続条例によっても、地方自治体あるいは自治体職員が、その政策目的を実現するために必要な行政指導を行うことが否定されているわけでは、決してないということである。

③ 「条例」と「指導要綱」との関係〜条例と指導要綱との適切な役割分担〜

「条例」と「指導要綱」との関係についてどのように考えればいいのか、端的にその手がかりになると考えられるのが、指導要綱の「条例化」という問題である。

条例制定権の範囲の飛躍的拡大をもたらした分権改革の推進、行政改革の一環としての情報公開の進展、もちろん直接に明文をもって行政指導、指導要綱について規定した行政手続法の施行、建築確認等の民間開放などの規制改革の進行、さらには地方自治体における意見募集など市民参加の理念の拡大等を背景・理由として、従来の行政指導、就中「指導要綱」の在り方について問題提起がなされ、その条例化を含めた見直しが検討される状況にある。

少なくとも、現代の地方自治、地方行政活動においては、地方自治体として、その政策目的を実現するために、権利義務の規制によるべきか、行政指導、指導要綱によるべきか、あるいはこれらを併用するのか、一定の明確な方針のもとに、問題・事案の性質に応じ、これを決定することとなる。

この場合、とりわけ宅地開発等指導要綱などの規制的指導要綱について問題

事例 №12 「条例」を制定すべき場合と「要綱」によるべき場合はどう区別するか

Ⅰ

地方行政と法

となると考えられるが、指導要綱上のすべての事項についてこれを条例に規定することについては適当ではなく、例えば、道路、下水道、公園、学校などの公益施設の整備に必要な費用の負担を求める開発負担金条項（地方財政再建特別措置法第5条の2の強制・割当て寄附に関する規定に抵触するおそれがある。）に代表される「実体規定」と、周辺住民との紛争の未然防止のための周知、話合いを求める関係住民との調整条項、周辺住民の「同意書」の提出を求める同意条項（憲法第29条、第22条との関係という問題も生じる可能性がある。）に代表される「手続規定」との区別なども考慮に入れつつ、条例と指導要綱との適切な役割分担について具体的に検討していくべきであると考えられる。

　したがって、現在のところ、原則として、開発負担金条項などの実体規定は「指導要綱」で、届出、協議、勧告などの手続規定は「条例」で、それぞれ規定するということになると考えられるが、今後の方向としては、地方自治体において、政策目的の実現のために直接関わる重要な問題である実体規定についても条例で規定するという方向・必要性が高まるのではないかと考えられる。

·········· 問題解決の手がかり ··········

1 「政策法務」の展開と、「条例」「指導要綱」との関係

　〜「政策法務」の確立をめぐるこれまでの動きの中で、「条例」と「指導要綱」は、どのような意義をもち、役割を担ってきたか、「なに」が問題となったのか、これからの「新しい」展開は「いかに」あるべきか〜

　「政策法務」とは、分権改革の進展により今や地域の政策主体となった地方自治体が、当該地域の当面する政策課題の解決、ひいては住民の福祉の増進のために、条例、要綱の手段・方法を使って行う自主的・主体的な取組（いわば地方自治の「知恵」）であるということができるが、その展開については、次のような時代に区分することができる。

(1) 秩序維持型法務の時代　昭和20年代後半から30年代前半

　政策法務「前史」（「警察型」条例の時代）

　公安条例（新潟県、徳島市、東京都）、青少年保護育成条例（福岡県、岐阜県）、工場誘致条例

(2) 環境保全型法務の時代　昭和30年代後半から昭和40年代後半

　政策法務の「成立期」（「環境保全型」条例の時代）

　公害防止条例（東京都）

　宅地開発等指導要綱（川崎市、川西市、武蔵野市）

●73●

自然環境保全条例（北海道）、県土保全条例（岡山県）、消費者保護条例、モーテル規制条例

(3)　住民参加型法務の時代　昭和50年代前半から昭和60年代まで

政策法務の「展開期」（「住民参加型条例」の時代）

環境影響評価条例（川崎市）、景観条例（神戸市、滋賀県）

個人情報保護条例（徳島市、国立市）

情報公開条例（山形県金山町、神奈川県、埼玉県）

住民投票条例（高知県窪川町　四万十町　沖縄県名護市）

政治倫理条例（堺市）

(4)　分権推進型法務の時代　平成以降これまで

政策法務の「発展期」（「分権推進型」政策法務の展開）

宅地開発等指導要綱の見直し

地方分権一括法の施行、情報公開法、個人情報保護法の施行

地域づくり・まちづくり条例、環境基本条例

オンブズマン条例（川崎市）

まちづくり基本条例（ニセコ町）、自治基本条例（杉並区）、議会基本条例（栗山町）

(5)　これからの時代における「政策法務」の「新しい」展開

　地方自治、地方行政において、これまで確立されてきた「法の支配」、法治主義（「法律による行政」の原理）を前提とし、新しく、次のような考え方に立って、「条例」と「指導要綱」のはざまで、地方行政における「法」とは「なに」か、について改めて問う必要があると考えられる。

①　法の支配、法治主義の深化、そのいわば「内延的な」拡がりとしての、情報公開制度、行政手続制度の進展と、「公正の確保、透明性の向上、説明責任」の確立という新しい考え方

②　法の支配、法治主義の射程範囲のいわば「外延的な」拡がりと、（「法令の遵守」「（倫理、道徳規範をも含む）社会規範の遵守」をも包摂する）「コンプライアンス」の確立という新しい考え方

③　法の支配、法治主義の深化、そのいわば「内延的な」拡がり、その射程範囲のいわば「外延的な」拡がりと、「コンプライアンス」視点に立った「説明責任」を果たすという考え方

2　分権改革の進展と、「条例」との関係

〜分権改革の進展と条例制定権の範囲の飛躍的拡大〜

平7.7.3　　地方分権推進法施行　地方分権推進委員会設置

事例 No.12 「条例」を制定すべき場合と「要綱」によるべき場合はどう区別するか

平12.4.1	地方分権の推進を図るための関係法律の整備に関する法律（地方分権一括法）施行
平19.4.1	地方分権改革推進法施行　地方分権改革推進委員会設置
平19.5.30	地方分権改革推進委員会「地方分権改革推進にあたっての基本的な考え方―地方が主役の国づくり―」公表
平23.5.2	地域主権改革関連二法施行

    ① 地域の自主性及び自立性を高めるための改革の推進を図るための関係法律の整備に関する法律（「第一次一括法」）

    ② 国と地方の協議の場に関する法律

平23.8.30	第二次一括法施行
平25.6.14	第三次一括法施行
平27.4.1	第四次一括法施行
平27.6.26	第五次一括法施行

3　行政手続法の施行と、「指導要綱」との関係

　〜宅地開発指導要綱をめぐる「混沌」と行政手続法の制定、施行による「手続的制約」の導入〜

平3.12.12	第三次臨時行政改革推進審議会（「第三次行革審」）「公正・透明な行政手続法の整備に関する答申」
平6.10.1	行政手続法施行 行政指導、指導要綱に関する手続的制約
平18.4.1	意見公募手続等に関する行政手続法の一部改正法施行
平27.4.1	行政不服審査法の一部改正に伴う行政手続法の一部改正法施行

解決法

1　解決に当たっては、「条例の類型」から考えてみる必要がある。

⑴　事務の種類・性質による条例の類型

    ① 自治事務条例と法定受託事務条例〜事務の種類による類型化

    ② 住民の権利義務に関わらない事務に関する条例（「内部的事項に関する条例」）と住民の権利義務に関わる事務（「権利制限・義務賦課」）に関する条例〜事務の性質等による類型化

⑵　「必要的条例事項」「任意的条例事項」「条例を制定するのには必ずしもふさわしくない（!?）事項」

　　なお、普通地方公共団体は、法令に反しない限りにおいて第2条第2項の事務に関し、条例を制定することができる（地方自治法第14条第1項）ことは、

●75●

先に言及したところであるが、普通地方公共団体が「必ず条例によらなければ
ならないとき」、すなわち地方自治法その他の法律上「必要的条例事項」とさ
れているものには、次の二つの類型がある。

① 普通地方公共団体は、義務を課し、又は権利を制限するには、法令に特別
  の定めがある場合を除くほか、条例によらなければならない（地方自治法第
  14条第2項）。（「権利制限・義務賦課行為」）

② その他法律による「必要的条例事項」

・地方公共団体の事務所の位置に関する条例（地方自治法第4条第1項）

・附属機関の設置等に関する条例（同法第138条の4第3項）

・行政機関の設置等に関する条例（同法第156条第1項、第2項）

・公の施設の設置及び管理に関する条例（同法第244条の2第1項から第4項、
  第9項）

・条例による事務処理の特例に関する条例（同法第252条の17の2第1項）
  など

・その他地方教育行政の組織及び運営に関する法律、警察法、地方公務員法、
  地方公営企業法、消防組織法等（「行政組織法」）及び各分野の個別法（「行
  政作用法」）における「必要的条例事項」（これらについても、「権利制限・
  義務賦課行為」に該当するものが多い。）

⑶　「任意的」条例（事項）

特定の施策推進のための条例や首長の政治的判断、高度の行政判断に基づき制
定する条例

基本理念的条例　「自治基本条例」「まちづくり基本条例」

奨学金の貸付け、中小企業向けの低利の融資制度等給付行政に関する条例

行政指導の根拠を定めるにすぎない条例

コンプライアンス条例等職員倫理等に関する条例

住民投票条例　　　　　　　　　　　　　　　　　　など

⑷　「条例を制定するのには必ずしもふさわしくない（!?）事項」

現代の地方自治、地方行政とポピュリズム、「劇場型首長」ということ等も影
響していると考えられ、究極においては、条例に対する住民の理解と信頼、ひい
ては地方自治、地方行政における法の支配、法治主義に対する住民の理解と信頼
を損なうおそれがある条例

いわゆる「パフォーマンス」条例　など

2　解決に当たっては、「指導要綱」とは「なに」か、からも考えてみる必要がある。

「指導要綱」については、「問題点の整理」の2の②において言及しているとおり

事例 No.12 「条例」を制定すべき場合と「要綱」によるべき場合はどう区別するか

であるが、ここでは、その典型であり、これまで多数の訴訟も提起され、最高裁判決をはじめ多数の判例が蓄積されている「宅地開発等指導要綱」を取り上げ、「指導要綱」とは「なに」かについて、必要な限りにおいて、その意義、法的性質、内容等について明らかにしていくこととする。

(1)　宅地開発等指導要綱の意義、法的性質

　「宅地開発等指導要綱」とは、建築物の建築その他の開発行為を行う開発事業者に対し、建築確認などの関係法令の規定に基づく許認可等処分申請の法的手続に先立って、「行政指導」として開発行為について地方公共団体と協議し、法定外の各種の規制に応ずべきことを要求し、あるいは公共施設用地の提供又は開発負担金の拠出などをさせることを定めるものである。

　「宅地開発等指導要綱」は、地方公共団体あるいは行政庁が宅地開発等をしようとする開発事業者などに対して公益上の必要があると認めて、宅地開発等に伴い地域環境の悪化のおそれを防止し、あわせてその公共的な財源負担を軽減するために行政指導しようとする具体的事項を定めた行政指導の指針としての性質を有する。

　この点に関し、行政手続法第36条（複数の者を対象とする行政指導）は、「同一の行政目的を実現するため一定の条件に該当する複数の者に対し行政指導をしようとするときは、行政機関は、あらかじめ、事案に応じ、行政指導指針を定め、かつ、行政上特別の支障がない限り、これを公表しなければならない。」と規定している。

(2)　宅地開発等指導要綱の規定内容

　宅地開発等指導要綱の具体的な規定の内容としては、開発計画について関係法令に定める所定の手続を履践するに先立って地方公共団体あるいは行政庁と協議し、その指導、勧告に応ずべきことを定める「協議事項」、開発計画を関係住民に説明し、その同意を得ることを定める「同意条項」、最小宅地面積、緑化、駐車場の整備など、地方公共団体あるいは行政庁からの法定外の各種の規制、要求に応じて快適なまちづくりに協力することを定める「規制強化条項」、地方公共団体に対し、公共施設用地の提供、開発負担金の拠出などをすることを定める「負担条項」、開発事業者が宅地開発等指導要綱に基づく行政指導に従わないときは、地方公共団体あるいは行政庁として有する許認可等権限の行使あるいは不行使など（建築確認の「留保」、上下水道等を供給しない等）の制裁措置を講ずることもありうることを定める「制裁条項」などが規定されている。

(3)　宅地開発等指導要綱の運用をめぐる問題

　宅地開発等指導要綱の運用をめぐっては、国からその行き過ぎを是正するよう

通達（昭和58年8月2日付け建設事務次官通知「宅地開発等指導要綱に関する措置方針について」）も発出されている。

武蔵野市教育施設開発負担金納付判決（最高裁平5.2.18　第一小法廷判決）において、武蔵野市がマンションを建築しようとする事業主に対し、宅地開発等指導要綱に基づき教育施設負担金の納付（寄附）を求めた行為が違法な公権力の行使に当たるとされた後、平成5年6月25日には、改めて建設省建設経済局長・住宅局長通知（「宅地開発等指導要綱の適切な見直しの徹底について」）が発出され、これを受けて地方公共団体においても、公共用地の提供、開発負担金の拠出など、宅地開発等指導要綱の内容の見直しが行われた。

⑷　「要綱行政」の意義

以上言及した宅地開発等指導要綱を手段、方法とするまちづくり、開発行政に関する地方行政の執行の方法は、「法律による行政」から「要綱による行政」（「要綱行政」）といわれ、それまで、ともすると「法律による行政」の原理（「法治主義」）に基づき、権力的な手段・方法による法令の厳格な、形式的適用・執行という硬直的な発想によっていた、地方行政活動、その事務処理を大きく転換させることとなった。

⑸　「要綱行政」の意義（続き）

新たな行政需要の増大に対し、既に制定されている法令の規定の不備を補完し、又は住民生活の高度化・複雑化に対処するなどの必要から、地方行政として、内部的には法令の統一的・体系的な解釈・適用、運用を図りつつ、的確に対応するために、もちろん「法律による行政」の原理（「法治主義」）の最低限度の矩を超えることなく、ギリギリの判断、いわば地方行政活動の「知恵」として、非権力的な手段・方法による法令の適用・運用により、「要綱による行政」という法令の弾力的な、より実質的な適用・運用という柔軟な発想への転換をもたらした意義は、大きいと考えられる。

3　以上1及び2において言及したところを踏まえ、本件事例について「条例」を制定すべきか、「要綱」によるべきかという問題については、どう考えるべきか。

①　情報公開条例を制定するか、情報公開条例を制定することなく、情報公開実施「要綱」によるべきか。

　　憲法上の「知る権利」の具現化、条例上の情報公開請求権の創設の意義、情報公開訴訟の提起の可否（情報公開実施「要綱」によった場合は、「否」）等を検討して決定すべきである。

②　市内の中小企業向けの低利の運転資金の貸付制度の創設は、条例を制定すべきか、運転資金貸付「要綱」によるべきか。

私法上の金銭消費貸借契約の締結、私法上の債権の法的性格、貸付金の償還、条例上の償還の当然・裁量免除か、個別の「権利の放棄」の議決か、などを考慮して決定すべきである。

③　市内の高校に通う就学困難な生徒に対し奨学金の貸付制度の創設は、条例を制定すべきか、奨学金貸付「要綱」によるべきか。

②の事例と同じ

④　市内で新たな産業廃棄物処理施設の設置に関する手続を担保するために制定した生活環境保全条例により市長に関係地元住民の「同意書」を提出させる場合と、生活環境保全「要綱」による場合とで、ちがいがあるのか。

首長の政治的判断、高度の行政判断はともかく、法的判断としては行政指導の「根拠規定」を「条例」に規定する場合と、「要綱」による場合とで、なんら、ちがいはないという点について明確に認識する必要がある。

⑤　なお、「職員倫理」に関するコンプライアンス「条例」と、職員倫理「規程」との関係についても、どのように考えるべきか。

首長の政治的判断、高度の行政判断に基づき制定するものであり、「任意的」条例として制定すべきか、それとも職員を名宛人とする内部的な訓令である「規程」にとどめるか、いずれの方法をとるべきかについて検討する必要がある。

関係判例等

1　条例に関する判例

・奈良県ため池条例事件判決（最高裁昭38.6.26大法廷判決）

・徳島市公安条例事件判決（最高裁昭50.9.10大法廷判決）

・長崎県飯盛町旅館建築規制条例事件判決（福岡高裁昭58.3.7判決）

・福岡県青少年保護育成条例（「淫行禁止」）事件判決（最高裁昭60.10.23大法廷判決）

・岐阜県青少年保護育成条例（「有害図書」指定）事件判決（最高裁平元.9.19第三法廷判決）

・日田市「サテライト」設置許可処分無効確認等請求訴訟判決（大分地裁平15.1.28判決　福岡高裁平15.11.10「訴えの取下げ」）

・日田市公営競技の場外券売場設置等による生活環境の保全に関する条例（平成12年日田市条例第40号）

・愛知県東郷町ラブホテル建築工事中止命令無効確認等請求事件に関する決定（最高裁平19.3.1第一小法廷決定　名古屋高裁平18.5.18判決）

・東郷町ホテル等建築の適正化に関する条例（平成6年東郷町条例第19号）

2　指導要綱に関する判例

・申請に対する応答の「留保」（中野区）（最高裁昭57.4.23第二小法廷判決　特殊車両通行認定）

- 行政指導と建築確認の「留保」（東京都）に関する判決（最高裁昭60.7.6第三小法廷判決）
- 武蔵野市マンション建設指導要綱事件仮処分決定（東京地裁八王子支部昭50.12.8決定）
- 宅地開発等指導要綱に基づく給水拒否（武蔵野市）に関する決定（最高裁平元.11.7第二小法廷判決　水道法違反被告事件）
- 指導要綱による開発負担金の納付（武蔵野市）に関する判決（最高裁平5.2.18第一小法廷判決）
- 武蔵野市宅地開発等指導要綱（昭和46年10月1日施行）
- 指導要綱による開発協力金の徴収（堺市）に関する判決（大阪地裁堺支部昭62.2.25判決）

3　その他参考となるべき判例等

- 名護市米軍ヘリポート基地建設に係る住民投票条例に基づく住民投票の結果の法的拘束力に関する判決（那覇地裁平12.5.9判決）
- 名護市における米軍のヘリポート基地建設の是非を問う市民投票に関する条例（平成9年名護市条例第31号）

事例 №12 「条例」を制定すべき場合と「要綱」によるべき場合はどう区別するか

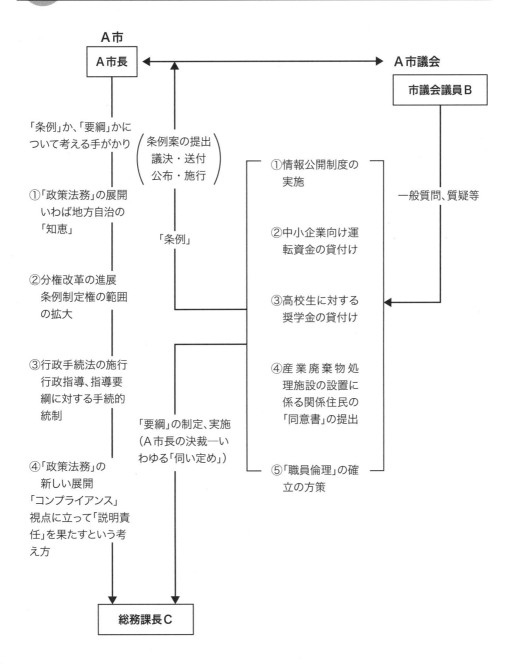

地方行政をめぐる法律関係の「全体像」

（第4講　事例No.13〜事例No.16）

〜「権力関係、行政上の管理関係、私経済関係」、その基底にある「公法関係、私法関係」のちがい、常にその「全体像」について考えているか、地方行政の「主体」と「活動手段」、その「相手方」をめぐって、いま「なに」が問題となっているか？〜

———————————•———————————

第4講　地方行政をめぐる法律関係の「全体像」

———————————•———————————

第4講 地方行政をめぐる法律関係の「全体像」

第4講　地方行政をめぐる法律関係の「全体像」

〜「権力関係、行政上の管理関係、私経済関係」、その基底にある「公法関係、私法関係」のちがい〜
〜常にその「全体像」について考えているか、地方行政の「主体」と「活動手段」、その「相手方」をめぐって、いま「なに」が問題となっているか？〜

事例 No.13　地方行政をめぐる法律関係における二つの「主体」のちがい、その関係

〜公法人である地方公共団体と、許認可等処分権限を行使する「行政庁」との関係をどうとらえるか？〜

> **Q**　用地買収に係る法律関係は、私法関係、原則として民法が適用される私経済関係であり、この関係における地方行政の「主体」は、公法人である地方公共団体そのものである。情報公開をめぐる法律関係は、公法関係、権力関係であり、この関係における地方行政の「主体」は、専ら、許認可等処分権限を行使する「行政庁」である。

【用地買収に係る法律関係】

　A市に採用され、建設部用地課で3年間公共工事のために用地買収を担当していたB主事が、本年度4月から総務部総務課で情報公開を担当することとなった。

(1)　建設部用地課の在職期間中、B主事は上司である担当係長、時には用地課長と一緒に、用地交渉のために土地所有者の自宅などを毎晩のように訪れ、相手方である土地所有者等の話にも耳を傾け、困難を極め、それまで積み残しになっていた用地買収にも一定の成果を上げてきた。

　　用地買収（「任意買収」）については、行政処分である土地収用処分とは異なり、土地所有者等との「合意」が成立しなければ、一歩も前に進まないということについて身をもって経験してきた。

　　用地買収をするということは、土地売買契約、損失補償契約を締結するということであり、自治法、関係条例等による公法的な視点からする制約はあるが、原則として民法の物権編、債権編等の規定が適用される法律関係であるということも分かった。

　　用地買収の実際の事務処理に当たっては、例えば土地売買契約、損失補償契約の当事者（買主）名義の表記については、土地所有権を取得するのは公法人であるA市であり、

事例 No.13　地方行政をめぐる法律関係における二つの「主体」のちがい、その関係

「A市長　○　○」ではなく、

「A市

　　　A市長　○　○」と、書くべきことも教えてもらった。

　なお、建設部用地課の在職期間中は自ら経験することはなかったが、用地買収に関連し訴訟が提起された場合、被告は「A市長」ではなく、「A市」であることも学んだ。

　以上において言及したとおり、用地買収に係る法律関係は、私法関係、原則として民法が適用される私経済関係であり、この関係における地方行政の「主体」は、公法人である地方公共団体そのものである。

【情報公開をめぐる法律関係】

⑵　しかし、本年度4月から総務部総務課で情報公開を担当することとなったB主事は、これまでとは全くちがう情報公開の事務処理に大いに当惑している。

　すなわち、市民はもちろん「何人」も情報公開を請求する請求権を有し、市長をはじめ教育委員会、農業委員会などの「実施機関」が、当該請求された情報が情報公開条例上の「非公開事項」に該当しない限り、原則として「公開の義務」を負う。

　実施機関による「公開の可否の決定」（「行政処分」としての性格がある。）につき不服がある場合は、情報公開審査会の手続を経て、最終的には当該「実施機関」を被告として、裁判所に「情報公開訴訟（全部又は一部の非公開決定処分の取消訴訟）」を提起することができることとなっている。

　以上において言及してきた、情報公開をめぐる法律関係は、公法関係、権力関係であり、この関係における地方行政の「主体」は、専ら、許認可等処分権限を行使する「行政庁」である。

⑶　B主事としては、今後の事務処理のこともあり、用地買収に係る法律関係、情報公開をめぐる法律関係から見えてくるそれぞれ、その「主体」である公法人である「地方公共団体」と、許認可等処分権限を行使する「行政庁」とは「なに」か、また、その関係について、どのように考えたらいいのか。

<hr>

問題点の整理

⑴　地方行政をめぐる法律関係の「全体像」をスタティックス（静態的）にとらえるとどうなるか。

・「一つ」の目的…住民の福祉の増進

・「二つ」の事務…法定受託事務、自治事務

II

地方行政をめぐる法律関係の「全体像」

●85●

- 「三つ」の法律関係…権力関係、行政上の管理関係、私経済関係（その基底にある公法関係、私法関係）
- 「四つ」の住民の地位…「三つ」の法律関係の相手方たる地位、当該地方公共団体の区域内における「主権者」たる地位
- 「五つ」の（典型的・代表的な）訴訟類型…処分取消訴訟、情報公開訴訟、国家（損害）賠償訴訟、住民訴訟、刑事訴訟

⑵ 地方行政をめぐる法律関係の「全体像」のうち、権力関係、行政上の管理関係、私経済関係（その基底にある公法関係、私法関係）という「三つ」の法律関係のダイナミックス（動態）をどうとらえるか。

- 地方行政の「主体」　公法人たる地方公共団体、行政庁
- 地方行政の「相手方」　個人、法人、法人格（権利能力）なき社団（財団）
- 地方行政の主たる「活動手段」　行政処分、行政指導、私法上の契約
- 地方行政と「補償」　損失補償、損害賠償
- 地方行政と「訴訟」　処分取消訴訟、情報公開訴訟、国家（損害）賠償訴訟、住民訴訟、刑事訴訟

⑶ 都道府県、市町村等「公法人たる地方公共団体」が「主体」である場合、都道府県知事、市町村長等「行政庁」が「主体」である場合の典型的・具体例

- 公法人である地方公共団体
  ① 公共用地、動産等の財産を取得する（当該公共用地、動産等の所有権が帰属する）のは「公法人」である地方公共団体
  ② 財産の帰属等に関する訴訟の被告は「公法人」である地方公共団体

- 行政庁
  ① 公営住宅の設置者は「公法人」である地方公共団体、「公営住宅の入居決定」は、管理者である地方公共公団体の長（「行政庁」）が行う形式的行政処分
  ② 飲食店営業の許可（「行政処分」）をするのは食品衛生法を所管する「行政庁」としての都道府県知事
  ③ 情報公開条例の規定により「公開の可否の決定」（「行政処分」）を行うのは情報公開条例上の（執行機関である）「実施機関」（「行政庁」）
  ④ 処分取消訴訟の被告は、当該処分をした行政庁の所属する公法人である地方公共団体（行政事件訴訟法第11条第1項第1号）

事例 No.13 地方行政をめぐる法律関係における二つの「主体」のちがい、その関係

··················· **問題解決の手がかり** ···················

・公法人たる地方公共団体と、行政庁との関係について定める実定法上の規定

行政事件訴訟法第11条（被告適格）

　　処分又は裁決をした行政庁（処分又は裁決があった後に当該行政庁の権限が他の行政庁に承継されたときは、当該他の行政庁。以下同じ。）が国又は公共団体に所属する場合には、取消訴訟は、次の各号に掲げる訴えの区分に応じてそれぞれ当該各号に定める者を被告として提起しなければならない。

(1)　処分の取消しの訴え　当該処分をした行政庁の所属する国又は公共団体

(2)　略

解　決　法

　B主事としては、地方行政をめぐる法律関係と公法関係、私法関係及びその区別を前提・基礎として、次の3点について考え、解決する必要がある。

(1)　私法関係、私経済関係における地方行政の「主体」

　　主として財産権の帰属主体たる「公法人である地方公共団体」であり、統括代表機関である都道府県知事、市町村長が行った行為の法的効果は、すべて当該「公法人である地方公共団体」に帰属する。

(2)　公法関係、権力関係における地方行政の「主体」

　　専ら許認可等処分権限を行使する「行政庁」（法令の規定に基づき国又は公共団体の意思を決定し、これを対外的に表示する権限を付与された行政機関その他の者をいう。）であるが、個別の法律で地方公共団体に許認可等処分権限が与えられる場合（土地区画整理事業に係る仮換地処分、換地処分や国民健康保険の保険者たる市町村が行う保険給付に関する処分）には、当然に地方公共団体自身が「行政庁」となる。

　　許認可等処分権限を行使する執行機関（「実施機関」）（「行政機関」）

(3)　「公法人である地方公共団体」と「行政庁」との関係

　　「行政庁」として許認可等処分権限を行使した法的効果は、すべて当該「公法人である地方公共団体」に帰属する。

関係判例等

・公務員の退職願の撤回に関する判決（最高裁昭34.6.26第二小法廷判決）

・「私人の公法行為」「行政作用上の私人の行為」「行政過程における私人の行為」に関する判例

●87●

第4講 地方行政をめぐる法律関係の「全体像」

関係図 13 地方行政をめぐる法律関係における「二つ」の主体のちがい

(1) 地方行政をめぐる法律関係の「全体像」

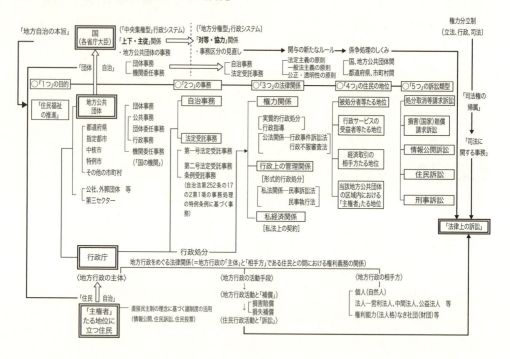

(2) 地方行政をめぐる「三つ」の法律関係、公法関係と私法関係

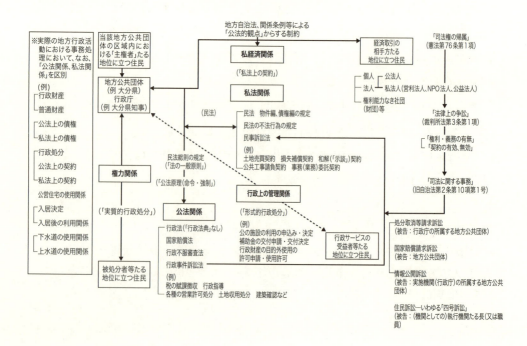

事例 No.13　地方行政をめぐる法律関係における二つの「主体」のちがい、その関係

(3) **地方行政をめぐる法律関係と補償、訴訟**

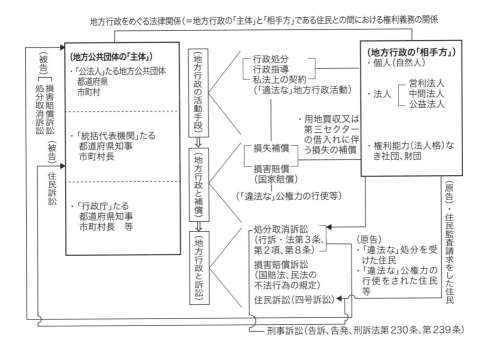

地方行政をめぐる法律関係の「全体像」をどうとらえるか

~地方行政と法律関係・非法律関係、公法関係・私法関係、地方行政をめぐる三つの法律関係(権力関係、行政上の管理関係、私経済関係)~

 地方行政における法律関係の「全体像」をどうとらえるか。

A市においては、最近次のような問題が続いて起こり、総務部総務課に事務事業担当課から、相次いで相談があっている。

① A市長が「公人」として勤務時間中に公用車を使用し、秘書を伴ってB神社の宗教的儀式の関連行事に参列し、祝辞を述べたことをめぐり、住民訴訟が提起された。
② 市営住宅の入居決定を認められなかった申込者から不服申立てがなされた。
③ 行政指導が違法であるとして国家賠償訴訟(国家賠償法第1条)が提起された。
④ 補助金の不交付決定をしたところ、その取消訴訟が提起された。
⑤ 職員の公務中の交通事故に関し、使用者責任を問う損害賠償訴訟が提起された。

上記の①～⑤の事例について、基本的にどのような考え方に立ち、どのような対応をなすべきか、また、その前提としてA市をめぐる法律関係の「全体像」を、どうとらえるべきか。

問題点の整理

地方行政をめぐる法律関係の「全体像」をどうとらえるべきかという問題については、まず、法律関係、非法律関係に区別される「社会生活関係」について、次に、前者の「法律関係」の基底にあり、区別される公法関係、私法関係について、さらに権力関係、行政上の管理関係、私経済関係という地方行政をめぐる「三つ」の「法律関係」について考えてみる必要がある。

1 社会生活関係──法律関係、非法律関係をどのように区別するのか
　市長の「公人」としての宗教的儀式の関連行事への参列

2 法律関係の基底にある公法関係、私法関係をどのように区別するのか

（公法関係）	（私法関係）
行政処分、公法上の契約	私法上の契約
行政財産	普通財産
公法上の債権	私法上の債権
公営住宅の入居決定	入居後の利用関係
水道の使用関係	下水道の使用関係

3 地方行政をめぐる「三つ」の「法律関係」をどのように区別するのか

（法律関係）　　　　　　　　（典型的な行政処分、私法上の契約等）

① （命令・強制という公法原理が適用される）

権力関係：実質的行政処分等

地方税の賦課徴収、飲食店営業の許可等の各種の営業許可処分、土地収用処分、建築確認、行政指導

② （公法原理と私法原理とが競合し、交錯して適用される）

行政上の管理関係：形式的行政処分

各種補助金の交付（申請・）決定、
公の施設の利用（の申込み・）決定、
行政財産の目的外使用（の許可申請・）許可、
公営住宅の入居（の申込み・決定）

③ （自由・平等を基本とする私法原理が適用される）

私経済関係：私法上の契約

公共用地の取得に係る土地売買契約、損失補償契約、公共工事請負契約、業務（事務）委託契約、和解（「示談」）契約

　この私経済関係においては、もちろん地方公共団体が行う経済取引である以上、地方自治法、関係条例等による公法的観点からする制約はあるが、原則として民法などの私法の適用がある。

　なお、これら3つの法律関係の特質やちがいは、その基底にある公法関係、私法関係の区別を前提とし、実際の地方行政活動におけるその区別の実益は、訴訟手続、消滅時効などに現われている。

　訴訟手続についていえば、当該法律問題が原則として行政事件訴訟法の規定により解決されるのが①の権力関係、民事訴訟法の規定の適用により解決されるのが③の私経済関係、当該法律問題の法的性質に応じ、これら2つの訴訟法のうちいずれかが適用されるのが②の行政上の管理関係であるということができる。

> 第4講 地方行政をめぐる法律関係の「全体像」

例えば、形式的行政処分である公営住宅の入居決定については不服申立て、行政事件訴訟手続が、そして当該公営住宅に係る滞納家賃の請求、明渡請求については民事訴訟手続がとられることになる。

・・・・・・・・・・・・・・・ 問題解決の手がかり ・・・・・・・・・・・・・・・

1 法律関係、非法律関係の区別

地方行政をめぐる社会生活関係は、法律関係と非法律関係とに区別することができるが、両者のちがいはどのようなものか。

公法人である地方公共団体も、国や私法人である私企業などと同様に、一の社会的実体であり、非法律関係における活動とともに、法律関係における活動、すなわち住民との関係において、権利義務の関係（権利義務の発生、変更、消滅に関する関係）を形成する。

「法律関係」とは、権利義務の関係、法規範によって規律される関係、最終的には「法律上の争訟」として、裁判、訴訟による解決が図られる関係をいい、地方行をめぐる法律関係とは、地方行政の主体である地方公共団体と、相手方たる住民との間において、典型的な地方行政の活動手段である行政処分（「許認可等処分」）、行政指導、公法上又は私法上の契約等地方行政の活動手段により形成され、成立する、公法上又は私法上の権利義務の関係をいう。

一方、「非法律関係」とは、専ら倫理・道徳規範あるいは当該部分社会におけるきまりなど、法規範以外の社会規範によって規律される、それ以外のすべての関係をいい、この点に関し、法律行為、事実行為ということも問題となる。

例えば、儀礼的行為であり、本来、権利義務の関係とはなりえないものと考えられる市町村長、都道府県知事などの「公人」としての「あいさつ」は、事実行為（外国の賓客の接遇、行政指導、文書訓告等の事実上の訓戒措置、公害防止協定、立地協定の締結、いわゆる覚書の締結なども）であり、本来これに関して訴訟を提起することなどはできないはずのものである。

しかし、実際の地方行政活動においては、「あいさつ」という事実行為に関連して、例えば、公用車の使用などと関連付けて1円でも公金の支出があれば、地方自治法の関係規定により、住民監査請求、住民訴訟という方法により「法律上の争訟」として争われることが可能である。

この問題に関する最近の判例として、白山市長神社関連行事「祝辞」違憲住民訴訟判決（最高裁平22.7.22第一小法廷判決）がある。

いまや、「法令の遵守」だけではなく、「（倫理・道徳規範を含む）社会規範の遵守」

をも要求する「コンプライアンス」という新しい考え方が登場し、最終的には地方行政活動が主権者たる住民、「第四の権力」たるマスコミによる監視・批判に耐えられるかということが問題とされるという地方行政を取り巻く状況に鑑みるとき、改めて「法律関係、非法律関係」の区別を明確に認識する必要があると考えられる。

2 公法関係、私法関係の区別

　地方行政をめぐる法律関係は、その適用される法律、法的効果等の視点から二つに分けて論ずることができる（公法・私法二元論）。

　「公法関係」とは、当事者の対等な意思によって成立する私人間の法律関係とは異なり、租税の徴収や、特定の行為を禁止したり、特定の者に義務を課すなど、地方公共団体が地方行政における公権力の担い手として、相手方である住民との間で、一般私法とは異なった特殊な法的規律を受けるべき行政法上の法律関係をいうとされている。

　一方、「私法関係」とは、地方公共団体という地方行政の主体とその相手方である住民との間で成立する法律関係のうち、公共用地の取得をするための売買契約等の締結や、公共工事に関する請負契約の締結など、地方行政の主体の側に、地方自治法、関係条例等による公法的観点からする制約（金額等による議会の議決の要否、契約書の取り交わし等）がある場合であっても、当該契約そのものの法的性質は私人間におけるそれとなんら異なるものではなく、当該契約の効力が問題となった場合においても、私法が適用される行政法上の法律関係をいうとされている。

　なお、公法、私法を区別する基準については、主体説、権力説（性質説）利益説（目的説）などのほか、権力説と利益説を併用して公法を定義する折衷説があるが、実際の地方行政活動において広報関係と私法関係を区別する実益としては、次のような点が挙げられる。

① 行政処分と公法上の契約、私法上の契約との区別
② 行政財産と普通財産との区別、行政財産の目的外使用の許可と普通財産の貸付け
③ 公法上の債権と私法上の債権との区別、消滅時効、強制執行などのちがい
④ 行政事件訴訟法と民事訴訟法の適用関係
⑤ 行政上の法律関係への私法規定の適用

　なお、公法、私法の区別については、行政裁判所が廃止され、権力行政と非権力行政の領域を明確に区別することが困難となっている現行憲法の下では絶対的なものではなく、あくまでも実体法上の相対的な区別にすぎず、訴訟法レベルで公法・私法が区別されていることを公法・私法二元論の根拠とすることに対しては学説上有力な批判がある。

　しかし、実際の地方行政活動における事務処理に当たっては、先に言及したとお

り、これらを区別する実益があると考えられる。
3　権力関係、行政上の管理関係、私経済関係の区別

「問題点の整理」の3においても言及したところであるが、地方行政をめぐる法律関係は、とりわけ住民との間においては、それぞれ、支配原理あるいはその法的性質を異にする次の3つの法律関係に区別することができる。

　①　権力関係　公法原理（「命令・強制」）が適用される関係
　②　行政上の管理関係　公法原理と私法原理が競合し、交錯する関係
　③　私経済関係　私法原理（自由・平等）が適用される関係

解決法

「問題解決の手がかり」の1から3において言及したところにより、法律関係、非法律関係の区別、公法関係、私法関係の区別、権力関係、行政上の管理関係、私経済関係の区別を踏まえ、それぞれ次の観点に立って、解決すべきである。

1　A市長が「公人」として勤務時間中に公用車を使用し、秘書を伴ってB神社の宗教的儀式の関連行事に参列し、祝辞を述べたことと、住民訴訟の提起
　　法律関係、非法律関係の区別という観点に立って

2　市営住宅の入居決定を認められなかった申込者からの不服申立て（異議申立て）
　　公法関係、権力関係という観点に立って

3　「違法」な行政指導と国家賠償訴訟（国家賠償法第1条）の提起
　　公法関係、権力関係という観点に立って

4　補助金の不交付決定と当該不交付決定の取消訴訟の提起
　　公法関係、行政上の管理関係という観点に立って

5　職員の公務（非権力作用）中の交通事故に関する損害賠償訴訟の提起
　　私法関係、経済関係という観点に立って

関係判例等
・いわゆる「覚書」等の法的性質に関する判例
　　①　土地売買代金請求事件判決（前橋地裁昭61.5.29判決）
　　②　し尿海洋投棄中継所仮処分事件決定（高松地裁昭61.7.29決定）
　　③　葬祭場建設差止め請求事件判決（高松地裁昭61.11.13判決）
・公営住宅の使用関係に関する判決（最高裁昭59.12.13第一小法廷判決）

関係図14

「関係図13　地方行政をめぐる法律関係における「二つ」の主体のちがい」参照

給食費、水道料金等の滞納があった場合、市町村はどのような措置をとることができるか

〜市立小学校の給食費や水道料金等を滞納している保護者や市民がある場合、どのような措置をとることができるか？〜

> **Q** 給食を実施している学校において、給食費を一部滞納している保護者が増加している。催促をしても支払わないという保護者もいる。保護者に対してどのような有効な措置をとることができるか。
> また、水道料金の滞納も起こっており、どのような対策を講じることができるか。

【給食費の滞納があった場合】

A市の市立A中学校では、従来から完全給食を実施しているが、最近給食費を数か月間にわたって滞納する保護者が増加し、一部ではあるが、繰り返し請求しても支払わないという保護者も出てきている。

A中学校長としては、最近給食費の滞納額が増加してきたため、その対応に頭を痛めており、最終的には、何回催促しても給食費を支払わない保護者の生徒には給食を提供しないことも含めて、具体的な対応策を検討せざるを得ないと考えている。

家庭の事情についてもいろいろあるが、保護者の中には、支払うことができるのではないかと考えられるにもかかわらず、給食費を滞納する者もいて、もちろん、学校における当該生徒の立場についても十分配慮する必要はあるが、保護者に対してどのような有効な措置をとることができるか。

【水道料金の滞納があった場合】

A市では、また、最近口座振替にしている水道料金について引き落としができず、水道料金の滞納がしばしば起こっており、水道事業の今後の運営について考えるとき、決して看過することができない状況となっているため、水道事業管理者Eとしては、水道局の中でワーキング・グループを立ち上げて検討を始めたところである。

水道事業管理者Eとしては、水道料金については、法的には市税と同じように強制的に徴収することができないということについては十分認識してはいる。しかし、将来にわたって、A市の市民に安全・安心な、おいしい上水道を供給したいと考えており、その基盤である水道事業の財政の健全化を図るために、水道料金の滞納については厳正に対処すべきであると考えているが、具体的にどのような対策を講じることができるか。

第4講 地方行政をめぐる法律関係の「全体像」

【その他の債権の取扱い】

　公立幼稚園の保育料、公立高校の授業料、公立病院の診察料、公立保育所の保育料、下水道使用料の滞納があった場合、公法上の債権と私法上の債権の区別、消滅時効、強制徴収の可否などを考慮しながら、地方公共団体の債権管理についてどのように対応すべきか。

問題点の整理

　実際の地方行政活動において、地方公共団体の財産に関しては、公有財産について行政財産と普通財産の管理及び処分が問題となるが、地方公共団体の債権に関しては「公法上の債権と私法上の債権」が問題となり、具体的には、公法上の債権、私法上の債権のちがい、消滅時効、強制徴収の可否などが問題となる。

1　まず、「公法上の債権と私法上の債権」については、法律関係としての公法関係と私法関係との区別を前提とし、それぞれ公法関係、私法関係において生じる債権という性格を有している。

　「公法関係」とは、当事者の対等な意思によって形成される私人間の法律関係とは異なり、国又は地方公共団体が、公権力の担い手として国民あるいは住民から租税を徴収し、又は特定の行為を禁止し、義務を課すというような、一般私法とは異なる特殊な法的規律を受けるべき行政上の法律関係をいう。

　これに対し、「私法関係」とは、私人相互間の法律関係と同一の性格を有し、地方自治法、関係条例等による公法的観点からする制約は受けるが、原則として民法などの私法が適用される行政上の法律関係をいう。

2　次に、「消滅時効」については、地方自治法において「金銭の給付を目的とする普通地方公共団体の権利は、時効に関し他の法律に定めがあるものを除くほか、5年間これを行わないときは、時効により消滅する。普通地方公共団体に対する権利で、金銭の給付を目的とするものについても、また同様とする。」（第236条第1項）と規定している。

　この規定は、地方公共団体の債権についてはすべて適用されるが、私法上の債権については民法等の私法上の規定がここにいう「他の法律」に当たるので、民法等の規定の適用を受けることとなる（公法上の債権については、民法等の私法上の規定の適用がない。）。

　したがって、「他の法律に定めがあるもの」、例えば、私法上の一般債権（民法第167条）、定期金債権（民法第168条第1項）、不法行為による損害賠償請

求権（民法第724条）等については、それぞれ関係法律の定めるところによることとなる。

　地方自治法第236条第1項にいう「他の法律」に民法が含まれると解する（最高裁昭44.11.6第一小法廷判決）以上、一応、地方公共団体の公法上の債権について同条の適用があるとはいっても、その適用に当たっては、最終的には個別・具体的に当該債権について、果たして公法上の債権といえるか否かについて検討し、同条と民法等の私法上の規定のいずれが適用されるか決定することとなる。

3　また、「強制徴収」の可否については、地方自治法において「分担金、加入金、過料又は法律で定める使用料その他の普通地方公共団体の歳入については、それが指定された期限までに納付されないときは、地方税の滞納処分の例により処分することができる」と規定し（第231条の3第3項）、地方公共団体に係る一定の公法上の債権については、自力執行による徴収金の確保のみちを開いている。

　したがって、私法上の債権については、民事訴訟法、民事執行法に基づく強制執行によることとなり、形式的には同条に列挙された収入以外の使用料その他の歳入については、特に法律の定めのない限り、民事訴訟の手続によらなければならないこととなる。例えば、公営住宅の家賃、水道料金、公立病院の診察料、公立学校の授業料等については、なんらの規定も置かれていないので、地方税の滞納処分の例により強制徴収することはできないこととなる。

　強制徴収の可否に関し、地方自治法は、公法上の債権と私法上の債権とを理論的に区別することが困難であるため、公法上の債権はすべて強制徴収しうる債権であるとするのではなく、いかなる基準で行うかは別として、強制徴収しうる債権を個別、具体的に法律に明文をもって規定するという考え方に立っている。

4　以上において言及したところから明らかなとおり、地方公共団体の債権は、公法上の債権と私法上の債権とに区別され、公法上の債権のうち強制徴収しうる債権については地方税の滞納処分の例によることができ、公法上の債権のうち強制徴収しえない債権及び私法上の債権については、民事訴訟法、民事執行法による強制執行によることとなる。

5　なお、地方自治法第231条の3第3項に定める地方税の滞納処分の例により処分することができる公法上の債権の範囲は、「分担金、加入金、過料又は法律で定める使用料その他の普通地方公共団体の歳入」とされているが、ここでいう「法律で定める使用料その他の普通地方公共団体の歳入」につい

ては、同条の規定を受けて地方自治法附則第6条の規定による港湾法、土地改良法、下水道法、漁港漁場整備法に定める歳入のほか、その他個別の法律で強制徴収の規定を置いているものとして、国民健康保険料、道路占用料、河川使用料、土地区画整理事業の清算金等がある。

・・・・・・・・・・・・・・・・・・・・・・・・・ 問題解決の手がかり ・・・・・・・・・・・・・・・・・・・・・・・・・

1　給食費債権、水道料債権の法的性格

(1)　給食費債権の法的性格

　次の「2　学校給食費の徴収状況に関する文部科学省の調査の結果」において言及するとおり、文部科学省の平成17年度調査（全ての小・中学校が対象の調査）では、学校給食費が未納の児童生徒の割合は、1.0%、学校給食費の未納額の総額2,229,638千円に上っており、平成26年1月23日に公表された平成24年度調査(抽出調査)においても、未納者の割合は約0.9%、未納額の割合は約0.5%（推計）となっており、学校給食費の未納は大きな社会問題ともなっている。

　学校給食法第6条第1項は、「学校給食の実施に必要な施設及び設備に要する経費並びに学校給食の運営に要する経費のうち政令で定めるものは、義務教育諸学校の設置者の負担とする。」と定め、同条第2項の規定により、第1項に規定する経費以外の学校給食に要する経費（食材費、光熱水費等）（「学校給食費」）は、保護者が負担することとされている。

　学校給食法は、学校給食費の徴収管理に関する規定を置いておらず、そのため、学校給食費の徴収管理は、これまで、次のような行政実例に基づき、地方公共団体がそれぞれ、当該地方公共団体の実情に応じ、自らの判断により行っている。

　行政実例によれば、学校給食費は、教科書代（行政実例が出された当時は有償、現在は無償）と同様の性格を持つものと解されるとして、地方公共団体の収入とせずに校長限りの責任で管理してよい（昭32.12.8文部省管理局長回答、昭33.4.9文部省管理局長回答）とし、また地方公共団体の収入として歳入歳出予算として徴収管理してもよい（昭39.7.16文部省体育局長回答）とされており、私会計によるか、公会計によるかは地方公共団体の裁量に委ねられているというのが、文部科学省の見解である。

　前者であれば、学校給食費は校長が保護者から徴収し、保管し、業者等に支払うこととなり、後者であれば、市町村が徴収し、保管し、業者等に支払うこととなる。

　学校給食費について定めた規定は学校給食法第6条以外には存在せず、同条は保護者に公法上の負担を課したものではなく、また、学校給食費は地方自治法上の分

事例 №15　給食費、水道料金等の滞納があった場合、市町村はどのような措置をとることができるか

担金、使用料にも該当しないと解される。

　したがって、基本的には学校給食費の請求権は、保護者と小中学校の設置者である市町村とを当事者とし、保護者と市町村との間において締結された「学校給食供給契約」に基づいて発生する私法上の債権（給食サービスの提供に対する対価）であると解される。

　以上言及したところから、学校給食供給契約による学校給食費は私法上の債権であり、消滅時効期間は2年（民法第173条第3号）である。

　なお、実際の地方行政活動においては、教育委員会にはその所掌に係る事項であっても、契約を締結する権限はなく、当該権限を有するのは市長村長だけであるので、地方自治法第180条の2の規定により、教育委員会が市町村長から権限の委任を受け、又は市町村長を補助執行するということが必要となる。

　ただし、滞納している給食費の支払を請求して訴訟を提起するなどの法的措置をとる場合は、地方公共団体を代表して行う行為であり、当然に市町村長がその名義で行うこととなる。

(2)　水道料債権の法的性格

　水道料金については、公の施設の使用料であるという考え方もあったが、水道料金は「物」の利用とその対価というよりも、水道供給という行政サービスの提供の対価であると考えられる。

　判例では「地方公共団体の水道事業の経営は、公共の福祉の増進を本来の目的としているが、水道水の供給とその料金の支払とは相互的対価関係に立つものであり、その限りにおいて私法上の双務契約と性質を異にするものではなく、また水道法15条1項は『水道事業者は需要者から給水契約の申込みをうけたときは』と規定して、水道事業者と需要者の関係が対等の立場に立つ契約関係をあらわす文言を使用していることなどから考えると、地方公共団体の水道事業における水道水の供給における水道料金債権は、その性質が私法上の債権であって民法の適用を受けるものと解すべきである。」とし、水道料金は、私法上の債権であるとしている（大阪高裁昭44.9.29判決）。

　また、東京高裁平13.5.22判決は、この判決と同様の判断を示した上、水道供給契約によって供給される水は、民法第173条第1号の「生産者、卸売商人又は小売商人が売却した産物又は商品」に含まれるものというべきであるから、結局、本件水道料金債権についての消滅時効期間は、民法第173条所定の2年間と解すべきこととなると判示した。

　水道事業者は、最高裁に上告受理の申立てをしたが、最高裁は上告を受理せず、この東京高裁判決が確定した（最高裁平15.10.10決定）。

●99●

その後、総務省は、この最高裁の不受理決定を受けて、従来の公の施設の使用料として消滅時効を5年とする解釈を変更し、「水道料金についての消滅時効期間は、民法第173条所定の2年間と解すべき」とした（平16.11.18総務省自治財政局公営企業課長通知）。

以上言及したところから、水道供給契約による水道料金債権は私法上の債権であり、消滅時効期間は2年（民法第173条第1号）である。

2　学校給食費の徴収状況に関する文部科学省の調査の結果

⑴　平成19年1月24日（平成17年度調査）

学校給食を実施している全国の国公私立小・中学校（中学校には中等教育学校の前期課程を含む。以下同じ。）における平成17年度の学校給食費の徴収状況を調査

調査結果の概要は、次のとおりである。

学校給食実施校総数	31,921校
（小学校　22,553校　中学校　9,368校）	
学校給食費が未納の児童生徒がいた学校の割合	43.6%
学校給食を提供していた児童生徒数	10,033,348人
学校給食費が未納の児童生徒の割合	1.0%
学校給食費の未納額の総額	2,229,638千円
学校給食費の未納額の割合	0.5%

学校給食費の徴収の実態

学校給食費の未納に関する学校の認識

学校給食費の未納に対する対応

⑵　平成22年12月1日（平成21年度調査）

全国の学校給食（完全給食）を実施している公立小・中学校（約29,000校）のうち610校を抽出して平成21年度の学校給食費の徴収状況を調査

⑶　平成24年4月27日（平成22年度調査）

全国の学校給食（完全給食）を実施している公立小・中学校（約27,500校）のうち564校を抽出して平成22年度の学校給食費の徴収状況を調査

⑷　平成26年1月23日（平成24年度調査）

全国の学校給食（完全給食）を実施している公立小・中学校（約29,000校）のうち583校を抽出して平成24年度の学校給食費の徴収状況を調査

調査結果の概要は、次のとおりである。

未納の状況			
未納者の割合	約0.9%	未納額の割合	約0.5%
（平成22年度調査	約1.0%		約0.6%）

未納者のいる学校の割合　約46.5%

未納の主な原因についての学校の認識

未納者に対する対応方策　効果のあった未納者に対する対応方策

未納の場合の対応者

特定の者の負担とならないような配慮の有無、配慮の方法

3　学校給食費の未納問題への対応に当たっての留意点

「学校給食費の徴収状況に関する調査の結果について（通知）」

（平成19年1月24日付け18文科ス第406号文部科学省スポーツ・青少年局長通知）別添「学校給食費の未納問題への対応についての留意事項」において、次の3点について言及している。

(1)　学校給食の意義・役割及び学校給食費の重要性についての保護者への周知について

(2)　生活保護による教育扶助及び就学援助制度の活用について

(3)　学校給食費の未納問題への取組体制について

解 決 法

給食費債権、水道料債権（私法上の債権）の滞納への対応に当たっては、次のとおり、事実上の対応、法的措置のいずれによるべきこととなる。

1　給食費債権の滞納に係る事実上の対応

給食費債権の滞納に係る事実上の対応としては、次のような点が考えられる。

・「保護者としての責任感や規範意識」を欠く保護者

　　学校給食が児童生徒の心身の健全な発達にとって大きな教育的意義を有することについての認識の周知

・「経済的な問題」のある保護者

　　教育扶助、就学援助制度の説明、活用の奨励

・未納問題への取組体制等

　　校長、教頭、学級担任などによる学校の取組、PTAとの連携、教育委員会としての取組

2　給食費債権の滞納に係る法的措置

給食費債権の滞納に係る法的措置としては、次のとおりである。

・法的措置の予告である「催告書」（内容証明郵便）（民法第153条）

・民事訴訟法に基づく支払督促の申立て

　① 　（未納者から2週間以内に異議申立がない場合）民事訴訟法に基づく仮執行宣言申立

② （未納者から2週間以内に異議申立がなされた場合）請求額に応じ、地方裁判所又は簡易裁判所の民事訴訟手続に移行

・（仮執行宣言付支払督促・確定判決・和解・調停等の債務名義が確定してもなお未納給食費の納付がないときは、財産調査の上）民事執行法に基づく債権差押命令申立等により、強制執行

なお、給食費については、「公会計」化、「無償化」の動きという、今後検討されるべき問題もある。

3 水道料金債権（私法上の債権）、下水道使用料債権（公法上の債権）の滞納への対応

(1) 地方公営企業法の適用を受ける水道事業は「公の施設」に含まれ、水道料金は「公の施設」の使用の対価として「使用料」に該当し、また、公共下水道も「公の施設」に該当し、下水道法第20条第1項の規定から、下水道使用料も同様に「使用料」に当たると解される。

水道料金と下水道使用料は、いずれも「使用料」に該当するため、その納付期限を過ぎても、なお、未納である場合は、市町村長は、地方自治法第231条の3第1項の規定により督促しなければならない。

この場合、条例の定めがあれば、督促手数料、延滞金を徴収することができる（地方自治法第231条の3第2項）。

(2) 強制徴収については、督促に当たり指定した期限までに納付がない場合は、地方自治法第231条の3第3項の規定により「分担金、加入金、過料及び『法律で定めるその他の普通地方公共団体の歳入』並びにこれらの歳入に係る督促手数料及び延滞金については、地方税の滞納処分の例（実際には国税の滞納処分の例：財産の差押え、換価処分）によることができる。

ここで「法律で定めるその他の普通地方公共団体の歳入」とは、なんらかの法律によって強制徴収できることを具体的に規定された歳入（例　児童福祉法第56条第10項の規定による保育費用等）をいう。

① 水道料金は、公の施設の「使用料」に当たるが、強制徴収できることがいずれの法律にも規定されていないため、地方税の滞納処分の例によることはできず、地方自治法施行令第171条の2の規定により、一般の強制執行手続である民事訴訟法の強制執行手続によることとなる。

② 下水道使用料は、地方自治法附則第6条第3号に規定されており、地方自治法第231条の3第3項の「法律で定めるその他の普通地方公共団体の歳入」に該当し、督促に当たり指定した納期限を過ぎても、なお納付がない場合は、地方税の滞納処分の例によることとなる。

(3) 時効及び不納欠損処分

・水道料金の時効期間及び時効の援用

　　水道料金債権の時効期間については、公の施設の使用料であるため、従来、地方自治法第236条第2項の規定が適用され、5年と考えられていた。

　　しかし、水道料金債権についての消滅時効期間は、水道料金は民法第173条第1号に規定されている「生産者、卸売商人及び小売商人が売却した産物及び商品」に含まれ、私法上の契約であり、地方自治法第236条第1項に規定されている「他の法律」には民法も含まれるため、民法第173条所定の2年と解すべきであるという判決（東京高裁平13.5.22判決、最高裁平15.10.10　上告不受理決定）により、水道料金債権の時効期間については、2年であるとされている。

　　また、時効の援用については、地方自治法第236条第2項に、「法律に特別の定めがある場合を除くほか、時効の援用を要せず」と規定されており、ここでいう「法律」には、前項と同様に民法も含まれると解されており（行政実例　昭47.6.1）、水道料金の消滅時効の適用については、時効の援用が必要となる。

・下水道使用料の時効期間及び時効の援用

　　下水道使用料については、その消滅時効に関し特別の定めをしている法律はなく、その時効期間は地方自治法第236条第1項の規定により5年であり、同条第2項の規定により時効の援用を必要とせず、その利益を放棄することもできない、すなわち、時効期間の5年が経過した場合は、絶対的に当該債権は消滅することとなる。

・不納欠損処分

　　不納欠損処分とは、債権の消滅、権利の放棄等のため、既に調定し、納入を告知した歳入が徴収し得なくなったことを表示する決算上の取扱いをいうが、これには、次の二つのものがある。

① 時効の成立により債権が消滅する場合のように地方公共団体の意思とは無関係のもの

② 債権の免除（地方自治法施行令第181条の7）や権利の放棄の議決（同法第96条第1項第10号）のように、地方公共団体の積極的な意思決定に基づくもの

　　下水道使用料債権の場合は、消滅時効の完成により、債権は絶対的に消滅してしまうので、①により、不納欠損処分を行う（議会の議決は不要）。

　　水道料金債権の場合は、時効の援用がない限り債権は消滅しないので、②の地方公共団体による積極的な意思決定に基づいて不納欠損処分をする。

(4) 水道料債権の滞納への事実上の対応、法的な措置の流れとしては、次のとおりである。

第4講 地方行政をめぐる法律関係の「全体像」

・水道料金の請求の流れ

メーター点検→料金調定（検針月）→「納入通知書（納入期限）」送付・「口座振替用納入通知書（振替日・再度振替日」送付（請求月、検針月翌月）

・納入期限後の流れ

「督促状（指定期限）」発送→電話・現地訪問督促→（給水停止の決定）→「給水停止通知書（指定期限）」送付→給水停止

・水道料債権の滞納に係る法的措置については、「2　給食費債権の滞納に係る法的措置」に同じ。

(5)　まとめ

　以上において言及したとおり、水道料金と下水道使用料については、督促に関する規定には特段の差異はなく、いずれも地方自治法第231条の3第1項の規定により行い、また同条第2項に規定されている手数料、延滞金についても、（条例で定めれば）徴収が可能であり、時効の中断についても同様の効力を有する。

　しかし、これ以外については、大きく異なり、まず水道料金はいわゆる自力執行権が認められておらず、強制徴収の手続を一切裁判所に委ねなければならないのに対し、下水道使用料については地方税の滞納処分の例により強制徴収が可能であり、独自に財産の調査、差押え、換価処分ができる。

　次に、それぞれの消滅時効に関する規定も異なり、水道料金については民法の規定が適用され、その時効期間は2年であり、時効期間満了により絶対的に債権が消滅するものではなく、時効の援用を要し、不納欠損処分については地方自治法施行令第171条の7又は同法第96条第1項第10号の規定によることとなる。

　一方、下水道使用料については、地方自治法第236条第1項の規定によりその時効期間は5年であり、時効期間の満了をもって債権は絶対的に消滅するので、消滅時効の完成を理由として不納欠損処分をすることとなる。

事例 №.15 給食費、水道料金等の滞納があった場合、市町村はどのような措置をとることができるか

関係判例等

・地方自治法第236条第１項にいう「他の法律」に民法が含まれると解する判決（最高裁昭44.11.6第一小法廷判決）

・学校給食費は、地方公共団体の収入とせずに校長限りの責任で管理してよい（昭32.12.8　文部省管理局長回答、昭33.4.9文部省管理局長回答）とし、また地方公共団体の収入として歳入歳出予算として徴収管理してもよい（昭39.7.16　文部省体育局長回答）という行政実例

・水道料金は、私法上の債権であるという判決（大阪高裁昭44.9.29判決）

・水道料金債権についての消滅時効期間は、民法第173条所定の２年間と解すべきであるという判決（東京高裁平13.5.22判決、最高裁平15.10.10　上告不受理決定）

・平16.11.18　総務省自治財政局公営企業課長通知

第4講 地方行政をめぐる法律関係の「全体像」

関係図15 給食費債権、水道料金債権等の滞納についてとるべき措置

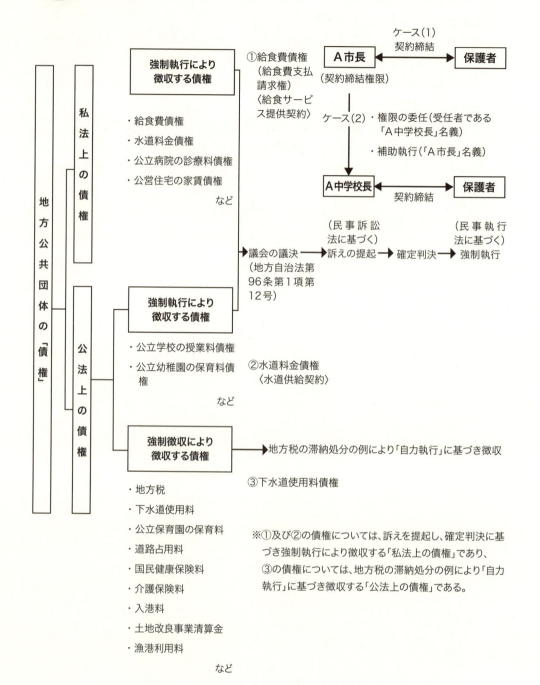

事例 No.16 公有地を「市民農園」として市民に貸し付け、あるいは庁舎の一室を記者クラブとして使用させる法律関係

公有地を「市民農園」として市民に貸し付け、あるいは庁舎の一室を記者クラブとして使用させる法律関係

～行政財産の「目的内使用」による貸付け、行政財産の「目的外使用」の許可、「公の施設」の設置のいずれによるべきか？～

Q A市では市有地を「市民農園」として市民に貸し付けることを検討している。また、A市は市庁舎の一室を「報道クラブ」として報道機関に貸し出している。いずれも行政財産であるため、使用関係について法的性格はどのようになっているのか。

【市有地を「市民農園」に貸し付ける】

(1) 市有地を「市民農園」として市民に貸し付ける場合

　A市では、市民に土に親しんでもらい、農業への理解を深めるなどの目的のため、0.5ヘクタールの市有地についてこれを整備し、区画して、1区画20アールを、希望する市民に利用させるという事業を実施することとした。

　市民に利用させる場合、どのような方法によることができるか、担当課Bにおいて検討することとなった。

　当該市有地は公有財産であり、行政財産である。

　また、市民に利用させる方法としては行政財産の「目的内使用」をさせる方法、行政財産の「目的外使用」をさせる方法、設置管理条例を制定して「公の施設」とする方法があるのではないかと考えている。

　行政財産である市有地を「市民農園」として市民に貸し付ける場合、いずれの方法によるべきか。

【市庁舎の一室を記者クラブとして使用】

(2) 市庁舎の一室を記者クラブとして使用させる場合

　また、A市では、A市役所の本庁舎の中にある一室を、なんら対価を徴することなく、「記者クラブ」として永年にわたり報道機関に提供し、ファクス、電話、パソコン等を設置し、なお、総務課（広報担当）Bの嘱託職員も1人配置して、A市の施策や行事などの市政に関する情報を迅速に、また、広範囲にわたって市民等に周知する広報活動を推進するため、報道機関の活動に便宜を図っている。

　しかし、市議会議員の1人Cから、総務課長Bに対し、A市の行政財産である市役所の一部を「記者クラブ」に使用させることは地方自治法、関係条例等の規定に照らして問題はないのか、使用関係の法的性格をどう考えているのかと、申入れが

第4講 地方行政をめぐる法律関係の「全体像」

あった。総務課長Ｂは、この申入れに対し、どう対応すべきか。

問題点の整理

1　地方自治法上の「財産」の意義、範囲

地方公共団体の「財産」とは、公有財産、物品及び債権並びに基金をいう（地方自治法第237条第1項）。

歳計現金は、地方公共団体の所有する財産ではあるが、現金の出納及び保管に関する規定（地方自治法第235条～第235条の5）に基づいて管理されることとなっているため、この財産の範囲から除外されている。

占有権、借家権、賃借権等も、財産権の対象にはなるものであるが、財産の範囲には含められていない。

2　財産の管理及び処分の原則

地方公共団体の財産を交換し、出資の目的とし、若しくは支払手段として使用し、又は適正な対価なくしてこれを譲渡し、若しくは貸し付けることは、原則として禁止されるが、条例又は議会の議決による場合には（ただし、行政財産については、地方自治法第238条の4第1項に規定されている同条第2項から第4項に定める場合に限る。）、これらを行うことが認められる（地方自治法第237条第2項。地方自治法第96条第1項第6号・第8号、第238条の4第1項～第4項、第238条の5）。

例えば、財産の交換又は適正な対価によらない譲渡又は貸付けが認められる場合の基準を条例により定める場合等である。

3　公有財産、行政財産、普通財産

・「公有財産」とは、地方公共団体の所有に属する財産のうち次の①から⑧に掲げるもの（基金に属するものを除く。）をいう。

　①不動産　②船舶、浮標、浮桟橋及び浮きドック並びに航空機　③①及び②に掲げる不動産及び動産の従物　④地上権、地役権、鉱業権その他これらに準ずる権利　⑤特許権、著作権、商標権、実用新案権その他これらに準ずる権利　⑥株式、社債（特別の法律により設立された法人の発行する債券に表示されるべき権利を含み、短期社債等を除く。）　⑦出資による権利　⑧財産の信託の受益権

・公有財産は、行政財産と普通財産とに分類される。

・「行政財産」は、普通地方公共団体において公用又は公共用に供し、又は供することと決定した財産をいい（地方自治法第238条第4項）、このうち、「公

108

用財産」とは地方公共団体が直接に公務のために使用する財産で、例えば、庁舎、議事堂等が該当し、また、「公共用財産」とは直接に住民の使用、利用に供することを目的とする財産で、例えば、学校、住民の利用に供する会館、図書館、道路、公園等の敷地及び建物が該当する。

さらに、「公用又は公共用に供することと決定した財産」とは、将来において特定の公用又は公共用に供すべきことと決定した財産で、例えば、公の施設の建設のための予定敷地等がこれに該当する。

・「普通財産」は、行政財産以外の一切の公有財産をいい（地方自治法第238条第4項）、財産の管理は、地方公共団体の長の権限に属するので、（地方自治法第149条第6項）、普通財産を行政財産とし、又は行政財産を普通財産とすることは、原則として長が決定するものである。

4　行政財産及び普通財産の管理及び処分

・行政財産の管理及び処分

地方公共団体の行政財産は、原則として、これを貸し付け、交換し、売り払い、譲与し、出資の目的とし、若しくは信託し、又はこれに私権を設定することはできず（地方自治法第238条の4第1項）、この制限に違反する行為は無効とされる（地方自治法第238条の4第6項）。

また、行政財産は、その用途又は目的を妨げない限度において、例外的にその使用を許可すること（行政財産の目的外使用を許可すること）（例えば、庁舎内に食堂や売店等を設置する場合等）ができる（地方自治法第238条の4第7項）が、この場合においても借地借家法の適用はない（地方自治法第238条の4第8項）。

なお、行政財産の使用を許可した場合において、公用又は公共用に供するため必要を生じたとき、又は許可の条件に違反する行為があると認めるときは、その許可を取り消すことができる（地方自治法第238条の4第9項）。

行政財産については、地方公共団体の行政執行の物的手段としてその目的達成のために利用されるべきものであり、本来私権の設定の対象となりえないものとされてきたが、昭和49年、昭和63年、平成18年の地方自治法等の一部改正により、その用途又は目的を妨げない限度において、貸し付け、又は私権を設定できる場合が拡大されてきた（地方自治法第238条の4第2項〜第4項、地方自治法施行令第169条〜第169条の5）。

・普通財産の管理及び処分

普通財産は、行政財産とは異なり、直接行政目的のために使用されるもの

ではなく、主としてその経済価値を保全・発揮することにより、間接的に地方公共団体の行政目的に資するために管理され、又は処分されるものであることから、これを貸し付け、交換し、売り払い、譲与し、若しくは出資の目的とし、又はこれに私権を設定することができる（地方自治法第238条の5第1項）。

なお、条例で定める場合を除くほか、財産を交換し、出資の目的とし、若しくは支払手段として使用し、又は適正な対価なくしてこれを譲渡し、若しくは貸し付ける（地上権の設定等の用益物権の設定を含む。）場合は、議会の議決を要する（地方自治法第96条第1項第6号）。

普通財産を貸し付けた場合において、その貸付期間中において、国、地方公共団体その他公共団体において公用又は公共用に供するため必要が生じたときには、地方公共団体の長は、その契約を解除することができる（地方自治法第238条の5第4項）が、その場合、借受け人は、これによって生じた損失につきその補償を求めることができる（地方自治法第238条の5第5項）。

5 地方自治法上の「公の施設」

・「公の施設」とは、住民の福祉を増進する目的をもって、その利用に供するために地方公共団体が設ける施設をいう（地方自治法第244条）。

・「公の施設」の設置に当たり、地方公共団体は当該公の施設についてなんらかの権原を取得していることが必要である。しかし、必ずしも所有権を取得することが必要ではなく、賃借権、使用貸借権等所有権以外の権原で、当該公の施設を住民に使用させることが可能であることをもって足りる。

・公の施設を設置し、管理し及び廃止することは、地方公共団体の長の権限である（地方自治法第149条第7項）。ただし、教育委員会の所管に属する学校その他の教育機関の設置、管理及び廃止に関することは、教育委員会の権限である（地方教育行政の組織及び運営に関する法律第21条第1項）。

・公の施設の設置及び管理に関する事項は、法律又はこれに基づく政令に特別の定めがあるものを除くほか、条例で定めなければならない（地方自治法第244条の2第1項）。

法律又はこれに基づく政令に特別の定めがあるものとしては、公民館（社会教育法）、保護施設（生活保護法）、都市公園（都市公園法）、公共下水道（下水道法）等がある。公の施設の設置条例には、①公の施設を設置すること、②公の施設の名称、③公の施設の位置等を定める。

事例 No.16 公有地を「市民農園」として市民に貸し付け、あるいは
庁舎の一室を記者クラブとして使用させる法律関係

・公の施設の管理に関する事項は、法律又はこれに基づく政令に特別の定めが
あるものを除くほか、条例でこれを定めなければならない（地方自治法第
244条の2第1項）。

　これは、住民が公の施設を利用・使用しようとする場合、その申込み手続、
使用条件などについて事前に住民に周知し、住民の使用に便宜を与えるととも
に、これに反する恣意的な管理運営方法を排除する必要があるからである。

　管理に関する事項として条例で定めるものとしては、①利用の許可及びその
取消し、②使用料の額及び徴収方法、③使用料の減免、④利用の制限、⑤指定
管理者の管理（利用料金の制度をとるときは、使用料に関する定めに代えて、
利用料金に関する定め、指定管理者が利用料金を定める場合は承認料金に関す
る定め）、⑥罰則がある。

Ⅱ

地方行政をめぐる法律関係の「全体像」

・・・・・・・・・・・・・・・・・・・・・・・・・・・ **問題解決の手がかり** ・・・・・・・・・・・・・・・・・・・・・・・・・・・

・行政財産の「目的内使用」と「目的外使用」

① 「京都府は、府の施策や行事などの公共的情報を迅速かつ広範に府民に周知
させる広報活動の一環として、庁舎内に記者室を設置し記者等に使用させてい
るものであって、記者室は、京都府の事務または事業の遂行のため京都府が施
設を供するものであり、直截に公用に供されているものといえるから、行政財
産の『目的内使用』に当たり、これが、行政財産を第三者に対し、目的外に使
用させる場合に該当しないものと認められる。」（京都地裁平4.2.10第3民事
部判決）

② 庁舎等に派遣される指定金融機関等の職員の執務室、新聞記者室、学校の寄
宿舎等は、地方公共団体の事務事業の遂行のため施設を提供するものであるか
ら、行政財産の「目的内使用」であり、行政財産の目的外使用には該当しない
と考えられる。

解決法

(1) 市有地を「市民農園」として市民に貸し付ける場合

　A市として、市民に土に親しんでもらい、農業への理解を深めるなどの一定の明
確な行政目的をもって「市民農園」を設置しようとする場合、その規模と実態、実
施期間、管理運営の方法、必要経費、当該土地の他の行政目的への利用の可否等に
ついても総合的に検討して判断し、行政財産の「目的内使用」として市民の使用に
供するのか、あるいはその規模と実態等に鑑みて本来市民の福祉を増進する目的を

●111●

もってその利用に供する「公の施設」（一般的に「施設」という場合、物的要素と人的要素が考えられるが、ここでは主として「物的」施設をいう。）として設置するのか、いずれの方法によるべきか決定すべきものと考えられる。

なお、A市が市有地を「市民農園」として市民に貸し付けることは行政目的そのものであり、したがって、行政財産の「目的外使用」によることは、行政財産の性格からみて、適当ではないと考えられる。

(2) 市庁舎の一室を記者クラブとして使用させる場合

現代の高度情報社会、本格的なインターネット社会の到来とともに、地方自治体としては、いま、緊急時においてだけではなく、平常時においても、「第四の権力」であるマスコミすなわち新聞、テレビ、ラジオ等報道機関にいかに対応するかということが問われている。

「記者室」は、地方自治体が「報道機関への積極的な情報提供を通じた地方自治体の情報発信」を図る上での手段の一つであり、住民に対し地方自治体の施策や行事などの行政情報を迅速・的確、広範に提供し、周知を図るため、パブリシティ（報道機関を通じた広報）を効果的に行うことを目的として、記者クラブに使用させているものである。

したがって、「記者室」は、地方自治体の事務・事業の的確かつ円滑な遂行のために地方自治体が施設を供するものであり、地方自治体自らが行政財産の本来の目的・用途にそって、直截に公用で使用していると認められ、行政財産の「目的内使用」であると考えられる。

なお、「記者室」の使用と関係がある記者クラブの性格については、「記者クラブに関する日本新聞協会編集委員会の見解」がある。

関係判例等

・市政記者室の使用に関する住民訴訟判決（京都地裁平4.2.10第3民事部判決）

・昭和33年1月7日付け蔵管第1号による大蔵省管財局長通達「行政財産を使用又は収益させる場合の取扱いの基準について」

・記者室の使用に関する住民監査請求に係る監査結果の公表
　平成24年6月8日付け鹿児島県監査委員公表、平成27年11月10日付け神戸市監査委員通知、平成28年1月20日付け新潟市監査公表等

事例 No.16　公有地を「市民農園」として市民に貸し付け、あるいは庁舎の一室を記者クラブとして使用させる法律関係

関係図 16　「記者クラブ」「市民農園」の使用関係

(1) 地方公共団体の「財産」

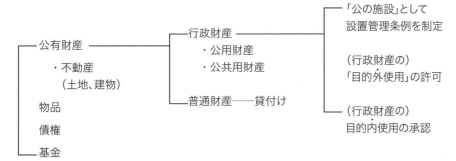

(2) 「記者クラブ」の使用関係

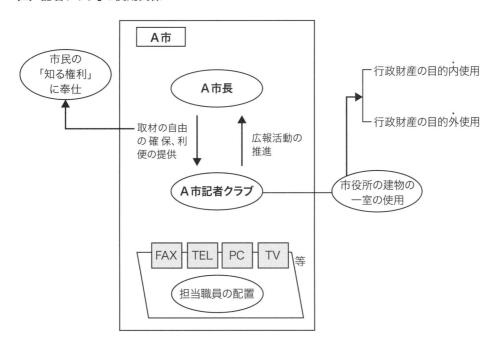

(3) 「市民農園」、「記者クラブ」の使用関係について、いかに考えるべきか。

・「市民農園」については、その設置の目的、経緯、規模、利用実態等に照らして、「公の施設」の設置管理条例を制定するか、行政財産の「目的内使用」とするか決定すべきである。

・「記者クラブ」については、その設置の目的、実際に果たしている役割、市政遂行上の広報の意義等に照らすとき、行政財産の「目的内使用」であると考えられる。

地方行政と「争訟」

(第5講　事例№.17～事例№.22)

～地方行政をめぐる法律関係の「最終章」
　許認可等処分取消訴訟、国家賠償（損害賠償）訴訟、住民訴訟（四号訴訟）などをめぐって、いま「なに」が問題となっているのか？
　ここでは、「法律上の争訟」の意義、国家賠償訴訟（損害賠償訴訟）～

――――――・――――――

第5講　地方行政活動と訴訟

――――――・――――――

第5講 地方行政活動と訴訟

第5講　地方行政活動と訴訟

~許認可等処分取消訴訟、国家賠償（損害賠償）訴訟、住民訴訟（四号訴訟）などをめぐって、いま「なに」が問題となっているのか？
ここでは、「法律上の争訟」の意義、国家賠償訴訟（損害賠償訴訟）~

「連帯保証人にはなっていない！」ということを主張するためには、裁判に応じなければならないのか

~きわめて稀なケースではあるが、本人の知らないうちに連帯保証人とされた自治体職員は、どうすればいいのか？~

> **Q**　ある日職員Aは、古い友人Bから電話があり、「連帯保証人になってほしい」との依頼があった。AはBからの依頼をきっぱりと断ったが、後日簡易裁判所から訴訟関係書類がAのもとへ届き、Bの借金の連帯保証人になっていることを知った。
> 　Aは連帯保証人になることを承諾していないため、その責任を果たす必要がないと考えているが、この主張は認められるか。

【突然の連帯保証人の依頼】

　年度末には定年を迎え、退職することとなっているある県の地方機関に勤める県職員Aに、暮れも押し詰まった12月の上旬、突然、職場に古い友人であるBから電話があり、「仕事の関係でAの住んでいる市に単身赴任してきたが、家族とも離れ、不便なので仕事のため中古車を買いたい。」という話があった。こちらにはAのほか、知った人もいないので、中古車の購入のために信販会社から融資を受けるに当たって連帯保証人になってくれないかと依頼された。

　Aは妻とも相談した上、1週間後、友人Bに電話し、連帯保証人となることについては、きっぱりと断った。

【裁判所からの呼び出し状の送達】

　ところが、それから約半年後、信販会社Cから、Aに電話があり、「あなたは、Bが中古車を購入するに当たり、連帯保証人になっている。現在Bが行方不明になっており、2回目以降支払がなされていないので、連帯保証人であるあなたに一括して残金67万円を請求することとした。そのうち、簡易裁判所から訴状等の関係書類が届くので、よろしくお願いします。」という電話があった。

　Aは、この電話により、間違いなく、友人Bに対し、きっぱりと断ったにもかか

わらず、自分が友人Bの借金の連帯保証人とされていることを初めて知った。なお、それから数日もたたないうちに簡易裁判所から訴状、期日呼び出し状等が送達されてきた。

　Aは、自分は、絶対に連帯保証人になることを承諾していないし、このことは、信販会社Cから、自分に電話があったときにも、はっきりと言っている。したがって、自分には、なんら連帯保証人としての義務も、責任もないと考えているので、この裁判には欠席し、放っておきたいと考えている。

　このような県職員Aの主張は認められるか。

Ⅲ 地方行政と「争訟」

問題点の整理

1　自分は絶対に「連帯保証人にはなっていない！」、連帯保証人になることを承諾していない、ということを主張する「場」は、裁判上か、裁判外でもできるか。

2　簡易裁判所から訴状、期日呼び出し状等の送達があった場合の対応として、裁判を欠席したらどうなるか（「欠席裁判」）。

3　「法律上の争訟」の意義
　　法律関係（「権利義務関係」）、「権利義務」の有無は最終的には「訴訟」「裁判」によって決まる、とはどういう意味か。

‥‥‥‥‥‥‥‥‥‥‥‥ 問題解決の手がかり ‥‥‥‥‥‥‥‥‥‥‥‥

・法律関係、非法律関係のちがい

　：裁判、訴訟により争うことができるか否か（法律行為、事実行為）

・法律関係（「権利義務の関係」）の最終的な解決方法

　：裁判、訴訟

・当事者が口頭弁論の期日に出頭しない場合の取扱い

　：自白の擬制

解 決 法

1　自分は絶対に「連帯保証人にはなっていない！」、連帯保証人になることを承諾していない、ということを主張する「場」は、裁判、訴訟においてしかない。

2　簡易裁判所から訴状、期日呼び出し状等の送達があった場合の対応、裁判を欠席したらどうなるか（「欠席裁判」）、相手方の主張した事実を自白したものとみなされる（自白の擬制）。

第5講 地方行政活動と訴訟

3 「法律上の争訟」の意義

　法律関係（「権利義務関係」）、「権利義務」の有無は、最終的には訴訟、裁判によってのみ決まる。

　以上1から3までの観点に立って、弁護士に訴訟委任し、適切に対処すれば、連帯保証人になっていなかったという事実が明らかになり、連帯保証人としての責任を負うことはない（実際に、県職員Aは弁護士に委任し、その主張が認められ、連帯保証人としての責任は免れた。）。

関係判例等

・憲法

　（司法権・裁判所、特別裁判所の禁止、裁判官の独立）

　第76条　すべて司法権は、最高裁判所及び法律の定めるところにより設置する下級裁判所に属する。

　2　特別裁判所は、これを設置することができない。行政機関は、終審として裁判を行ふことができない。

　3　すべて裁判官は、その良心に従ひ独立してその職権を行ひ、この憲法及び法律の身に拘束される。

・裁判所法

　（裁判所の権限）

　第3条　裁判所は、日本国憲法に特別の定のある場合を除いて一切の法律上の争訟を裁判し、その他法律において特に定める権限を有する。

　2　前項の規定は、行政機関が前審として審判することを妨げない。

　3　この法律の規定は、刑事について、別に法律で陪審の制度を設けることを妨げない。

　（裁判権）

　第33条　簡易裁判所は、次の事項について第一審の裁判権を有する。

　　(1)　訴訟の目的の価額が140万円を超えない請求（行政事件訴訟に係る請求を除く。）

・民法

　（履行の請求）

　第432条　数人が連帯債務を負担するときは、債権者は、その連帯債務　者の一人に対し、又は同時に若しくは順次にすべての連帯債務者に対し、全部又は一部の履行を請求することができる。

　（保証人の責任等）

　第446条　保証人は、主たる債務者がその債務を履行しないときに、その履行をする責任を負う。

　2　保証契約は、書面でしなければ、その効力を生じない。

事例 No.17 「連帯保証人にはなっていない！」ということを主張するためには、裁判に応じなければならないのか

・行政事件訴訟法

（この法律に定めがない事項）

第7条　行政事件に関し、この法律に定めがない事項については、民事訴訟の例による。

・民事訴訟法

（自白の擬制）

第159条　当事者が口頭弁論において相手方の主張した事実を争うことを明らかにしない場合には、その事実を自白したものとみなす。ただし、弁論の全趣旨によりその事実を争ったものと認めるべきときは、この限りでない。

2　（略）

3　第1項の規定は、当事者が口頭弁論の期日に出頭しない場合について準用する。ただし、その当事者が公示送達による呼出しを受けたものであるときは、この限りではない。

・「法律上の争訟」の意義に関する判決

① 議員懲罰規定の遡及適用（最高裁昭26.4.28第三小法廷判決）

② 議員の任期満了と除名処分取消しの訴えの利益（最高裁昭35.3.9大法廷判決）

③ 地方議会議員の懲罰（出席停止）と司法審査（最高裁昭35.10.19大法廷判決）

④ 国家試験と司法審査—技術士試験（最高裁昭41.2.8第三小法廷判決）

⑤ 国立大学の内部問題と司法審査（最高裁昭52.3.15第三小法廷判決）

⑥ 宗教上の教義に関する紛争と司法権—「板まんだら」事件（最高裁昭56.4.7第三小法廷判決）

⑦ 防衛施設に関わる自治体の情報公開決定に対する国の訴訟（最高裁平13.7.13第二小法廷判決）

⑧ 行政上の義務の履行を求める訴訟と「法律上の争訟」（最高裁平14.7.9第三小法廷判決）

第5講 地方行政活動と訴訟

関係図 17　知らないうちに連帯保証人とされた職員の責任を争う方法

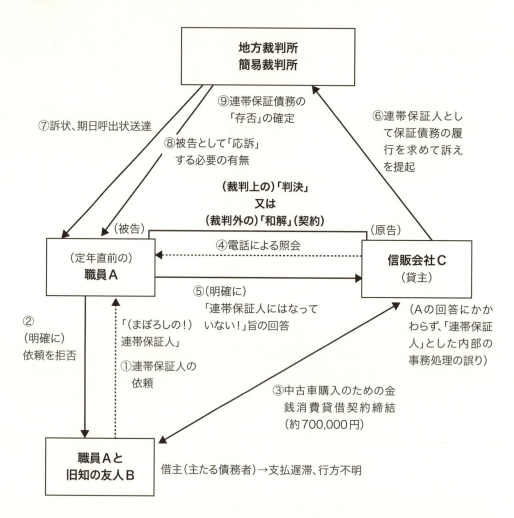

120

事例 No.18 市議会議員の「出席停止」と「除名」、公立大学の学生の「単位の授与（認定）」と「専攻科修了の認定」とのちがい

市議会議員の「出席停止」と「除名」、公立大学の学生の「単位の授与（認定）」と「専攻科修了の認定」とのちがい

～地方行政活動といわゆる「部分社会論」の適用～

Q A市議会において、女性議員に対しセクハラと受け取られる発言をし、「出席停止」処分を受けた議員と、贈収賄事件に関連し逮捕され、「除名」処分になった議員それぞれが当該処分の取消しを求めた場合のちがいは「なに」か。

また、ある公立大学で学生が進級に当たり、「単位の授与（認定）」をされなかった学生と、専攻科の学生が「修了の認定」をされなかった場合、それぞれが取消しを訴えた場合のちがいは「なに」か。

【議会への「出席停止」と「除名」のちがい】

(1) A市議会において、女性議員Bが一般質問をしている最中にセクハラと受け取られる発言を繰り返し行い、市議会の秩序を乱したとして3日間の「出席停止」処分を受けた議員Cが、当該出席停止処分の取消しを求めて出訴した場合と、贈収賄事件に関連して逮捕され、「除名処分」を受けた議員Dが、当該除名処分の取消しを求めて出訴した場合とにおいて、裁判所が判断する場合、どのようなちがいが生じるのか。

【公立大学で「単位の授与（認定）」と「専攻科修了の認定」のちがい】

(2) 公立大学法人E大学で、2年次から3年次への進級に当たり、学生Fについて「単位の授与（認定）」をせず、又は専攻科の学生Gについて「専攻科修了の認定」をしなかった場合において、学生F又はGがこれらの行為の取消しを求めて地方裁判所に訴えたときは、どうなるか。

問題点の整理

1　市議会議員の「出席停止」処分と「除名」処分とは、裁判上どういうちがいがあるか。：地方議会議員の懲罰（出席停止）と司法審査（最高裁昭35.10.19大法廷判決）

「司法裁判権が、憲法又は他の法律によってその権限に属するものの外、一切の法律上の争訟に及ぶことは、裁判所法第3条の明定するところであるが、ここに一切の法律上の争訟とはあらゆる法律上の係争という意味ではない。一

口に法律上の係争といっても、その範囲は広汎であり、その中には事柄の性質上司法裁判権の対象の外におくを相当とするものがあるのである。けだし、自律的な法規範をもつ社会ないし団体に在っては、当該規範の実現を内部規律の問題として自治的措置に任せ、必ずしも、裁判にまつを適当としないものがあるからである。本件における出席停止の如き懲罰はまさにそれに該当するものと解するを相当とする。（尤も昭和35年3月9日大法廷判決—民集14巻3号355ページ以下—は議員の除名処分を司法裁判の権限内の事項としているが、右は議員の除名処分の如きは、議員の身分の喪失に関する重大事項で、単なる内部規律の問題に止らないからであって、本件における議員の出席停止の如く議員の権利行使の一時的制限に過ぎないものとは自ら趣を異にしているのである。）」

「されば、前示懲罰の無効又は取消を求める本訴は不適法という外なく、原判決（東京高裁昭33.10.16判決　出席停止期間が経過しており訴えの利益がないことなどを理由として控訴を棄却）は結局正当である。」

2　公立大学法人の学生に係る「単位の授与（認定）」と「専攻科修了の認定」とは、裁判上どういうちがいがあるか：国立大学の内部問題と司法審査（最高裁昭52.3.15第三小法廷判決）

まず、「単位の授与（認定）」について、裁判所が権限を発動しうる法律上の争訟とはあらゆる法律上の係争を意味するのではなく、「一般市民社会の中にあってこれとは別個に自律的な法規範を有する特殊な部分社会における法律上の係争のごときは、それが一般市民法秩序と直接の関係を有しない内部的な問題にとどまる限り、その自主的、自律的な解決に委ねるのを適当とし、裁判所の司法審査の対象にはならない……。そして大学は、国公立であると私立であるとを問わず、……一般市民社会とは異なる特殊な部分社会を形成しているのであるから、このような特殊な部分社会である大学における法律上の係争のすべてが当然に裁判所の司法審査の対象になるものではな」い。「単位の授与（認定）という行為は、学生が当該授業科目を履修し試験に合格したことを確認する教育上の措置であり、卒業の要件をなすものではあるが、当然に一般市民法秩序と直接の関係を有するものでないことは明らかである。それゆえ、単位授与（認定）行為は、他にそれが一般市民法秩序と直接の関係を有するものであることを肯認するに足りる特段の事情のない限り、純然たる大学内部の問題として大学の自主的、自律的な判断に委ねられるべきものであって、裁判所の司法審査の対象にはならない。」

事例 No.18 市議会議員の「出席停止」と「除名」、公立大学の学生の
「単位の授与（認定）」と「専攻科修了の認定」とのちがい

　次に、「専攻科修了の認定」について、「国公立の大学は公の教育研究施設と
して一般市民の利用に供されたものであり、学生は一般市民としてかかる公の
施設である国公立大学を利用する権利を有するから、学生に対して国公立大学
の利用を拒否することは、学生が一般市民として有する右公の施設を利用する
権利を侵害するものとして司法審査の対象にな」り、専攻科修了の認定をしな
いことは、実質的に見て、一般市民としての学生の国公立大学の利用を拒否す
ることにほかならず、その意味において、学生が一般市民として有する公の施
設を利用する権利を侵害するものであると解するのが相当との判断から、「専
攻科修了の認定、不認定に関する争いは司法審査の対象にな」り、また、専攻
科修了の認定という行為は法令に根拠を有する者であって、その「認定、不認
定は学生が一般市民として有する右公の施設を利用する権利に関係するもので
あることにかんがみれば、本件専攻科修了の認定行為は養成事件訴訟法３条に
いう処分にあた」り、さらに、専攻科修了の認定は、小中高等学校の卒業が「成
績の評価という教育上の見地からする優れて専門的な価値判断をその要件とし
ている」のとは趣を異にし、格別専門的な判断を必要とするものではなく司
法審査になじむとして、上告棄却の判断を下している（最判昭和52.3.15民集
31巻２号280頁）。

3　地方行政活動と「部分社会論」についてどう考えるか。

　２において言及したとおり、公立大学法人についても「部分社会論」が妥当
するものと考えられる。

Ⅲ

地方行政と「争訟」

・・・・・・・・・・・・・・・・・・・・・・・・・・・・・・　**問題解決の手がかり**　・・・・・・・・・・・・・・・・・・・・・・・・・・・・・

・地方自治法

　（懲罰理由等）

第134条　普通地方公共団体の議会は、この法律並びに会議規則及び委員会に関する
　　条例に違反した議員に対し、議決により懲罰を科することができる。

　2　懲罰に関し必要な事項は、会議規則中にこれを定めなければならない。

　（懲罰の種類、除名の手続）

第135条　懲罰は、左の通りとする。

　(1)　公開の議場における戒告

　(2)　公開の議場における陳謝

　(3)　一定期間の出席停止

　(4)　除名

　2　懲罰の動議を議題とするに当たっては、議員の定数の８分の１以上の発議によらな

●123●

第5講 地方行政活動と訴訟

ければならない。

3　第1項第4号の除名については、当該普通地方公共団体の議会の議員の3分の2以上の者が出席し、その4分の3以上の者の同意がなければならない。

解 決 法

1　市議会議員の「出席停止」処分と「除名」処分との裁判上のちがい

2　公立大学法人の学生に係る「留年」と「卒業延期」との裁判上のちがい

3　地方行政活動と「部分社会論」についての考え方

　以上の1から3までの論点を踏まえ、次の二つの場合において、裁判上の取扱いはどうなるのか。

⑴　市議会議員の取扱い

　「出席停止」処分を受けた議員Cについては、議員の権利行使の一時的制限にすぎない、内部規律の問題であり、司法裁判権限の対象外であるが、「除名処分」を受けた議員Dについては議員の身分の喪失に関する重大事項であり、司法審査の対象となるものと考えられる。

⑵　公立大学法人の学生の取扱い

　「単位の授与（認定）」をされなかった学生Fについては、当該行為が、一般市民法秩序と直接関係を有しない純然たる大学内部の問題であり、裁判所の司法審査の対象にはならないが、「専攻科修了の認定」をされなかった学生Gについては当該行為は、学生が一般市民として公の施設である公立大学を利用する権利を侵害するものとして、司法審査の対象となるものと考えられる。

関係判例等

①　議員懲罰規定の遡及適用（最高裁昭26.4.28第三小法廷判決）

②　議員の任期満了と除名処分取消しの訴えの利益（最高裁昭35.3.9大法廷判決）

③　地方議会議員の懲罰（出席停止）と司法審査（最高裁昭35.10.19大法廷判決）

④　国立大学の内部問題と司法審査（最高裁昭52.3.15第三小法廷判決）

事例 No.18　市議会議員の「出席停止」と「除名」、公立大学の学生の「単位の授与（認定）」と「専攻科修了の認定」とのちがい

関係図18　市議会議員の「出席停止」「除名」
公立大学の学生の「単位の授与（認定）」「専攻科修了の認定」

(1) 市議会議員の「出席停止」「除名」

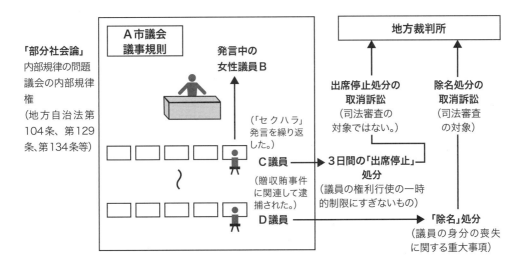

(2) 公立大学の学生の「単位の授与（認定）」「専攻科修了の認定」

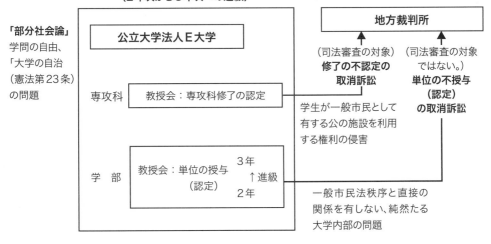

(3) 関係法律等

憲法第76条（司法権、裁判所、特別裁判所の禁止、裁判官の独立）
裁判所法第3条（裁判所の権限）（「法律上の争訟」）
「法律上の争訟」の意義に関する判例
「部分社会論」に関する判例

第5講 地方行政活動と訴訟

自然災害と地方自治体の責任の射程距離の範囲

事例 No.19

〜東日本大震災から「なに」を学ぶか、「未曾有」の自然災害と地方自治体の責任の射程距離の範囲とは？〜

Q 自然災害に見舞われ、地方自治体に関係する訴訟も多くある。特に東日本大震災では津波からの避難において地方自治体に対する訴訟が各地で起きている。

自然災害における、地方行政の責任の射程距離の範囲についてはどう考えるべきか。

【災害大国、日本】

(1) 近年、我が国では、阪神・淡路大震災（平7.1.17　午前5時46分52秒　M7.3)、東日本大震災（平23.3.11　午後2時46分18秒　M9.0）等の多くの自然災害が起きている。特に東日本大震災は、東京電力福島第一原子力発電所事故と地震に伴って発生した「津波」が、7年たった現在でも大きな問題となっている。

また、大分県においても、熊本・大分地震（平28.4.14　午後9時26分（前震）M6.5　平28.4.16　午前1時25分（本震）M7.3）がその後も、住民生活を脅かしている。

【東日本大震災における訴訟】

(2) ここでは、地方自治体に関係する訴訟として、東日本大震災に伴って発生した「津波」と関連して提起された、児童、教職員84人が死亡、行方不明となり、平26.3.10に宮城県、石巻市を被告として23人の児童の遺族が一人当たり1億円の損害賠償を請求して仙台地裁に提訴した市立大川小学校（宮城県石巻市）事件などを取り上げ、自然災害と「安全配慮義務」違反等を理由とする損害賠償訴訟として地方自治体の「法的責任」について考えることとする。

(3) なお、刑事事件としては、南三陸町の防災対策庁舎にいた町職員ら41人が犠牲になったのは、高台に避難させず、庁舎にとどまらせたのが原因として、南三陸町長（宮城県南三陸町）が平24.3.6　業務上過失致死容疑で告訴され、平24.3.20には告訴が「受理」されている。

問題点の整理

(1) 地震や津波などの自然災害に対し、住民（当該自治体の職員を含む。）が被害をこうむった場合、住民の安全・安心を確保すべき地方自治体として「政

治的責任、行政責任」を果たすべきことは当然であるが、当該地方自治体として、住民に対する「安全配慮義務」が十分ではなかったとして「法的責任」、すなわち民事責任（損害賠償責任）あるいは刑事責任を負わなければならないか。

　それとも、このような場合であっても、「未曾有」の自然災害であり、地方自治体としては「想定外」、あるいは「不可抗力」であるとして「法的責任」を免れることができるか。

(2)　これまで経験したこともないような、「未曾有」の自然災害が発生した場合、地方自治体が「想定外」「不可抗力」ということで、その責任を免れることができるか。

　大規模な地震や津波などの自然災害に対し、住民（当該自治体の職員を含む。）が被害をこうむった場合、住民の安全安心を確保すべき地方自治体として「政治責任、行政責任」を果たすべきことは当然であるが、当該地方公共団体として、住民に対する「安全配慮義務」が十分ではなかったとして「法的責任」、すなわち民事責任（損害賠償責任）あるいは刑事責任まで負わなければならないか。

①　地方自治体と責任

　従来からの「政治責任、行政責任、法的責任（民事責任、刑事責任）」のほか、「懲戒責任」もある。

　いま、新しく問われているのは、「コンプライアンス」視点に立った地方自治体の「社会的責任」である。

②　「未曾有」の災害といえるのか

　「想定外」、想定内、予見ないし予見可能性の有無、

　そもそも「想定」とは「なに」か、どこまでをいうのか。

③　地方自治体の免責事由

　「不可抗力」、「責めに帰することができない事由」、「責めに帰すべき事由」とは「なに」か。

④　住民、地方自治体の職員に対する「安全配慮義務」違反と地方自治体の責任についてどう考えるべきか。

第5講 地方行政活動と訴訟

·················· 問題解決の手がかり ··················

1 東日本大震災の「津波」と関連して提起された、又は提起されている主な民事
事件、刑事事件の状況は、概ね、次の「関係判例等」のとおりであるが、ここでは、
そのうち、直接、地方自治体の「安全配慮義務」違反による民事上、刑事上の責
任が追及されている石巻市立大川小学校事件(民事責任)、南三陸町長告訴事件(刑
事責任)を念頭において、問題解決の手がかりについて考えてみる。

2 「安全配慮義務」に関し、リーディング・ケースとなる最高裁判決には、次の
二つがある。

陸上自衛隊車両整備工場事件（最高裁昭50.2.25第三小法廷判決）

川義事件（最高裁昭59.4.10第三小法廷判決）

3 「不可抗力による災害」に関する判決として、自然災害と国家賠償に関する判
決（名古屋地裁昭37.10.12判決）（伊勢湾台風事件判決）がある。

4 ところで、問題解決の手がかりとして、ここで「未曾有」「想定外」「不可抗力」
という言葉の意義について考えておく必要がある。

・「未曾有」とは、「歴史上いまだかつてないこと」

「個人的には未体験」ということでは決してない。

「いまだかつて起こったことがないこと」（広辞苑）

・「想定」とは、「ある一定の状況や条件を仮に想い描くこと」（広辞苑）

ちなみに、広辞苑には、「想定外」という語はない。

・「想定外」とは、予見不可能で、不可抗力によるもの、予見できないので、故
意も過失もない、その結果刑事上、民事上の責任を負わない。

責任を負わないという宣言、責任逃れの常套句であるといわれている。

（「想定外」という言葉の使い方としては、）「想定外だったけれども、全ての責
任を負います。」というのが正しいのではないか。

※福島第一原発の過酷事故は、不可抗力の想定外、未曾有の天災ではなく、科学
的知見の想定内であり、当然の注意を怠ったために発生した人災ではないかと
いう議論がなされている。

因みに、この点については、東日本大震災に伴う東京電力福島第一原子力発
電所事故に関し、次のような四つの事故調査委員会の報告（国会、政府、民間、
東電）が出されている。

東電社内事故調：「想定外」である。

国会事故調、民間事故調：「想定内」である。

政府事故調：保安院も東電も放置していた。

中央防災会議は福島沖の津波地震を検討対象から外した。

128

事例 No.19 自然災害と地方自治体の責任の射程距離の範囲

・「不可抗力」とは、

① 天災地変のように人力ではどうすることもできないこと。

② ［法］外部から生じた障害で通常必要と認められる注意や予防方法を尽くしてもなお防止しえないもの（広辞苑）

「不可抗力」が法律の中で用いられている例は、約30例あり、「天災その他の不可抗力」として用いられている例が多い。

なお、法令上、不可抗力の意義を定義しているものはない。

「天災その他の不可抗力」とは、台風、地震、豪雨等人力をもってしては防ぐことのできない異常な災害、その他社会通念上可能な限りの防止措置を講じても抗することのできない事故等で、当事者の責に帰することのできないものをいうとされている。

5 「未曾有」の東北地方太平洋沖地震による「想定外」の津波のために生じた（とりわけ、人的）被害について、地方自治体は、これを「不可抗力」による災害として、民事責任（民法第415条 債務不履行、第709条 不法行為、第715条 使用者責任）、刑事責任（刑法第211条 業務上過失致死傷等）を負うことはないのか。

6 それとも、住民の「安全・安心の確保」を図るべき責務を負う地方自治体が、「安全配慮義務」違反を問われて、民事上、刑事上の責任を問われることがあるのか。

7 東日本大震災と地方公共団体の責任をめぐる裁判例

解決法

1 地方公共団体の存立目的に照らして

住民（滞在者を含む。）の安全、安心の確保を図ることが、その存立目的の一つである。

・地方自治法

平成12年の地方分権推進一括法による改正前の旧第2条（地方公共団体の法人格とその事務）第2項、第3項第1号

2 普通地方公共団体は、その公共事務及び法律又はこれに基づく政令により普通地方公共団体に属するものの外、その区域内におけるその他の行政事務で国の事務に属しないものを処理する。

3 前項の事務を例示すると、概ね次の通りである。但し、法律又はこれに基づく政令に特別の定めがあるときは、この限りでない。

(1) 地方公共の秩序を維持し、住民及び滞在者の安全、健康及び福祉を保持すること。

2 地方行政活動、地方教育行政活動と「安全配慮義務」に関する判例に照らして

・陸上自衛隊車両整備工場事件（最高裁昭50.2.25第三小法廷判決）

陸上自衛隊員が、自衛隊の車両整備工場で車両整備中、後退してきたトラックに轢かれて死亡した事例で、国の公務員に対する安全配慮義務を認定した。

「国は、公務員に対し、国が公務遂行のために設置すべき場所、施設もしくは器具等の設置管理又は公務員が国もしくは上司の指示のもとに遂行する公務の管理にあたって、公務員の生命及び健康等を危険から保護するよう配慮すべき義務（以下「安全配慮義務」という。）を負っているものと解すべきである。もとより、右の安全配慮義務の具体的内容は、公務員の職種、地位及び安全配慮義務が問題となる当該具体的状況等によって異なるべきものである。

右のような安全配慮義務は、ある法律関係に基づいて特別な社会的接触の関係に入った当事者間において、当該法律関係の付随義務として当事者の一方又は双方が相手方に対して信義則上負う義務として一般的に認められるべきものである。」

・川義事件（最高裁昭59.4.10第三小法廷判決）

宿直勤務中の従業員が盗賊に殺害された事例で、会社に安全配慮義務の違背に基づく損害賠償責任があるとされた。

「使用者は、右の報酬支払義務にとどまらず、労働者が労務提供のため設置する場所、設備もしくは器具等を使用し又は使用者の指示のもとに労務を提供する過程において、労働者の生命及び身体等を危険から保護するよう配慮すべき義務（以下「安全配慮義務」という。）を負っているものと解するのが相当である。もとより、使用者の右の安全配慮義務の具体的内容は、労働者の職種、労務内容、労務提供場所等安全配慮義務が問題となる当該具体的状況等によって異なるべきものであることはいうまでもない。」

3 法的責任の免責事由と「未曾有」「想定外」「不可抗力」について

民事責任（損害賠償責任〜債務不履行責任、不法行為責任）

刑事責任（業務上過失致死罪等）

4 地方自治体にとって、「不可抗力」による自然災害はあるのか

原子力発電所を設置している電力会社にとって、「不可抗力」による自然災害はあるのか。

関係判例等

・東日本大震災の「津波」と関連して提起された、又は提起されている主な民事事件、刑事事件の状況は、概ね、次のとおりである。

（民事事件）

・東日本大震災の「津波」と関連して提起された「安全配慮義務」違反等を理由と

する損害賠償訴訟

① 民間の私企業等関係

長谷川学院日和幼稚園（宮城県石巻市）　仙台地裁平25.9.17判決「請求認容」

常盤山元自動車学校（宮城県山元町）　平23.10.14仙台地裁に提訴

七十七銀行女川支店（宮城県女川町）　仙台地裁平26.2.25判決　「請求棄却」

② 地方公共団体関係

市立野蒜小学校（宮城県東松島市）　仙台地裁平28.3.24判決　「一部原告勝訴」

市立大川小学校（宮城県石巻市）　平28.10.26仙台地裁判決「請求認容」

（賠償額14億2,660万円）

平30.4.26仙台高裁判決「請求認容」（賠償額　約14億3,600万円）

町立東保育所（宮城県山元町）　仙台地裁平26.3.24判決　「請求棄却」

（刑事事件）

南三陸町長（宮城県南三陸町）　平24.3.6　業務上過失致死容疑で告訴

平24.3.20　告訴「受理」

東京電力元会長ら元幹部3人　平28.2.29　業務上過失致死傷罪で「強制起訴」

・国家賠償法

（公権力の行使に基づく損害の賠償責任、求償権）

第1条　国又は公共団体の公権力の行使に当たる公務員が、その職務を行うについて、故意又は過失によって違法に他人に損害を加えたときは、国又は公共団体が、これを賠償する責に任ずる。

2　前項の場合において、公務員に故意又は重大な過失があったときは、国又は公共団体は、その公務員に対して求償権を有する。

（民法の適用）

第4条　国又は公共団体の損害賠償の責任については、前3条の規定によるの外、民法の規定による。

・刑法

（業務上過失致死傷等）

第211条　業務上必要な注意を怠り、因って人を死傷させた者は、五年以下の懲役若しくは禁錮又は100万円以下の罰金に処する。重大な過失により人を死傷させた者も同様とする。

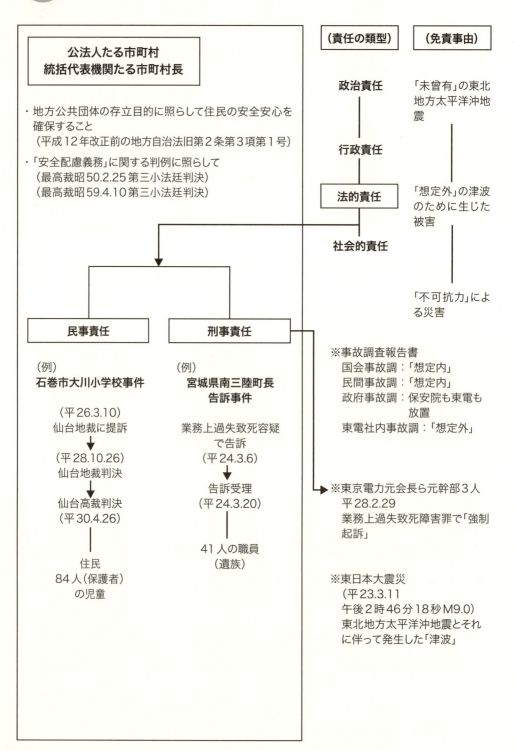

関係図19 自然災害と地方自治体の責任の射程距離の範囲

公立大学法人である市立大学の学生の自殺と「安全配慮義務」違反の成否

～公立大学法人が、その学生寮に入寮していた女子学生の自殺を知らず、10日間にわたって放置していた場合どのような責任を負うか？～

Q 公立大学法人Ａ大学の女子寮にて女子学生が自殺をした。この女子学生は、もともと学内の精神科医のカウンセリングを受けるなどしていた。

ある時から講義を休みがちになり、教員や友人などが働きかけをしてきたが、メール等のやり取りにも応じなくなった。

県外に住む女子学生の母親から電話やメールが通じないので大学の学生支援課に安否を確かめてもらいたいとの連絡が入り、職員が女子寮を訪ねたところ、女子学生は自殺をしていた。

この場合、大学を設置しているＡ市は女子学生の遺族にどのような責任を負うか。

【女子学生が女子寮で自殺】

ある年の暮れも押し詰まった12月25日、公立大学法人Ａ大学の女子寮の自分の部屋で、Ｂ学部2年の一人の女子学生Ｃが自殺をした。

女子学生Ｃはもともと、そううつ質の傾向があり、学内の保健管理センターの精神科医によるカウンセリングも受けていた。

女子学生Ｃは、12月に入ってから、講義を休みがちとなり、Ｂ学部としても、ゼミの担当教員からメールを送り、同じゼミの友人に声かけに協力してもらうなど、一定の働きかけはしてきた。

その後、12月10日過ぎからは、講義に出席することもなく、友人たちとのメールのやり取りにも応じなくなっていた。

12月25日になって、県外に住む母親から学生支援課に電話があり、最近送った宅急便が返送され、度々メールや電話をしても通じないので、娘の安否について確かめてもらいたいという依頼があった。

そこで、学生支援課長Ｄらが、女子寮の女子学生Ｃの部屋に向かったが、部屋には鍵がかかっており、異臭が廊下に漏れていたため、合い鍵を使って、部屋に入り遺体を発見したが、すでに腐乱状態になっていた。

この場合、公立大学法人Ａ大学を設置しているＡ市として、女子学生Ｃの遺族に対しどのような責任を負うか。

第5講 地方行政活動と訴訟

問題点の整理

　いま、なぜ、本件自殺と公立大学法人Ａ大学の対応を問題とするのか。公立大学法人Ａ大学におけるこれまでの自宅あるいは下宿先における学生の自殺とは異なり、はじめて公立大学法人Ａ大学が直接に管理運営する学生寮内の一室で起こり、なお、教職員、学生等大学関係者が、だれ一人知ることなく、相当の期間（「空白の10日間」）放置されていたとも認められる本件自殺に至った経緯等に鑑み、これを個人（本人、保護者）の問題として矮小化することなく、公立大学法人Ａ大学の学生の生活指導上の問題として重く、真摯に受け止める必要がある。

　公立大学法人Ａ大学の責任として、事前に「なに」を、どこまでなすべきであったのか、また、事後的に、これから「なに」を、どこまですることができるのか、改めて検証してみる必要がある。

問題解決の手がかり

・公立大学法人Ａ大学と学生との関係は、法的には「無名契約（非典型契約）」である「在学契約（有償契約・双務契約）」が締結されている。

・「在学契約」の締結により公立大学法人Ａ大学ないしＡ大学と学生との間で生じる権利、義務については、次のとおりである。

① 公立大学法人Ａ大学（国立大学法人法　関係）

　入学金、授業料等の納付を受ける権利、授業料の減免等、教育役務の提供に必要な大学の教育施設等を利用させる義務

　在学契約に付随する義務としての「安全配慮義務」

② Ａ大学（学校教育法　関係）

　入学の許可、講義、実習及び実験等の実施による教育役務の提供、卒業の認定等

③ 学生の権利と義務

　教育役務の提供を受ける権利、教育役務の提供に必要な大学の教育施設等を利用する権利、入学金、授業料等を支払う義務、大学の構成員として大学の包括的な指導、規律（学則、学生懲戒規定等）に服する義務

・「在学契約」に関する判例としては、次の二つがある。

① 最高裁平18.11.27第二小法廷判決（学納金返還訴訟）

② 東京高裁平19.3.29判決（国立大学の入試と司法審査）

　「国立大学法人の設置する大学に在学する学生とその国立大学法人との在学を

●134●

巡る法律関係は、学校法人立の大学におけるそれと同じく、在学契約関係である」。「国立大学法人が行政主体であり公の営造物であることは、上記の判断を左右するものではない」。また、大学による教育役務の提供等は、学生との信頼関係を基礎として継続的、集団的に行われるもので、「在学契約は、学生が、部分社会を形成する組織体である国立大学の構成員としての学生の身分、地位を取得、保持し、大学の包括的な指導、規律に服するという要素も有し」、「学校教育法52条、69条の2第1項所定の目的や国立大学の公共性等から、教育法規や教育の理念によって規律されることが予定されており、取引法の原理にはなじまない側面も少なからず有している」などの点にかんがみると、「在学契約は、有償双務契約としての性質を有する無名契約と解するのが相当である」。

・全国における自殺をめぐる最近の状況は、次のとおりである。

① 自殺対策基本法施行　　平18.10.28施行

② 自殺をめぐる全国の状況

　全国で、平成10年（32,863人）から平成23年まで（ピークは平成15年34,427人）14年連続の自殺者3万人超、平成24年、15年ぶりに3万人を下回る（27,766人）。

平成25年	27,283人
平成26年	25,427人
平成27年	24,025人
平成28年	21,897人

③ 小学生、中学生、高校生、大学生、専修学校生等の自殺

平成23年	1,026人
平成24年	954人
平成25年	915人
平成26年	866人
平成27年	835人
平成28年	791人

※自殺の原因：学業不振、就職失敗（「就活自殺」）、うつ病、失恋等

解決法

　公立大学法人Ａ大学は学生との間において有償双務契約である「在学契約」（「無名契約」）を締結しており、信義則にのっとり、信義に従い、誠実にこれを履行する義務を負っている。

　また、関係する判例等によれば、「在学契約」に付随する義務としての「安全配慮」義務も負っている。

第5講 地方行政活動と訴訟

　これら本来の契約内容を履行し実現する義務、これに付随する信義則上の「安全配慮」義務に違反すれば、当然に債務不履行責任を問われることとなる。

　公立大学法人Ａ大学が直接管理運営する学生寮における本件自殺については、その経緯等に鑑みて、公立大学法人Ａ大学として「安全配慮義務」違反による損害賠償責任を負うこととなる場合が考えられる。

　したがって、本件自殺について、Ａ市及び公立大学法人Ａ大学としてもこれを真摯に受け止め、遺族に対して真摯に対応するとともに、改めてその経緯等から見えてきた問題点等を検証し、これを今後の学生生活の指導に活かすことが求められる。

⑴　公立大学法人Ａ大学を設置しているＡ市として、女子学生Ｃの遺族に対して負うべき法的責任（「安全配慮義務」違反による損害賠償責任）を誠実に履行する。

⑵　学生の自殺防止等学生生活の指導を徹底するための外部の有識者からなる「第三者委員会」を立ち上げ、報告書を公立大学法人Ａ大学長に提出する。

⑶　第三者委員会の報告書を踏まえ、経緯、原因、責任の所在を明らかにするとともに、懲戒処分等、再発防止策を誠実に実施する。

関係判例等

・「生命は尊貴である。一人の生命は、全地球よりも重い。」
　最高裁昭23.3.12大法廷判決　死刑と残虐な刑罰の禁止に関する判決
　憲法第36条（拷問及び残虐な刑罰の禁止）

・（信義則上の）「安全配慮義務」に関する最高裁判例

①　最高裁昭50.2.25第三小法廷判決（陸上自衛隊八戸車両整備工場事件判決）
　陸上自衛隊員が、自衛隊の車両整備工場で車両整備中、後退してきたトラックに轢かれて死亡した事例で、国の公務員に対する安全配慮義務を認定した。
　「国は、公務員に対し、国が公務遂行のために設置すべき場所、施設もしくは器具等の設置管理又は公務員が国もしくは上司の指示のもとに遂行する公務の管理にあたって、公務員の生命及び健康等を危険から保護するよう配慮すべき義務（以下「安全配慮義務」という。）を負っているものと解すべきである。もとより、右の安全配慮義務の具体的内容は、公務員の職種、地位及び安全配慮義務が問題となる当該具体的状況等によって異なるべきものである。
　右のような安全配慮義務は、ある法律関係に基づいて特別な社会的接触の関係に入った当事者間において、当該法律関係の付随義務として当事者の一方又は双方が相手方に対して信義則上負う義務として一般的に認められるべきものである。」

② 最高裁平59.4.10第三小法廷判決（川義事件判決）

・民法

（債務不履行による損害賠償）

第415条　債務者がその債務の本旨に従った履行をしないとき又は債務の履行が不能であるときは、債権者は、これによって生じた損害の賠償を請求することができる。ただし、その債務の不履行が契約その他の債務の発生原因及び取引上の社会通念に照らして債務者の責めに帰することができない事由によるものであるときは、この限りでない。

2　（略）

第5講 地方行政活動と訴訟

関係図20 公立大学法人である市立大学の学生の自殺と「安全配慮義務」違反の成否

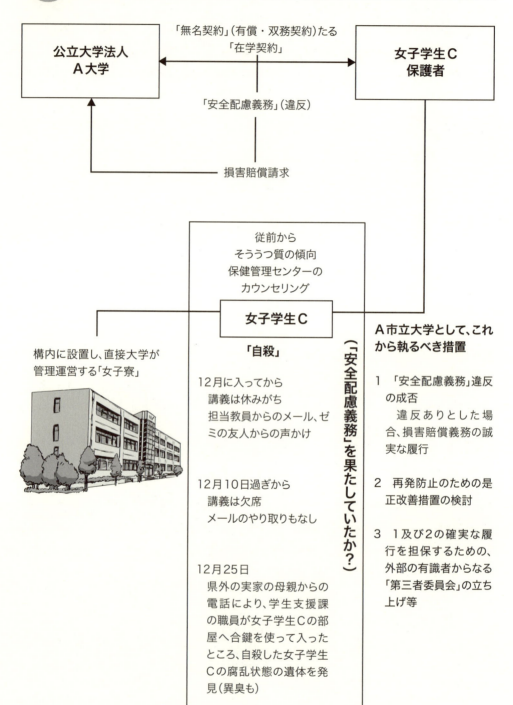

事例 No.21　町立小学校の教員が教育的指導として行う「有形力の行使」と、町の国家賠償法1条の規定に基づく賠償責任

町立小学校の教員が教育的指導として行う「有形力の行使」と、町の国家賠償法1条の規定に基づく賠償責任

～学校教育活動における児童生徒に対する教育的指導に関する国家賠償法の適用～

> **Q**　A町立小学校の教員Bが、ふざけていた児童に対し、教育的指導（叱責）をしたところ、児童が夜中に泣く、食欲が低下するなどの症状に見舞われ、通学に支障をきたすようになり、病院でPTSDとの診断を受けた。
>
> 　その後、国家賠償法に基づき、A町及び教員Bに対し、損害賠償訴訟が提起された。この損害賠償請求は認められるか。

【教員による児童に対する教育的指導】

　A町立小学校の教員Bが、休み時間に校舎の廊下で他の教員とともに、3年生の児童を指導していたところ、通りかかった2年生の児童Cがしゃがんだ姿勢をとっていた教員Bの背中に覆いかぶさるようにして肩を揉んだ。教員Bが離れるように言っても児童Cがやめなかったので、教員Bは右手で児童Cを振りほどいた。

　その後、教員Bが職員室に向かおうとしたところ、背後から、突然児童Cが教員Bの臀部付近を足で2回蹴って逃げ出したため、たまりかねた教員Bが児童Cを追いかけて捕まえ、児童Cの胸元の洋服を右手でつかんで壁に押し当て、「もうすんなよ。」と叱った。

【児童がPTSDの診断、教員に対する損害賠償請求】

　ところが、その晩、児童Cが熱を出し、「眼鏡の先生から暴力をされた。」と訴え、夜中に泣く、食欲が低下する等の症状が現れ、通学にも支障をきたすようになり、病院でPTSDとの診断を受けた（第2審判決は、PTSDであることを否定）。その後、国家賠償法第1条第1項に基づき、A町に対し、また、教員B個人に対しても損害賠償請求がなされた。

問題点の整理

1　公立学校における教員の教育活動が「公権力の行使」（国家賠償法第1条第1項）に当たるか。

2　「公権力の行使」の概念をめぐる学説の対立
　①　狭義説
　　「公権力の行使」を「優越的な意思の発動たる作用」と解して、私経済作

用や国家賠償法第2条が適用される公の営造物の設置管理作用はもちろん、それ以外の非権力的な公行政作用への国家賠償法第1条の適用も一般に認めない。

② 広義説

権力的行政活動のみならず非権力的な行政活動を含めた公行政活動全体が、広くこの「公権力の行使」に含まれると解する。

③ 最広義説

私経済活動をも含むすべての国・公共団体の活動を国家賠償法第1条の対象とする。

3 学説のちがい

・地方行政活動に起因する損害についての賠償請求が、民法の不法行為の規定によって判断されるか、国家賠償法第1条によって判断されるか。

・非権力的な公行政活動を国家賠償法第1条第1項にいう「公権力の行使」に含めること（広義説）の意味は、それによって加害公務員個人に対する賠償請求が認められなくなり（最高裁昭30.4.19第三小法廷判決）非権力的な公行政活動の結果については一般に公務員が保護されることになる。

·························· **問題解決の手がかり** ··································

・学校教育法

（児童生徒等の懲戒）

第11条　校長及び教員は、教育上必要があると認めるときは、文部科学大臣の定めるところにより、児童、生徒及び学生に懲戒を加えることができる。ただし、体罰を加えることはできない。

・「体罰」の定義について

平成19年2月5日付け初等教育局長通知（18文科第1019号）「問題行動を起こす児童生徒に対する指導について（通知）」―学校教育法第11条に規定する児童生徒の懲戒・体罰に関する考え方―

教員等が児童生徒に対して行った懲戒の行為が体罰に当たるかどうかは、当該児童生徒の年齢、健康、心身の発達状況、当該行為が行われた場所的及び時間的環境、懲戒の態様等の諸条件を総合的に考え、個々の事案ごとに判断する必要があり、その懲戒の内容が身体的性質のもの、すなわち、身体に対する侵害を内容とする懲戒（殴る、蹴る等）、被罰者に肉体的苦痛を与えるような懲戒（正座・直立等特定の姿勢を長時間にわたって保持させる等）に当たると判断された場合は、体罰に該当する。

事例 No.21 町立小学校の教員が教育的指導として行う「有形力の行使」と、
町の国家賠償法1条の規定に基づく賠償責任

・国家賠償法

（公権力の行使に基づく損害の賠償責任、求償権）

第1条　国又は公共団体の公権力の行使に当たる公務員が、その職務を行うにつ
いて、故意又は過失によつて違法に他人に損害を加えたときは、国又は公共団
体が、これを賠償する責に任ずる。

　2　前項の場合において、公務員に故意又は重大な過失があつたときは、国又は
公共団体は、その公務員に対して求償権を有する。

（民法の適用）

第4条　国又は公共団体の損害賠償の責任については、前3条の規定によるの外、
民法の規定による。

解決法

・「公権力の行使」の定義に関するちがい

　広義説に立って、公立学校における教師の教育活動も含まれると解すべきである。

・本件町立小学校教員Ｂの行う「有形力の行使」は、「体罰」の定義等に照らすとき、
「教育的指導」か、それとも「体罰」か。

・本件町立小学校教員Ｂの行う「有形力の行使」は、その目的、態様、継続時間
等から判断してそれが教育的指導の範囲を逸脱するものではなく、（「体罰」には
当たらず、教育的指導の範囲内のものであり、）違法性は認められない。

関係判例等

・学校事故と国家賠償責任に関する判決：公立学校における教師の教育活動が一般
に国家賠償法第1条第1項にいう「公権力の行使」に含まれることを最高裁が明言
した判決（最高裁昭62.2.6第二小法廷判決）

① 「国家賠償法1条1項にいう『公権力の行使』には、公立学校における教師の
教育活動も含まれるものと解するのが相当であ」る。

② 「学校の教師は、学校における教育活動により生ずるおそれのある危険から生
徒を保護すべき義務を負っており、危険を伴う技術を指導する場合には、事故
の発生を防止するために十分な措置を講じるべき注意義務があることはいうま
でもない。本件についてこれをみるに、……スタート台上に静止した状態で飛
び込む方法についてさえ未熟な者の多い生徒に対して右の飛び込み方法をさせ
ることは、極めて危険であるから、原判示のような措置、配慮をすべきであっ
たのに、それをしなかった点において、」Ａ教諭には「注意義務違反があったと
いわなければならない」。

・小学校教員が教育的指導として行う「有形力の行使」の国家賠償法上の違法性：

第5講 地方行政活動と訴訟

教師による有形力の行使に関して、最高裁が国家賠償法上の違法性につき判断を下した注目すべき判決（最高裁平21.4.28第三小法廷判決）

「Bの本件行為は、児童の身体に対する有形力の行使ではあるが、他人を蹴るというXの一連の悪ふざけについて、これからはそのような悪ふざけをしないようにXを指導するために行われたものであり、悪ふざけの罰としてXに肉体的苦痛を与えるために行われたものではないことが明らかである。Bは、自分自身もXによる悪ふざけの対象となったことに立腹して本件行為を行っており、本件行為にやや穏当を欠くところがなかったとはいえないとしても、本件行為は、その目的、態様、継続時間等から判断して、教員が児童に対して行うことが許される教育的指導の範囲を逸脱するものではなく、学校教育法11条ただし書にいう体罰に該当するものではないというべきである。したがって、Bのした本件行為に違法性は認められない。」

事例 No.21 町立小学校の教員が教育的指導として行う「有形力の行使」と、町の国家賠償法１条の規定に基づく賠償責任

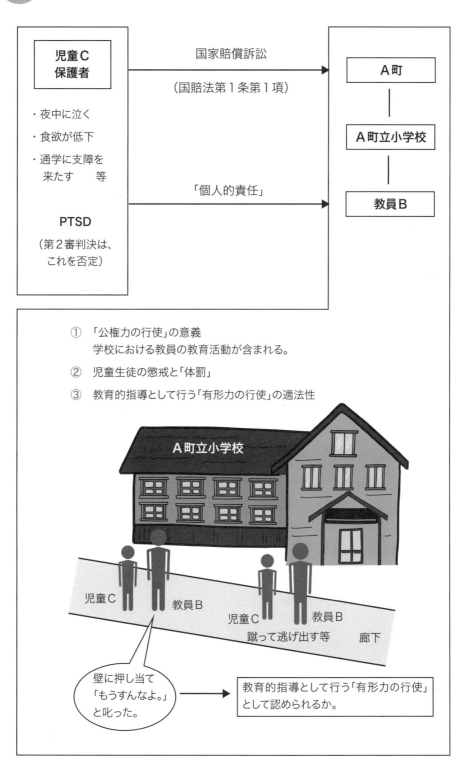

第5講 地方行政活動と訴訟

国家賠償訴訟の被告は、だれか

〜町立中学校のテニス部の部活動中に生徒がけがをし、後遺症が残った場合、その保護者は、公法人である町、執行機関である教育委員会の、いずれを被告として損害賠償の請求をするべきか？〜

> **Q** A町立B中学校のテニス部の女子部員が練習中転倒し、その後排尿が困難になり、通院・治療が必要になった。
> なかなか回復しないことから、女子部員の両親は、A町を相手取り損害賠償請求訴訟を起こした。この場合の「被告」は、A町の町長か、あるいは中学校を管理している教育長になるのか。

【部活中に重症を負った】

A町立B中学校のテニス部（軟式）で、ある年の7月、多少雨が降る中練習をしていたところ、3年の女子部員Cがレシーブを受け損なって、足を踏ん張ってねんざし、そのまま転倒した。

当日は病院にかかることもなく、B中学校の保健室で養護教諭が応急手当を行い、そのまま帰宅した。

しかし、翌日になって女子部員Cは排尿が困難になり、その後テニスも断念し、泌尿器科に通院して治療を受けていたが、なかなか元どおりには回復しなった。

【両親は町を相手取り損害賠償請求】

このような状況の中でも、Cは受験勉強にも頑張り、県内で最も難関といわれている高校に合格したが、Cの保護者である父D、母Eは、なかなか完全には回復しないCの姿を見るにつけ、不憫でならず、狭い町内でもあり、何を言われるかもしれないと、相当に迷ったが、意を決して、Cのために、A町に対して損害賠償訴訟を起こした。

送達された訴状の中に、

「被告　A町

　　　代表者　A町長　　〇〇　〇〇」とあるのを見て、

A町長は、A町教育委員会の教育長F（A町長と今回の町長選を争って落選した前町長から教育委員、教育長に選任されており、残任期間があるため、町長交代後も引き続き在任していた。）を呼びつけ、激怒して「教育委員会が管理している中学校で起こった問題じゃないか、なぜ、町長であるおれが被告になるのか、訴えられるのは、被告となるべきは、教育長、お前じゃないか。」とその責任を追及した。

これに対して、A町教育委員会教育長Fは、どう説明し、A町長を納得させたらいいのか。

因みに、本件訴訟は、その後、A町とCの法定代理人（親権者）である父D、母Eとの間で、裁判上の和解が成立し、Cの症状も、日常生活にはほとんど支障のない程度まで回復した。

問題点の整理

損害賠償責任を負うのは、中学校の設置者である公法人たる地方公共団体か、執行機関である教育委員会か。

1　公法人たる地方公共団体であるA町、その統括代表機関であるA町長
2　A町長が議会の同意を得て任命し、A町の執行機関の一つであるA町教育委員会の会務を総理し、教育委員会を代表する教育長
3　公法人たるA町と執行機関である（また、許認可等処分権限を行使する行政庁でもある）A町教育委員会との関係
※公法人である地方公共団体と、執行機関、許認可等処分権限の帰属行使主体たる行政庁である都道府県知事、市町村長等のちがい
①　地方行政の「主体」としての財産権の帰属主体等である「公法人」である地方公共団体
②　公法人である地方公共団体の統括代表機関、執行機関（「行政機関」）としての都道府県知事、市町村長
③　地方行政のいわばもう一つの「主体」としての処分（「許認可等処分」「行政処分」）権限の帰属・行使主体である「行政庁」（行政機関（執行機関）のうち、「行政主体（都道府県、市町村）の法律上の意思を決定し、これを外部に表示する権限をもつもの」）
④　処分権限の帰属・行使主体である「行政庁」（「行政機関」）としての都道府県知事、市町村長

•••••••••••••••••••••••••• 問題解決の手がかり ••••••••••••••••••••••••••

・財産の帰属等に関する訴訟の被告は「公法人」である地方公共団体
・処分取消訴訟の被告は、当該処分をした行政庁の所属する公法人である地方公共団体
・公法人である地方公共団体と「行政庁」である都道府県知事、市町村長との関係は、どのようなものか。

第5講 地方行政活動と訴訟

　都道府県知事、市町村長は、公法人である地方公共団体の統括代表機関、執行機関（「行政機関」）であるとともに、処分権限の帰属・行使主体である「行政庁」（「行政機関」）である。

・地方自治法

　（担任事務）

第149条　普通地方公共団体の長は、概ね左に掲げる事務を担任する。

　⑵　予算を調整し、及びこれを執行すること。

　（長の権限事務の委任及び補助執行）

第180条の2　普通地方公共団体の長は、その権限に属する事務の一部を、当該普通地方公共団体の委員会又は委員と協議して、普通地方公共団体の委員会、委員会の委員長（教育委員会にあっては、教育長）、委員若しくはこれらの執行機関の事務を補助する職員若しくはこれらの執行機関の管理に属する機関の職員に委任し、又はこれらの執行機関の事務を補助する職員若しくはこれらの執行機関の管理に属する機関の職員をして補助執行させることができる。ただし、政令で定める普通地方公共団体の委員会又は委員については、この限りでない。

　（委員会・委員の権限に属しない事項）

第180条の6　普通地方公共団体の委員会又は委員は、左に掲げる権限を有しない。但し、法律に特別の定めがあるものは、この限りでない。

　⑴　普通地方公共団体の予算を調製し、及びこれを執行すること。

　（教育委員会の事務）

第180条の8　教育委員会は、別に法律の定めるところにより、学校その他の教育機関を管理し、学校の組織編制、教育課程、教科書その他の教材の取扱及び教育職員の身分取扱に関する事務を行い、並びに社会教育その他教育、学術及び文化に関する事務を管理し及びこれを執行する。

・地方教育行政の組織及び運営に関する法律

　（この法律の趣旨）

第1条　この法律は、教育委員会の設置、学校その他の教育機関の職員の身分取扱その他地方公共団体における教育行政の組織及び運営の基本を定めることを目的とする。

解 決 法

・損害賠償責任を負うのは、中学校の設置者である公法人たる地方公共団体か、執行機関である教育委員会か、この点については、「被告」は、いうまでもなく、公法人たる地方公共団体であり、したがってその統括代表機関として予算執行権を行使するのはA町長である。

　①　公法人たる地方公共団体であるA町、その統括代表機関であるA町長の地位と権限

事例 No.22 国家賠償訴訟の被告は、だれか

② （新教育長は、首長が議会の同意を得て任命、）執行機関である教育委員会の会務を総理し、教育委員会を代表する教育長の地位と権限

③ 公法人たるA町と執行機関である（また、許認可等処分権限を行使する行政庁でもある）A町教育委員会との関係

・財産権の主体（公法人である地方公共団体）としての地位（予算執行権、訴訟の「被告」などが問題とされる場合）はどのようなものか、名義の表記はどうすべきか。

　公法人である地方公共団体たるA市の統括代表機関、執行機関（「行政機関」）たる市長としての地位にあり、

　　　名義は「A市

　　　　　　　　A市長　甲野　乙郎」と表記する。

・行政権の主体（執行機関、行政庁）としての地位はどのようなものか、名義の表記はどうすべきか。

　処分権限の帰属・行使主体である「行政庁」（「行政機関」）たる市長としての地位にあり、

　　　名義は「A市長　甲野　乙郎」と表記する。

関係判例等

・国家賠償法

　（公権力の行使に基づく損害の賠償責任、求償権）

　第1条　国又は公共団体の公権力の行使に当たる公務員が、その職務を行うについて、故意又は過失によって違法に他人に損害を加えたときは、国又は公共団体が、これを賠償する責に任ずる。

　2　前項の場合において、公務員に故意又は重大な過失があったときは、国又は公共団体は、その公務員に対して求償権を有する。

　（民法の適用）

　第4条　国又は公共団体の損害賠償の責任については、前3条の規定によるの外、民法の規定による。

・行政上の義務の履行を求める訴訟と「法律上の争訟」（最高裁平14.7.9第三小法廷判決）

・行政事件訴訟法

　第11条　処分又は裁決をした行政庁（略）が国又は公共団体に所属する場合には、取消訴訟は、次の各号に掲げる訴えの区分に応じてそれぞれ当該各号に定める者を被告として提起しなければならない。

　(1)　処分の取消しの訴え　当該処分をした行政庁の所属する国又は公共団体

　(2)　裁決の取消しの訴え　当該裁決をした行政庁の所属する国又は公共団体

第5講 地方行政活動と訴訟

関係図22 国家賠償訴訟の被告は、だれか

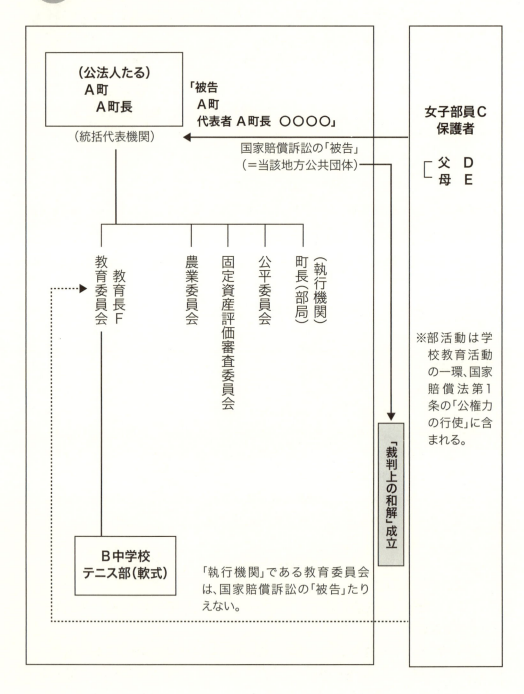

分権改革の進展と
地方行政の「主体」の変容

（第6講　事例№23～事例№27）

～「公法人」である地方公共団体と「行政庁」である都道府県知事、市町村長等とのちがい、「補助機関」である地方公務員の地位と権限とはどのようなものか？～

　　第6講　地方行政活動の「主体」としての「公法人」たる
　　　　　地方公共団体又は「行政庁」たる都道府県知事、
　　　　　市町村長等

第6講 地方行政活動の「主体」としての「公法人」たる地方公共団体又は「行政庁」たる都道府県知事、市町村長等

~「公法人」である地方公共団体と「行政庁」である都道府県知事、市町村長等とのちがい、「補助機関」である地方公務員の地位と権限とはどのようなものか?~

事例No.23 「地方公共団体」と「地方自治体」とは、どこが、どうちがうのか、「政策自治体」、「地方政府」とは「なに」か

~地方行政の「主体」の在り方をめぐって~

Q 「地方公共団体」と「地方自治体」、「政策自治体」、「地方政府」とのちがいは「なに」か。

A市の市長Aは、市内にある母校の創立100周年記念事業の一環として開催された講演会において高校生や保護者に対し講演をした。1時間の予定された講演が終了した後、「なにか質問は?」といったところ、ある高校生から「市長さんは、講演の中でA市のことを、『地方自治体』あるいは単に『自治体』といわれ、また『政策自治体』を目指すともいわれましたが、これはどういう意味ですか、私たちは、学校では市町村のことを『地方公共団体』と教えてもらっていますが?」と、質問があった。

市長Aは、一瞬、答えに詰まり、その場は「地方公共団体と地方自治体、あるいは自治体は、もちろん同じものです。」と説明してなんとか取り繕った。

A市役所に帰庁後、早速総務課長Bに「地方自治体」あるいは単に「自治体」、「政策自治体」の正確なところを聴いたが、総務課長Bは、明確には答えられず、総務係長Cに、この問題についてきちんと調べるように命じた。

総務係長Cは、この問題について市長Aにどのように報告すべきか。

問題点の整理

地方行政の「主体」を表すものとしては、「地方公共団体」「地方自治体(あるいは単に「自治体」)」、「政策自治体」、「地方政府」ということをよく聞くが、これらは、どこが、どうちがうのか、地方自治法上の用語、事実上の用語、政府の公式文書でも使用されている用語、それぞれに込められた意味とは「なに」か。

1 地方自治法上の「地方公共団体」とは「なに」か。
2 いま、なぜ「地方自治体」あるいは「自治体」なのか、「地方公共団体」と「地

事例 №.23 「地方公共団体」と「地方自治体」とは、どこが、どう
ちがうのか、「政策自治体」、「地方政府」とは「なに」か

　方自治体」との関係はどうなっているのか。
3　現在、地方公共団体は「政策自治体」である「地方自治体」を目指すべき
　である、ということがいわれているが、そもそも「政策自治体」とは「なに」か。
4　いま、なぜ「政策自治体」の実現、これをしっかりと支えるべき「政策法務」
　の確立なのか。
5　「地方自治体」と「完全自治体」である「地方政府」との関係はどうなって
　いるのか。

・・・・・・・・・・・・・・・・・・・・・・・・・ 問題解決の手がかり ・・・・・・・・・・・・・・・・・・・・・・・・・

・地方分権改革推進委員会　平19.5.30　公表

「地方分権改革推進に当たっての基本的な考え方―地方が主役の国づくり―」

　地方分権推進法にいう「地方分権」は、計画的かつ総合的に権限委譲、国の関与・
必置規制の整理合理化、地方行政体制の整備等の措置を講じていくことを意味し、
地方自治・地方行政におけるいわば「永遠の命題」ともいうべきものを指すと考え
られる。

　これに対して、地方分権改革推進法でいう「地方分権改革」は、特に、「3年」
という短い期間を設定し、集中的かつ一体的に行う地方分権の推進のための取組み
を指すものと考えられている。

　地方分権改革は、「地方が主役の国づくり」という視点から、自治行政権のみな
らず自治財政権、自治立法権を有する「完全自治体」である、中央政府と「対等・
協力」関係にある「地方政府」の実現を目指す取組みであり、特に基礎自治体につ
いてはさらなる体制の充実強化が必要である。

解 決 法

　「地方公共団体」、「地方自治体（あるいは単に「自治体」）」「地方政府」、これら「三
つ」は、どこが、どうちがうのか。

　地方行政の「主体」の在り方をめぐっては、「地方公共団体」から「地方自治体」、「政
策自治体」である地方自治体へ、そして自治行政権のみならず自治財政権、自治立
法権を有する「完全自治体」である「地方政府」へという大きな流れがある。

1　地方自治法上の「地方公共団体」とは「なに」か。

　地方自治法第1条の3に「地方公共団体の種類」について規定されており、地方
公共団体は、普通地方公共団体及び特別地方公共団体とするとされている。

2　いま、なぜ「地方自治体」あるいは「自治体」なのか、「地方公共団体」と「地

●151●

第6講 地方行政活動の「主体」としての「公法人」たる地方公共団体
又は「行政庁」たる都道府県知事、市町村長等

方自治体」との関係はどうなっているのか。

　まず、「地方公共団体」から「地方自治体」へということに関しては、「地方公共団体」と「地方自治体」との関係はどうなっているのか、いま、なぜ「地方公共団体」といわず、「地方自治体」あるいは「自治体」というのかという点が問題となる。

　既に明治憲法下の公式文書において「市町村の区域ハ……独立シタル自治体ノ彊土タリ」（市町村制理由）と書かれていたが、地方自治の制度的保障をしている現行憲法においては、依然として地方自治の主体としては、「地方自治体」ないし「自治体」ではなく、「地方公共団体」という言葉が使われている。

　「地方公共団体」とは、元来国から公認された行政団体のうち、地方区域に立つものという意味において、水利組合や区画整理組合などと横並びの「公共団体」の一つであり、町内会・自治会や社会福祉法人などの民間の「公共的団体」とも横並びである。

　しかし、現行憲法で地方自治の主体とされている地方公共団体は、もはや単なる公共団体ではなく、国と並ぶ行政主体（「地方政府」）である。

　このような状況を踏まえ、我が国の憲法、行政法の公法学会では、1980年代以降、次第に「地方公共団体」という言葉は正式引用にとどめ、学術用語としても「地方自治体」ないし「自治体」という言葉が多く使われるようになってきているといわれる。

　また、平成19年5月30日の「地方分権改革推進にあたっての基本的な考え方―地方が主役の国づくり」や、同年11月16日の地方分権改革推進委員会の「中間的な取りまとめ」など、最近の政府の公式文書においても「地方公共団体」ではなく、「地方自治体」という言葉が使われるようになっている。

3 「政策自治体」である「地方自治体」とは「なに」か。

　次に、単なる「地方自治体」ではなく、いまや「政策自治体」である地方自治体へ、といわれているが、「政策自治体」とは「なに」か。

　「政策自治体」とは、次の4において言及するように「政策法務」にしっかりと支えられた「地方自治体」をいい、「地方自治の本旨」、分権改革の趣旨・目的を踏まえ、「自己決定、自己責任」により、「地方が主役」の国づくりを実現するため、当面する地域の政策課題の解決に向けて自主的・主体的に取り組む「地方自治体」をいうものと解される。

　「政策法務」という言葉は、平成4年に刊行された「政策法務と自治体」（1989年2月28日刊）のはしがきにおいて、我が国で初めて次のように使われている。すなわち、厳密に定義されているわけではないが、「政策法務には、これまでの日常事務における現行法令の解釈・適用と規則・規程の整備のみならず、条例を中心

● 152 ●

として、自治体政策を目的とする自治立法がその中核をなす。自治体政策の実施に
あたりそれは条例という自治立法は当然のこととして、法令、国が示した各種の通
達・通知、行政実例などをどう選択し、運用するかなどの検討をくわえなければな
らない。特に時代おくれ、画一的でバラバラの法律を自治体政策に如何に取り込む
か、という視点からする法令の運用が必要である。」

　「政策法務」は、今では一般的に「法を政策実現のための手段ととらえ、政策実
現のためにどのような立法、法執行、争訟評価が求められるかを検討する理論およ
び実務における取組み」などと定義づけられる。

　この定義のポイントは、「法」を政策実現の手段ととらえること、「法務」を構成
する立法、法執行、争訟・評価の3つの段階を広く対象にすること、理論と実務の
両方を検討すること、の3点にあるといわれている。

　この「政策法務」とは「なに」かという点については、私は、分権改革の進展に
より、いまや地域の「政策主体」となった「地方自治体」が、当該地域の当面する「政
策課題」の解決、ひいては住民の福祉の増進のために、条例、要綱等の手段・方法
を使って行う自主的・主体的な取組みであると考えている。

4　「政策自治体」の実現、「政策法務」の確立とは「なに」か。

　地方自治体は、いま、将来における自治行政権、自治財政権、自治立法権をもっ
た「完全自治体」である「地方政府」の実現をにらみながら、当面の地方財政危機
を克服するとともに、また、激化する地域間・大競争時代を生き抜くため、それぞ
れの地域の状況に応じ、少子高齢化対策、企業誘致などの産業振興、いじめ・虐待
などの教育問題への対応等、地域の政策課題の解決のために積極的に取り組むこと
が求められている。

　このような地方行政をめぐる状況から、いま、地方自治体にとっては、「政策自
治体」の実現、またこれをしっかりと支えるべき「政策法務」の確立は、まさに喫
緊の課題となっているということができる。

　「政策法務」の確立をめぐるこれまでの動きについては、平成12年4月1日の地
方分権一括法施行前までの機関委任事務制度の下における（それぞれが後に国の立
法をも動かすこととなった）公害防止条例、個人情報保護条例、情報公開条例など
にみられる地方自治の「知恵」の発揮、すなわち機関委任事務制度下における条例
制定権の限界（機関委任事務については、原則として条例制定権は及ばなかった。）
への挑戦をめぐる動きがあり、あるいは本来は地方公共団体又は行政庁が行う（相
手方住民の任意的、自発的な協力に基づく事実行為にすぎない）行政指導、内部の
事務処理基準にすぎない宅地開発等指導要綱等によるいわゆる要綱行政の展開など
があった。

第6講 地方行政活動の「主体」としての「公法人」たる地方公共団体
又は「行政庁」たる都道府県知事、市町村長等

　地方分権一括法施行後における条例制定権の範囲の飛躍的な拡大により、又は平
成6年10月1日の行政手続法の施行により行政指導、要綱行政に関する規定が新
設されて一応の立法的解決をみるまで、地方自治体における独自の、特色ある条例
あるいは指導要綱が、実際の地方行政活動を主導することにより、地方自治、地方
行政のレベルにおける「政策法務」の進展がみられた。

　以上のところから、「政策自治体」とは、地方自治法の施行から平成12年3月
31日までの間、機関委任事務制度の下で一部国のいわば「下請け機関」と堕して
いた観もあった地方公共団体が、まさにその桎梏から逃れ、「完全自治体」である「地
方政府」になるために、分権改革の究極の目的である「自己決定、自己責任」の原
則にのっとり、当該自治体の当面する政策課題に対し真っ正面から向き合うことが、
そしてそのためにこれをしっかりと支えるべき「政策法務」の確立が求められてい
る地方自治体をいうと解される。

5 「地方自治体」と「完全自治体」である「地方政府」との関係はどうなっているのか。

　自治行政権のみならず、自治財政権、自治立法権についてもさまざまな法的ある
いは事実上の制約を受けている現在の「地方自治体」は、平成12年の地方分権一
括法、平成19年の地方分権改革推進法、また、今後調査・検討されるであろう道
州制推進関連法などにより、国、地方を問わず、将来的には、中央政府との適切な
役割分担を図り、自治行政権のみならず自治財政権、自治立法権を有する「完全自
治体」である「地方政府」へ移行することを目指すという大きな流れの中にある。

関係条文

・地方自治法

　　（地方公共団体の種類）

　第1条の3　地方公共団体は、普通地方公共団体及び特別地方公共団体とする。

　2　普通地方公共団体は、都道府県及び市町村とする。

　3　特別地方公共団体は、特別区、地方公共団体の組合及び財産区とする。

・地方分権推進法施行　平7.7.7

・地方分権の推進を図るための関係法律の整備等に関する法律（「地方分権推進一括
　法」）施行　平12.4.1

・地方分権改革推進法施行　平19.4.1

・地域の自主性及び自立性を高めるための改革の推進を図るための関係法律の整備
　に関する法律（第一次一括法）施行　平23.5.2

事例 №.23　「地方公共団体」と「地方自治体」とは、どこが、どうちがうのか、「政策自治体」、「地方政府」とは「なに」か

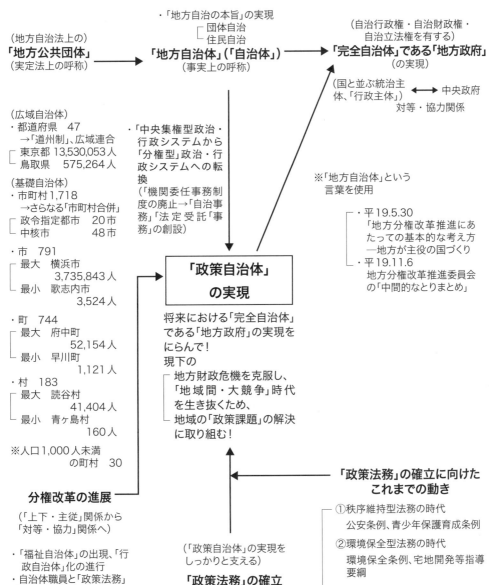

関係図23　「地方公共団体」、「地方自治体」、「政策自治体」、「地方政府」とは

第6講 地方行政活動の「主体」としての「公法人」たる地方公共団体
又は「行政庁」たる都道府県知事、市町村長等

事例 No.24 公民共同の「実行委員会」の法的性格は、どのようなものか

～公民共同の「実行委員会」は、地方公共団体の業務・事務執行の一方法たる存在とみるべきか、「権利能力なき社団」である場合とのちがいとは？～

> **Q** A町において農林水産祭を開催するに当たり、「A町農林水産祭実行委員会」を設立した。農林水産祭の実施に要する費用は、A町及び関係団体の負担金から支弁し、事務局はA町農林水産課内に設け、事務局長は農林水産課長が務めている。
> 事務局業務は通常の勤務時間内に行っているが、「A町農林水産祭実行委員会」は、A町の行政組織なのか。

【公民が連携し、実行委員会を立ち上げる】

町の面積のうち7割を超える広大な森林、また肥沃な農地があり、海に面し、沿岸漁業も盛んなA町では、豊富な農林水産物の販売などを目的としてこれまで20年以上にわたって、毎年秋に2日間（土日）、A町農林水産祭を開催してきており、町の内外から町の人口を超える3万人以上の人が訪れている。

A町農林水産祭は、A町とA町農業協同組合、A町漁業協同組合、A町森林組合、それにA町観光協会が共同して、毎年度、A町長を会長とし、関係団体の長が副会長となって「A町農林水産祭実行委員会」を設立し、実施している。

なお、A町農林水産祭の実施に要する費用については、A町及び関係団体からの負担金をもって支弁し、事務局はA町農林水産課Bに置き、農林水産課長Cが事務局長に就任するとともに、農林水産課及び観光課の職員3人が、A町農業協同組合等と協力して農林水産祭の企画から運営までを行っている。

【実行委員会は行政組織なのか】

かねてからA町の公金の支出などに関心の高かった町民Dら7人の町民から、A町農林水産祭実行委員会は、A町の行政組織なのか、担当課の職員3人が勤務時間中に農林水産祭の仕事をするのはおかしいのではないか、という素朴な疑問が農林水産課長Cに寄せられたが、この点についてどう考えるべきか。

問題点の整理

「実行委員会」は、地方公共団体とは独立した、別個の存在、「権利能力なき社団」か、民法上の組合か、あるいは当該地方公共団体の執行機関の事業執行

の一方法たる存在か。

1「実行委員会」、「公民共同の事業実施主体」の法的性格とは、どのようなものか。

　地方行政活動は、本来の地方行政の「主体」である公法人たる地方公共団体が、自らその所掌する事務事業を実施することが原則である。

　しかし、例えば、国民体育大会や国民文化祭、植樹祭、産業祭りなど、地方自治体にとって大きな財政負担を伴い、住民を挙げて取り組むことがふさわしいと考えられる行事などを開催する場合に、地方自治体と民間の公共的団体、私企業等が共同して「実行委員会」等の組織を立ち上げることがある。

　このような「実行委員会」等の設立に当たっては、当該自治体の関係する事務事業の主管課が主導して規約等を定め、会長には当該自治体の首長が就任し、その職員による人的支援や、負担金、補助金、委託料といった名目による財政的支援、さらには自治体の庁舎の一部を事務局のスペースとして使わせるなどの支援も行い、当該自治体が組織上も、財政的にも、また、その運営に当たっても、事実上大きな影響力を行使している。

2「権利能力なき社団」とは「なに」をいうのか。

　上記1において言及した「実行委員会」等は、一般的には「任意団体」とされているが、権利能力なき社団の要件に関する判決（最高裁昭39.10.15第一小法廷判決）によれば、次の四つの要件を充たす場合には、「権利能力なき社団」として取り扱われることとなる。

①　団体としての組織を備えること。

②　多数決の原理が行われていること。

③　構成員の変更にもかかわらず、団体そのものが存続すること。

④　その組織により、代表の方法、総会の運営、財産の管理その他団体としての主要な点が確定していること。

3　そもそも「実行委員会」は、当該自治体から独立した別個の存在なのか。

　この問題については、岐阜県情報公開条例をめぐる「実行委員会文書非公開処分取消請求事件」に関する最高裁の決定、名古屋高裁の判決が参考とされるべきである。すなわち、「実行委員会」が作成し、又は取得した文書が岐阜県情報公開条例上の「公文書」に該当するか否か、また、「実行委員会」は地方公共団体とは別個の、独立した「任意団体」であるか否かが争われた岐阜県情報公開条例をめぐる「実行委員会文書非公開処分取消請求事件」に関する最高裁平17.9.13第三小法廷決定により、名古屋高裁平15.12.25判決が確定して

第6講 地方行政活動の「主体」としての「公法人」たる地方公共団体
又は「行政庁」たる都道府県知事、市町村長等

いる。

　この名古屋高裁判決においては、（岐阜）県と「実行委員会」との関係について、（岐阜）県は「国民文化祭岐阜県実行委員会」の単なる構成員にすぎないとはいえず、また「実行委員会」と一定の距離を保ち、対等な意思独立した位置にあることを前提にして、互いに協働するといった関係にもないとして、「実行委員会」は、（岐阜）県の事業執行の一方法たる存在といえ、委員会運営等の事務は（岐阜）県の処理すべき事務に含まれると判断している。

　そのうえで、実行委員会の職員が職務上作成し、又は取得した文書は、岐阜県情報公開条例上実施機関の職員が職務上作成し、又は取得した文書であり、且つ当該実施機関が管理している文書であるとして、「実行委員会」が保有する文書の公開を認めている。

・・・・・・・・・・・・・・・・・・・・・・・・・・ 問題解決の手がかり ・・・・・・・・・・・・・・・・・・・・・・・・・・

・当該地方公共団体とは独立した、別個の存在と見るべきか、別個の存在と見る場合「任意団体」、「権利能力なき社団」、民法上の組合（民法第667条〜第688条）のいずれと見るべきか、そのちがいとはどのようなものか。

・当該地方公共団体（内部）の執行機関の事業執行の一方法たる存在と見るべきか。

解 決 法

1 「実行委員会」、「公民共同の事業実施主体」の法的性格とは、どのようなものか。

　当該地方公共団体（内部）の執行機関の事業執行の一方法たる存在と見るべき場合もあると考えられ、また、当該地方公共団体とは独立した、別個の存在と見るべき場合もあり、この場合は「任意団体」「権利能力なき社団」、民法上の組合のいずれに該当するか、団体としての組織、規約、多数決原理、構成員の変更と存続、代表の方法、総会の運営、財産の管理その他団体としての主要な点が確定しているかという視点に立って判断すべきこととなる。

2 「権利能力なき社団」とは「なに」か、また、「実行委員会」がこれに当たるとした場合、どうなるのか。

　「権利能力なき社団」とは、民法の組合の規定では適切な処理ができない団体、つまり典型的には構成員の多数いる営利を目的とはしない構成員の個性が重視されない団体であり、自治会・町内会、PTA、同窓会等がこれに当たると考えられているが、当該「任意団体」が「権利能力なき団体」と認められた場合には、次の二つの効果が生ずるとされている。

●158●

① その資産は、構成員に総有的に帰属する。

② その代表者によってその社団の名において、構成員全体のために権利を取得し、義務を負う。

なお、民法上の組合とは、民法上の組合の規定で適切な処理ができる団体、典型的には構成員の数の少ない営利を目的とする構成員の個性が重視される団体をいう。

3「Ａ町農林水産祭実行委員会」は、Ａ町から独立した、別個の存在なのか、Ａ町やその職員との関係をどう見るべきか。

以上において言及してきたところから、「Ａ町農林水産祭実行委員会」については、Ａ町（内部）の事業執行の一方法たる存在と見るべきであると考えられ、Ａ町担当課の職員は、その本来の職務として農林水産祭の仕事をすべき立場にあると考えるべきである。

関係判例等

・「権利能力なき社団」の要件に関する判決（最高裁昭39.10.15第一小法廷判決）

・「実行委員会」の位置づけに関する判決（最高裁平17.9.13第三小法廷決定 名古屋高裁平15.12.25判決確定）

・県立高校入試の「合同選抜委員会」に関する県立高等学校入学許可不作為違法確認等請求事件判決（最高裁平元.11.24第二小法廷判決）

第6講 地方行政活動の「主体」としての「公法人」たる地方公共団体
又は「行政庁」たる都道府県知事、市町村長等

関係図 24 統括代表機関と執行機関、「実行委員会」、事実上の附属機関

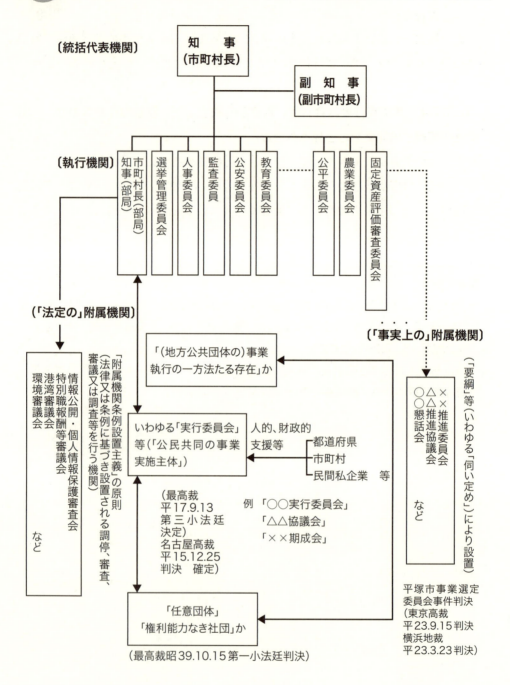

事例 №25　「住民総会」とは「なに」か

「住民総会」とは「なに」か

～地方議会の在り方をめぐって、高知県大川村議会の「町村総会」の設置をめぐる動きなどから見えてくるものとは～

Q 人口減少、少子高齢化社会になり、昨今話題となっている「住民総会」とは「なに」か。どのような場合に設置することができるのか。

【人口減少、少子高齢化による将来への不安】

　A村は、平成27年の国勢調査の確定値を見ても、人口減少、少子化が進行し、高齢化率も40％を超えている人口1,000人余の過疎地域市町村であり、そのため「平成の大合併」においては、法定協議会も設置したが、最終的には近隣の市町村との合併協議はうまくいかなかった。

　A村役場の村長Aは、就任以来かねてからA村の将来がどうなるのか、将来にわたってA村が存続するためにはどうすればいいのか、危機感を持ってA村の運営に当たっていた。

【「町村総会」とはなにか】

　このため、今回、高知県大川村が、村議会議員のなり手がないため、村議会を廃止し、「町村総会」の設置について検討することがマスコミを通じて報道されたことをきっかけとして、村長Aは、総務課長Bに対し「町村総会」とは「なに」か、どのような場合に設置するのか、A村においても設置することができるか、などについて調査・検討するよう指示した。

　総務課長Bは、この指示についてどのように調査・検討すべきか。

問題点の整理

1　「平成の大合併」、その後の状況

　平成11年3月31日現在　3,232市町村（670市　1,994町　568村）

　平成18年4月1日現在　1,821市町村（777市　846町　198村）

　平成29年4月1日現在　1,718市町村（790市　745町　183村）

　※明治の大合併　71,314町村→15,859市町村

　（市町村制施行　明治22年4月1日）

　昭和の大合併　9,868市町村→3,472市町村

　（町村合併促進法施行　昭28.10.1

●161●

新市町村建設促進法一部失効　昭36.6.29）

2　市町村をめぐる社会経済的状況

・人口減少化　平成27年（2015年）10月1日　国勢調査

総人口　1億2,709万人

①　大正9年の調査開始以来、初めての減少（平成22年から96万2,607人　0.8％減少、年平均0.15％減少）である。

②　8都県（東京都、埼玉県、愛知県、神奈川県、福岡県、滋賀県、千葉県、沖縄県）で人口が増加し、39道府県で人口が減少している。

③　全国1,719市町村のうち、1,419市町村（82.5％）で人口減少、人口が増加した市町村は300市町村（17.5％）である。

※「日本の将来推計人口」　平29.4.10（国立社会保障・人口問題研究所）

2015年　1億2,709万人

2053年　9,924万人（1億人割れ）→2065年（50年後）　8,808万人

・少子化

第1次ベビーブーム期（昭和22年〜昭和24年）には約270万人、第2次ベビーブーム期（昭和46年〜昭和49年）には約210万人であったが、昭和50年に200万人を割り込み、それ以降、毎年減少し続けた。

　第1次ベビーブーム期

　　昭和24年　最高の出生数　2,696,638人

　　昭和41年（丙午　ひのえうま）　出生数　1,360,974人

　第2次ベビーブーム期

　　昭和48年　出生数　2,091,983人

昭和59年には150万人を割り込み、平成3年以降は増加と減少を繰り返しながら、緩やかな減少傾向となっている。

　平成26年　最低の出生数　1,003,539人

平成27年の出生数は、100万5,677人であり、前年の100万3,539人より2,138人増加したが、平成28年の出生数は976,978人と初めて100万人を割り、平成29年は941,000人（推計）となっている。

合計特殊出生率をみると、第1次ベビーブーム期には4.3を超えていたが、昭和25年以降急激に低下した。

その後、第2次ベビーブーム期を含め、ほぼ2.1台で推移していたが、昭和50年に2.0を下回ってから再び低下傾向となった。

昭和64年、平成元年にはそれまで最低であった昭和41年（丙午）の1.58

を下回る1.57を記録し、さらに平成17年には、過去最低である1.26まで落ち込んだ。

近年は、微増傾向が続いており、平成27年は1.45と、前年より0.03ポイント上回った。

※合計特殊出生率　　2.07

自然増と自然減との境目、人口維持の目安

※「2018年問題」

2018年からの長期にわたる18歳人口の減少傾向の始まり

・高齢化

老年（65歳以上）人口は、平成27年（2015年）現在の3,387万人から、平成32年（2020年）には3,619万人へと増加し、その後しばらくは緩やかな増加期となるが、平成42年（2030年）に3,716万人となった後、第二次ベビーブーム世代が老年人口に入った後の平成54年（2042年）に、3,935万人でピークを迎える。

その後は一貫した減少に転じ、平成77年（2065年）には、3,381万人となる。

老年人口割合（高齢化率）をみると、昭和25年には総人口の5％に満たなかったが、昭和45年に7％を超え、さらに平成6年には14％を超えた。

老年人口割合（高齢化率）は、平成27年（2015年）現在の26.6％で4人に1人を上回る状態から、平成48年（2036年）に33.3％で3人に1人となり、平成77年（2065年）には38.4％、すなわち2.8人に1人が老年人口となる。

※「2025年問題」

2025年からの満75歳以上の高齢者の急増の始まり

「高齢者」の定義の見直し問題　　満65歳から満75歳へ

・過疎化

過疎対策の沿革としては、いずれも議員立法により、これまで過疎地域対策緊急措置法（昭和45年度～昭和54年度）、過疎地域振興特別措置法（昭和55年度～平成元年度）、過疎地域活性化特別措置法（平成2年度～平成11年度）の3法が制定され、現行の過疎地域自立促進特別措置法（平成12年度～平成32年度）に引き継がれている。

「過疎地域」の指定の要件としては人口要件（人口減少率）かつ財政力要件（財政力指数、公営競技収益）が定められている。

平成12年4月1日現在の過疎市町村は、3,229市町村のうち1,171市町村、36.3％であったが、「平成の大合併」による市町村の数が減少により1,718市町村となったため、平成29年4月1日現在の過疎市町村は、1,718市町村のう

ち817市町村,47.6％となっている。

※「限界集落」 満65歳以上の人が50％を超える集落

「消滅する可能性のある」896市町村（／1,718市町村）、そのうち「このままでは消滅可能性が高い」（2040年時点で人口が10,000人を切る）523市町村はさらに深刻（「地方消滅　東京一極集中が招く人口減」）

3　議会の現状と問題点、「改革」の状況

現代の地方行政活動においては、地方自治体の外部における「行政自治体」化（国のレベルにおける「行政国家」化）の進行、地方自治体の内部における「行政自治体」化すなわち統括代表機関、執行機関である地方自治体の長の議会に対する圧倒的な優越的地位、議会の地位の相対的な低下という状況がみられ、かつ、進行している。

このような状況を受け、とりわけ、地方分権一括法の施行以来、団体意思を決定し、執行機関の監視機能をもつ議会の地位を高め、権限を強化するよう、数次にわたる地方自治法の改正がなされて来ている。

また、このような状況の中、議会としても北海道の栗山町に始まる「議会基本条例」の制定、「政策条例」の提案などにとどまらず、議員定数の削減、議長の「コマ切れ」任期の防止、さらには「通年開催」「休日夜間開催」など、究極においては議会の存在意義そのものが問われる状況の中、議会改革に積極的に取り組む動きが大きな流れとなっている。

⋯⋯⋯⋯⋯⋯⋯⋯⋯⋯⋯ 問題解決の手がかり ⋯⋯⋯⋯⋯⋯⋯⋯⋯⋯⋯

現行の地方自治法施行後の例としては、東京都八丈支庁管内宇津木村（現八丈町の一部）が、昭和26年から、八丈村等と合併して八丈町となる昭和30年までの間、村民総会を設置したのが唯一の例である。

また、町村制が施行されていた当時、旧町村制下の例としては、神奈川県足柄下郡芦の湯村（現在　同郡箱根町の一部）に町村会の例があった。

なお、最近における高知県大川村における「町村総会」の設置の動きに端を発する今後の国、市町村の動きについても注視していく必要がある。

解決法

1　「町村総会」とは「なに」か

地方自治法第89条の規定により普通地方公共団体に議会を置くこととされているが、第94条の「町村総会」は第89条の例外規定であり、住民も非常に少なく、

単一な社会構成を有する町村で、選挙権を有する者が、事実上一堂に会して、会議を開き、その団体意思を決定することが可能なものにおいては、条例で議会を設けないで本条の規定により、「町村総会」を設けることができる。

　なお、地方自治法第94条の「町村総会」は同法第89条の例外規定ではあるが、憲法第93条第1項の「議事機関として議会を設置する。」という規定の例外ではなく、「町村総会」はそれ自体が当該町村の「議事機関」であると考えるべきである。

　また、「町村総会」の構成員は、選挙権を有する者であればよく、議会の議員の被選挙権は必要ではない、すなわち年齢満25年に達している必要はなく、「町村総会」は、選挙権を有する住民の過半数の出席により成立する。

2　実際に、どのような場合に「町村総会」を設置するのか

　全国的にみて、過疎化が進行し、「限界集落」という問題があるということも背景にあり、今回、人口405人の高知県大川村における「町村総会」の設置をめぐる動きをきっかけに、「町村総会」の設置の問題が全国的にも大きく取り上げられることとなったが、全国1,718市町村のうち、現時点で、人口1,000人未満の自治体が30村、うち、人口500人未満の自治体が10村（人口最小の市町村　東京都青ヶ島村　160人）となっており、これらの村を中心に、近い将来「条例」による町村議会の廃止、「町村総会」の設置という動きが現実味を帯びてくる可能性がある。

3　「町村総会」の設置をめぐる問題点

　地方自治法第95条（町村総会に対する準用）において、「前条の規定による町村総会に関しては、町村の議会に関する規定を準用する。」と規定されているが、同法上「町村の議会に関する規定」は、次のとおりである。

　地方自治法第6章　議会

　　第1節　組織（89条 ― 95条）
　　第2節　権限（96条 ― 100条の2）
　　第3節　招集及び会期（101条 ― 102条の2）
　　第4節　議長及び副議長（103条 ― 108条）
　　第5節　委員会（109条 ― 111条）
　　第6節　会議（112条 ― 123条）
　　第7節　請願（124条・125条）
　　第8節　議員の辞職及び資格の決定（126条 ― 128条）
　　第9節　規律（129条 ― 133条）
　　第10節　懲罰（134条 ― 137条）
　　第11節　議会の事務局及び事務局長、書記長、書記その他の職員（138条）

　なお、「準用」とは、当該問題について準用されるべき規定に必要とされる適当な修正を施した上、当該問題にあてはめることをいう。

第6講 地方行政活動の「主体」としての「公法人」たる地方公共団体
又は「行政庁」たる都道府県知事、市町村長等

「地方自治法第6章 議会」に関する規定についてどのような修正をした上、これを「町村総会」に当てはめるかということは、「町村総会」の設置に当たり、解決しなければならない重要な問題である。

この点に関し、権限、招集及び会期、運営方法等については町村の議会に関する規定が準用されるが、議員定数、議員の選挙、議員の任期、議会の解散に関する規定等は、その性質上当然に準用されない。

実際の「町村総会」の運営に当たっては、さらに議案の範囲、招集回数、開催場所、参加する住民の「足」の確保等の問題など、解決すべき多くの問題があり、最終的には国のレベルにおける立法的解決が図られるべきであると考えられる。

最後に、「町村総会」は、究極においては、直接民主制の理念に基づく諸制度と間接（代表）民主制の理念に基づく諸制度との関係についてどのように考えるべきかという問題をも提起する地方自治に関する根本的な命題であるという認識をもつべきである。

関係条文

・憲法

（地方公共団体の機関、その直接選挙）

第93条 地方公共団体には、法律の定めるところにより、その議事機関として議会を設置する。

2 地方公共団体の長、その議会の議員及び法律の定めるその他の吏員は、その地方公共団体の住民が、直接これを選挙する。

・地方自治法

（議会の設置）

第89条 普通地方公共団体に議会を置く。

（町村総会）

第94条 町村は、条例で、第89条の規定にかかわらず、議会を置かず、選挙権を有する者の総会を設けることができる。

（町村総会に対する準用）

第95条 前条の規定による町村総会に関しては、町村の議会に関する規定を準用する。

・地方自治法第94条に規定する「町村総会」は、憲法に抵触するかという問題について、議事機関として広義の「議会」に含めて解する見解、代議制の議会の設置を憲法の要求する最小限度の要件として、より住民の意思を反映し得る町村総会の設置を憲法に抵触するものではないという見解はあるが、通説は憲法に抵触しないとしている。

事例 №25 「住民総会」とは「なに」か

関係図 25 「住民総会」とは「なに」か

市町村をめぐる社会経済的状況

・人口減少化
　1億2,709万人（2015年）　→　8,808万人（2065年　50年後）

・少子化（出生数）「2018年問題」
　2,091,983人（昭48年）　→　1,003,539人
　　　　　　　　　　　　　　（平26年　過去最低の出生数）
　　　　　　　　　　　　　　1,005,677人
　　　　　　　　　　　　　　（平27年）
　　　　　　　　　　　　　　976,978人
　　　　　　　　　　　　　　（平28年　初の100万人割れ）
　　　　　　　　　　　　　　941,000人（推計）
　　　　　　　　　　　　　　（平29年　2年連続の100万人割れ）

・高齢化（高齢化率）「2025年問題」
　26.6%（平27年）　→　38.4%（2065年　50年後）
※高齢者の定義の見直しも（満65歳から満75歳へ）

↓

・過疎化の進行　　　　　　817/1,718市町村
　（過疎化率）　　　　　　（47.6%）

※「限界集落」：満65歳以上の人が50%を超える集落
※「消滅する可能性のある」896市町村（/1,718市町村）
　そのうち「このままでは消滅可能性が高い」523市町村
　（2040年後時点で人口が10,000人を切る。）

↓

過去に「住民総会」を設置した例
①東京都宇津木村（現八丈町の一部）
②神奈川県芦の湯村（現箱根町の一部）

A村・A村長 ←→ A村議会 ←→ 「A村住民総会」

　　　　　　　　（地方自治法　　　（地方自治法
　　　　　　　　第89条）　　　　　第94条・第95条）
　　　　　　　　選挙による村議会　選挙権を有する村民（満
　　　　　　　　議員により構成　　18歳以上の者）により構
　　　　　　　　　　　　　　　　　成過半数の出席により成
　　　　　　　　　　　　　　　　　立

↓

総務課長B

※代表（間接）民主制の理念と直接民主制の理念の「相剋」という問題について
　改めて、どう考えるべきか。

Ⅳ 分権改革の進展と地方行政の「主体」の変容

●167●

第6講 地方行政活動の「主体」としての「公法人」たる地方公共団体
又は「行政庁」たる都道府県知事、市町村長等

いま、自治体職員に求められるものとは「なに」か

~「忖度」!? 自治体の意思決定と首長、自治体職員の立場~

> **Q** A市の公共工事に関係する建設業者の指名に当たり、A市長の意向が強く反映され、公正・公平な基準で選定されているか疑わしいとの主張が指名されなかった建設業者Bからあった。さらに、建設業者Bは情報公開請求を行い、指名競争入札における業者の決定に関する公文書の開示請求を行った。
> なお、建設業者Bは、指名競争入札にかかるA市担当部署間でA市長の意向が反映されていると取られてもおかしくはないメールのやり取りを入手している。
> 職員はこのような場合、どのように対応、説明責任を果たすべきか。

【公共工事指名競争入札における疑義】

A市の公共工事に係る建設業者の指名に関し、本年度に入って5回目となる指名競争入札において、今回も指名されなかった建設業者Bから、A市の公共工事に関する業者指名委員会の委員長である副市長Cに対し、本年度まだ1回も指名されていないのは、本年4月のA市長選挙で建設業者Bが、当選したA市長の対立候補（落選）を応援したためではないのか、A市の公共工事に係る建設業者の指名に関しては、透明性をもって公正・公平にやるべきだ、と主張している。

副市長Cは、もちろん、建設業者Bが落選したA市長の対立候補を応援したという事実は知っていたが、だからといって建設業者Bを指名しなかったわけではなく、業者指名委員会の委員長として、関係法令等の規定が定める業者指名の規準にのっとり、契約事務規則等関係規程所定の手続を踐み、公正・公平に判断して行っていると考えている。

【指名されなかった業者による情報公開請求】

しかし、建設業者Bは、最終的には業者指名委員会の委員長である副市長Cは、A市長の意向を「忖度」して指名業者の決定をしたのではないかと執拗に主張し、ついには「A市長の意向を忖度していないということを明らかにする」ため、本年度に入って行われた5回の指名競争入札における業者の決定に関する一切の関係公文書の公開請求をした。

もちろん、副市長Cは、個々の公共工事の業者の指名について、A市長から個別・具体的に業者名を挙げられたこともなく、したがって、副市長CがA市長の意向を「忖度」したという事実は全くないと考えている。

なお、建設業者Bは、少なくとも5回目の指名競争入札をめぐって、真偽のほどはわからないが、公共工事担当課の課長補佐から契約事務担当課の課長補佐にあてたとされる「今回の公共工事に関しては、A市長は、㈱ ○○建設を指名する意向であり、ご配慮願いたい。」というA市長の意向を「忖度」するメール（「怪文書」!?）を入手しており、もしこのメールが真正なものであるとすれば、守秘義務違反等の問題も生じることとなり、このメールの存在については、一部マスコミも知るところとなっている。

副市長Cは、本件の情報公開請求、「忖度」メールに対しいかに対応すべきか、またA市長の意向を「忖度」したという事実はないという点について、どのように「説明責任」を果たすことができるか。

問題点の整理

地方行政も行政の一分野であり、立法、行政、司法という権力分立制（「三権分立」）に基づき、当然に「法の支配」、「法治主義」（「法律による行政」の原理）の適用がある。

しかし、現代の地方行政においては「法治主義」の変容があり、すなわち、「公正」の確保、「透明性」の向上、「説明責任」という法治主義のさらなる「深化」、いわばその「内延的な」拡がり、また、「法令の遵守」だけではなく「（倫理、道徳規範をも含む）社会規範の遵守」を包摂する「コンプライアンス」の確立という法治主義の射程範囲のいわば「外延的な」拡がりがみられる。

このような状況を踏まえ、本事例の問題点の整理をすれば、次のような3点について検討する必要があると考えられる。

1　自治体の意思決定と首長の立場

　　統括代表機関たる地位と権限

　　最高かつ最終的な意思決定権者たる地位

　　最終的な法的責任、行政責任、政治責任を負うという地位

2　自治体の意思決定過程と住民、マスコミの関与

　　住民：当該意思決定に係る情報（公文書）公開の請求権の行使

　　マスコミ：国民の「知る権利」を根拠とする報道の自由、取材の自由に基づく取材、報道

3　自治体の意思決定と補助職員の立場

　　「全体の奉仕者」 憲法第15条、地方公務員法の関係規定

　　国家公務員倫理法、国家公務員倫理規程

第6講 地方行政活動の「主体」としての「公法人」たる地方公共団体
又は「行政庁」たる都道府県知事、市町村長等

自治体における職員倫理規程（条例）

代理、権限の委任と補助執行（専決、代決）

法的責任、行政責任を負うという地位

·························· 問題解決の手がかり ·····························

地方自治法の関係規定

（地方公共団体の統括及び代表）

第147条　普通地方公共団体の長は、当該普通地方公共団体を統括し、これを代表する。

（事務の管理・執行）

第148条　普通地方公共団体の長は、当該普通地方公共団体の事務を管理し及びこれを執行する。

（長の職務代理）

第152条　普通地方公共団体の長に事故があるとき、又は欠けたときは、副知事又は副市長村長がその職務を代理する。

（長の事務の委任・臨時代理）

第153条　普通地方公共団体の長は、その権限に属する事務の一部をその補助機関である職員に委任し、又はこれに臨時に代理させることができる。

2　普通地方公共団体の長は、その権限に属する事務の一部をその管理する行政庁に委任することができる。

（職員の指揮監督）

第154条　普通地方公共団体の長は、その補助機関である職員を指揮監督する。

（諸官庁の処分の取消し及び停止）

第154条の2　普通地方公共団体の長は、その管理に属する行政庁の処分が法令、条例又は規則に違反すると認めるときは、その処分を取り消し、又は停止することができる。

解 決 法

1　自治体の意思決定と首長の立場について

　首長、地方公共団体の長（都道府県知事、市町村長）は、当該地方公共団体を「統括」し、これを「代表」するとともに、その事務を管理し、執行する地位と権限を有し、当該地方公共団体において、最高かつ最終的な意思決定を行う立場にあり、また、最終的な法的責任、行政責任を負うだけではなく、選挙により就任した公職にある者として、政治責任も負うこととなる。

　地方公共団体も一の「社会的実体」であり、地方公共団体をめぐる社会生活関係は、専ら倫理、道徳規範あるいは当該部分社会におけるきまりなど、法規範以外の

●170●

社会規範によって規律される非法律関係と、権利義務の関係、法規範によって規律される関係、最終的には「法律上の争訟」として、裁判、訴訟による解決が図られる法律関係とに区別することができるが、非法律関係、法律関係、いずれの関係であれ、地方公共団体の長が当該地方公共団体を「代表」する。

職員との関係で特に問題となる「統括」とは、地方公共団体のすべての事務について、地方公共団体の長が総合的にその統一を確保する権限を有すること、当該地方公共団体内部の他の執行機関あるいはその事務を統制し、その最終的な統一性を保つことを意味する。

実際の地方行政活動における事務処理に当たっては、地方公共団体の長は、行政機関である執行機関あるいは行政庁として、権限の代理、権限の委任、補助執行（専決、代決）という権限行使の方法により補助職員にその権限を行使させることができる。

また、地方公共団体においては、通常、長から補助職員にあてた事務委任規則（外部委任の場合）、内部の訓令として事務決裁規程（内部委任の場合）が定められており、当該事務委任規則、事務決裁規程の中で長の専決事項、補助職員の階層別の専決事項が定められている。

以上言及したところから、自治体の事務処理のうち、高度の政策的決定を行う場合、あるいは議会に議案を提出する場合などは、首長自ら直接に意思決定を行うが、その他の場合は（事後的に報告させることはあっても）原則として補助職員の意思決定にゆだねられている。

2　自治体の意思決定過程と住民、マスコミの関与について

自治体の意思決定過程に関し、「主権者たる地位」に立つ住民や、いまや高度情報社会、本格的に到来したインターネット社会の中で、立法（国会）、行政（内閣）、司法（裁判所）と並び、「第四の権力」といわれるマスコミ（報道機関）は、自治体の意思決定に関し、どのような関与をすることができるのかということが問題となる。

「主権者たる地位」に立つ住民は、自治体の意思決定に関し当該意思決定に係る情報（公文書）公開の請求権を行使し、「第四の権力」といわれるマスコミ（報道機関）は、国民の「知る権利」を根拠とする報道の自由、取材の自由に基づく取材、報道をすることができる。

これら情報公開が実施されたことにより、また、マスコミの報道によって明らかになった事実に基づき、もちろん「守秘義務」の壁があり、公文書の管理上の問題はあるが、国民、住民は自治体の意思決定過程についてこれを窺い知ることができ、検証することが可能となる。

第6講 地方行政活動の「主体」としての「公法人」たる地方公共団体
又は「行政庁」たる都道府県知事、市町村長等

したがって、本件の情報公開請求、「忖度」メールに対しいかに対応すべきかについては、以上において言及したところを踏まえ、適正に対処すべきことが求められる。

3 自治体の意思決定と補助職員の立場について

憲法第15条第2項では、すべて公務員は、全体の奉仕者であって、一部の奉仕者ではないと定められ、地方公務員法第30条においては「服務の根本基準」として、全て職員は、全体の奉仕者として公共の利益のために勤務しなければならないと、また、同法第32条には「法令等及び上司の職務上の命令に従う義務」として、職員は、その職務を遂行するに当たって、法令、条例、地方公共団体の規則及び地方公共団体の機関の定める規程に従い、且つ、上司の職務上の命令に忠実に従わなければならないと、定められている。

なお、もちろん、自治体における職員倫理規程や職員倫理条例の第1条（目的）には、例えば、次のように規定されている。

「この条例は、職員が職務を遂行するに当たって、常に自覚しなければならない公務員倫理の確立及び保持に関し必要な事項を定めることにより、道民の不信を招くような行為を防止し、もって公務に対する信頼の確保を図ることを目的とする。」（北海道公務員倫理条例）

地方行政も行政の一分野であり、立法、行政、司法という権力分立制（「三権分立」）に基づき、当然に「法の支配」、「法治主義」（「法律による行政」の原理）の適用がある。

したがって、実際の地方行政活動における事務処理に当たって、当該事務処理を自ら直接担当する補助職員は、地方公共団体の長との関係で、権限の代理、権限の委任、補助執行（専決、代決）といういずれの権限行使の方法による場合であっても、基本的に「法治主義」（「法律による行政」の原理）の適用があるということについて明確に認識すべきである。

その上で、現代の地方行政においては「法治主義」の変容があり、すなわち、「公正」の確保、「透明性」の向上、「説明責任」という法治主義のさらなる「深化」、いわばその「内延的な」拡がり、また、「法令の遵守」だけではなく「（倫理、道徳規範をも含む）社会規範の遵守」を包摂する「コンプライアンス」の確立という法治主義の射程範囲のいわば「外延的な」拡がりがみられるという点についても、理解しておく必要がある。

以上のことを踏まえ、現代の地方行政活動における事務処理に当たっては、補助職員は、「コンプライアンス」視点に立って「説明責任」を果たし、ステーク・ホルダーである関係住民や、「第四の権力」であるマスコミを「納得」させることが

できるよう努めるべきは当然であり、本件事例において問題となっている副市長C
がA市長の意向を「忖度」したか、という点については、このような視点に立って
適切に対処すべきであるが、なお、「○○の事実がない。」ということを証明するこ
とは、極めて困難な問題であるということもきちんと認識しておく必要がある。

関係条文

・憲法

　第15条

　　2　すべて公務員は、全体の奉仕者であって、一部の奉仕者ではない。

・地方公務員法

　　（服務の根本基準）

　第30条　全て職員は、全体の奉仕者として公共の利益のために勤務し、且つ、職
　　　　務の遂行に当たっては、全力を挙げてこれに専念しなければならない。

　　（法令等及び上司の職務上の命令に従う義務）

　第32条　職員は、その職務を遂行するに当たって、法令、条例、地方公共団体の
　　　　規則及び地方公共団体の機関の定める規程に従い、且つ、上司の職務上の命令
　　　　に忠実に従わなければならない。

　　（秘密を守る義務）

　第34条　職員は、職務上知り得た秘密を漏らしてはならない。その職を退いた後
　　　　も、また、同様とする。

・自治体における職員倫理規程（条例）

　※この事例№26に関しては、また、学校法人加計学園獣医学部の設置、学校法
　　人森友学園に対する国有地払下げをめぐる経緯等から学ぶべきこととは「なに」
　　かという点からも考えてみる必要がある。

　　　すなわち、公文書の管理、情報公開、マスコミへの対応、公務員の意識改革（忖
　　度）、「内閣人事局」に象徴される政治と行政の在り方が問われており、地方行政、
　　自治体職員にとっても、決して無関心ではあり得ず、「もって他山の石」とすべ
　　きではないかと考えられる。

分権改革の進展と地方行政の「主体」の変容

第6講 地方行政活動の「主体」としての「公法人」たる地方公共団体又は「行政庁」たる都道府県知事、市町村長等

関係図 26 いま、自治体職員に求められるものとは「なに」か

(「法治主義」「法律による行政」の原理)

- 憲法第15条第2項
- 地方公務員法第30条
- 地方公務員法第32条
  「全体の奉仕者」
  「公共の利益のため」に勤務
  「法令等及び上司の職務上の命令に従う義務」
- 職員倫理規程、職員倫理条例

(「法治主義」「法律による行政」の原理)の現代的変容

- 法治主義のさらなる「深化」、いわばその「内延的な」拡がり
  ①「公正」の確保
  ②「透明性」の向上
  ③「説明責任」
- 「コンプライアンス」の確立という法治主義の射程範囲のいわば「外延的な拡がり」
  ①「法令の遵守」
  ②「(倫理、道徳規範を含む)社会規範の遵守」
- いま、地方公務員に求められるもの
  「コンプライアンス」視点に立った説明責任を果たすこと

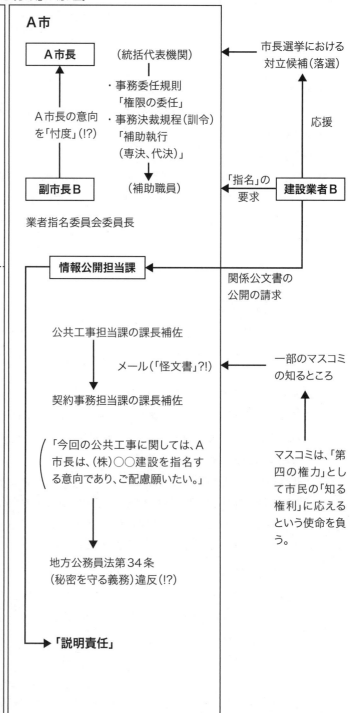

> **コラム** 「実践論的・体験論的」自治体職員論

> **コラム** 「実践論的・体験論的」自治体職員論
> ～これからの自治体職員の在り方をめぐって～

1 「地方自治」について～法の支配、法治主義、「法」と「法律」、「コンプライアンス」「地方自治の本旨」などについてどのように考えるか？～

・現代の地方行政における「法の支配」、「法治主義」（「法律による行政」の原理）の意義

・「法」と「法律」とのちがい（「法」＞「法律」）

・法の支配、法治主義の現代的「変容」について明確に認識すること！

　① 「行政改革」の流れの中から登場した、自治体運営の根幹にも関わる「新しい」考え方：法の支配、法治主義の深化、そのいわば「内延的な」拡がりを意味する「公正の確保、透明性の向上、説明責任」

　　「新しい」制度：行政手続制度、情報公開制度、（プライバシーを含む）個人情報保護制度

　② 民間の動き（平12.9.20大和銀行事件大阪地裁判決）に端を発し、いまや国、地方を問わず大きな動きとなっている、自治体運営の根幹に関わるもう一つの「新しい」考え方：法の支配、法治主義の射程範囲のいわば「外延的な」拡がりを意味する「コンプライアンス」

　　「新しい」制度：改正会社法、国家公務員倫理法、職員倫理規程の制定等

・官（公）民を問わない、次のような最近における事件、事故、不祥事等の続発という状況の中から登場した、「コンプライアンス」の確立という考え方

　大和銀行ニューヨーク支店巨額損失株主代表訴訟判決（大阪地裁平12.9.20判決）

　汚職事件等の続発と国家公務員倫理法等の施行

　「官官接待」「カラ出張」等といわゆる「市民オンブズマン」活動の展開

　みずほ銀行反社会的勢力融資問題、船場吉兆食べ残し料理「使い回し」事件、九州電力原発賛成メール指示事件、東京電力福島第一原子力発電所事故（「想定外」）東芝「不正」会計問題、三菱自工燃費偽装問題

・自治体運営と責任：政治的責任、法的責任、行政責任、そしてなによりも「社会的責任」

　地方自治体の運営、地方行政活動が、そのステーク・ホルダーである主権者たる住民等、高度情報社会、インターネット社会における「第四の権力」であるマスコミ（報道機関）による監視・批判に耐えられるか、ということが問われる。

・地方自治の本旨（「住民自治、団体自治」）

　① 法の支配、法治主義という「基本的視点」、公正の確保、透明性の向上、説明責任という「新しい」視点、いわば「複眼的な」視点に立った自治体運営の確立が不可欠

　② 「法令の遵守」だけではなく、「（倫理、道徳規範をも含む）社会規範の遵守」を包摂する「コンプライアンス」視点にも立った自治体運営の確立

・自治体運営とコーポレート・ガバナンス（CG）、パフォーマンス（Performance）、コンプライアンス（Compliance）との関係、さらに社会的責任（CSR）との関係について明確に認識を！

2 自治体運営、事務処理に関する基本について～実際の地方行政活動、事務処理の基本とは「なに」か？～

- 「原点主義」に立って、常に「原価意識」をもって！
- 「先例踏襲主義」との訣別を！仕事の根拠は「先例」？先例がない場合は、どうするのか？「先例」がなければ、自分がつくればいい！
- 「横並び意識」の払拭を！何か解決すべき問題があると、すぐ行う傾向のある「類似団体」、「同規模の自治体」と比較するという意識の払拭を！
  問題の解決に当たっては、当該制度の趣旨、目的に立ち返って、考えてみることが必須の要件である。
- 「縦割り行政」の弊害を除去すること、首長（知事、市町村長）は、「1人」である！ということを改めて認識すべきである。
- 自治体運営の本質は、「自己決定、自己責任、（自己負担）」
- 「自ら考え、自ら判断し、自ら責任をとる」主体的な自治体職員に！
  「時代感覚」を磨き、「時代の風」に敏感であれ！
  とりわけ、「第四の権力」であるマスコミ、「主権者」である住民などのステーク・ホルダーの意識動向の的確な把握を！
- 自治体の「常識」が、世間、一般社会の「非常識」とならぬよう！
- 自治体職員として決して「持ってはならない」七つの感覚
  「隠したがる」感覚、「もったいぶる」感覚、「威張る」感覚、「責任押し付け合い」感覚、「公私混同」感覚、「先送り」感覚、総じて旧態依然たる、いわゆる「役人」感覚
- 自治体職員として常に「磨くべき」五つの感覚
  「憲法感覚」「私法感覚」「手続感覚」「公金感覚」「公開感覚」
- 事務処理に当たって必ずクリアーしなければならない「三つ」の制約
  「法制度的・法的」「財政的・予算的」「人的」制約
- 仕事のよりどころ、事務処理の根拠を明確に（「説明責任」）！
- これからは絶対に通用しない！（「仕事の根拠」としての）「これまでの先例」「類似団体」「同規模の自治体」の状況、最後は「本省!?（総務省）の見解」（いわば「国依存型症候群」からの脱却）
- 自分が、いま担当している「一つ」の仕事を通じて、常に自治体運営の「全体像」を見る目を涵養するよう努めるべき！
- 「思考停止症候群」「指示待ち症候群」に決して陥ることなかれ！
- 「現場主義」に徹し、常に新しい風を！
- 「知らないこと（わからないこと）」を、「知らない（わからない）！」という勇気を持つべき！
- 個別、具体の問題の解決に当たっては、常に自治体運営の「全体像」を念頭において、必ず「最終的な決着の見通し」を持って！
- いわゆる「内部告発」、公益通報等に耐えられる事務処理を！
- 「たかが、あいさつ文、されどあいさつ文」、作成されたあいさつ文案を読めば、当該職員の日ごろからその担当している仕事の状況、問題点等について把握しているか否かなど、その職員の仕事に取り組む姿勢が明らかに！

コラム 「実践論的・体験論的」自治体職員論

3 ステーク・ホルダー（「主権者」たる住民等）との関係について〜高い「主権者意識」
　をもった住民にいかに対応するか！〜

・常に、「主権者」たる住民等と同じ「目線」で考え、行動するという意識を！

・「できること、できないこと（その理由）」を明言、直言する勇気を！

・なにごとにつけても、自治体職員として「説明責任」を果たすよう努めること、
　ステーク・ホルダーの意識より、常に「一歩」先んじて！

・ステーク・ホルダーとの交渉、面談、話合い等の要諦

　① しっかりした、ゆるぎない理屈、根拠を持つこと、「いくら言われても、でき
　　ないことはできない！」と、最後は結局「気合の問題」でもあるということを
　　認識すること。

　② 電話による応対、やりとりは、できるだけ差し控えること、可能な限りこち
　　らから足を運ぶこと。

　③ 面談に当たっては、相手方の目を見て、決して相手方の目から（自分の）目
　　をそらさないこと。

　　　なお、面談に当たっては、時間を気にすることなく（こちら側から時間を制
　　限する必要は全くない！）、じっくりと相手方の話を聞くこと。

　④ 住民等の来訪があった場合は、まず、「椅子」をすすめ、それから、必ず複数
　　の職員で、オープンスペースで相手方の話を聴くこと。

　⑤ 交渉等の中で相手方が激高すればするほど、職員としては冷静に対応するこ
　　とが必要！

　　　解決に向けては、世の中、「理性（理屈）」だけではなく、時として、「感情（感
　　性）」（相手方住民の「心情」に訴えることも必要！）

・ステーク・ホルダーを説得するポイント

　① 「法的・制度的、財政的・予算的、人的」制約の下、結果における「満足」と、
　　結果に至るまでの過程、手続における「納得（「説明責任」を十分に果たすこと
　　に尽きる。）」を峻別すること。

　② いわゆる好訴妄想、訴訟マニアへの対応は格別、仕事をするに当たって、い
　　たずらに裁判、訴訟をおそれる必要はない。

　③ 最初から「裁判だ、訴訟だ！」と、声高に言う者に限って、裁判、訴訟を起
　　こす可能性は少ない。

4 「第四の権力」であるマスコミとの関係について〜高度情報社会、インターネット
　社会とどう向き合うか！〜

・現代の高度情報社会の進展、本格的なインターネット社会の到来を踏まえ、いまや、
　マスコミ（報道機関）は、立法、行政、司法と並ぶ「第四の権力」であるという
　基本認識を！

・マスコミに対しては、いたずらに「おそれることなく、みくびることなく、立場
　のちがいを超えて」、最後は、一人の人間として、マスコミ関係者との個人的信頼
　関係を築くよう心がけるべきである。

・危機管理広報（「クライシス・コミュニケーション」）

　最近の船場吉兆事件、皇子山中学校生徒「いじめ」自殺事件、東京電力福島第一

原発事故「想定外」問題、九州電力原発賛成メール指示（「やらせ」メール）事件、みずほ銀行反社会的勢力に対する不適正融資問題、東芝「不適正」会計問題、三菱自動車燃費「不正」問題等の事件、事故、不祥事等におけるその失敗例を見るまでもなく、危機管理に当たっては、危機管理広報（「クライシス・コミュニケーション」）が、最も重視されるべきである。

「危機管理広報」とは、緊急事態の発生時に、そのダメージ（地方自治体としての信用失墜　など）を最小限にとどめるための、「疑惑を招かない、徹底した情報開示（「説明責任」の履行）」を基本とし、「社会的観点に立った判断（「組織の論理」の排除、住民の視点に立った、迅速、適切なコミュニケーション活動（広報活動））」をいう。

・危機管理広報のポイントは、次の3点である。

① 「起こしたこと（起こしてしまったこと）」よりも、「起こした後にどう対応したか（その後の組織対応の適否（是非））」が問われる。

② 自治体にとっての「クライシス」とは、社会との深刻なコミュニケーション・ギャップが生じた局面をいい、マスコミやステーク・ホルダー等からの、あるいはこれらとの間における厳しい「批判」「非難」「不信感」「対立」が生じた場合をいう。

③ 緊急事態が発生した場合、クライシス・コミュニケーションという観点からとるべき対応とは、「スピード感ある（迅速さが感じられる）対応（迅速な意思決定と的確な対応）」

5　自治体職員として～トップ（首長）との関係、組織相互間の関係、上司、同僚、部下職員との関係について～

⑴　トップ（首長）との関係について

・トップ（首長）、ひいては我が自治体を守る気概を！

・トップを輝かせることが、ひいては我が当該自治体を輝かせることに！

・トップに対しては、「悪い」事実こそ、すばやく報告（「拙速報告」）を！

・トップへの報告の仕方のポイントは、まず「結論」、次に「理由」、根拠等

・トップへの情報（顧問弁護士、ステーク・ホルダー等外部の意見等）の入れ方、自分なりに咀嚼して説明、報告を！間違っても、単なるメッセンジャーになるな！

・トップの意向を第三者に伝える場合、絶対にしてはならない伝え方、「自分はそうは思わないんだけれど、トップが…というものだから」

・人事権、予算編成・執行権など、すべての権限の「淵源」は、首長にある！という認識を！

・「忖度」とは「なに」か？

⑵　組織相互間の関係について

・仕事の「主役」は事業部門、管理部門は「後方支援」、いわば「脇役、黒衣」にすぎない！

現実には、事業部門と管理部門とのいわば「逆立ち」した関係を直視すべき！

・組織の中で跳梁跋扈する、学閥、出身課閥、出身地域閥など、「ムラ」の論理の排除

・「部益」あって「当該自治体の益」なし、「課益」あって「部益」なしということにならないように！

・（再び！）首長は、「一人」であるという認識を！

・議論の要諦は、議論をしている「自分の立場」と「相手方の立場」を逆にして、考えてみたらどうなるか！

・決してやってはならない「先送り」「上送り」「横送り（縦割り、責任のなすり合い）」、そしてまさかの「下送り」という悪弊

⑶　上司との関係について

・上司への報告の仕方のポイントも、まず「結論」、次に「理由」、根拠等

・上司に対しては「忍耐」を、部下に対しては「寛容」を、しかし、最後は「縁なき衆生は度し難し」

・「目配り」「気配り」「〇配り」（「三配り」）に留意すること。

⑷　同僚との関係について

・「明るい、楽しい」職場づくりとは、「仲良しクラブ」では決してない！

・職場での付き合いは、礼に始まり（「おはようございます。」）、礼に終わる（「お先に失礼します。」）。

・だれかが、どこかで、いつもあなたを見ている！

⑸　部下職員との関係について

・現代の自治体運営にとって欠かすことのできない「三つの」管理
　「仕事の管理」「組織・職員の管理」、なによりも「危機管理」

・自治体運営の不可欠の活動手段は、「ヒト、モノ、カネ、情報」
　「情報は力なり」、人に先んじて「正確な」情報を！
　手に入れた情報は、「有効に」活用を、新聞記事はいわば「タカラの山」

・判断を誤ることのないよう、情報収集は、必ず「複数の」ルートから！

・「法的判断（「適法性」の判断）」、「当・不当の判断（「妥当性」の判断）」、「政治判断」のちがいを、明確に認識すべき！

・常に、「なに」のために、「だれ」のために仕事をするのか、という意識を！

・部下は上司を選べない、こども（児童・生徒）は、先生を選べない！

・「叱っている、怒っている」自分（客我）、それを見ているもうひとりの自分（主我）を！
　叱った後、怒った後、注意した後、「いかにリカバリーするか」がポイント！

・職員個人に対する「非難、文句」は、本人に面と向かって直接言うべき、陰に回って、第三者にコソコソいうなかれ！

・「最初の」過ちは大目に見る、「再度の」過ちは厳しく注意する、「三回目」からの過ちは、人事考課につなげる（上司に同じことを何回も言わせるな！）。

・困難な、それまで経験したこともないような問題を解決すること！これこそが自治体職員としての「真の」能力！

・「仕事を通じてこそ職員は育つ」、自分の意見を持ち、「主体的に」仕事に取り組む職員に！

・「逆境」は職員を育てる！「順境」は職員をだめにする？

・「ジェネラリスト」か、それとも「スペシャリスト」か？「永遠のテーマ」

・「事務に強い」技術職員、「技術に強い」事務職員たれ！

・仕事は「結果」がすべて、「弁解、言い訳」はいらない！

第6講 地方行政活動の「主体」としての「公法人」たる地方公共団体
又は「行政庁」たる都道府県知事、市町村長等

ハラスメントと地方自治体、自治体職員の責任

〜公立大学の教員によるアカデミック・ハラスメントがあった場合、設置者である地方公共団体、公立大学法人、被用者である当該教員は、いかなる責任を負うべきか〜

> **Q** 公立大学法人Aにおいて、相次いでアカデミックハラスメントが起こった。公立大学教員によるハラスメントがあった場合、使用者である地方公共団体はどのような責任を負うのか。

【アカデミックハラスメントが起こった】

公立大学法人A大学は5つの学部からなる総合大学であるが、最近、3つの学部において、相次いで教員による学生に対するアカデミックハラスメント、キャンパスハラスメントが起こった。

公立大学の教員によるアカデミックハラスメントがあった場合、設置者であり、当該教員の使用者でもある地方公共団体、被用者である当該教員は、いかなる責任を負うべきか。

「ハラスメント」なき大学を目指し、安全・安心な就学環境・職場環境づくり（「ハラスメント」の事前防止・事後的対処に関する体制づくり、教職員等の「ハラスメント」をしない、させないという意識改革）の確立に向けて「なに」をなすべきか。

問題点の整理

1　ハラスメントの意義、ハラスメントとは「なに」か。

・当該行為をした者の主観的な意図や認識のいかんにかかわらず、不適切な発言や行動が存在したか否かが判断基準とされ、他者に対する発言、行動が、相手の尊厳を傷つけ、相手に不利益を与え、相手に脅威を与えるなど、嫌がらせや相手を不快にさせる行動をいう。

・「行為者の意図に関わらず、相手方に不利益や損害を与え、若しくは個人の尊厳又は人格を侵害する行為」

・メンタルヘルス

　時として、うつ病などによる自殺、一人の人間の「死」にも直結するケースもあるという認識を！

　「生命は尊貴である。一人の生命は全地球よりも重い。」（最高裁昭23.6.30大法廷判決）

2 ハラスメントの種類、ハラスメントにはどのような種類があるのか。

代表的・典型的なハラスメントは、(1)のとおりであるが、(2)(3)に掲げたものを合わせると、30を超える種類があるといわれている。

(1) 代表的・典型的なハラスメント

・セクシャルハラスメント（セクハラ）

① 「相手の意思に反して、相手を不快にさせ、不安な状態にさせる性的な関心や欲求に基づく言葉や行動による嫌がらせ」

② 「他の者を不快にさせる性的な関心や欲求に基づく発言や行動」

性的言動により、相手方が不快と受け止め、相手方の就学環境・職場環境を損ない、又は相手方に利益若しくは不利益を与えること

対価型セクハラ　環境型セクハラ

セカンドハラスメント（セカハラ）

・パワーハラスメント（パワハラ）

① 「職場において、地位や人間関係で弱い立場の相手に対して、繰り返し精神的又は身体的苦痛を与えることにより、結果として働く人たちの権利を侵害し、職場環境を悪化させる行為」

※株式会社クオレ・シー・キューブの岡田康子さんの造語　和製英語

（「許すな！パワーハラスメント」　飛鳥新社　2003年）

② 「同じ職場で働く者に対して、職務上の地位や人間関係などの職場内での優位性を背景に、業務の適正な範囲を超えて、精神的・身体的苦痛を与える又は職場環境を悪化させる行為」

③ 「職場において、職務上の地位を不当に利用して他の者に対して行う就労上の不適切な発言や行動」

④ 「権力や地位を利用した嫌がらせ」

⑤ 「自分より弱い立場の者に対して心理的・肉体的攻撃を繰り返し、相手に深刻な苦しみを与える」行為（いわゆる「いじめ」も含む。）

・モラルハラスメント（モラハラ）「精神的暴力」「精神的虐待」

・アカデミックハラスメント（アカハラ）

① 「教員間、教員と学生等との間において、職務上の地位を不当に利用して他の教員又は学生等に対して行う研究若しくは教育上又は就学上の環境を害する不適切な発言や行動」

② 研究、教育の場における権力を利用した嫌がらせ

・キャンパスハラスメント（キャンハラ）

キャンパスで行われる「セクシャルハラスメント」「パワーハラスメント」「その他のハラスメント」

・スクールハラスメント（スクハラ）

スクールセクシャルハラスメント　学校で教員が児童・生徒に対して行う性的嫌がらせ

・マタニティーハラスメント（マタハラ）

　働く女性が妊娠、出産を理由に解雇や雇い止めなどをされたり、職場で精神的、肉体的な嫌がらせを受けたりすること。

・スモークハラスメント（スモハラ）

・アルコールハラスメント（アルハラ）

・終われハラスメント（就職活動終われハラスメント）（オワハラ）

第一希望ではない企業から、他社の選考の辞退を迫られること

(2)　新しいタイプのハラスメント

ジェンダーハラスメント　「男らしさ」「女らしさ」を強要する嫌やがらせ（ジェンハラ）

ドクターハラスメント（ドクハラ）

ペイシェントハラスメント（ペイハラ）

カラオケハラスメント（カラハラ）

リストラハラスメント（リスハラ）

ブラッドタイプハラスメント（ブラハラ）

エイジハラスメント（エイハラ）

シルバーハラスメント（シルハラ）

マリッジハラスメント（マリハラ）

ペットハラスメント

スメルハラスメント（スメハラ）

ラブハラスメント（ラブハラ）

エアーハラスメント（エアハラ）

パーソナルハラスメント（パーハラ）

家事ハラスメント（カジハラ）

(3)　その他のハラスメント

テクノロジーハラスメント（テクハラ）

エレクトロニックハラスメント（エレハラ）

3 いま、なぜ「ハラスメント」が問題となるのか。

〜「ハラスメント」が議論される背景・理由等、国のこれまでの動き等はどうなっているのか〜

・「ハラスメント」が議論される背景・理由等

① 憲法の基本的人権の保障

第11条 基本的人権の享有と本質

「国民は、すべての基本的人権の享有を妨げられない。……」

第12条 自由・権利の保持義務、乱用の禁止、利用の責任

「この憲法が国民に保障する自由及び権利は、国民の不断の努力によって、これを保持しなければならない。……」

第13条 個人の尊重、生命・自由・幸福追求の権利の尊重

「すべて国民は個人として尊重される。……」

第14条第1項 法の下の平等

「すべて国民は、法の下の平等であって、人種、信条、性別、社会的身分又は門地により、政治的、経済的、又は社会的関係において差別されない。」

「個人主義」の確立 「個人の尊重」

身体的自由、自己決定権、名誉感情、プライバシーなどの人格的利益の尊重

② 我々一人一人が、これまで当然のこととして前提としてきた、既成のものの考え方、価値観が崩壊して通用しなくなり、就中、「法」概念の決定的な「変容」すなわち、「法令の遵守」だけではなく、(倫理、道徳規範をも含む)社会規範の遵守を要求する「コンプライアンス」確立の動きが出てきたことが、「ハラスメント」という新しい考え方にも投影されている。

③ なお、ハラスメントのうち、特に、セクハラにあっては男性と女性との間における平等原則の実質的な実現、パワハラにあっては業務上又は教育上の指導とハラスメントとの峻別に留意すべきである。

・国のこれまでの動き等

① セクハラ 男女雇用機会均等法第11条

② パワハラ 労働災害認定基準の見直し

「職場における心理的負荷評価表の見直し」

最近における厚生労働省の動き

ストレスチェック

パワハラ行為の防止の呼びかけや啓発から法律による禁止へ向けた検討の開始

③ マタハラ その根絶に向け法改正も視野に、事業主に被害防止の取組の

> 　　　強化を促す方針「女性活躍推進のための重点方針　2015」
> ※国公立大学法人等におけるハラスメントの防止に向けた取組の状況
> 　　イコールパートナーシップの推進に関するガイドラインの制定
> 　　イコールパートナーシップの推進及びハラスメントの防止・対策に関する規
> 程の制定　など
> **4　当事者、関係者は、それぞれ、どのような立場におかれるのか。**
> 　職場、大学、家庭、どこでもハラスメントは起こりうる。
> 　男女を問わず、誰でも加害者、被害者になりうる。
> 　大学でいえば、いつでも、教職員、学生は、加害者になりうるし、また、被
> 害者にもなりうる。
> 　いずれの場合においても、加害者である教職員、学生は、相手方である被害
> 者に対し不法行為責任を負い、公立大学法人は、教職員を使用する使用者とし
> 労働契約に基づき、又は、在学契約の一方当事者として、教職員又は学生に対し、
> 契約不履行（「債務不履行」）又は不法行為責任（「使用者責任」）を負い、さら
> に当該部局長、最終的には学長の管理責任が問われることとなる。

・・・・・・・・・・・・・・・・・・・・・・・　**問題解決の手がかり**　・・・・・・・・・・・・・・・・・・・・・・・・・・・

・「公序良俗」（民法第90条）

・「不法行為」（民法第709条）

・「使用者責任」（民法第715条）

・「労働契約」「在学契約」に付随する信義則上の義務（職場環境配慮義務）違反と
　しての「契約不履行」（「債務不履行」）責任（民法第415条）（「関係図」参照）

解決法

～「ハラスメント」なき公立大学法人を目指し、「なに」をなすべきか、安全・安心な
　就学環境・職場環境づくり（「ハラスメント」の事前防止・事後的対処に関する体制
　づくり、教職員等の「ハラスメント」をしない、させないという意識改革）の確立
　に向けて～

「問題点の整理」において言及した

1　ハラスメントの意義、ハラスメントとは「なに」か

2　ハラスメントの種類、ハラスメントにはどのような種類があるのか

3　いま、なぜ「ハラスメント」が問題となるのか

4　当事者、関係者は、それぞれ、どのような立場におかれるのか

という点ついて、教職員、学生が常に日頃から関心をもつ必要がある。

関係判例等

・男女雇用機会均等法

　　雇用の分野における男女の均等な機会及び待遇の確保等に関する法律（昭和47年法律第113号）

　　（職場における性的な言動に起因する問題に関する雇用管理上の措置）

　第11条　事業主は、職場において行われる性的な言動に対するその雇用する労働者の対応により当該労働者がその労働条件につき不利益を受け、又は当該性的な言動により当該労働者の就業環境が害されることのないよう、当該労働者からの相談に応じ、適切に対応するために必要な体制の整備その他の雇用管理上必要な措置を講じなければならない。

・憲法第11条、第12条、第13条、第14条第1項

・民法

　　（公序良俗）

　第90条　公の秩序又は善良な風俗に反する事項を目的とする法律行為は無効とする。

　※三菱樹脂事件最高裁判決（最高裁昭48.12.12大法廷判決）～内定取消し、本採用拒否と思想信条の自由　憲法の基本的人権の保障規定が私人間の法律関係に直接適用されるか、その私法的効力の問題、直接適用説、間接適用説～

・セクハラに関する裁判例

　　福岡セクシュアルハラスメント事件（福岡地裁平4.4.16判決）

　　仙台セクシュアルハラスメント（自動車販売会社）事件（仙台地裁平13.3.26判決）

・アカハラ、スクールセクハラに関する裁判例

　　大阪市立高校パワーハラスメント事件（東京地裁平28.2.24判決）

　　鹿児島県曽於市立中学パワーハラスメント事件（鹿児島地裁平26.3.12判決）

　　岐阜大学留学生アカデミックハラスメント事件（岐阜地裁平21.12.16判決）

・「安全配慮義務」に関する最高裁判決

　　安全・安心のうちに職務を遂行させ、又は学生生活を送らせるよう安全に配慮すべき義務

　①　陸上自衛隊八戸車両整備工場事件判決（最高裁昭50.2.25第三小法廷判決）

　②　川義事件判決（最高裁昭59.4.10第三小法廷判決）

　　過労自殺と使用者の「安全配慮義務」責任に関する最高裁判決（最高裁平12.3.24第二小法廷判決）

第6講 地方行政活動の「主体」としての「公法人」たる地方公共団体
又は「行政庁」たる都道府県知事、市町村長等

ハラスメントと地方自治体、自治体職員の責任

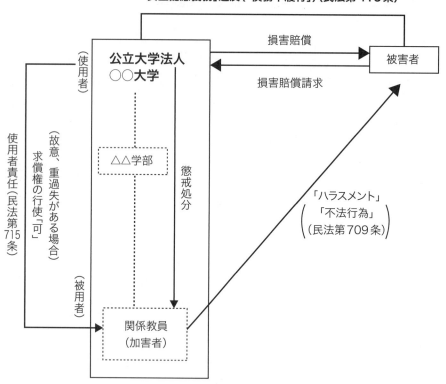

※**民法**

（債務不履行による損害賠償）
第415条　債務者がその債務の本旨に従った履行をしないときは、債権者は、これによって生じた損害の賠償を請求することができる。債務者の責めに帰すべき事由によって履行をすることができなくなったときも、同様とする。
（不法行為による損害賠償）
第709条　故意又は過失によって他人の権利又は法律上保護される利益を侵害した者は、これによって生じた損害を賠償する責任を負う。
（使用者等の責任）
第715条　ある事業のために他人を使用する者は、被用者がその事業の執行について第三者に加えた損害を賠償する責任を負う。ただし、使用者が被用者の選任及びその事業の監督について相当の注意をしたとき、又は相当の注意をしても損害が生ずべきであったときは、この限りでない。
2　使用者に代わって事業を監督する者も、前項の責任を負う。
3　前2項の規定は、使用者又は監督者から被用者に対する求償権の行使を妨げない。

地方行政の「相手方」「主権者」たる住民の地位の確立の動き

（第7講　事例№.28～事例№.34）

～「地方行政をめぐる三つの法律関係」の相手方としての住民、当該地方公共
団体の区域内における「主権者」たる住民という「四つの地位」
～地方行政と住民との「事実上の関係」「法的関係」における対応とは！～

　　　第7講　地方行政活動の「相手方」である住民

第7講　地方行政活動の「相手方」である住民
〜「地方行政をめぐる三つの法律関係」の相手方としての住民、当該地方公共団体の区域内における「主権者」たる住民という「四つの地位」〜
〜地方行政と住民との「事実上の関係」「法的関係」における対応とは！〜

事例No.28　「主権者たる地位」を強く意識するようになってきた住民にどう対応すべきか
〜当該地方公共団体の区域内における住民の「主権者たる地位」とは「なに」か〜

> **Q**　強い「主権者意識」、「権利意識」で各部署にクレームをしてくる住民や、学校におけるモンスター・ペアレンツ、病院でのモンスター・ペイシェンツなどが多くなっている。
> 　長時間の対応が求められる場合や、時には暴力行為に及ぶケースもあり、窓口における円滑な事務処理の遂行に支障をきたす場合がある。
> 　このような場合、どのように対応すべきか。

【権利意識の高い住民の増加】

　ある中核市Aのベッドタウンで、これまではのどかな農村風景が広がっていたB町において、民間のディベロッパーによる宅地開発などが進み、そのため、様々な機会をとらえてB町役場に対してものをいう、「主権者」意識、権利意識の高い新しい住民も増えてきている。

　このため、最近、B町役場の各課に対する常習的なクレーマーCや、町立小・中学校におけるモンスター・ペアレンツD、町立診療所におけるモンスター・ペイシェンツEなどの町民も出てきて、これらの町民の中には、時として行政対象暴力類似の行為に及び、また、いたずらに長時間を要する対応が求められるケースもあり、窓口における事務処理の円滑な遂行が妨げられる場合も出てきている。

　B町と町民との間において、裁判、訴訟に訴えて、あるいは警察に通報、とまではいかないが、ギリギリのところで、日常の事務処理に当たって、特にいわばストリート・レベルの第一線の職員が、これまでの考え方だけでは、なかなか対応が困難と認められるような様々なトラブルが発生している。

【住民との紛争事案処理のガイドラインの制定】

　そこで、B町長は、今後このような住民の動きに適切に対処するために、裁判、訴訟にまでは至らないが、住民との間における紛争事案の処理のための「ガイドラ

事例 №.28 「主権者たる地位」を強く意識するようになってきた住民にどう対応すべきか

イン」を制定し、これを職員に周知徹底する必要があると考え、総務課長Fに対し、この「ガイドライン」の制定について速やかに検討するよう指示した。

指示を受けた総務課長Fとしては、常日頃からB町役場における事務処理に当たっては、町民の立場を尊重し、その納得を得るため十分に「説明責任」を果たすよう、これまでも機会あるごとに職員に対し指導してきたが、今後、町民との関係における紛争の処理についてどのような考え方に立って、具体的にどのような適切な方法を「ガイドライン」として盛り込むべきか、と考えている。

問題点の整理

1 地方行政をめぐる法律関係の「全体像」、住民の「四つ」の地位をどうみるか。

2 住民の「主権者たる地位」とは、どのようなものか。

3 地方自治体と「主権者たる地位」に立つ住民との「法的関係」についてどのように考えるか。

4 「主権者たる地位」を強く意識する住民に対し、どのように対応すべきか。

5 「法の支配」「法治主義（「法律による行政」の原理）」の貫徹、「公正」の確保、「透明性」の向上、「コンプライアンス」視点に立った「説明責任」をいかにして実現していくか。

·························· 問題解決の手がかり ··························

直接民主制の理念と間接（代表）民主制の理念の相剋についてどう考えるか、直接民主制の理念に基づく諸制度の拡充、いまや地方行政の「現代的・標準的」装備となった行政手続、情報公開などの進展に伴い、情報公開請求権等を行使し、「主権者」意識に目覚めた住民とどう対峙するか。

解 決 法

A町として、究極においては「主権者」であり、納税者でもある町民との関係については、以下の1〜5の点に留意しながら「ガイドライン」の策定に当たるべきである。

1 地方行政をめぐる法律関係の「全体像」、住民の「四つ」の地位をどうみるか。

地方行政をめぐる法律関係の「全体像」は、住民の福祉の増進という地方公共団体の存立の基礎である「一つ」の目的を実現するために、地方公共団体は、「自治事務」、「法定受託事務」という「二つ」の事務を処理しているが、住民との関係においては、地域は限定されてはいるが、国と同じく一の統治団体であるため、原則として権力

V

地方行政の「相手方」「主権者」たる住民の地位の確立の動き

●189●

関係、行政上の管理関係、私経済関係という「三つ」の法律関係を形成する。

　住民の地位については、「三つ」の法律関係の相手方である地位（「受動的・消極的」な地位、「自由・対等」な地位）に立つばかりではなく、もう一つ「当該地方公共団体の区域内における主権者たる地位」（「能動的・積極的」な地位）という「四つ」目の地位にも立つ。

　なお、処分取消訴訟、損害（国家）賠償訴訟、情報公開訴訟、住民訴訟、刑事訴訟という「五つ」の訴訟類型については、実際の地方行政活動と訴訟について考える場合、あくまでもその事務処理上の便宜的な分類ではある。

2　住民の「主権者たる地位」とは、どのようなものか。

　「三つ」の法律関係における地方行政の相手方としての「三つ」の住民の地位のほか、特に最近重要となっている「当該地方公共団体の区域内における主権者たる地位」（「能動的・積極的」な地位）とはどのようなものかということが問題となる。

　地方自治体としては「主権者たる地位」に立つ住民との間においては、要望・陳情、申入れ等という「事実上の関係」を形成するだけではなく、次の3において言及するとおり、住民監査請求・住民訴訟、「住民投票」等の「法的関係」をも形成する。

3　地方自治体と「主権者たる地位」に立つ住民との「法的関係」についてどのように考えるか。

　現行の地方自治制度においては、住民の「主権者たる地位」に立つ住民との「法的関係」には、代表（間接）民主制の理念に基づく制度である「選挙」のほか、次のような直接民主制の理念に基づく諸制度がある。

　①　町村総会（自治法第94条、第95条）

　②　住民監査請求、住民訴訟（自治法第242条、第242条の2）

　③　住民投票（自治法第74条の規定による住民投票条例の制定の直接請求、住民投票条例の制定、住民投票の実施という流れ）

　④　情報公開条例、個人情報保護条例上の「実施機関」に対する情報公開の請求、自己情報の開示請求

　⑤　オンブズマン条例上の公的オンブズマンに対する「苦情の申立て」など

4　いまや「現代的・標準的」装備となった直接民主制の理念に基づく諸制度による権利を行使する（「主権者たる地位」を強く意識する）住民に対し、どのように対応すべきか。

　直接民主制の理念と間接（代表）民主制の理念の相剋をどう解決するか、直接民主制の理念に基づく諸制度は、間接（代表）民主制の理念に基づく制度を「補完」するものか、又はこれと併存するのか。このいずれの考え方に立つかによって、地方行政が「主権者たる地位」に立つ住民に対しいかに対応するかが決定される。

事例 No.28　「主権者たる地位」を強く意識するようになってきた住民にどう対応すべきか

5　地方行政としては、「法の支配」「法治主義（「法律による行政」の原理）を貫徹し、実際の地方行政活動において「公正」の確保、「透明性」の向上、「コンプライアンス」視点に立った「説明責任」をいかにして実現していくか。

本件「ガイドライン」の策定に当たっては、法制度的制約、財政的・予算的制約、人的制約を念頭に置きつつ、反復・継続するクレーマー、モンスター・ペアレンツ、モンスター・ペイシェンツなどの関係住民に対しても、あくまでも、当該手続における「納得」と、当該結果における「満足」とを峻別してこれを行うべきである。

関係判例等
・住民投票に関する判例
　①　住民投票の結果の法的拘束力に関する判決
　　　名護市における米軍ヘリポート基地建設の是非を問う市民投票に関する条例（平9.10.2議決　平9.12.21住民投票実施）に基づく名護市住民投票の結果の法的拘束力、住民投票結果と異なる首長の判断の是非に関する判決（那覇地裁平12.5.9判決）
　②　「東京都の小平都市計画道路3・2・8号府中所沢線計画について住民の意思を問う小平市条例」に基づく住民投票をめぐる問題
・住民監査請求、住民訴訟に関する判例
　①　津地鎮祭違憲訴訟判決（最高裁昭52.7.13大法廷判決）
　②　愛媛県玉串料訴訟判決（最高裁平9.4.2大法廷判決）
　③　砂川市市有地神社無償使用違憲訴訟判決（最高裁平22.1.20大法廷判決）
　④　白山市長神社関連行事［祝辞］違憲訴訟判決（最高裁平22.7.22第一小法廷判決）
　⑤　「主基斎田抜穂の儀」知事等参列違憲住民訴訟判決（最高裁平14.7.9第三小法廷判決）
　⑥　茅ヶ崎市商工会議所派遣職員給与負担損害賠償住民訴訟判決（最高裁平10.4.24第三小法廷判決　最高裁平16.3.2第三小法廷判決）
　⑦　神戸市外郭団体派遣職員人件費補助金返還請求住民訴訟判決等（最高裁平24.4.20第二小法廷判決　最高裁平24.4.23第二小法廷判決）
　⑧　かわさき港コンテナターミナル株式会社損失補償協定事件判決（横浜地裁平23.10.5判決）
　⑨　安曇野市第三セクター損失補償契約に係る公金差止め住民訴訟事件判決（最高裁平23.10.23第一小法廷判決）
　⑩　京都市山林「高額買入れ」損害賠償請求住民訴訟判決（最高裁平17.9.15第一小法廷　上告「不受理」決定）
　⑪　「昼窓手当」返還請求住民訴訟判決（最高裁平7.4.17第三小法廷判決）

第7講 地方行政活動の「相手方」である住民

関係図28 「主権者たる地位」を強く意識するようになってきた住民にどう対応すべきか

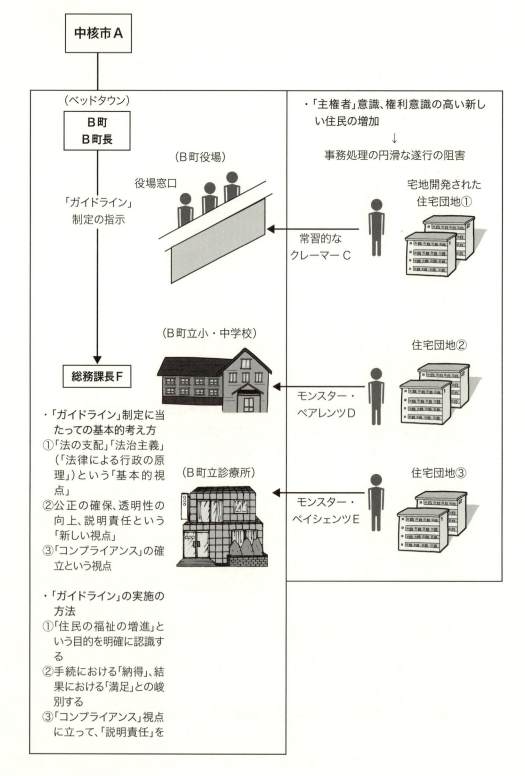

住民からの要望・陳情、抗議・クレームにどう対応すべきか

～関係住民からの要望・陳情、申入れ等があった場合、抗議・クレームがあった場合、「不当要求行為」があった場合、「行政対象暴力」があった場合、いかに対応すべきか？～

Q 住民からの要望・陳情、申入れ、抗議・クレーム、また議員や外部からの不当な要求、行政対象暴力があった場合、どのように対応すべきか。

次のような、関係住民からの要望・陳情、申入れ等、抗議・クレーム、議員その他外部からの不当要求、行政対象暴力などがあった場合、これらに対し、どのような考え方に立ち、いかに対応すべきか。

(1) 関係住民からの要望・陳情、申入れ等があった場合

地区内の道路の早急な整備、街灯や信号機の設置、公民館の設置の要望・陳情等

(2) 関係住民から当該問題に関し抗議・クレームがあった場合

高層ビルの建築に伴う電波障害、日影による影響に対する付近住民からの抗議

安定型の産廃最終処分場の設置許可に反対する関係住民の「確約書」の要求

公共工事請負契約約款の解釈に関する誤った教示に対する執拗な抗議

水泳の授業の開始時刻に遅れた中学校の男子生徒に対し、訓戒措置として炎天下のプールサイドで腕立て伏せをやらせたことにより両手にやけどを負い、水ぶくれができたこと等に対する保護者からの謝罪等の要求

(3) クレーマー等からの「不当要求行為」があった場合

「原級留置処分」を受けた県立高校の生徒の保護者の代理人と称する男からの県教育委員会に対する「教育的配慮」の要求、当該「原級留置処分」の撤回要求

解散した財団法人の議事録が偽造されたことについての担当課としての事実の確認の要求

墓地経営を目的とする公益財団法人の早急な許可、用地買収をめぐる議員の「口利き」

関係法令を無視し、既成事実をつくったと畜場の早急な設置許可の要求

(4) 「行政対象暴力」があった場合

産業廃棄物処理場の設置に関し、これに反対する町長を襲撃

廃棄物行政に関するトラブルに関し、市役所の担当参事を殺害

市税の滞納トラブルに関し、市役所に放火

市役所の対応に不満があるとして、暴力団員が市長を襲撃殺害

第7講 地方行政活動の「相手方」である住民

問題点の整理

　関係住民からの要望・陳情、申入れ等、抗議・クレーム、クレーマー等からの不当要求行為など、地方自治体と関係住民との間で事実上の関係が形成される場合、これらの要望・陳情、申入れ等、抗議・クレーム、不当要求行為などへの対応に当たっては、地方行政活動のいわば「限界事例」として、まず、次のような点に留意して、当該問題点について整理すべきである。

　　すなわち、

・（当該制度の趣旨・目的に照らし）「原点主義」に立って

・縦割り行政の弊害の除去（最終的に責任を負うべきは部局長ではなく、首長は一人であるという明確な認識を）

・先例踏襲主義との決別（将来にわたってこれに従うべき先例もあれば、現時点で断固廃棄すべき先例もあるという認識を）

・横並び意識の払拭（「類似団体」などという発想からの決別、類似団体における取扱いは、いうまでもなく、あくまでも参考にすぎない。）

・国・都道府県依存型症候群からの脱却、自己決定、自己責任の確立（分権型地方行政システムの下では自明の事理）という基本姿勢を示すこと。

·························· 問題解決の手がかり ··························

⑴　関係住民からの要望・陳情、申入れ等があった場合

　（一般的な対応の基本原則）

・要望・陳情、申入れ等をするのは「だれ」か

　地方行政のステーク・ホルダー（利害関係人）

・要望・陳情、申入れ等を受けるのは「だれ」か

　　最終的には、地方公共団体の総合調整権、その区域内の公共的団体等の指揮監督権を有する統括代表機関たる首長

　　地方行政の実際の事務処理に当たっては、当該事項について首長から委任され、又は専決権を有する部局長等

・要望・陳情、申入れ等の取扱いは「いかに」すべきか

　要望・陳情、申入れ等そのものを「拒否」できるか

　「文書」による回答の要求、回答期限指定の要求に対して「いかに」すべきか

　首長への「直接」の面談の要求に対して「いかに」すべきか

⑵　関係住民から当該問題に関し（１回限りの・偶発的な）抗議・クレームがあった場合

クレーマー

モンスター・ペアレンツ

モンスター・ペイシェンツ

平25.2.28　小学校教諭から担任児童の保護者に対する損害賠償（慰謝料）請求棄却判決（さいたま地裁熊谷支部判決、原告（小学校教諭）敗訴）

⑶　クレーマー等からの（継続的・反復的な）「不当要求行為」があった場合

「クレーマー」とは、「住民本位」との行政の方針を利用し、又は行政窓口の住民に対する誤信に乗じて、経済的又は精神的な自己の要求を満たすために、社会的相当性を超えた要求、すなわち「不当要求行為」を行う者であるということができる。

クレーマーの類型としては、あくまでもその対応を考えるに当たっての一つの目安ともなるべきものであるが、要求実現型クレーマー（「経済目的」）、パーソナリティー型クレーマー（「他者の苦痛」）、筋論クレーマー、その筋のクレーマーなどに分けられる。

「不当要求行為」とは、暴力行為等社会的相当性を欠く行為及び公正な職務の執行を阻害するおそれのある行為をいい、権限行使要求型、金品要求型などに分けられ、文書購読要求、寄付金・賛助金要求、特に最近では公共事業からの暴力団排除、公営住宅からの暴力団排除の動きなどが問題となっている。

⑷　「行政対象暴力」があった場合

「行政対象暴力」とは、暴行、威迫する言動その他の不当な手段により行政機関に対し、違法又は不当な行為（公務員に対して、作為や不作為を問わず、職務上の一定の行為を求めるための暴行、脅迫等社会的相当性を超えた、いわゆる不当要求行為その他の行為）を直接又は間接的に要求し、行政の公正・中立を害する行為をいう。

解 決 法

問題解決の手がかりの⑴から⑷に即して、コンプライアンス視点に立って、次のように考え、対応すべきである。すなわち、実際の地方行政活動の事務処理に当たっては、職員一人一人が、関係住民に対し、法の支配、法治主義を基礎・前提として、当該事務処理の公正を確保し、透明性を向上させ、関係住民など、ステーク・ホルダーに対し、コンプライアンス視点に立って「説明責任」を果たすという視点に立って対応することが求められる。

⑴及び⑵の場合における要望・陳情、申入れ等、（1回限りの・偶発的な）抗議・クレームへの対応

基本的には、地方行政として、できること、できないこと、なお、結果における関係住民の「満足」と、手続における関係住民の「納得」とを明確に峻別し、あわ

せて地方行政における「法制度的」制約、「財政的・予算的」制約、「人的」制約という、当該解決すべき問題に応じた理由について、関係住民に対し、コンプライアンス視点に立って十分に「説明責任」を果たすという観点から、問題解決の手がかりを明らかにするよう努めるべきである。

(3) 不当要求行為（を行うクレーマー）への対応

クレーマーへの対応は、ほとんどの場合「法的問題（権利義務関係）」ではなく、担当する職員の「誠意」の問題すなわち「事実問題」である場合が多く、したがって、その解決のためには、当該解決すべき内容もさることながら、なによりもその解決の迅速さが求められる（「迅速な対応」は最大の誠意を示すことになる。）

また、「住民は皆平等に取り扱う」「クレームの内容が社会的相当性を超えていないかどうか」という視点から、

- 相手方住民からみて「対応に誠意が感じられなかった」と指摘されるような対応、言動は絶対にとらないこと（傾聴）
- できるだけこちらから出向いて面談すること（「結果」において満足させることはできなくても、「手続」を践むことにより納得させるよう努めるべきである。）

※クレーマーへの対応のポイント

（コンプライアンス視点に立った対応①）

年度末に、急に予算の執行が可能となったため、本来は正規の用地買収の手続を行うべきであったが、これをする暇がなかったため、やむを得ず、用地買収の対象となる土地の3人の相続人のうち、地元在住の長男1人から「起工承諾書」をとり、かねてから地元住民が強く要望していた道路改良工事を行い、ようやく年度内に工事が完成したところ、県外在住の相続人の1人から、相続人である自分の意思を事前に確認することもなく工事を行ったのは、物権である土地所有権の侵害であり、違法であるとして、繰り返し、執拗に抗議がなされた場合、いかに対応すべきか。

※繰り返される「不当要求行為」への対応のポイント

（コンプライアンス視点に立った対応②）

土木部の担当職員が、発注した公共工事に関し、公共工事請負契約約款の解釈について、当該公共工事の下請業者に対し誤った教示をしたため、当該下請業者が下請け代金を支払ってもらえなかったとして、地方自治体に対し、繰り返し損害賠償の請求等をしてきた場合、いかに対応すべきか。

(4) 行政対象暴力への対応

「反社会的行為である暴力には決して妥協しない」という視点から、

- 厳正な態度で臨むこと
- 普段と変わらない対応に終始すること
- 冷静沈着な対応をすること
- 言質をとられない対応に徹すること
- 相手方の威迫の手口を把握し、見極めること
- 職員相互間の連携を図ること
- 日ごろの研さんに努めること
- 決して無理な解決はしないこと
- ルールに従った厳正な対応をすること

※行政対象暴力への対応のポイント

（コンプライアンス視点に立った対応　③）

　暴力的な言辞を弄する等して、財団法人の解散議事録の「偽造」に関し担当課長として「偽造」であることの確認を求められ、又は「原級留置」処分をした県立高校長に対しその撤回要求があった場合、いずれのケースにおいても、担当課長又は県立高校長として、いかに対応すべきか。

⑸　なお、最後に、私の体験論的・実践論的なクレーマー等への対応のポイントに言及すれば（これまで言及したところと一部重複するところもあるが）、次のとおりである。（相手方住民に「ひるむことなく」、また、決して相手方住民を「見くびることなく！」、常に「主権者」たる地位にある住民という意識を！）

- 自治体職員として、いかなる場合においても、常に、住民と同じ「目線」に立って考え、行動するという意識を（住民に対し「上から目線」は絶対ダメ）！
- 地方行政活動を担う自治体職員として「できること、できないこと（その理由）」を明言、直言する勇気を！なにごとにつけても、「説明責任」を果たすよう努めること。
- 住民意識よりも常に「一歩」先んじて！
- クレーマー等との具体的なやり取り（例）
  ①　「知事（市町村長）に直接会わせろ！」
  　　⇒「決裁権者は、担当部長（課長）である私だ。私が言ったことは、すなわち知事（市町村長）が言ったことになる。」
  ②　「口頭ではなく、文書で回答しろ！」という回答の方法の指定
  ③　「○月○日までに回答しろ！」という一方的な回答期限の設定
  　　⇒「回答するか否か、回答するとしても、文書で回答するか、口頭で回答するかという回答方法、あるいはいつまでに回答するかという回答期限の設定は、回答する側の地方自治体が自主的・主体的に決めることである。」

・住民との交渉、面談、話合い等に当たっての要諦

① しっかりとした理屈、根拠をもって臨むこと（「いくら言われても、できないことはできない！」）、最後は結局「気合いの問題」であるということを明確に認識すること。

② 電話等による応対は、極力差し控え、とにかく、可能な限りこちらから足を運ぶこと。「面談」こそが最上の交渉、話し合い等の方法であるという認識を！

③ 「面談」に当たっては、相手方住民の目を凝視し、面談中絶対に相手方住民の目から自分の目をそらさないこと！

④ 面談に当たっては、時間を気にすることなく（最初から時間を制限する必要は全くない！）、じっくり相手方住民の話を聴くこと。

⑤ 相手方住民が来庁した場合は、まず「椅子」を進め、お茶を出し、必ず複数の職員で、オープン・スペースでその話を聴くこと。

⑥ 面談中、相手方住民が激昂すればするほど、担当職員としてより一層冷静に対応することが必要となること。

⑦ この世の中、「理屈（理性）」に訴えるだけではなく、時として「感情（感性）」（相手方住民の「心情」）に訴えることが必要となる場合があることも！

⑧ 最初から「裁判だ、訴訟だ！」と、声高に叫ぶ住民に限って、裁判、訴訟を提起する可能性は少ない。いわゆる訴訟マニアへの対応は格別、通常の場合、仕事をするに当たって、いたずらに裁判、訴訟をおそれる必要はない。

関係判例等

（行政対象暴力の事案）

平8.10.3　　　岐阜県御嵩町産業廃棄物処理場問題町長襲撃事件

平13.10.31　　鹿沼市廃棄物行政トラブル担当参事殺害事件

平19.4.17　　　長崎市長暴力団襲撃殺害事件

平25.7.12　　　宝塚市役所税滞納トラブル放火事件

事例 No.29　住民からの要望・陳情、抗議・クレームにどう対応すべきか

関係図 29　住民からの要望・陳情、抗議・クレームに対しどう対応すべきか

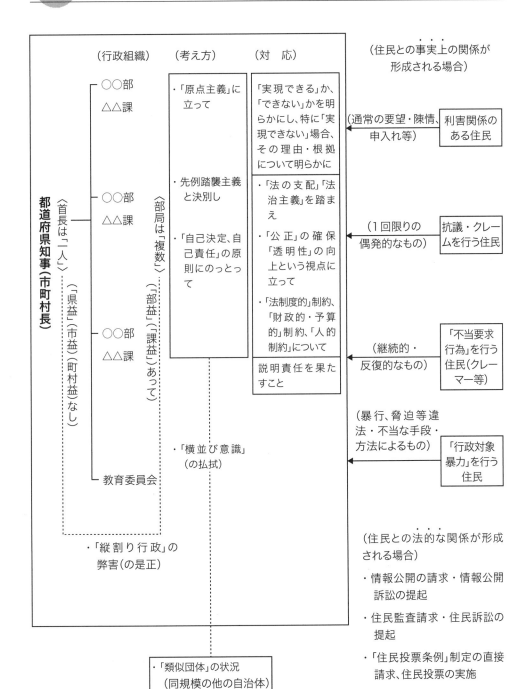

第7講 地方行政活動の「相手方」である住民

住民監査請求、住民訴訟の提起への対応はいかにすべきか

～「主基斎田抜穂の儀」知事等参列違憲住民訴訟から「なに」を学ぶか～

> **Q** 住民との「法的関係」を形成する住民監査請求、住民訴訟をめぐる問題点、「主基斎田抜穂の儀」知事等参列違憲住民訴訟から見えてくる問題点とは「なに」か、平成31年4月30日の今上天皇の「生前退位」と地方自治体との関わりも見据え、平成の代替わり儀式と地方自治体との関わり、住民訴訟から学ぶべきこととは。

【公人の皇室行事への参列に情報公開・住民監査請求がされた】

　昭和64年1月7日に昭和天皇が崩御、同日「平成」と改元され、平成2年11月12日に「即位礼正殿の儀」（国事行為）、同月22日から23日にかけて「大嘗宮の儀（悠紀殿供饌の儀、主基殿供饌の儀）」（皇室の公的行事）が行われた。

　これに先立って、平成2年2月8日に行われた皇室の「斎田点定の儀」により、「悠紀の地方」（東日本　秋田県）、「主基の地方」（西日本　大分県）が決定され、大分県が「主基の地方」となって「主基斎田」が決定され、同年10月10日に「主基斎田抜穂の儀」が行われることとなった。

　このような動きを受けて、平成2年2月22日から平成3年1月28日まで、市民グループから合計8回の公文書の公開請求が大分県知事に対してなされた。

　平成2年10月10日に挙行された「主基斎田抜穂の儀」には、地元大分県を代表し、社会通念上相当と認められる儀礼の範囲内の行為であるとして、知事、副知事、農政部長が、秘書を伴い、公用車を使って、「公人」として参列し、日当等28,512円の県費（公金）を支出した。

　このような大分県知事らの行為に対し、8回の公文書の公開請求をした市民グループから、平成2年11月2日に大分県監査委員に対し住民監査請求がなされたが、「合議」が成立せず、同年12月27日に、その旨の住民監査請求の結果の通知、公表がなされた。

【監査請求の結果から住民訴訟に発展】

　この住民監査請求の結果を受けて、市民グループは、憲法第20条第3項に規定する政教分離の規定に違反するなどとして、平成3年1月25日に大分地方裁判所に住民訴訟（「主基斎田抜穂の儀」知事等参列違憲住民訴訟）を提起した。

　なお、平成3年1月25日に本件住民訴訟が提起されたが、大分県が申し立てた

本件住民訴訟への補助参加は、大分地方裁判所では認められず、同年9月30日になって福岡高等裁判所で大分県の補助参加が「認容」された。

平成6年6月30日に大分地裁判決（「請求棄却」）が、平成10年9月25日に福岡高裁判決（「控訴棄却」）が出され、提訴から12年を経過し、ようやく平成14年7月9日に最高裁第三小法廷判決（「上告棄却」）が出された。

この「主基斎田抜穂の儀」知事等参列違憲住民訴訟においてみられるように、いまや、すっかり定着したかの感がある情報公開請求、住民監査請求、住民訴訟の提起という一連の手続の流れについて、地方自治体として、いかなる考え方に立って、どのように対応すべきか。

問題点の整理

典型的・代表的な住民との「法的関係」を形成する住民監査請求、住民訴訟をめぐる問題点、「主基斎田抜穂の儀」知事等参列違憲住民訴訟から見えてくる問題点とは「なに」か。

1　情報公開と住民監査請求、住民訴訟についてどう考え、いかに対応すべきか。
2　天皇の代替わり儀式とは「なに」か。
3　憲法の定める「政教分離」原則とは「なに」をいうのか。
4　大嘗祭、その関係儀式の一つである「抜穂の儀」は宗教的性格を有するか。
5　Ａ県知事らが「公人」として「主基斎田抜穂の儀」に参列することは許されるか。

⋯⋯⋯⋯⋯⋯⋯⋯⋯⋯⋯⋯ 問題解決の手がかり ⋯⋯⋯⋯⋯⋯⋯⋯⋯⋯⋯⋯

1　「主基斎田抜穂の儀」知事等参列違憲住民訴訟判決（最高裁平14.7.9第三小法廷判決）、その経緯等
2　天皇の代替わり儀式と地方自治体の関わりについては、昭和天皇の崩御に伴い挙行された即位の礼、大嘗祭に関する「政府見解」がある。すなわち、「『即位の礼』の挙行について」（平成元年12月21日　閣議了解）
第1　「即位の礼」について
　　　（略）
第2　大嘗祭について
1　意義
　大嘗祭は、稲作農業を中心とした我が国の社会に古くから伝承されてきた収穫儀礼に根差したものであり、(中略) 皇位の継承があったときは、必ず挙行すべきものとされ、皇室の長い伝統を受け継いだ、皇位継承に伴う一世に一度の重要な儀式である。

第7講 地方行政活動の「相手方」である住民

2 儀式の位置づけ及びその費用

　大嘗祭は、前記のとおり、収穫儀礼に根差したものであり、伝統的皇位継承儀式という性格を持つものであるが、その中核は、(中略) この趣旨・形式からして、宗教上の儀式としての性格を有すると見られることは否定することができず、また、その態様においても、国がその内容に立ち入ることにはなじまない性格の儀式であるから、大嘗祭を国事行為として行うことは困難であると考えられる。

　次に、大嘗祭を皇室の行事として行う場合、大嘗祭は、皇位が世襲であることに伴う、一世に一度の極めて重要な伝統的皇位継承儀式であるから、皇位の世襲制をとる我が国の憲法の下においては、その儀式について国としても深い関心を持ち、その挙行を可能にする手だてを講ずることは当然と考えられる。その意味において、大嘗祭は、公的性格があり、大嘗祭の費用を宮廷費から支出することが相当であると考える。

3 　したがって、公的性格がある大嘗祭の関係儀式の一である「抜穂の儀」に都道府県知事等が地元を代表して参列することは、社会通念上相当な儀礼的行為であると認められる。

解 決 法

1　情報公開と住民監査請求、住民訴訟についてどう考え、いかに対応すべきか。

　現代の地方活動行政においては、直接民主制の理念に基づく情報公開の請求、住民監査請求、住民訴訟の提起ということが日常的に行われるようになってきているという状況を直視すべきである。

　したがって、情報公開の実施に当たっては、一般文書、会計文書を問わず、後日、当該公開された公文書に基づいて住民監査請求、住民訴訟が提起されることもあるということも念頭において、これに当たるべきであり、何よりも、当該公開した公文書の作成の目的・趣旨、作成の経緯等についても十分に「説明責任」を果たすよう努めるべきである。

2　天皇の代替わり儀式とは「なに」をいうのか。

　先例としての、昭和64年1月7日の昭和天皇の「崩御」、伝統的皇位継承儀式の挙行と地方自治体との関わりが、参考とされるべきである。

・伝統的皇位継承儀式

　即位の礼　「国事行為」(憲法第7条第10号)

　大嘗祭　皇室の公的行事 (「公的性格」がある皇室の行事)

・関係儀式

　斎田点定の儀

　悠紀及び主基の両地方 (斎田を設ける地方) を定めるための儀式

　「悠紀の地方」(東日本)：秋田県

●202●

「主基の地方」（西日本）：大分県

（斎田抜穂前一日大祓　斎田抜穂の儀の前日、抜穂使はじめ関係諸員のお祓いをする行事）

斎田抜穂の儀　斎田で新穀の収穫を行うための儀式

悠紀斎田抜穂の儀（「悠紀の地方」）：秋田県で挙行

主基斎田抜穂の儀（「主基の地方」）：大分県で挙行

（悠紀主基両地方新穀供納　悠紀主基両地方の斎田で収穫された新穀の供納をする儀式：秋田県、大分県の太田主から新穀供納）

・大嘗宮の儀

悠紀殿供饌の儀

主基殿供饌の儀

天皇が即位の後、大嘗宮の悠紀殿及び主基殿において初めて新穀を皇祖及び天神地祇に供えられ、自らも召し上がり、国家・国民のためにその安寧と五穀豊穣などを感謝し、祈念される儀式

・大饗の儀

大嘗宮の儀の後、天皇が参列者に白酒、黒酒及び酒肴を賜り、ともに召し上がる饗宴

3　憲法の定める「政教分離」原則とは「なに」か。

津地鎮祭訴訟判決（最高裁昭52.7.13大法廷判決）によれば、「政教分離原則は、国家が宗教的に中立であることを要求するものではあるが、国家が宗教とのかかわり合いをもつことを全く許さないとするものではなく、宗教とのかかわり合いをもたらす行為の目的及び効果にかんがみ、そのかかわり合いが右の諸条件（各々の国の社会的・文化的諸条件）に照らし相当とされる限度を超えるものと認められる場合にこれを許さないとするものである。」（いわゆる「目的効果基準」）

したがって、「政教分離」原則とは「なに」かについては、「目的効果基準」に従って、判断されるべきである。

4　大嘗祭（大嘗宮の儀）、その関係儀式の一つである「抜穂の儀」（悠紀斎田抜穂の儀、主基斎田抜穂の儀）は宗教的性格を有するか。

「問題解決の手がかり」の2において言及した、大嘗祭に関する「政府見解」「『即位の礼』の挙行について」（平成元年12月21日　閣議了解）のとおり、大嘗祭及びその関係儀式の一である「抜穂の儀」が宗教上の儀式としての性格を有すると見られることは否定することができない。

したがって、悠紀斎田抜穂の儀、主基斎田抜穂の儀が大嘗祭の関係儀式の一として、宗教的性格を有すると見られることはこれを否定することができないと考えられる。

5 大分県知事らが地元を代表し、「公人」として「主基斎田抜穂の儀」に参列することができるか。

この問題に関しては、「主基斎田抜穂の儀」知事等参列違憲住民訴訟判決（最高裁平14.7.9第三小法廷判決）において、最高裁の見解が示されているが、知事らの主基斎田抜穂の儀への参列の目的は、地元で開催される皇室の伝統的儀式に際し、日本国及び日本国民統合の象徴である天皇に対する社会的儀礼を尽くすというものであると認められ、その効果も特定の宗教に対する援助、助長、促進又は圧迫、干渉等になるようなものではないと認められる。

したがって、知事らの主基斎田抜穂の儀への参列は、憲法上の政教分離原則及びそれに基づく政教分離規定に違反するものではないと考えられる。

これまで言及したところを踏まえ、最後に、次のような、自治体職員としてどうしても考えておかなければならない問題について我々はどう向き合うべきか。すなわち、

現代の地方行政活動においては、極端な場合たった「1人」の住民が、「1円」でも公金の支出があった場合、当該支出を「違法」と考え、地方自治体や地方行政活動に対し、情報公開の請求、住民監査請求を経て住民訴訟を提起することができることとなっている。

地方行政活動において日々生起する住民生活をめぐる諸問題に関し的確・迅速に、適切に対処することができない地方自治体や地方行政活動に対し、いまや、代表（間接）民主制の理念に基づき、4年に1回行われる首長や議会議員の「選挙」通じて意思表示するだけでは、納得し、満足することができないという意識を持った住民が増えてきているという状況がある。

まさに当該地方自治体の区域内における「主権者たる地位」に基づいて、いわば「主権者意識」に目覚めた多くの住民が、情報公開の請求、住民監査請求・住民訴訟の提起、さらに住民投票条例制定の直接請求・当該制定された住民投票条例に基づく住民投票の実施など、直接民主制の理念に基づく諸制度を積極的に活用し、地方自治体に対し、直接に「ものをいう、主張する、要求する」状況が出てきている。

このような状況は、代表（間接）民主制の理念に基づく選挙などの諸制度と、直接民主制の理念に基づく住民訴訟、住民投票などの諸制度との関係についていかに考えるべきか、両者は並立・併存するものと考えるべきか、それとも後者が前者を補完する関係にあるものと考えるべきか、という極めて難しい問題を我々に提起している。

事例 No.30 住民監査請求、住民訴訟の提起への対応はいかにすべきか

関係判例等

1　政教分離に関する判決

　　津地鎮祭訴訟判決（最高裁昭52.7.13大法廷判決）

　　白山市長神社関連行事参列違憲訴訟判決（最高裁平24.7.1第三小法廷判決）

2　大嘗祭、抜穂の儀に関する判決

　　鹿児島県知事大嘗祭参列違憲訴訟判決（最高裁平14.7.11第一小法廷判決）

　　大分県知事等抜穂の儀参列違憲訴訟判決（最高裁平14.7.9第三小法廷判決）

第7講 地方行政活動の「相手方」である住民

関係図 30 「主基斎田抜穂の儀」知事等参列違憲住民訴訟から「なに」を学ぶか

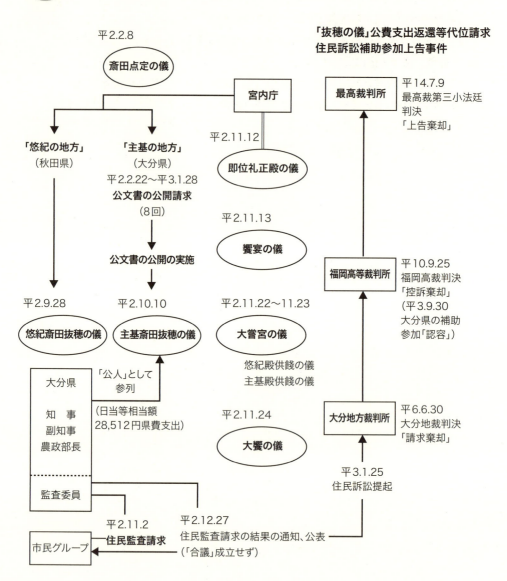

住民訴訟の趣旨を没却させかねない議会の「権利の放棄」の議決は認められるか

～神戸市外郭団体派遣職員人件費違法支出損害賠償等事件に学ぶ～

Q 損害賠償請求をした住民訴訟を認容した地裁判決を事実上否定する、市議会の「権利の放棄」の議決は有効なのか。

【市民からの住民監査請求を棄却】

A市では、A市が給与を負担してその外郭団体に職員を派遣している。市民Bらは、A市が当該職員の派遣に係る給与の全額負担のために補助金を支出したのは違法であるとして住民監査請求をしたが、A市の監査委員はこれを棄却した。

このため、当該監査請求をした市民Bらが原告となって、A市長を被告として住民訴訟（四号訴訟）を提起し、地裁判決では補助金の一部45億円の支出は違法であるとして、A市長個人及び当該外郭団体に対しこれをA市に返還させるようA市長に命じた。

【損害賠償請求は議会において「権利の放棄」の議決がなされた】

本件住民訴訟は直ちに控訴されたが、控訴審において、A市長は、地裁判決で命じられた損害賠償請求は、その後A市議会において地方自治法第96条第10号の規定による「権利の放棄」の議決がなされ、当該損害賠償請求権は消滅したため、訴えの利益がなくなり、本件控訴は棄却されるべきであると主張した。

問題点の整理

損害賠償請求を認容した地裁判決を事実上否定することとなる、その後におけるA市議会の「権利の放棄」の議決の効力について、どのように考えるべきか、当該損害賠償請求権は消滅したというA市長の主張は認められるか。

1 高額の損害賠償額が認容された判決

「ポンポン山」ゴルフ場予定地購入違法住民訴訟事件判決（最高裁 平17.9.15 第一小法廷 上告不受理決定 大阪高裁平15.2.6判決 確定）

住民訴訟判決に関し、過去最高の損害賠償額 26億1,257万7972円が任用された判決である。

2 住民訴訟（四号訴訟）の趣旨・目的等

住民訴訟は、行政事件訴訟法第5条の「民衆訴訟」の類型に属するものであ

り、地方公共団体の機関の法規に適合しない行為の是正等を求める訴訟で、事故の法律上の利益に関わらない資格で提起するものであって、法律による特別の定めに基づいてこれを提起することが認められているものである。

　住民訴訟は、本来、財務会計上の行為又は財務に関する怠る事実の違法性をその争点としているが、実際には、これらの行為又は怠る事実の前提となった地方公共団体の施策等そのものの是非をめぐって、提訴されることが少なくない。

3　「権利の放棄」─議決事件の立法趣旨

　地方公共団体の有する権利を放棄することであり、権利の「放棄」とは、権利者の意思行為により権利を消滅させることであるから、単に権利を行使しない場合は、ここにいう権利の放棄には含まれない。

　「法律若しくはこれに基づく政令又は条例に特別の定めがある場合」には個々の権利放棄について個別の議決を要しない。

　条例で定める場合としては、例えば普通地方公共団体の支給する奨学資金その他の貸付金につき一定の条件のもとに返還義務を免除する場合等が考えられる。

4　住民訴訟（四号訴訟）と「権利の放棄」との関係についてどう考えるべきか

　住民訴訟（四号訴訟）の趣旨・目的等、議決事件である「権利の放棄」の立法趣旨は、以上において言及したとおりであるが、実際に、現に住民訴訟の対象とされている損害賠償請求権等を放棄する旨の議会の議決がされた場合、両者の関係についてどう考えるべきか。

·············· **問題解決の手がかり** ··············

さくら市公金違法支出損害賠償請求事件判決（最高裁平24.4.23第二小法廷判決）
　神戸市外郭団体派遣職員への人件費違法支出損害賠償等事件判決（最高裁平24.4.20第二小法廷判決）
「普通地方公共団体の議会の議決を経た上でその長が債権の放棄をする場合におけるその放棄の実体的要件については、同法［＝地方自治法］その他の法令においてこれを制限する規定は存しない。

　したがって、地方自治法においては、普通地方公共団体がその債権の放棄をするに当たって、その議会の議決及び長の執行行為（条例による場合は、その公布）という手続的要件を満たしている限り、その適否の実体的判断については、住民による直接の選挙を通じて選出された議員により構成される普通地方公共団体の議決機関である議会の裁量権に基本的に委ねられているものというべきである。

　もっとも、同法において、普通地方公共団体の執行機関又は職員による公金の支

出等の財務会計行為又は怠る事実に係る違法事由の有無及びその是正の要否等につき住民の関与する裁判手続による審査等を目的として住民訴訟制度が設けられているところ、住民訴訟の対象とされている損害賠償請求権又は不当利得返還請求権を放棄する旨の議決がされた場合についてみると、このような請求権が認められる場合は様々であり、個々の事案ごとに、当該請求権の発生原因である財務会計行為等の性質、内容、原因、経緯及び影響、当該議決の趣旨及び経緯、当該請求権の放棄又は行使の影響、住民訴訟の係属の有無及び経緯、事後の状況その他の諸般の事情を総合考慮して、これを放棄することが普通地方公共団体の民主的かつ実効的な行政運営の確保を旨とする同法の趣旨等に照らして不合理であって上記の裁量権の範囲の逸脱又はその濫用に当たると認められるときは、その議決は違法となり、当該放棄は無効となるものと解するのが相当である。

そして、当該公金の支出等の財務会計行為の等の性質、内容等については、その違法事由の性格や当該職員又は当該支出等を受けた者の帰責性等が考慮の対象とされるべきものと解される。」

解 決 法

1　地方公共団体の「権利の放棄」を制限する規定はなく、債権の放棄の適否については、議会の裁量権に基本的に委ねられている。

2　住民訴訟の対象とされている損害賠償請求権等の放棄の議決については、当該請求権の発生原因である財務会計行為等の性質、当該請求権の放棄又は行使の影響、住民訴訟の係属の有無及び経緯等その他の諸般の事情を総合考慮すべきである。

3　その結果、当該債権を放棄することが地方自治法の趣旨等に照らして不合理であって裁量権の範囲の逸脱又はその濫用に当たると認められるときは、その議決は違法となり、当該放棄は無効となるものと解される。

関係判例等

・茅ヶ崎市職員商工会議所派遣違法住民訴訟事件判決（最高裁平10.4.24第二小法廷判決　最高裁平16.3.2第三小法廷判決）

・さくら市公金違法支出損害賠償請求事件判決（東京高裁平21.12.24判決　最高裁平24.4.23第二小法廷判決）

・神戸市外郭団体派遣職員への人件費違法支出損害賠償等事件判決（大阪高裁平21.11.27判決　最高裁平24.4.20第二小法廷判決）

・公益的法人等への一般職の地方公務員の派遣等に関する法律（平成14年法律第151号）

第7講 地方行政活動の「相手方」である住民

関係図 31 高額の損害賠償額を命じた住民訴訟判決と、その後なされた「権利の放棄」の議決との関係

1 高額の損害賠償額を命じた住民訴訟判決

(例)「ポンポン山」ゴルフ場予定地購入違法住民訴訟判決

　最高裁　平17.9.15　第一小法廷　上告不受理決定

　大阪高裁　平15.2.6判決　確定

　過去最高の損害賠償額を認容

　　26億1,257万7,972円

2 住民訴訟の手続の流れ

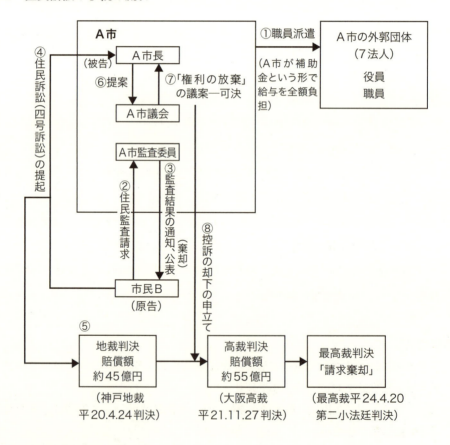

3 地方自治法の一部改正

長等の損害賠償責任の一部免責の規定(自治法第243条の2)が新設された。

事例 No.32　自治会・町内会とは「なに」か、その加入、退会は自由なのか

自治会・町内会とは「なに」か、その加入、退会は自由なのか

～住民の自治組織としての自治会・町内会の法的性質についてどう考えるのか、自治会・町内会のこれからの在り方は、いかにあるべきか？～

　「自治会」「町内会」の法的性質は「なに」か。加入、退会の規定はあるのか。

【自治会運営のあり方】

A市のB自治会では、前自治会長らのグループと自治会長Cなど、現執行部との間でB自治会の運営をめぐって意見の対立があり、これまで毎年度行ってきた、夏祭りや、文化祭、バザーなどの実施に支障を来すおそれも出てきている。

そこで、自治会長Cは、B自治会の総会において、B自治会のこれからの運営の在り方について、会員間で率直な意見交換をしたいと考えている。

意見交換に先立って、自治会長Cは、B自治会のこれまでの運営に関し生じている様々な問題点について整理したいと考えているが、さしあたり、次の「問題点の整理」に挙げられたような点について、いかに考えるべきか。

問題点の整理

(1) 自治会・町内会の法的性質

　自治会・町内会（以下「自治会」という。）は、「任意団体」又は「権利能力なき社団」であり、地方自治法上の「地縁による団体」となることもできる。

(2) 自治会の加入は任意か。

　事実上、当該地域の全世帯の加入が原則であるが、しかし、法的にはいわゆる「強制加入団体」ではない。

　「自治会って、入らなくてもいいのか！」

(3) 自治会からの退会は自由か。

　多くの自治会の規約には「退会」に関する規定はない。

　自治会の規約に明文の規定がない場合、「自治会って、いつでも退会できるのか！」

　なお、平17.4.26の最高裁判決は、強制加入団体ではなく、規約に明文の規定がない場合、退会も自由であると判示している。

(4) 自治会が、国政、地方を問わず、各レベルの選挙に当たり、特定の候補者

を推薦し、選挙活動をすることができるか。

特に、市町村レベルの選挙に当たり、市長や市議会議員について、特定の候補者を推薦することができるかという点が問題となっている。

⑸　自治会長は、赤い羽根募金などの寄付金集めをすることができるか、また、自治会費と併せて地域の特定の神社の「氏子費」等を徴収することができるかということが問題となっている。

⑹　自治会長は、事実上Ａ市の行政のいわば「下請け」機関化しているが、この点についてどう考えるべきか。

毎月２回のＡ市広報紙の各戸配布、「ごみステーション（集積所）」の設置・管理、５年に１回の国勢調査の調査員の推薦、民生委員の委嘱に関することなど、Ａ市から委託され、また、事実上依頼された業務についてどう考えるべきか。

⑺　いわゆる災害弱者等に対する対応については、自治会・町内会を通じて、改めて地域の「絆」を強めることが重要ではないか。

大地震が起こり、津波が押し寄せたような緊急時の場合、自治会として「なに」ができるか、また、「なに」をしなければいけないのか、さらに平常時、日常的に高齢者などの社会的弱者に対して自治会はどう関わるべきか。

・・・・・・・・・・・・・・・・・・・・・・・・・・・ 問題解決の手がかり ・・・・・・・・・・・・・・・・・・・・・・・・・・・

・自治会の存立の目的

本来、自治会はなんのためにあるのか、これまでの歴史的な経緯等も踏まえ、その存立の目的について考えてみることが必要である。

・地域社会の構造的変化

高齢化、一人暮らしの高齢者、少子化、母子家庭・父子家庭の増加などの自治会をめぐる状況がある一方、地域社会の無関心（自治会に加入しない、退会するなど）と、自治会として、どう向き合うか。

・市町村との関わり

自治会は、市町村の「末端行政機関」か、「先端行政機関」としての役割を果たせるか。

・自治会をめぐる関係者

高齢者等、構成員である地域住民、市町村、社会福祉協議会、民生委員、日本赤十字社、地域の神社、議員等との適切な関係をどう構築していくか。

事例 No.32　自治会・町内会とは「なに」か、その加入、退会は自由なのか

解　決　法

(1)　自治会とは「なに」か、その法的性質についてどのように考えたらいいのか。

「自治会」とは、市町村内の一定の区域に住所を有する者の地縁に基づいて形成され、親睦や地域社会の共同の利益のためにつくられた団体（「権利能力なき社団」「任意団体」）であり、「自治会、町内会、区、区会、部落会」などと呼ばれている。

また、地方自治法第260条の2第1項の規定により「地縁による団体」として、市町村長の認可を受けたときは、その規約に定める目的の範囲内において、権利を有し、義務を負う。

(2)　B自治会の区域の市民となった者は、必ずB自治会に加入しなければならないのか、それともその意思により加入しなくてもいいのか。

事実上、当該区域の住民は世帯を単位として全員加入することが原則となっているが、自治会は、いわゆる「強制加入団体」ではなく、加入するか、しないかは、最終的には一人ひとりの住民の自由な意思に任されている。

(3)　B自治会の区域に住んでいる市民であっても、その意思により、いつでも、B自治会から、退会することができるのか。

多くの自治会の規約には「退会」に関する規定はないが、自治会を自由に退会できるかどうかという問題について、最高裁は「強制加入団体ではない。」と判示している。

(4)　B自治会が、選挙に当たり、特定の候補者を推薦し、B自治会の区域において選挙活動をすることができるのか。

憲法第19条などの関係規定に違反するのではないかなど、憲法上の問題も生じるおそれがある。

(5)　B自治会長は、赤い羽根募金などの寄付金集めについて、これらを自治会費に上乗せして徴収することができるか。

少なくとも、寄付金集めが事実上の強制にわたることがないよう、寄付集めに当たって一人ひとりの市民の任意性、自発性が担保されるよう、配慮し、工夫する必要がある。

なお、自治会長が自治会費と併せて特定の神社の「氏子費」を徴収することができるかという問題については、佐賀地裁平14.4.12判決が出されている。

(6)　A市では、自治会長を、A市の特別職の地方公務員である自治委員に任命し、A市の毎月2回の広報紙の各戸配布、「ごみステーション（集積所）」の設置・管理、5年に1回の国勢調査の調査員の推薦、民生委員の委嘱など、多くの事務を委託等しており、自治会長は、A市の行政のいわば「下請け」機関化している。

この点については、自治会の本来の在り方にも関わる問題でもあり、市町村と自

213

治会の関係についてどう考えるかという極めて難しい問題である。

　ここで確実にいえることは、自治会の本来の存立目的に照らし、将来にわたって自治会は決してＡ市の「末端行政機関」たりえないことは明らかであるが、地域社会の現状と課題に鑑みて、市町村と自治会の関係について、市町村の「先端行政機関」としての自治会の役割についても、改めて検討してみる必要がある。

(7)　大地震が起こり、津波が押し寄せたような緊急時の場合、いわゆる災害弱者等に対する対応は、地方自治体だけではできないのではないか、また、平常時、日常的に、高齢者の一人暮らし、障がい者、母子家庭・父子家庭への対応などに当たっては、Ａ市としても、是非自治会とも協力していく必要があるのではないか、改めて地域の「絆」を強めることが重要ではないかという視点から考え、解決していく必要がある。

関係判例等

・自治会からの退会に関する判決（最高裁平17.4.26第三小法廷判決）

　「県営住宅の入居者によって構成され、権利能力のない社団である自治会の会員は、当該自治会が、会員相互の親睦を図ること、快適な環境の維持管理及び共同の利害に対処すること、会員相互の福祉・助け合いを行うことを目的として摂理地されたものであり、いわゆる強制加入団体でもなく、その規約において会員の退会を制限する規定を設けていないという事情の下においては、いつでも当該自治会に対する一方的意思表示により退会することができる。」

・自治会費に含まれる特定宗教費（神社関係費）の支払を拒絶した自治会の会員に対する取扱いに関する判決（佐賀地裁平14.4.12判決）

事例 No.32　自治会・町内会とは「なに」か、その加入、退会は自由なのか

関係図32　自治会・町内会とは「なに」か、その加入、退会は自由なのか

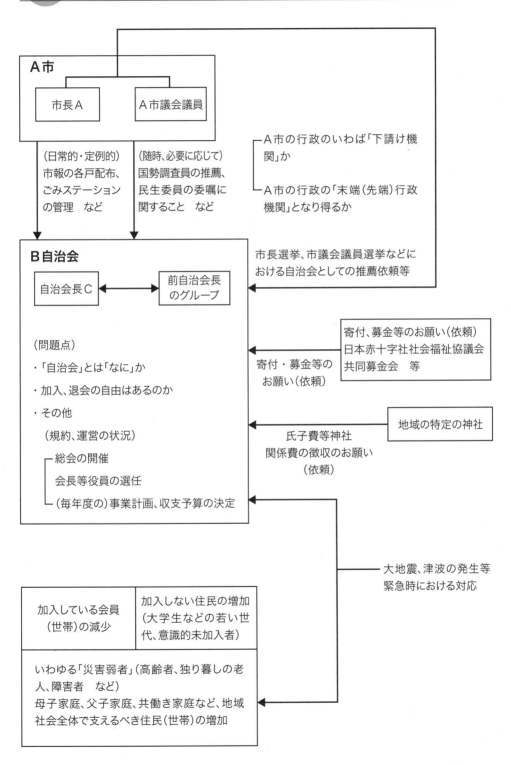

第7講 地方行政活動の「相手方」である住民

市民オンブズマンは、「なに」を問題としたのか
～「市民オンブズマン」活動は、それまでの地方行政活動のやり方にも一定の影響を及ぼしたが、「市民オンブズマン」は、「官官接待」（食糧費）、「カラ出張」（旅費）などの追及を通じて、「なに」を問題としたのか？～

> **Q** A市において、「カラ出張」等に対して住民監査請求をした市民らがA市長を被告として住民訴訟（四号訴訟）を起こしている。また、市民オンブズマンから数多くの情報公開の請求もある。
> 　関係課職員はどのように対応すべきか。

【「カラ出張」や「官官接待」への情報公開・住民監査請求】

　A市においては、事務事業担当課Bにおいて国の補助事業の円滑な実施のため、「カラ出張」が繰り返し行われ、国の関係省庁の担当官の接待、いわゆる「官官接待」などの費用に使われたとして、A市民らをメンバーとするオンブズマンCから、旅行命令簿と、会計伝票等に係る情報公開の請求があり、情報公開担当課Dにおいて情報公開（一部非公開）を実施した。

　その後、A市監査委員に対し、当該旅費相当分についてA市に返還するよう求める住民監査請求がなされ、監査委員がこれを棄却したため、最終的には住民監査請求をしたA市民らがA市長を被告とし、住民訴訟（四号訴訟）を提起した。

　なお、一部非公開とした決定に対しては、非公開決定処分の取消請求訴訟が提起された。

【関係部署職員の問題へ対処】

　このように法的に、また、事実上も市民オンブズマンから追及される矢面に立たされた関係課の職員からは、今後のこともあり、市民オンブズマンによる、公文書の公開請求、公文書の公開の可否の決定、住民監査請求、住民訴訟（四号訴訟）の提起、また、情報公開訴訟の提起などの事実上一体的な手続の流れにどのように対処したらいいのか、実際のところ困惑しているという声が寄せられている。

問題点の整理

1　市民オンブズマンは、食糧費（「官官接待」）、首長の交際費、いわゆる「カラ出張」などの公金の「使途」、不適正支出、議員の政務調査費、議員野球、議員の国内・海外視察、公共工事・入札、いわゆる塩漬け土地、指定管理者制度、地方行政と政教分離問題（首長等の「公人」としての宗教的儀礼への

事例 №33 市民オンブズマンは、「なに」を問題としたのか

参列、玉ぐし料等の「公金」の支出など）について指摘し、その法的問題点、事実上の問題点について地方自治体を法的に、また、事実上追及した。さらに、地方自治体の情報公開度ランキングの公表までも行っている。

2　そもそも、「市民オンブズマン」とは「なに」か、「公的」オンブズマンと「市民オンブズマン」のちがい、「市民オンブズマン」活動の目的とは、「なに」か。

　「市民オンブズマン」は、これまでの地方行政活動の「なに」を問題としたのか、いま、地方行政は「なに」を問われているのか、これから、市民オンブズマンについてどのように考え、いかに対応すべきか。

3　オンブズマンには、条例、要綱により設置する「公的」オンブズマン制度と、NPO、任意団体、権利能力なき社団であるいわゆる「市民オンブズマン」（活動）と、二つの全く性質を異にするものがあるということを認識すべきである。

　「公的」オンブズマン（Ombudsman）は、本来、「（議会の、国民の）代理人」を意味し、その類型としては、議会型オンブズマン、行政救済型オンブズマン、苦情処理型オンブズマンなどがある。

4　「市民オンブズマン」が地方自治体の運営の是正・改善を求める手段・方法としては、情報公開条例に基づく公文書（一般文書、会計伝票の公開請求）、公開された公文書に基づき、事実上その運営の是正・改善措置をとるよう申し入れるとともに、住民監査請求、住民訴訟の提起など、法的措置をとるというやり方が一般的に行われている。即ち、地方自治体に対する事実上の是正・改善措置の要求、申入れ及び住民監査請求、住民訴訟の提起という法的な手段・方法の行使である。

5　地方自治体あるいは自治体職員が負うべき責任としては、大きく分けて「政治的責任」「法的責任（民事責任、刑事責任、行政責任、懲戒責任）」「倫理的・道義的責任」「社会的責任」がある。

　これまで「市民オンブズマン」が問題としたものは、必ずしも、そのすべてが「法令の遵守」（法律問題、法的責任）に関わる問題ではなく、公正の確保、透明性の向上、「説明責任」という新しい視点に立って、地方自治体ないし自治体職員の「（倫理、道徳規範も含む）社会規範の遵守」、その社会的責任に関わる問題についても問題を提起しているという基本認識に立って、ことに当たるべきであるということが重要である。

Ⅴ　地方行政の「相手方」「主権者」たる住民の地位の確立の動き

・・・・・・・・・・・・・・・・・・・　**問題解決の手がかり**　・・・・・・・・・・・・・・・・・・・

1　このような基本認識に立つとき、国家公務員法、地方公務員法があるにも関わ

●217●

らず、その後、平12.4.1に施行された国家公務員倫理法、各地方自治体（任命権者ごと）の職員倫理規程の制定の動き、また、民間私企業においてその「法的責任」にとどまらず、企業の「社会的責任」をも追及しようとする動き、すなわち「コンプライアンス」確立の動きとも符合するところがある。

2　このことは、東京電力福島第一原子力発電所事故の対処に当たって関係者から繰り返された「想定外」発言、九州電力原発賛成やらせメール指示事件、船場吉兆の食べ残し料理「使い回し」事件などにおいて、企業がその「社会的責任」を果たすことなく、ステーク・ホルダーや、「第四の権力」であるマスコミの監視・批判に耐えられず、轟々たる非難を浴びせられ、あるいは廃業にまで追い込まれた事例からも明らかである。

3　以上言及したところからも明らかなとおり、いまや、官（公）民を問わずステーク・ホルダーやマスコミが関心を寄せているのは、「法の支配」「法治主義」という基本的視点に立って「法令の遵守」を要求するにとどまらず、「公正」の確保、「透明性」の向上、「説明責任」という新しい視点から、「（倫理、道徳規範をも含む）社会規範の遵守」をも要求し、地方自治体や民間私企業の「法的責任」を追及するだけではなく、究極においてその「社会的責任」をも追及するという点である。

　このような視点に立ったステーク・ホルダーやマスコミによる監視・批判に耐えられるか、という点がこの問題解決の手がかりとなる。

解 決 法

1　情報公開制度の仕組み、事務処理手続について熟知すること

　公開請求の「目的」については、これを一切問わない、請求対象公文書とは、「組織共用文書」をいう。

2　住民監査請求、住民訴訟の仕組みについて十分に理解しておくこと

3　コンプライアンス確立の動きと市民オンブズマン（活動）の位置づけについて明確な認識を持つこと

　オンブズマンに対し、おそれることなく、見くびることなく対応すること、マスコミ対応について十分念頭におくこと。

4　住民と地方行政との「事実上の関係」「法的関係」の形成という視点にも立って

関係判例等

・地方自治体の「官官接待」「カラ出張」等の追及（25都道府県　303億8,722万円　返還）

・地方議会の「政務調査費」追及キャンペーン（延べ34議会　7億9,057万円　返還）

事例 №.33 市民オンブズマンは、「なに」を問題としたのか

関係図 33 市民オンブズマンは、「なに」を問題としたのか

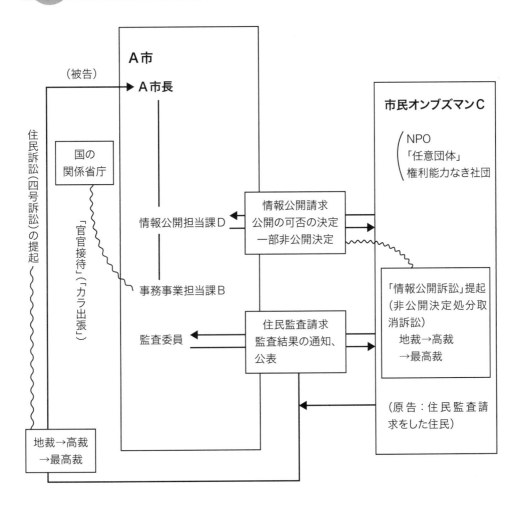

(例)「カラ出張」「官官接待」、住民訴訟(「四号訴訟」)をめぐる問題点

- 「カラ出張」「官官接待」
  - 形式的には、旅行命令(支出負担行為)、支出命令がなされ、所定の会計手続を経て適法に処理されて「公金」が支出されている。
  - (しかし、)実際には、当該職員は出張しておらず、したがって、旅行命令の内容は実現されていない。支出された旅費は、「官官接待」という全く別の目的の費用として使われている。
- 地方自治体ないし自治体職員の責任の類型
  政治責任、法的責任(民事責任、刑事責任)、行政責任(懲戒責任)、ガバナンス・コンプライアンスの先にある「社会的責任」
- コンプライアンス視点に立って、地方行政として「説明責任」を果たせるかどうかが問われている。
  市民オンブズマンは、自治体、自治体職員の「法令の遵守」(法的責任)の追及だけではなく、コンプライアンス(「法令の遵守」にとどまらず、「(倫理、道徳規範をも含む)社会規範の遵守」を要求)視点に立って、その道義的、倫理的責任をも問題とする。

第7講 地方行政活動の「相手方」である住民

宗教法人を「買う」とは!? 墓地を「買う」とは!?

事例 No.34

〜地方行政活動の相手方が宗教法人である場合、留意すべき点は「なに」か〜

> **Q** A県総務部の宗教法人の事務担当課Bには、宗教法人に関しさまざまな問題が寄せられている。「宗教法人を買いたい」、「墓地を買いたい」等、初めて宗教法人事務を担当するようになった職員にとっては想像もつかないような問い合わせがあるかもしれない。
> 　地方行政活動において「相手方」が宗教法人である場合、留意すべき点は「なに」か。

【宗教法人に関する問合わせ】

　A県総務部の宗教法人の事務担当課Bには、宗教法人の設立からその事業、管理運営などに関する問題について、さまざまな相談が寄せられ、問題が持ち込まれている。

　その中でも最近特に多いのが、「宗教法人を買いたいのだが、後継者のいない適当な宗教法人はないだろうか。」あるいは、「墓地を買いたいのだが、手ごろな墓地はないか。」などという相談である。

　「宗教法人を買いたい!?」、「墓地を買いたい?!」と、今年の4月に転勤してきたばかりで、初めて宗教法人事務を担当することになったB課の担当職員Cにとっては、わが耳を疑うような言葉が、相談に訪れた関係住民等から発せられるのをしばしば経験している。

　このような状況の中で、実際に、現在宗教法人D寺がインターネット上のサイトで売りに出されており、「買いたい」が、その手続はどうすればいいのか。また、宗教法人D寺の経営する寺院霊園のお墓を「買いたい。」と申込みをしたら、石材業者が窓口として出てきているが、このまま手続を進めていいのか、という問合わせが寄せられている。

　宗教法人をめぐる状況は、年々その厳しさを増しており、人口減少化、高齢化の急激な進行を背景として、檀信徒の都市への流出、若い世代の宗教離れ、困難を極める寺院、神社の後継者の確保などにより、無住の寺院や1人の神職が10社を超える神社の神職を兼務するなど、財政面だけではなく、人的にも寺院、神社の維持もままならないような状況があり、宗教法人の存続そのものが危機的状況にあるといっても、過言ではない。

　また、墓地をめぐる状況についてみると、既存の墓地の維持管理については、永

年荒れ放題になっている場合もあり、また、葬送の方法に関する価値観の変化、さらに墓地の経営主体の多様化により、これからどのようにすべきか、宗教界はもちろん、宗教行政においても平成25年から不活動宗教法人対策を実施するなど、国、地方自治体、宗教界を問わず模索が続いている。

　そもそも宗教法人とは、どのような性格をもっているのか、「宗教法人を買う」とはどういう意味か、そんなことができるのか、その管理運営をめぐって、いま「なに」が問題となっているのか、また、墓地はどのような性格をもっているのか、「墓地を買う」ことができるのか、墓地の経営、墓地の使用契約、永代貸付けをめぐって「なに」が問題となっているのか。

問題点の整理

1　宗教法人とは「なに」か、その性格はどのようなものか、宗教法人をめぐって、いま「なに」が問題となっているのか。
2　宗教法人を「買う」ことができるのか、宗教法人を「買う」とはどういう意味か、墓地経営など宗教法人としての事業の展開とどういう関係があるのか。
3　葬送の方法にはどのようなものがあるか、墓地との関係はどのようなものか、墓地と関係のない新しい葬送の方法にはどのようなものがあるか。
4　墓地とは「なに」か、墓地にはどのような種類があるのか、墓地の経営とは「なに」か、墓地の経営主体はどうなっているのか。
5　墓地を「買う」ことができるのか、墓地の使用関係は、どうなっているのか。

・・・・・・・・・・・・ 問題解決の手がかり ・・・・・・・・・・・・

1　現行の公益法人制度の中における宗教法人の位置づけ
2　不活動宗教法人の現状とその対策
3　宗教法人を「買う」ということの意味
4　葬送の方法（墓地との関係）の変化
5　墓地の意義、種類と墓地の経営主体のちがい
6　墓地の使用権の法的性質
7　「墓地」を「買う」ということの意味

第7講 地方行政活動の「相手方」である住民

解決法

1 宗教法人とは「なに」か、その性格はどのようなものか、宗教法人をめぐって、いま「なに」が問題となっているのか。

(1) 「宗教法人」とは、教義を広め、儀式行事を行い、及び信者を強化することを主たる目的とする団体、つまり「宗教団体」が都道府県知事又は文部科学大臣の認証を経て法人格を取得したものをいう。

宗教法人には、神社、寺院、教会などのように礼拝の施設を備える「単位宗教法人」と、宗派、教派、教団のように神社、寺院、教会などを傘下に持つ「包括宗教法人」(399) がある。

単位宗教法人のうち包括宗教法人の傘下にある宗教法人を「被包括宗教法人」(174,275)、傘下にないものを「単立宗教法人」(6,971) という。

宗教法人の数を系統別にみると、神道系85,039、仏教系77,400、キリスト教系4,728、諸教14,478、合計181,246法人となっている（平成27年12月31日現在）。

(2) 不活動宗教法人対策の推進

宗教法人の中には、設立後なんらかの事情により活動を停止してしまった「不活動宗教法人」がある。

不活動宗教法人については、社会的に存在意義がないだけではなく、宗教法人の売買、名義貸し、脱税などに悪用されるなど、社会的な問題を引き起こすおそれがあり、究極においては宗教法人制度全体に対する社会的信頼を損なうことにもなりかねないものである。

このため、国においては平成23年度から活動宗教法人対策に積極的に取り組んでおり、これまで吸収合併や任意解散の認証により不活動宗教法人の整理を進めており、国や都道府県においては、裁判所に対する解散命令請求を行い、裁判所から解散命令の決定もなされている。

2 宗教法人を「買う」ことができるのか、宗教法人を「買う」とはどういう意味か、墓地経営など宗教法人としての事業の展開と関係があるのか。

(1) 「売買」をめぐる状況

不活動宗教法人の増加、インターネット上で宗教法人を「売ります。買います。」という情報が流れ、「売り宗教法人」一覧サイト、宗教法人禅譲（売買）一覧が見られ、インターネット上のサイトでは多くの宗教法人が「売り」に出されている今日この頃である。

(2) 宗教法人を「売る」「買う」ということの意味

包括・被包括関係の消滅の手続を要する包括宗教法人の傘下にある「被包括宗

教法人」ではなく、主として包括宗教法人の傘下にない「単立宗教法人」が「売買」の対象とされている。

しかし、もちろん、宗教法人法上、宗教法人という法人格の「売買」ということは認められておらず、法的にはありえない。

したがって、宗教法人の「売買」の手段・方法としては、実際には宗教法人の代表役員、責任役員の地位の譲渡、入れ替え、交代などというやり方をとる。

(3) いま、なぜ宗教法人を「売る」「買う」なのか、その背景・理由

不活動宗教法人の増加も宗教法人の「売買」が横行する一因となっているが、その背景・理由としては、世代交代の困難さ、後継者難、宗教法人の担い手不足、また、門信徒の離檀など、特に若い世代を中心とする宗教離れ、さらに宗教法人運営上の資金難などが挙げられる。

(4) 宗教法人の売買の「目的」

直接的には税制面で優遇されている宗教法人を脱税の隠れ蓑として悪用するケース、税金対策の手段として行われる場合があり、今後宗教法人と税制について十分に検討する必要がある。

また、墓地・納骨堂の運営など、宗教法人を利用した事業の展開を目論むこともある。

3　葬送の方法にはどのようなものがあるか、墓地との関係はどうなのか、墓地と関係のない新しい葬送の方法にはどのようなものがあるか。

墓地と関係ない葬送の方法としては（国外まで目を向ければ）鳥葬、空葬があり、また、（国内外において）宇宙葬も行われ、もちろん水葬がある。本来墓地と関係する葬送の方法としては火葬、土葬があり、さらに最近における墓地と関係のない新しい葬送の方法としては樹木葬、散骨などがある。

なお、樹木葬は、墳墓を設けるために、墓地として都道府県知事の許可を受けた区域において行われ、我が国で初めて平成11年に岩手県一関市の寺院で行われ、平成18年に公営の霊園として初めての樹木葬が横浜市営墓地メモリアルグリーンに、平成24年には都営霊園として初めての樹木葬が都立小平霊園に造られている。

また、散骨（NPO「葬送の自由をすすめる会」は「自然葬」という。（平成3年））（「海洋散骨」）、は、近海の海、河川、山林の上空から遺骨をまくという方法で行われ、平成3年には法務省が「節度を持って行う限り、法的な問題はない」。という見解を発表し、厚生労働省も現在規制の対象にはしていないというのが現状である。

これを受けて、散骨業者は、節度をもって、漁業権や廃棄物処理法などに抵触しないよう、自主規制を行っている。

4　墓地とは「なに」か、墓地にはどのような種類があるのか、墓地の経営とは「な

第7講 地方行政活動の「相手方」である住民

に」か、墓地の経営主体はどうなっているのか。

(1)　墓地の意義、種類

　　墓地、埋葬等に関する法律によれば、「墓地」とは、墳墓（死体を埋葬し、又は焼骨を埋蔵する施設）を設けるために、墓地として都道府県知事の許可をうけた区域をいうと規定されている。

　　墓地の種類は、市町村又は都道府県という地方公共団体が経営する公営墓地（公営霊園）、宗教法人又は公益法人が運営する民営墓地（民営霊園）、宗教法人が経営する寺院墓地、境内墓地（寺院霊園）のほか、共同墓地、個人墓地がある。

(2)　墓地の経営、経営主体

　　墓地の経営には永続性、非営利性が求められるため、墓地の経営主体は原則として市町村等の地方公共団体であり、これによりがたい事情がある場合であっても、宗教法人、公益法人等に限られている。

　　宗教法人は、本来の宗教活動として檀信徒に限る寺院墓地を、その公益事業として、宗派を問わず、檀信徒に限らない寺院霊園を経営することができる。

　　墓地の経営を目的とする公益法人（「公益認定」を受けた一般社団法人、一般財団法人）は、その本来の公益事業として、これを行うことができる。

　　なお、実際の墓地経営においては、宗教法人の名を借りて実質的に経営の実権を営利企業が握る、いわゆる「名義貸し」など、不適切なケースも生じている。

(3)　墓地の経営許可のしくみ

　　墓地経営の許可をはじめ、墓地の指導監督に関する事務については平成12年4月1日に施行された「地方分権の推進を図るための関係法律の整備に関する法律」により、それまで団体委任事務とされていたものが「自治事務」となり、墓地行政における都道府県及び市町村の役割が極めて大きなものとなった。

　　実際の地方行政活動においては、墓地、埋葬等に関する法律第10条の規定による都道府県知事の墓地の経営許可については、多くの場合地方自治法第252条の17の2（条例による事務処理の特例）の規定により、住民にとってより一層身近な自治体である市町村の長に対し権限移譲が進められている。

　　なお、墓地の経営許可について権限移譲を受けた市町村長は、一般的に「○○市（町）（村）墓地、埋葬等に関する法律施行条例」を制定し、墓地の経営の許可に当たって特に問題となる「墓地の設置場所の基準」について、例えば、次のように定めている。

①　住宅、学校、病院、店舗その他これらに類する施設の敷地から100メートル以上離れていること。ただし、市町村長が公衆衛生その他公共の福祉の見地から支障がないと認める場合は、この限りでない。

事例 No.34　宗教法人を「買う」とは!?　墓地を「買う」とは!?

②　河川、海又は湖沼に近接していないこと。

③　高燥で、かつ、飲料水を汚染するおそれのない場所であること。

⑷　墓地使用権の法的性質

　　墓地使用権（永代使用権）とは、墓地の経営主体と墓地使用者との間における墓地使用契約に基づき発生した、墓地である土地（不動産）の一区画を使用する権利をいい、その具体的な内容は、契約自由の原則の適用を受け、強行規定、公序良俗に反しない限り、当該墓地使用契約によって決定されるものである。

　　下級審判決においては墓地使用権を債権としながら、永年にわたり認められてきた特殊な権利であるということを前提として物権的妨害排除請求が認められるとした例外的な判決（福岡高裁昭59.6.18判決）もあるが、原則的には民法上の物権ではなく、債権であると考えるべきである。

　　特に、墓地、埋葬等に関する法律第13条の「管理者の応諾義務」（「管理者は、正当な理由がなければ埋葬等の求めを拒んではならない。」）の解釈、改宗離檀に関連して行われる埋葬蔵に関する裁判において争われている寺院墓地使用権の法的性質をめぐって、寺院墓地使用権は、他の墓地使用権とはちがい、宗教上の特殊な負担が付いた権利である旨、繰り返し判例において確認されている。

5　墓地を「買う」ことができるのか。

　4の⑷において言及した墓地使用権の法的性質に鑑みるとき、墓地の使用に関し、墓地を「買う」という概念を入れる余地がないことは明らかであり、墓地の使用者は、墓地の経営主体との間で債権契約である墓地使用契約を締結し、墓地の使用権、永代使用権を取得することになる。

　なお、宗教法人は収益事業を行う場合は法人税を納める義務があるが、収益事業とは34種類の事業で、継続して事業場を設けて行われるものをいう。

　この点に関し、宗教法人が行う墳墓地の貸付けは、収益事業に該当しないこととされており、この墳墓地の貸付けには、その使用期間に応じて継続的に地代を徴収するもののほか、その貸付け当初に「永代使用料」として一定の金額を一括徴収するものも含まれることになっている。

関係判例等

・宗教法人法

　（この法律の目的）

　第1条　この法律は、宗教団体が、礼拝の施設その他の財産を所有し、これを維持運用し、その他その目的達成のための業務及び事業を運営することに資するため、宗教団体に法律上の能力を与えることを目的とする。

（宗教団体の定義）

第2条　この法律において「宗教団体」とは、宗教の教義を広め、儀式行事を行い、及び信者を教化育成することを主たる目的とする左に掲げる団体をいう。

　(1)　礼拝の施設を備える神社、寺院、教会、修道院その他これらに類する団体

　(2)　前号に掲げる団体を包括する教派、宗派、教団、教会、修道会、司教区その他これらに類する団体

（法人格）

第4条　宗教団体は、この法律により、法人となることができる。

2　この法律において「宗教法人」とは、この法律により法人となった宗教団体をいう。

（公益事業その他の事業）

第6条　宗教法人は、公益事業を行うことができる。

2　宗教法人は、その目的に反しない限り、公益事業以外の事業を行うことができる。この場合において、収益を生じたときは、これを当該宗教法人、当該宗教法人を包括する宗教団体又は当該宗教法人が援助する宗教法人若しくは公益事業のために使用しなければならない。

（宗教法人の能力）

第10条　宗教法人は、法令の規定に従い、規則で定める目的の範囲内において、権利を有し、義務を負う。

（設立の手続）

第12条　宗教法人を設立しようとする者は、左に掲げる事項を記載した規則を作成し、その規則について所轄庁の認証を受けなければならない。

　(1)～(13)　略

（規則の認証の申請）

第13条　前条第1項の規定による認証を受けようとする者は、認証申請書及び規則二通に左に掲げる書類を添えて、これを所轄庁に提出し、その認証を申請しなければならない。

　(1)～(4)　略

（規則の認証）

第14条　所轄庁は、前条の規定による認証の申請を受理した場合においては、その受理の日を附記した書面でその旨を当該申請者に通知した後、当該申請に係る事案が左に掲げる要件を備えているかどうかを審査し、これらの要件を備えていると認めたときはその規則を認証する旨の決定をし、……なければならない。

　(1)～(3)　略

（設立の時期）

第15条　宗教法人は、その主たる事務所の所在地において設立の登記をすることに因って成立する。

2 墓地、埋葬等に関する法律関係規定

第1条　この法律は、墓地、納骨堂又は火葬場の管理及び埋葬等が、国民の宗教的感情に適合し、且つ公衆衛生その他公共の福祉の見地から、支障なく行われることを目的とする。

第2条　この法律で「埋葬」とは、死体（妊娠4箇月以上の死胎を含む。以下同じ。）を土中に葬ることをいう。

2　この法律で「火葬」とは、死体を葬るために、これを焼くことをいう。

4　この法律で「墳墓」とは、死体を埋葬し、又は焼骨を埋蔵する施設をいう。

5　この法律で「墓地」とは、墳墓を設けるために、墓地として都道府県知事（市又は特別区にあつては、市長又は区長。以下同じ。）の許可を受けた区域をいう。

第3条　埋葬又は火葬は、他の法律に別段の定めがあるものを除く外、死亡又は死産後24時間を経過した後でなければ、これを行つてはならない。但し、妊娠7箇月に満たない死産のときは、この限りでない。

第4条　埋葬又は焼骨の埋蔵は、墓地以外の区域に、これを行つてはならない。

2　火葬は、火葬場以外の施設でこれを行つてはならない。

第5条　埋葬、火葬又は改葬を行おうとする者は、厚生労働省令で定めるところにより、市町村長（特別区の区長を含む。以下同じ。）の許可を受けなければならない。

第10条　墓地、納骨堂又は火葬場を経営しようとする者は、都道府県知事の許可を受けなければならない。

第13条　墓地、納骨堂又は火葬場の管理者は、埋葬、埋蔵、収蔵又は火葬の求めを受けたときは、正当の理由がなければこれを拒んではならない。

3　関係判例

・墳墓地妨害排除請求事件判決（津地裁昭38.6.21判決）

・墓地使用権消滅請求事件判決（仙台高裁平7.11.27判決）

・墓地使用権確認等請求事件判決（最高裁平8.10.29第三小法廷判決）

・墓石設置妨害排除請求事件判決（最高裁平14.1.22判決）

・墓地経営許可取消処分の取消請求事件判決（さいたま地裁平17.6.22判決）

第7講 地方行政活動の「相手方」である住民

関係図34 宗教法人を「買う」とは!? 「墓地を買う」とは!?

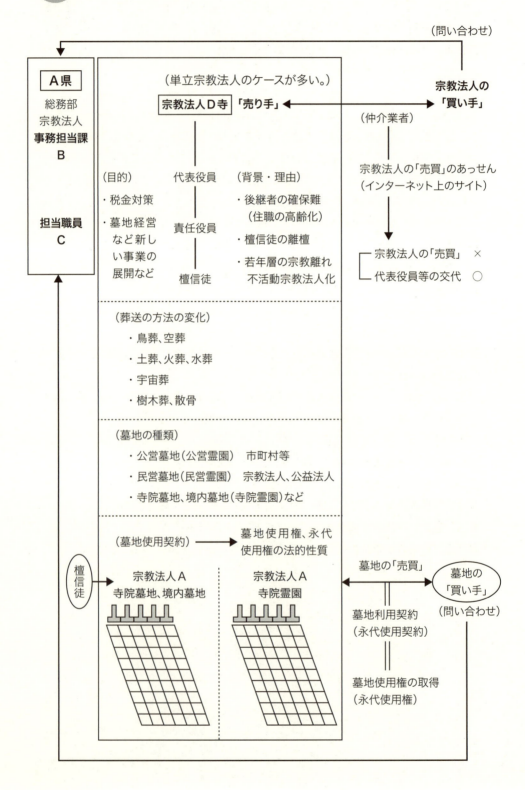

地方行政の「活動手段」

(第8講〜第10講　事例№.35〜事例№.44)

〜地方行政活動と許認可等処分、権力関係、行政上の管理関係における地方行政の重要な活動手段である「許認可等処分」、行政指導、私法上の契約をめぐる問題とは？〜

　　第8講　地方行政の「活動手段」(1)〜許認可等処分

　　第9講　地方行政の「活動手段」(2)〜行政指導

　　第10講　地方行政の「活動手段」(3)〜私法上の契約

第8講 地方行政の「活動手段」(1)〜許認可等処分

〜地方行政活動と許認可等処分、権力関係、行政上の管理関係における地方行政の重要な
活動手段である「許認可等処分」をめぐる問題点とは？〜

許認可等処分（「処分」「行政処分」）と私法上の契約とのちがい

〜公共用地の取得に関する土地収用処分と売買契約、損失補償契約とのちがいを例として〜

> **Q**　A県では高速道路全線開通に向けて用地買収をし、工事を進めていたが、どうしても土地所有者Bが最後まで道路予定地の用地買収に応じない。
> 　A県の用地担当課長Cは、最後の手段として土地収用法を適用することを検討した。A県では、当然のことながら、用地買収は原則、民法物権編、債権編を適用し、原則として「任意買収」によっており、土地収用法の適用については例外的な取扱いとしている。
> 　公共用地の取得に関して、上記の二つの方法のちがいは「なに」か。

【公共工事の用地買収に応じない土地所有者】

　A県では、県民の永年の悲願であった、高速自動車道の県内全線開通の年度内の実現を目指しており、その他の土地については既に用地買収も終わり、工事区間も残すところあと30キロメートルとなっているが、どうしても一人の土地所有者Bが、最後まで道路予定地の用地買収に応じてくれない。

【土地収用法の適用を検討】

　そこで、A県の用地担当課長Cとしては、最後の手段として、土地収用法の適用について検討することとした。

　実際に、A県が作成している「用地買収の手引」には、用地買収につき、原則としては民法物権編、債権編を適用して「任意買収」により行うとあり、土地収用法の規定による場合は極めて例外であると記載されている。

　用地担当課の職員Dは、A県土木部の用地担当課長Cから命じられて、土地収用法に定める手続の流れ、民法を適用する場合とのちがいについて調べることとなった。

　公共用地の取得に関するこれら「二つ」の方法には、どのようなちがいがあるのか、そのポイントは「なに」か。

事例 No.35 許認可等処分（「処分」「行政処分」）と私法上の契約とのちがい

問題点の整理

公共用地の取得について、許認可等処分である土地収用処分による場合も私法上の契約である土地売買契約及び損失補償契約による場合も、その法的効果は、最終的には土地所有権が公法人である地方公共団体に帰属するという点では、同じである。

1　公共用地の取得の主体：公法人である地方公共団体

地方行政の主体である公法人たる地方公共団体と許認可等処分権限を行使する行政庁との関係、許認可等処分（処分、行政処分）権限は行政庁が行使し、私法上の契約は公法人である地方公共団体が締結する、というしくみ

2　地方行政をめぐる法律関係：権力関係、行政上の管理関係、私経済関係、その基底にある公法関係、私法関係のちがい、行政事件訴訟法、民事訴訟法という適用される手続法のちがい

公共用地の取得については、土地収用処分は権力関係、私法上の契約は私経済関係である。

3　公共用地の取得と権力関係

「強制買収」である土地収用処分（事業認定手続、収用裁決手続）による場合

4　公共用地の取得と私経済関係

「任意買収」である私法上の契約（売買契約、損失補償契約）による場合

5　許認可等処分（「処分」「行政処分」）と 私法上の契約とのちがい

「許認可等処分」とは、行政庁が法律の定めるところに従い、その一方的な判断に基づいて国民の権利義務その他の法的地位を具体的に決定する行為をいい、「私法上の契約」とは、私法上の権利、義務の発生、変更、消滅を目的として公法人である地方公共団体と相手方住民との間において成立する「合意」をいう。

Ⅵ

地方行政の「活動手段」

•••••••••••••••••••••••••• **問題解決の手がかり** ••••••••••••••••••••••••••

実際の地方行政活動における事務処理に当たっては、必ずしも明確には認識されていないきらいがあるが、地方行政をめぐる法律関係において最終的に地方行政活動による権利義務がすべて帰属する、地方行政の主体である「公法人たる地方公共団体（都道府県、市町村等）」と、許認可等処分権限の帰属主体であり、当該許認可等処分権限を行使するが、その法的効果は最終的にはすべて公法人たる地方公共団体に帰属する「行政庁」（統括代表機関である都道府県知事、市町村長ではなく、許認可等処分権限を行使する場合における当該の都道府県知事、市町村長、教育委

•231•

第8講 地方行政の「活動手段」(1)〜許認可等処分

員等会、公安委員会、農業委員会等）とのちがいについて明らかにすべきである。

なお、この点に関連して敷衍すれば、実際の地方行政活動においては、地方行政をめぐる法律関係のうち、権力関係においては許認可等処分（「行政処分」）が、私経済関係においては私法上の契約が、行政上の管理関係においては実質的行政処分、形式的行政処分（実質的には私法上の契約であるが、法技術上行政処分という形式をとる。　例　公営住宅の入居決定、補助金の交付決定等）が、それぞれ主たる活動手段とされている。

解 決 法

1　公共用地の取得と私経済関係

民法財産編（物権編、債権編）の規定に基づき、「任意買収」である私法上の契約（売買契約、損失補償契約）による場合：売買契約、損失補償契約の締結の流れ

公法人である地方公共団体（買主）から売買契約、損失補償契約の申込み→相手方である土地所有者（売主）の承諾、「合意（主観的合致、客観的合致）」＝売買契約、損失補償契約の成立→売買契約、損失補償契約の履行（代金の支払、目的たる土地の引渡し、所有権の移転登記等）→土地所有者から公法人である地方公共団体に当該土地の所有権、占有権が移転

2　公共用地の取得と権力関係

土地収用法の規定に基づき、「強制買収」である土地収用処分（事業認定手続、収用裁決手続）による場合：土地収用処分の流れ

都道府県知事による事業認定（その後の収用裁決手続の前提）→収用委員会による権利取得裁決（起業者が収用する土地の所有権を原始取得）→収用委員会による明渡裁決（土地の所有者が明渡義務を負う。）→土地所有者から公法人である地方公共団体に当該土地の所有権、占有権が移転

3　許認可等処分（「処分」「行政処分」）と私法上の契約とのちがい

いずれも、公法人である地方公共団体と相手方住民との間において、権利、義務を発生、変更、消滅させる行為であるという法的効果においては同じであるが、許認可等処分は法律に基づく行政庁の一方的な判断に基づく行為、私法上の契約は公法人である地方公共団体と相手方住民との間における「合意」に基づく行為であるという点が、異なる。

適用される手続法についても、許認可等処分については行政事件訴訟法、私法上の契約については民事訴訟法というちがいがある。

232

関係判例等

・土地収用法

（事業の認定）

第16条　起業者は、当該事業又は当該事業の施行により必要を生じた第3条（土地を収用し、又は使用することができる事業）各号の一に該当するものに関する事業（以下「関連事業」という。）のために土地を収用し、又は使用しようとするときは、この節（事業の認定）の定めるところに従い、事業の認定を受けなければならない。

（収用又は使用の裁決）

第47条の2　収用委員会は、前条〔第47条　却下の裁決〕の規定によつて申請を却下する場合を除くの外、収用又は使用の裁決をしなければならない。

2　収用又は使用の裁決は、権利取得裁決及び明渡裁決とする。

3　明渡裁決は、起業者、土地所有者又は関係人の申立てをまつてするものとする。

4　明渡裁決は、権利取得裁決とあわせて、又は権利取得裁決のあつた後に行なう。ただし、明渡裁決のため必要な審理を権利取得裁決前に行なうことを妨げない。

第48条（権利取得裁決）

第49条（明渡裁決）

・民法

（公序良俗）

第90条　公の秩序又は善良の風俗に反する事項を目的とする法律行為は、無効とする。

（任意規定と異なる意思表示）

第91条　法律行為の当事者が法令中の公の秩序に関しない規定と異なる意思を表示したときは、その意思に従う。

（売買）

第555条　売買は、当事者の一方がある財産権を相手方に移転することを約し、相手方がこれに対してその代金を支払うことを約することによって、その効力を生ずる。

※「有名契約」「典型契約」である売買契約と「無名契約」「非典型契約」である損失補償契約

第8講 地方行政の「活動手段」(1)〜許認可等処分

関係図 35 公共用地の取得に関する土地収用処分と土地売買契約、損失補償契約

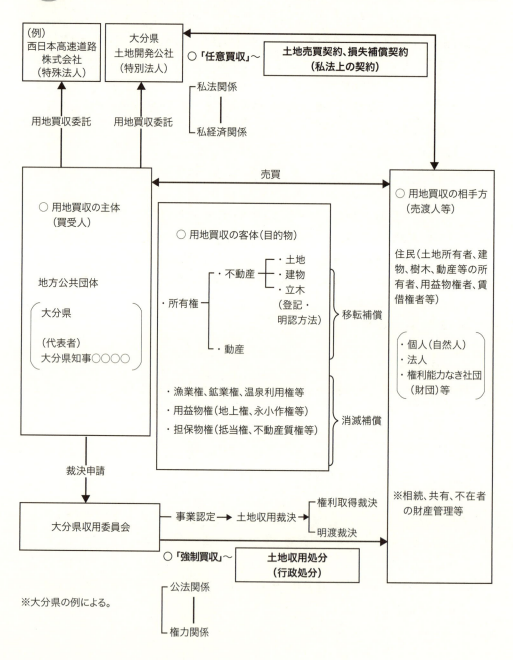

許認可等処分の成立、効力の発生の時期はいつか

～許認可等処分は、いつ成立し、いつ、その効力を発生するのか～

> **Q** 食品衛生法第52条の規定により、飲食店営業の許可処分が行われている。飲食店の新規開業の申請を受けてからその営業の許可処分はいつの時点で成立し、効力が発生するのか。

【飲食店営業の許可申請があった】

　食品衛生法を所管するA県知事（生活環境部環境衛生課）からの権限の委任を受け、B保健所においては同法第52条の規定により、飲食店営業の許可の事務を処理している。

　B保健所衛生課長Cは、今回、新規開業する市民Dからの申請が食品衛生法等に定める物的要件、人的要件を満たしていると認められたため、その申請書類、実地の審査終了後、本件飲食店営業の許可に係る指令書を担当職員Eに起案させ、B保健所長の決裁を経て当該営業許可指令書を申請者であるDに送付するよう指示した。

【申請したが、いつ営業許可をもらえるのか】

　ところが、数日たったある日、衛生課長Cに対し市民Dから、まだ営業許可書が届いていないが、飲食店営業の許可はいつもらえるのか、という問い合わせの電話があった。

　B保健所衛生課長Cが、担当職員Eに問いただしたところ、指示されたとおり、保健所長Bの決裁をもらったその日のうちに許可の指令書を発送しており、なぜ届いていないのかわからないという。

　その後、B保健所衛生課職員が総がかりで調べたところ、担当職員Eから発送を依頼されたB保健所総務課の臨時職員Fが、発送文書棚に入れるべきところを誤って収受文書棚に入れるという全く単純なミスをしていたため、当該営業許可指令書がそのままB保健所内の収受文書棚の奥にそのまま残っていたことが判明した。

　食品衛生法第52条の規定による飲食店営業の許可処分は、いつ成立し、その効力はいつ発生するのか、実際に飲食店営業許可の指令書が当該許可申請者に届いていない場合、営業許可の効力はどうなるのか。

第8講 地方行政の「活動手段」(1)～許認可等処分

問題点の整理

　食品衛生法第52条の規定による飲食店営業の許可処分は、いつ成立し、その効力はいつ発生するのか、実際に飲食店営業許可の指令書が当該許可申請者に届いていない場合、営業許可の効力はどうなるのか。

1　地方公共団体と意思決定：**団体意思の決定、機関意思の決定**

　　団体意思の決定：議会の議決

　　機関意思の決定：都道府県知事、市町村長の決裁

2　地方公共団体と機関意思の決定：**起案と決裁（専決、代決）**

　　許認可等処分の成立：指令書の作成、起案

　　機関意思の決定：都道府県知事、市町村長の決裁、又は権限の委任を受け、若しくは補助執行する受任行政庁としての決裁、若しくは補助機関としての専決若しくは代決

3　地方公共団体の意思表示の効力の発生：許認可等処分の効力の発生の要件、その時期

················· **問題解決の手がかり** ·····························

・**地方行政活動に対する民法総則の適用**

　①　民法による明文の規定をまつまでもなく、法の基本原則が具現化された規定

　　信義誠実の原則、権利濫用禁止の原則（民法第1条第2項、第3項）、人格の自由（民法第3条）、法律行為（契約）自由の原則（民法第90条、第91条、第92条等）過失責任の原則（民法第709条）

　②　法技術的な分野に属する規定

　　意思表示の効力の発生に関する到達主義（第97条第1項）、期間の計算に関する規定（第138条～第143条）、時効（第144条～第172条の2）　など

解決法

　本件事例のように、実際に飲食店営業許可の指令書が当該許可申請者に届いていない場合において、食品衛生法第52条の規定による飲食店営業の許可処分は、いつ成立し、その効力はいつ発生すると考えるべきか。

1　地方公共団体と意思決定：**団体意思の決定、機関意思の決定**

　団体意思の決定は議会の議決により、機関意思の決定は原則として都道府県知事、市町村長の決裁により行われる。

●236●

2 地方公共団体と機関意思の決定：起案と決裁（専決、代決）

許認可等処分の成立：指令書の作成、起案

機関意思（許認可等処分）の決定は、都道府県知事、市町村長の決裁又は補助機関による補助執行（地方公共団体の内部における行政慣行である専決、代決）により行われる。

3 地方公共団体の意思表示の効力の発生：許認可等処分の効力の発生の要件（「到達」）、その時期

本事例のような場合、実際の地方行政活動における事務処理に当たっては、食品衛生法第52条の規定による飲食店営業許可権限がA県知事からB保健所長に対し権限の委任又は補助執行（専決）により、委譲されている。

したがって、飲食店営業の許可処分は、A県知事から権限の委任を受け、又はA県知事を補助執行（専決）するB保健所長が決裁したときに成立し、また、当該飲食店営業許可処分の効力の発生は、当該飲食店営業の許可を申請した市民Dに到達したこと（その了知可能の状態におかれたこと）、すなわちその者のいわゆる勢力範囲（支配圏）内におかれたときである。

本件事例の実際の解決に当たっては、以上において言及したところを踏まえて、適切に対処すべきである。

関係判例等

・意思表示の「到達」の意義に関する判決（最高裁昭36.4.20第一小法廷判決）
・民法
　（隔地者に対する意思表示）
　第97条　隔地者に対する意思表示は、その通知が相手方に到達した時からその効力を生じる。
・「到達」の意義
　「ここに到達とは会社の代表取締役ないし同人から受領の権限を付与されていた者によって受領され或いは了知されることを要するの謂ではなく、それらの者にとって了知可能の状態におかれたことを意味するものと解すべく、換言すれば意思表示の書面がそれらの者のいわゆる勢力範囲（支配圏）内におかれることを以て足りるものと解すべき」である（最高裁昭36.4.20第　小法廷判決）。

「関係図42(1)　許認可等処分の効力の発生」参照

第8講 地方行政の「活動手段」⑴〜許認可等処分

地方行政活動の実効性の担保

事例 No.37

〜職員による誤った教示と事実上の抗議活動による業務の阻害、あるいは関係法令等違反をそのままにしてなされた、と畜場設置許可申請等への対応は、いかにすべきか〜

> **Q** 公共工事の契約に関する事務処理に当たり、担当職員が誤った教示を請負業者にしたため、その後業者から執拗な抗議を受け続けている。
> また、関係法令等に違反しているにもかかわらず、これをそのままにしてと畜場設置のための許可申請をしてきた。
> いずれの場合も、職員はどのように対応すべきか。

【執拗な抗議による業務への阻害】

⑴　職員による誤った教示と事実上の抗議活動による業務の阻害

　A県土木建築部の公共工事に関する契約事務の担当課Bにおいて、事実上倒産した土木工事請負業者の下請工事代金債権に関するA県公共工事請負約款の解釈について、担当係長や職員が下請業者Cに対し誤った教示をしたため、下請業者Cが最終的に下請工事代金債権を回収できなくなった。

　そのため、いわばクレーマー化した下請業者Cが約5か月間にわたり連日のように土木建築部の公共工事に関する契約担当課Bに押しかけて課長など関係職員を脅迫する言動を行い、あるいはA県庁舎の敷地内で抗議のための座り込みを続け、A県庁舎に来庁した県民に訴えるなどの行為を繰り返し、当該担当課Bの業務を事実上阻害している。

【法令違反のままにもかかわらず、許可申請があった】

⑵　関係法令等違反をそのままにしてなされた、と畜場設置許可申請等

　A県D町において、株式会社Eが、と畜場を設置するためと称して山林を造成し、建築基準法第6条第1項による建築主事の建築確認を得、6か月余りかけ、昼夜兼行でと畜場となるべき施設の建築に着手し、これを完成させた。

　当該土地は、農業振興地域の整備に関する法律（以下「農振法」という。）第10条第1項に規定する農用地区域であり、農用地区域内で建物を建築するためには、農用地区域からの除外の申出に基づく手続が、また、森林法の地域森林計画の対象ともなっている民有地であり、同法第15条の規定による林地開発の許可が必要となる。

　しかし、株式会社Eは、これら関係法律の定める手続その他必要な手続をとることなく、と畜場法を所管するA県知事及び農振法を所管するD町長の行政指導も全

く無視し、と畜場となるべき施設を完成させた後、A県知事に対し、と畜場法第3条の規定によりと畜場設置許可申請、食肉処理業営業許可申請をしてきた。

A県のと畜場法を所管する生活環境部環境課Fとしては、この株式会社Eからのと畜場の設置許可申請等に対し、どのように対応をすべきか。

なお、A県知事がと畜場の設置許可をした場合、と畜場の規模等に応じ、と畜検査員（獣医師）を配置しなければならないこととなっている。

問題点の整理

(1) 職員による誤った教示と事実上の抗議活動による業務の阻害

(2) 関係法令等違反を引きずったままなされた、と畜場設置許可申請等

いずれの場合においても、次のような問題点があげられる。

1 事実の確認、確定

当該違法な行為又は違法な事実についてその存在を確認し、確定すること。

2 事実上の措置

相手方関係住民等による任意的、自発的な協力を求める、口頭又は文書（「始末書」、顛末書等の徴求）による行政指導（事実行為であり、もちろん法的な強制力はない。）を行うこと。

3 関係法令、条例等の規定による措置命令：法的措置

関係法令、条例等の規定に基づく措置命令（多くの場合、当該措置命令に従わないときは、刑事罰が科せられる。）を執ること。

4 刑事罰による担保

関係法令、条例等に刑事罰の規定があるときは、刑事訴訟法第239条の規定により関係住民等を「告発」することができる。

5 事実の確認、確定をした後、事実上の措置、法令、条例等の規定による措置、刑事罰の関係について、どう考えるか。

問題解決の手がかり

・刑事訴訟法

（告発）

第239条 何人でも、犯罪があると思料するときは、告発をすることができる。

2 官吏又は公吏は、その職務を行うことにより犯罪があると思料するときは、告発をしなければならない。

第8講 地方行政の「活動手段」(1)〜許認可等処分

・行政手続法

（行政指導の一般原則）

第32条　行政指導にあっては、行政指導に携わる者は、いやしくも当該行政機関の任務又は所掌事務の範囲を逸脱してはならないこと及び行政指導の内容があくまでも相手方の任意の協力によってのみ実現されるものであることに留意しなければならない。

2　行政指導に携わる者は、その相手方が行政指導に従わなかったことを理由として、不利益な取扱いをしてはならない。

解決法

　実際の地方行政活動における事務処理に当たって、事実上の措置、法令、条例等の規定による措置命令、刑事罰の関係について、どう考えるべきか、まさに地方自治の「知恵」が問われる問題である。

1　職員による誤った教示と事実上の抗議活動による業務の阻害：事実上の措置が中心

　「説明責任」を果たすため、クレーマー化した下請業者Cに対し、粘り強く説得し、行政指導に努めるべきであり、その後、状況に応じ、事実上の措置、法的措置を執ることについて検討することとなる。

2　関係法令等違反をそのままにしてなされた、と畜場設置許可申請等：法的措置も視野に入れて

・まず、当該違法な行為の中止又は当該事実に係る違法状態の除去、原状回復等違法な事実・状況を除去し、あくまでも関係法令の定める本来の行政目的を実現しようとする場合

　　関係法令、条例等の規定による措置命令という法的措置を執るとともに、必要と考えられる場合は、刑事訴訟法第239条の規定により「告発」することもありうる。

　　なお、関係住民を「告発」するか否かを判断する基準としては、一応、次のようなものがあげられる。

　①　関係法令等を所管する行政庁として、関係法令、条例等の趣旨・目的に照らし、告発することなく当該違法な行為等をそのままにしておくと、当該制度そのものの趣旨・目的が没却されるおそれがあること。

　②　当該違法な行為又は当該行為によって引き起こされた違法な事実による被侵害利益が重大であること。

　③　将来にわたって、明らかに継続かつ反復して行われる等のおそれがあること。

　　関係法令等を所管する行政庁としては、これらの点について総合的に斟酌、判

断し、当該違法な行為、当該違法な事実が生じた経緯等、これまでの関係住民と対応なども考慮に入れながら、「告発」するか否かについて慎重に決定する必要があると考える。

・次に、既成事実がつくられており、やむを得ず、将来にわたり、事後的にせよ許認可等処分を受けさせる必要があると認められ、「事後的に」本来とるべきであった関係法令所定の手続を履践させる場合

　なお、この場合においても、公法人である地方公共団体あるいは行政庁として当該関係者を「告発」し、過去の違法な行為、当該違法な行為により作出された違法な事実・状態にいわば「けじめ」をつける必要があると考える。

3　説明責任を尽くし、又は相当な期間にわたる行政指導をしても、これに納得せず、又は従わない関係住民等への対応はいかにすべきか：刑事罰による担保

関係判例等

・申請に対する応答の「留保」（中野区）（最高裁昭57.4.23第二小法廷判決　特殊車両通行認定）

・行政指導と建築確認の「留保」（東京都）に関する判決（最高裁昭60.7.6第三小法廷判決）

・武蔵野市マンション建設指導要綱事件仮処分決定（東京地裁八王子支部昭50.12.8決定）

・宅地開発等指導要綱に基づく給水拒否（武蔵野市）に関する決定（最高裁平元.11.7第二小法廷判決　水道法違反被告事件）

・指導要綱による開発負担金の納付（武蔵野市）に関する判決（最高裁平5.2.18第一小法廷判決）

・武蔵野市宅地開発等指導要綱（昭和46年10月1日　施行）

・指導要綱による開発協力金の徴収（堺市）に関する判決（大阪地裁堺支部昭62.2.25判決）

第8講 地方行政の「活動手段」(1)〜許認可等処分

関係図 37
(1) 誤った教示と事実上の抗議活動
(2) 関係法令等違反をそのままにしたと畜場設置許可申請等への対応

(1) 事実上の措置、法的措置の手続の流れ

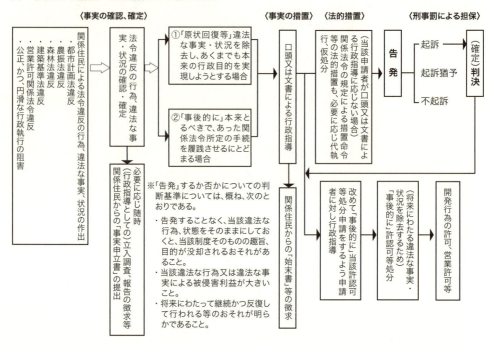

(2) と畜場設置許可申請等の手続の流れ

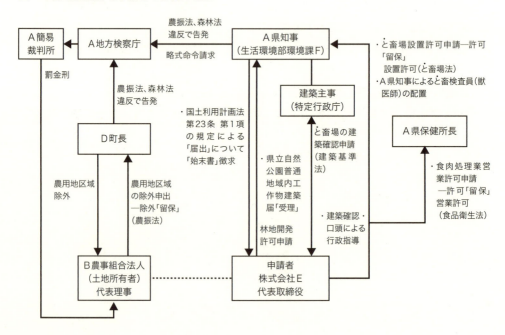

事例 №.38 許認可等処分、行政指導と行政手続法、行政手続条例との適用関係

許認可等処分、行政指導と行政手続法、行政手続条例との適用関係

~許認可等処分は、行政手続法、行政手続条例によってどのような手続的制約を受けるのか~

> **Q** A県知事から墓埋法について事務移譲されているB市長に対し、宗教法人Cの代表役員Dから墓地の区域変更に係る墓地経営許可申請があった。B市の担当部局もこれまで相当の期間にわたって、当該許可申請に係る行政指導を行っていた。
>
> しかし、宗教法人C内部では代表役員Dに対して檀信徒の不満があり、当該許可申請について、檀信徒から情報公開請求がされた。B市は檀信徒に対しても情報公開実施に関し、行政指導を行おうとした。
>
> この墓地経営許可処分及び情報公開条例の規定による公開の可否等、さらにはこれらに関連する行政指導について、行政手続法、行政手続条例はどのように適用されるのか。

【墓地経営許可申請とその申請への情報公開請求】

(1) 地方自治法第252条の17の2の規定に基づく「条例による事務処理の特例」として、A県知事から墓地、埋葬等に関する法律（以下「墓埋法」という。）に関し、事務移譲されているB市長に対し、B市内の名刹であり、その庭園が観光名所ともなっている宗教法人Cの代表役員Dから、墓埋法第10条第1項の規定によりいわゆる「霊園形式」の墓地の区域の変更（拡張）に係る経営許可申請があり、B市の環境衛生課で当該墓地経営許可申請に係る行政指導していた。

(2) しかし、当該墓地経営許可申請に関し、かねてより宗教法人Cの内部における代表役員Dに対する檀信徒の不満等があったため、檀信徒Fら数人から当該墓地経営許可申請に関し情報公開請求がなされた。

そこで、B市の環境衛生課では引き続き、宗教法人Cの代表役員Dに対し、当該墓地の区域の変更（拡張）に係る経営許可申請に関し行政指導を行うとともに、本来宗教法人Cの内部における争いに根差している問題でもあり、情報公開請求をしてきた檀信徒Fら数人に対しても情報公開の実施に関し行政指導しようとした。

【行政指導の根拠はなにか】

ところが、宗教法人Cの代表役員D、檀信徒Fら数人双方から、それぞれなぜ自分たちに行政指導をするのか、その根拠はあるのかという疑問が呈された。

そもそも、墓地、埋葬等に関する法律第10条の規定による墓地の経営許可処分、

第8講 地方行政の「活動手段」(1)〜許認可等処分

情報公開条例の関係規定による公開の可否の決定処分、さらにこれら二つの処分に関連して行われる行政指導について、行政手続法、行政手続条例は、どのように適用されるのか。

問題点の整理

1 法律の規定に基づく許認可等処分、国の機関がする行政指導と行政手続法の関係

　墓地、埋葬等に関する法律第10条の規定による墓地の経営許可処分、これに関連して行われる行政指導

2 条例の規定に基づく許認可等処分、地方公共団体の機関がする行政指導と行政手続条例の関係

　情報公開条例の関係規定による公開の可否の決定処分、これに関連して行われる行政指導

問題解決の手がかり

1 行政指導は、行政指導を直接授権する法律又は条例上の規定のほか、一般的には許認可等処分を授権する規定（法令又は条例が一定の行政機関に対して許認可等処分権限を賦与している場合には、同一内容の行政指導を行う権限も同時に授権されているものと解される。）を根拠として、これを行うことができると考えられる。

　実際の地方行政活動において、許認可等処分とこれに関係する行政指導が問題となる若干の具体的な事例を挙げれば、次の2及び3のとおりである。

2 法律の規定に基づく許認可等処分とこれに関係する行政指導

・都市計画法第29条第1項の規定による開発行為の許可

・農業振興地域の整備に関する法律第13条第2項の規定による農業振興地域整備計画の変更（農用地区域からの除外）

・森林法第10条の2の規定による開発行為（林地開発）の許可

・建築基準法第6条第1項に規定による建築確認

・墓地、埋葬等に関する法律第10条第1項の規定による墓地経営の許可

・と畜場法第4条第1項の規定によると畜場の設置許可

・廃棄物の処理及び清掃に関する法律第15条第1項の規定による産業廃棄物処理施設（最終処分場）の設置許可

・食品衛生法第52条第1項の規定による飲食店営業の許可

3 条例の規定に基づく許認可等処分とこれに関係する行政指導

・青少年保護育成条例の規定による有害図書の指定等

・公害防止条例、モーテル規制条例の規定による許認可等

・公の施設の設置及び管理に関する条例の規定による当該公の施設の使用許可

・公営住宅の設置及び管理に関する条例の規定による入居決定

・情報公開条例の規定による公文書の公開請求に対する公開の可否の決定

解 決 法

1 許認可等処分（「処分」「行政処分」）、行政指導と行政手続法、行政手続条例の適用関係

行政手続法第3条（適用除外）第3項、第46条（地方公共団体の措置）において、この点については次のとおり定められている。

(1) 行政手続法第3条（適用除外）

　3　第1項各号及び前項各号に掲げるもののほか、地方公共団体の機関がする処分（その根拠となる規定が条例又は規則におかれているものに限る。）及び行政指導、地方公共団体の機関に対する届出（前条第7号の通知の根拠となる規定が条例又は規則におかれているものに限る。）並びに地方公共団体の機関が命令を定める行為については、次章から第6章までの規定は、適用しない。

(2) 行政手続法第46条（地方公共団体の措置）

　地方公共団体は、第3条第3項において第2章から前章までの規定を適用しないこととされた処分、行政指導及び届出並びに命令等を定める行為に関する手続について、この法律の規定の趣旨にのっとり、行政運営における公正の確保と透明性の向上を図るため必要な措置を講ずるよう努めなければならない。

(3) 「行政手続条例」の制定

　行政手続法第46条の規定に基づき、地方公共団体においては、行政運営における公正の確保と透明性の向上を図るため必要な措置として、「行政手続条例」が制定されている。

2 法律の規定に基づく許認可等処分、届出、国の機関がする行政指導と行政手続法の関係

法律の規定に基づき、国の機関が行う許認可等処分、国の機関に対する届出については行政手続法を適用する。

国の機関がする行政指導については行政手続法を適用する。

3 条例の規定に基づく許認可等処分、届出、地方公共団体の機関がする行政指導と行政手続条例の関係

条例又は規則の規定に基づき、地方公共団体の機関が行う許認可等処分、地方公

共団体の機関に対する届出については行政手続条例を適用する。

　また、これらの許認可等処分、届出に関して、地方公共団体の機関がする行政指導については、法律に規定される事項を実施するものとそうでない（条例に規定されている事項を実施するため等）ものかを問わず、行政手続条例を適用する。

　したがって、本事例に関し、墓地、埋葬等に関する法律第10条の規定による墓地経営の許可処分については行政手続法が、また、情報公開条例の規定に基づく「公開の可否の決定」（処分）については行政手続条例が適用されるが、これら二つの処分に関連する行政指導については、行政手続法第3条（適用除外）第3項、第46条の規定に基づき制定された行政手続条例により、地方公共団体の機関が行う。

　以上のことから、本件事例に関する墓地経営の許可処分及び行政指導の行政手続法、行政手続条例の適用関係は、次のとおりである。

(1)　宗教法人に対する墓地の経営許可　　行政手続法の適用あり

(2)　檀信徒に対する情報公開の実施　　　行政手続条例の適用あり

(3)　(1)及び(2)に関する行政指導　　　　行政手続条例の適用あり

関係判例等

・申請に対する応答の「留保」（中野区）（最高裁昭57.4.23第二小法廷判決　特殊車両通行認定）

・行政指導と建築確認の「留保」（東京都）に関する判決（最高裁昭60.7.6第三小法廷判決）

・武蔵野市マンション建設指導要綱事件仮処分決定（東京地裁八王子支部昭50.12.8決定）

・宅地開発等指導要綱に基づく給水拒否（武蔵野市）に関する決定（最高裁平元.11.7第二小法廷判決　水道法違反被告事件）

・指導要綱による開発負担金の納付（武蔵野市）に関する判決（最高裁平5.2.18第一小法廷判決）

・武蔵野市宅地開発等指導要綱（昭和46年10月1日　施行）

・指導要綱による開発協力金の徴収（堺市）に関する判決（大阪地裁堺支部昭62.2.25判決）

関係図 38　行政指導、申請に対する処分に係る行政手続法の適用関係

行政指導、申請に対する処分に係る、行政手続法の適用関係

〈行政事件訴訟法〉処分取消等請求訴訟

〈行政不服審査法〉不服申立

〈行政手続法〉

※行政手続法の適用関係
（第3条第3項）（第46条）

① 法律の規定に基づく処分〜行政手続法適用
② 法律の規定に基づく届出〜行政手続法適用
③ 条例又は規則の規定に基づく処分〜行政手続条例適用
④ 条例又は規則の規定に基づく届出〜行政手続条例適用
⑤ 行政指導（法律に規定される事項を実施するものか、そうでない（条例に規定される事項を実施するためか等）ものかを問わない）〜行政手続条例適用

〈行政手続法〉
許認可等拒否処分

〈行政庁〉→〈申請者〉
（施行・通達）
許認可等処分の指令書

〈事務担当課・関係課〉
許認可等処分の審査

許認可等処分決裁
申請書の審査

審査不適法／補正／許認可等拒否
審査の開始

〈行政庁〉←→〈申請者〉
許認可等処分申請書の調達

行政指導
〈行政庁〉→関係住民

※相手方たる関係住民（許認可等申請者）の「任意的・自発的な協力を求める行政庁の事実行為

項目	許認可等処分	行政指導
許認可等処分の手続の流れ	（上記フロー参照）	（上記フロー参照）
行政手続法の関係規定	・複数の行政庁が関与する処分（第11条） ・公聴会の開催等（第10条） ・情報の提供（第9条） ・標準処理期間の設定・公表（第6条） ・審査基準の設定・公表（第5条） ・理由の提示（第8条） ・申請に対する審査・応答（第7条）	・複数の者を対象とする行政指導（第36条） ・行政指導の方式（第35条） ・申請に関連する行政指導（第33条） ・申請の取下げ又は内容の変更を求める行政指導（第33条） ・行政指導の一般原則（第32条） ・行政指導の定義（第2条第6号）
留意事項	・**許認可等処分の効力** 発生……いわゆる「縦割り行政」の弊害を是正するための方策 ・**許認可等処分の成立** 申請書の「預り」・「返戻」 ・原則として「受付」と「受理」との区分の必要なし	・行政指導要綱による一般的な取扱いいわゆる「指導要綱」の取扱い ・個別的・具体的な行政指導 ・行政指導についての実体的・手続的な初めての規律

Ⅵ　地方行政の「活動手段」

第9講　地方行政の「活動手段」(2)〜行政指導

〜権力関係、行政上の管理関係における地方行政のもう一つの重要な活動手段である「行政指導」「指導要綱」をめぐる問題点とは？〜

事例No.39　「行政指導」とは「なに」か、その根拠はあるのか
〜高層マンション建設計画をめぐって〜

> **Q**　A市の住宅団地Bのスーパー C 跡地に突如として高層マンションを建設する計画が持ち上がった。A市に対して近隣住民たちは建設反対組織を立ち上げ、マンション事業者に対し適切な行政指導を行うよう働きかけている。
> 　A市は関係法令等に照らし合わせ、反対住民組織とマンション事業者に対して、どのような対応をすべきか。

【突然のマンション建設計画】

　A県の県庁所在地であるA市のJR A駅からバスで30分、宅地開発されて以来約40年間、眺望もよい高台の住宅団地Bで営業し、約900世帯、約3,600人の住民、特にお年寄りや主婦に日ごろの買い物の機会を提供していたスーパー・マーケットCが、周辺地域に大型の商業施設が複数新規オープンしたあおりを受け、ある年の12月末をもって廃業してしまった。

　ところが突然、翌年の5月の連休明け頃、県外のマンション分譲事業者Dが、スーパー・マーケットC跡地に（都市計画地域としては、「近隣商業地域」であり、住宅団地B内のその他の地域のように「第一種低層住宅専用地域」ではなかったため、これを奇貨として、分譲を目的として13階建て、80戸の高層マンションの建設計画を進めていることが明らかになった。

　なお、その時点においては、特定行政庁であるA市長の下の建築主事あるいは民間の指定確認検査機関に対し、建築確認申請はなされていないという状況にある。

【2階建て以上は建設しない特約条項】

　その後、住宅団地Bの自治会長から全戸に案内のチラシが配られ、マンション分譲事業者Dが主催して住宅団地Bの住民に対する説明会が一度開かれたが、その席上においてマンション分譲事業者Dの従業員の説明は、まったく要領を得ず、説明会は混乱の中で散会した。

　もともと当初の開発事業者（その後、倒産しており、現在は株式会社として存続していない。）と分譲住宅の購入者との間においては「建築協定書」、その後は売買

契約の中の特約条項で、「住宅団地Bにおいては2階建て以上の家屋は建築しない。」という文言も入っており、また、A市と当初の開発事業者との間では良好な地域環境の保全に関する「団地協定書」も締結されていた。

このような経緯等を踏まえ、13階建てのマンションの建設により直接日影、電波障害などの影響を直接受けるおそれがある関係住民が立ち上がり、13階建てのマンションの建設は絶対に認められない、直ちに中止してほしいという声が日増しに大きくなっていった。

【建設反対住民組織の立ち上げ】

住宅団地Bの自治会長が後に言及するようになんら動かないため、ついに関係住民が「住宅団地Bマンション建設を考える会　E」を立ち上げて、本件住宅団地Bにおける高層マンションの建設計画に反対する運動をA市役所にも働きかけ、マスコミにも訴えて積極的に進めることとなった。

ちなみに、A市は中核市であり、都市計画・まちづくりに関する権限はA県知事からA市長に対し権限移譲されており、また、地方自治法第252条の17の2の規定（条例による事務処理の特例）により、建築基準法上の「特定行政庁」としての権限を行使できる（その下に置かれている建築主事が「建築確認」をする権限をもつ。）立場にあり、もちろん近隣調整・同意条項を有するA市宅地開発等指導要綱も既に制定している。

「住宅団地Bマンション建設を考える会　E」の立ち上げについては、住宅団地Bの自治会長は、いかなる理由からかは詳らかではないが、自治会としてはマンション建設に対し反対できない、マンション分譲事業者Dが主催する住民説明会の会場の確保については自ら行う、今後ともマンション分譲事業者Dとの交渉の窓口は自分が行うと言いながら、その一方で、この問題については「自分は中立である。」などと標榜し、「住宅団地Bマンション建設を考える会　E」の集会に出席することも、自治会の役員会における説明も拒んでおり、もちろんこの件に関して自治会の臨時総会を開催することも拒否している。

また、マンション分譲事業者Dの従業員らは、関係住民の有志が住宅団地Bの区域の内外において"高層マンション建設反対"などのビラを配り、立て看板を立てるなどの行為は営業妨害、財産権の侵害であるなどの主張を繰り返し行っている。法的な知識、経験、情報等を全くもっていない「住宅団地Bマンション建設を考える会　E」の会長F自身は、そもそも基本的にこの会を立ち上げてよいのか、等の素朴な疑問も持っている。

このような経緯と状況の中で、「住宅団地Bマンション建設に反対する会　E」の会長Fら役員数人が、地元選出の市議会議員Gとともに、A市役所の都市計画法、

第9講 地方行政の「活動手段」(2)～行政指導

建築基準法を所管し、なお、宅地開発等指導要綱も所管している都市計画部を訪問して、マンション業者Dに対し適切な行政指導をするよう要望し、その様子は地元新聞社も写真入りで大きく報道された。

【A市は住民、事業者にどう対応すべきか】

今後、「住宅団地Bマンション建設を考える会　E」としては、直接A市長に面会して住民の声を聴いてもらいたいと申入れをするとともに、地元選出の市議会議員Gを通じてA市議会において一般質問や委員会での質疑により、この問題を取り上げてもらうよう考えている。

もちろん、「住宅団地Bマンション建設を考える会　E」の会長Fら役員は、その知合いの弁護士3人にも相談し、民事調停や仮処分の申立てなどについて教示してもらったが、要する費用や時間の問題もあり、また、必ずしも結論が見えないため、現在のところ、法的手段をとることまでは考えていない。

以上のような状況、経緯等を踏まえ、A市役所の都市計画部としては、関係法令の目的・趣旨に照らし、また、A市宅地開発等指導要綱に基づき「住宅団地Bマンション建設を考える会　E」及び高層マンションの建設計画を進めているマンション分譲事業者Dにどのような対応をすべきか。

問題点の整理

1　都市計画地域としては「近隣商業地域」であり、「第一種低層住宅専用地域」ではないため、高層マンションの建設をすることができるか。

2　売買契約の中にある「住宅団地Bにおいては2階建て以上の家屋は建設しない。」という特約条項は、マンション分譲事業者Dとの関係においてどのような効力をもつか。

3「住宅団地Bマンション建設を考える会　E」の法的性質は、どのようなものか。

4　A市の自治委員と自治会長の立場についてはどのように考えるべきか、住宅団地Bの自治会長が「中立」であるとは、どういう意味か。

5　住宅団地Bの区域の内外において"高層マンション建設反対"などのビラを配り、立て看板を立てるなどの行為は、果たしてマンション分譲事業者Dに対する営業妨害、財産権の侵害になるのか。

6　A市役所の都市計画法、建築基準法を所管し、なお、A市宅地開発等指導要綱も所管している都市計画部建築指導課の立場は、どのようなものか。

7　A市役所都市計画部建築指導課としては、この高層マンション建設問題に

●250●

事例 №.39　「行政指導」とは「なに」か、その根拠はあるのか

関し、次の(1)から(3)までの点についてはどのような点に留意すべきか。

(1) 「行政指導」の意義、機能

(2) 「行政指導」の類型

(3) 「行政指導」の根拠、法的性質

・・・・・・・・・・・・・・・・・・・・・ 問題解決の手がかり ・・・・・・・・・・・・・・・・・・・・・

1 「行政指導」の意義、機能

「行政指導」とは、「行政機関がその任務又は所掌事務の範囲内において一定の行政目的を実現するため特定の者に一定の作為又は不作為を求める指導、勧告、助言その他の行為であって、処分に該当しないものをいう。」とされている（行政手続法第2条第6号）。

なお、行政手続法第32条（行政指導の一般原則）について、次のとおり規定されている。

行政指導にあっては、行政指導に携わる者は、いやしくも当該行政機関の任務又は所掌事務の範囲を逸脱してはならないこと及び行政指導の内容があくまでも相手方の任意の協力によってのみ実現されるものであることに留意しなければならない。

2　行政指導に携わる者は、その相手方が行政指導に従わなかったことを理由として、不利益な取扱いをしてはならない。

また、「行政指導」の機能としては、一般的に、法令執行の円滑機能、法令の補完機能、行政作用の権力性緩和機能などが挙げられている。

2 「行政指導」の類型

次の「行政指導」の類型のうち、とりわけ、①〜③の類型が、「指導要綱」の実効性の担保措置等との関係が生じてくる。

① 規制的行政指導　違反建築物に係る給水申込みに係る勧告

② 誘導的行政指導　開発負担金の納付の要請

　　　　　　　　　　関係住民の「同意書」の徴求

③ 調整的行政指導　建築確認の「留保」

④ 授益的行政指導　補助金の交付

なお、このほかに、実際の地方行政活動に係る「行政指導」の類型としては、あらかじめ定められた宅地開発等指導要綱等に基づいて行われる一般的な行政指導と、これによることなく、随時、必要に応じて行われる個別・具体的な行政指導という二つの類型が考えられるが、いずれの場合であっても、地方公共団体あるいは

● 251 ●

行政庁として相手方関係住民等に対し「任意的、自発的な」協力を求める事実行為であるというその法的性質については、なんら変わるところはない。

3 「行政指導」の根拠、法的性質

(1) 行政指導の法律上の根拠については、「法律による行政」の原理（「法治主義」）、すなわち、「法律の留保」の原則、「法律の優先」の原則との関係で問題となる。

「法律の留保」の原則との関係では、その意義について通説である侵害留保説（国民の権利又は自由の侵害をもたらす行政権の発動は法律の根拠を要するが、国民に対する授益的活動についてはこれを要しない。）に立つ限り、行政指導はもちろん侵害行為ではないので、作用法上の根拠（具体的・個別的授権）を要することなく、組織法上の根拠（抽象的・一般的授権）のみで足りると解されている。

「法律の優先」の原則との関係では、行政指導が憲法及び法律の明文の規定に違反してならないことはもちろんであるが、それ以外に平等原則、比例原則、信義則などの法の一般原則にも拘束され、なお、目的違反、多事考慮など、行政庁として裁量権の行使に当たり遵守すべき原則に留意すべきことはいうまでもない。

以上のことを踏まえて、行政指導の根拠となりうる実定法上の規定について考えると、当該根拠法令としては行政指導を直接授権する規定のほか、一般的には行政処分を授権する規定（法令が一定の行政機関に対して許認可等処分権限を賦与している場合には、同一内容の行政指導を行う権限も同時に授権されているものと解される。）、訓示規定ないし努力義務規定、さらには組織法上の行政機関の任務ないし所掌事務を定める規定があげられる。この点に関し留意すべきは、行政指導の根拠に関し、行政手続法第2条第6号の規定は、行政指導の根拠にはなりえないということである。

(2) 行政指導の法的性質は、地方公共団体あるいは行政庁がその行政目的を実現するために関係住民等に働きかける非権力的作用であって、事実上の拘束力は格別、相手方住民に対する法的拘束力はなく、事実行為であり、不服申立てや抗告訴訟の対象にはならないが、なお、国家賠償法第1条にいう「公権力の行使」には当たるので、「違法な」行政指導が行われたときは国家賠償責任を生じることとなる。

4 行政指導の限界

行政指導の限界については、平等原則、比例原則、信義則などの法の一般原則、あるいは目的違反、多事考慮など行政庁として裁量権の行使に当たり遵守すべき原則に従うほか、少なくとも行政組織法上の根拠を要し、また、行政指導が行政庁の有する許認可等処分権限を背景とする事実上の強制力を有するにすぎないものであること、したがって、究極においては、相手方たる住民の任意的、自発的な意思に基づき、その任意性、自発性に依拠すべきものであるという点があげられる。その

ため、行政庁が行政指導の実効性を担保するために執りうる措置についても、自ずから限界があるという点を明確に認識して行われなければならない。

相手方住民が任意的、自発的に行政指導に従っているかどうかの判断を行うに当たっては、単に機械的・形式的に、例えば、数回（もちろん適当な間隔をあけて）行政指導したがこれに応じなかったというような外形的な判断だけをすべきではない。

行政庁として一定の行政目的を実現するために公益上必要であるという確たる信念を持ち、その許認可等処分権限を背景として行政指導を行うものである以上、行政庁が当該行政指導を行う目的、その経緯、相手方住民等利害関係者のこれまでの対応、行政指導の期間（行政庁としての不作為の違法が問われるか否かが、その基準）その他諸般の状況を総合的に斟酌して、真に相手方住民等利害関係者に対して、これ以上行政指導を続けることが行政手続法の関係規定、過去の判例等の基準、さらには同様なケースにおけるこれまでの取扱いなどに照らして違法となるおそれが大きい、端的にいえば、これ以上行政指導を続けると国家賠償責任を問われかねないと考えられるか否かを基準とすべきであると考えられる。

5　行政指導の実効性の担保、「違法な」行政指導に対する救済

(1)　行政庁の行政指導の実効性を担保する措置としては、申請に基づく許認可等処分そのもの（建築確認、特殊車両通行認定処分、給水申込み等）の「留保」や、その有する他の許認可等処分権限の行使あるいは不行使などがある。

しかし、行政指導が本来非権力的な活動手段であり、相手方住民の意思の「任意性、自発性」の確保がその前提となっている以上、その実効性を担保するためとはいっても、その執ることができる措置については自ずから限界があるということを明確に認識しなければならない。結局のところ、行政庁としてのねばり強い、真摯な説得以外にこれを実現するみちはないということを肝に銘ずべきである。

(2)　「違法な」行政指導に対する救済

国家賠償法第1条に定める「公権力の行使」の意義について通説である広義説に立ち、「国又は公共団体の作用のうち、純然たる私経済作用と国家賠償法第2条に定める公の営造物の設置及び管理の作用を除くすべての作用」と解するときは、行政指導は「公権力の行使」の範囲に含まれ、したがって、職員が行った行政指導が違法と認められるときは、地方公共団体は、相手方住民に対して、国家賠償法に基づく損害賠償責任を負うこととなり、違法な行政指導に基づいて、地方公共団体に損害賠償を命じる多くの判例が出されている。

なお、行政指導が抗告訴訟の対象となるかという問題もあるが、多くの判例はこれを否定している。

第9講 地方行政の「活動手段」(2)～行政指導

解決法

1 都市計画地域としては偶々「近隣商業地域」であり、「第一種低層住宅専用地域」ではないため、高層マンションの建設をすることができるか。

本来住宅団地Bの住民の生活上の利便のために「近隣商業地域」が設けられている、というこれまでの経緯等も踏まえるとき、今回スーパー・マーケットの跡地に13階建ての高層マンションを建設するということは、都市計画法の関係規定の趣旨にも反し、高層マンションの建設は認められないのではないか。

2 売買契約の中にある「住宅団地Bにおいては2階建て以上の家屋は建設しない。」という特約条項の、マンション分譲事業者Dとの関係における効力

この特約条項は、本来契約当事者以外の第三者も拘束する「物権的効力」はなく、契約当事者だけを拘束する「債権的効力」を有するにすぎないものであるという点に留意すべきである。

3 「住宅団地Bマンション建設に反対する会 E」の法的性質は、どのようなものか、立ち上げていいのか。

法人格のない「任意団体」、いわゆる「権利能力なき社団」であり、その設立に関しなんら法的な規制はなく、なお、その活動についても、憲法第21条の結社の自由の原則に照らし、基本的に、強行規定、公序良俗に反しない限り、自由な活動を行うことができる。

4 A市の自治委員と自治会長の立場についてはどのように考えるべきか、住宅団地Bの自治会長が「中立」であるとは、どういう意味か。

A市の特別職の地方公務員たる自治委員と、自治会長とは本来別の存在であり、本件事例についても自治委員の地位、役割等、両者の関係（通常、自治会長が自治委員を兼ねる場合が多い。）がどうなっているのかについて検証する必要がある。

なお、このようなケースの場合、一般的には、開発事業者は、地元自治会長の「同意書」を求め、これに対し、自治会長は、自治会の総会において自治会員である住民に諮り、その多数決に従って自治会としての立場を決定するのが通常であるが、本件事例の場合、この点はどうなっているのか、事実関係をきちんと調べる必要がある。

また、自治会長が「中立」という点に関しても、自治会長は、通常、本件高層マンションの建設について自治会の総会を開催し、自治会長としては、その決定に従って行動すべきであり、なんら必要な手続を履践することなく、最初から「中立」ということはありえないと考えられる。

5 住宅団地Bの区域の内外において"高層マンション建設反対"などのビラを配り、立て看板を立てるなどの行為は、果たしてマンション分譲事業者Dに対す

●254●

る営業妨害、財産権の侵害になるのか。

この点に関しては、憲法第29条の財産権、第22条の営業の自由の保障と、憲法第21条の表現・結社の自由との関係をどうみるかという問題となるが、精神的自由が経済的自由に優越するという「優越的自由」の原則に照らせば、結論は明白である。

6 Ａ市役所の都市計画法、建築基準法を所管し、なお、Ａ市宅地開発等指導要綱も所管している都市計画部建築指導課の立場は、どのようなものか。

究極において「住民の福祉の増進」を図るべき地方自治体にとっては、非常に難しい困難に直面することとはなるが、地域の生活環境を保全し、秩序ある地域社会づくりを行うため、なによりも住民の安全・安心を確保するために、関係する住民間の相対立し、拮抗する利害をどのように調整するかという、まさに地方自治体としての真価が問われるべき問題に直面しているという基本認識の下に対処すべきである。

7 Ａ市役所都市計画部建築指導課としては、この高層マンション建設問題に関し、次の⑴から⑶までの点について留意しながら対処すべきである。

⑴ 「行政指導」の意義・機能に照らして

行政指導は、行政機関がその任務又は所掌事務の範囲内において一定の行政目的を実現するため特定の者に一定の作為又は不作為を求める指導、勧告、助言その他の行為であるが、実際に行政指導を行うに当たっては、当該行政機関の任務又は所掌事務の範囲を逸脱してはならないこと及び行政指導の内容があくまでも相手方の任意の協力によってのみ実現されるものであることに留意すべきであり、なお、その相手方が行政指導に従わなかったことを理由として、不利益な取扱いをしてはならないことは当然のことである。

⑵ 「行政指導」の法的性質に照らして

行政指導は、地方公共団体あるいは行政庁がその行政目的を実現するために関係住民等に働きかける非権力的作用であって、事実上の拘束力は格別、相手方住民に対する法的拘束力はもちろんない。

その法的性質は、当事者間においてなんらかの権利義務関係を発生させる「法律行為」ではなく、当事者間においてなんら権利義務関係を発生させることのない「事実行為」であり、不服申立てや抗告訴訟の対象にはならないが、なお、国家賠償法第１条にいう「公権力の行使」に当たり、「違法な」行政指導が行われた場合は国家賠償責任が生じる。

⑶ 「行政指導」の類型に照らして

本件事例については、行政指導の類型のうち、規制的行政指導、誘導的行政指導

第9講 地方行政の「活動手段」(2)〜行政指導

（開発負担金の納付の要請、関係住民の「同意書」の徴求等）、調整的行政指導（建築確認の「留保」等）が問題となる。

関係判例等

・申請に対する応答の「留保」（中野区）（最高裁昭57.4.23第二小法廷判決　特殊車両通行認定）

・行政指導と建築確認の「留保」（東京都）に関する判決（最高裁昭60.7.6第三小法廷判決）

事例 №.39 「行政指導」とは「なに」か、その根拠はあるのか

関係図 39 高層マンション建設計画と行政指導

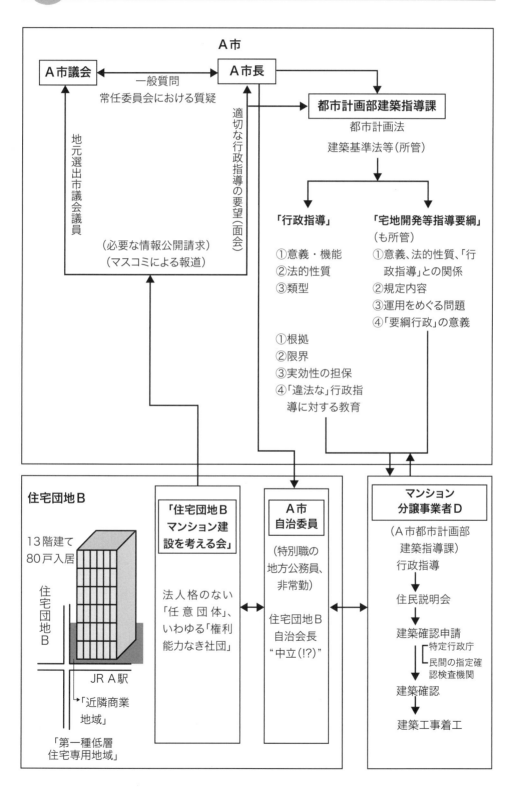

「指導要綱」とは「なに」か
～宅地開発等指導要綱の意義、法的性質、規定内容、運用をめぐって～

　A市における高層マンション建設計画に関して、A市役所担当部局から事業者に対して「要綱」に基づいて行政指導をする場合の、その法的性質は「なに」か。

【要綱に基づいた行政指導の法的性質】

　事例№39において言及した、住宅団地の中心部の高層マンション建設をめぐる問題に関し、この事例№40では、A市役所の都市計画部建築指導課の当該担当職員が、あらかじめ制定している宅地開発等指導要綱の規定に基づき開発事業者Dに対し行政指導する場合において、宅地開発等指導要綱の意義、法的性質、規定内容、運用、「要綱行政」をめぐる問題点について明らかにしていく。

　A市役所の都市計画部建築指導課の当該担当職員が、本件宅地開発等指導要綱に基づき、所定の手続に従って開発事業者Dに対し行政指導しようとしたところ、開発事業者Dから、宅地開発等指導要綱とは、その法的性質とは「なに」か、具体的な規定内容に照らしてこれまで他の開発事業者に対してもきちんと手続がなされているのか、などの疑問が出された。

問題点の整理

1　宅地開発等指導要綱の意義、法的性質
　「宅地開発等指導要綱」とは、「なに」か、行政指導と「どのような」関係に立つのか、その法的性質については、どう考えるべきか。

2　宅地開発等指導要綱の規定内容
　宅地開発等指導要綱の具体的な規定内容は、どのようなものか、宅地開発等指導要綱の実際の運用に当たって、どのような条項が問題となっているのか。

3　宅地開発等指導要綱の運用をめぐる問題
　宅地開発等指導要綱の具体的な規定内容のうち、宅地開発等指導要綱の運用をめぐって、実際に問題となったのは、どのようなものか。

4　「要綱行政」の意義
　「法律による行政」から「要綱による行政」（「要綱行政」）とまでいわれた、「要綱行政」の意義と問題についてはどのように考えるべきか。

事例 №.40 「指導要綱」とは「なに」か

·········· 問題解決の手がかり ··········

「指導要綱」について、ここでは、その典型であり、これまで多数の訴訟も提起され、最高裁判決をはじめ多数の判例が蓄積されている「宅地開発等指導要綱」を取り上げ、これを手がかりにして「指導要綱」とは「なに」かについて、その意義、法的性質、内容等について明らかにしていくこととする。

1 宅地開発等指導要綱の意義、法的性質

「宅地開発等指導要綱」とは、建築物の建築その他の開発行為を行う開発事業者に対し、建築確認などの関係法令の規定に基づく許認可等処分申請の法的手続に先立って、「行政指導」として開発行為について地方公共団体と協議し、法定外の各種の規制に応ずべきことを要求し、あるいは公共施設用地の提供又は開発負担金の拠出などをさせることを定めるものである。

「宅地開発等指導要綱」は、地方公共団体あるいは行政庁が宅地開発等をしようとする開発事業者などに対して公益上の必要があると認めて、宅地開発等に伴い地域環境の悪化のおそれを防止し、あわせてその公共的な財源負担を軽減するために行政指導しようとする具体的事項を定めた行政指導の指針としての性質を有する。

この点に関し、行政手続法第36条（複数の者を対象とする行政指導）は、「同一の行政目的を実現するため一定の条件に該当する複数の者に対し行政指導をしようとするときは、行政機関は、あらかじめ、事案に応じ、行政指導指針を定め、かつ、行政上特別の支障がない限り、これを公表しなければならない。」と規定している。

2 宅地開発等指導要綱の規定内容

宅地開発等指導要綱の具体的な規定の内容としては、開発計画について関係法令に定める所定の手続を履践するに先立って地方公共団体あるいは行政庁と協議し、その指導、勧告に応ずべきことを定める「協議事項」、開発計画を関係住民に説明し、その同意を得ることを定める「同意条項」、最小宅地面積、緑化、駐車場の整備など、地方公共団体あるいは行政庁からの法定外の各種の規制、要求に応じて快適なまちづくりに協力することを定める「規制強化条項」、地方公共団体に対し、公共施設用地の提供、開発負担金の拠出などをすることを定める「負担条項」、開発事業者が宅地開発等指導要綱に基づく行政指導に従わないときは、地方公共団体あるいは行政庁として有する許認可等権限の行使あるいは不行使など（建築確認の「留保」、上下水道等を供給しない等）の制裁措置を講ずることもありうることを定める「制裁条項」などが規定されている。

3 宅地開発等指導要綱の運用をめぐる問題

宅地開発等指導要綱の運用をめぐっては、国からその行き過ぎを是正するよう通達（昭和58年8月2日付け建設事務次官通知「宅地開発等指導要綱に関する措置

Ⅵ
地方行政の「活動手段」

●259●

方針について」）も発出されている。

　武蔵野市教育施設開発負担金納付判決（最高裁平5.2.18　第一小法廷判決）において、武蔵野市がマンションを建築しようとする事業主に対し、宅地開発等指導要綱に基づき教育施設負担金の納付（寄付）を求めた行為が違法な公権力の行使に当たるとされた後、平成5年6月25日には、改めて建設省建設経済局長・住宅局長通知（「宅地開発等指導要綱の適切な見直しの徹底について」）が発出され、これを受けて地方公共団体においても、公共用地の提供、開発負担金の拠出など、宅地開発等指導要綱の内容の見直しが行われた。

4　「要綱行政」の意義

　以上言及した宅地開発等指導要綱を手段、方法とするまちづくり、開発行政に関する地方行政の執行の方法は、「法律による行政」から「要綱による行政」（「要綱行政」）とまでいわれ、それまで、ともすると「法律による行政」の原理（「法治主義」）に基づき、権力的な手段・方法による法令の厳格な、形式的適用・執行という硬直的な発想によっていた、地方行政活動、その事務処理を大きく転換させることとなった。

5　「要綱行政」の意義（続き）

　新たな行政需要の増大に対し、既に制定されている法令の規定の不備を補完し、又は住民生活の高度化・複雑化に対処するなどの必要から、地方行政として、内部的には法令の統一的・体系的な解釈・適用、運用を図りつつ、的確に対応するために、もちろん「法律による行政」の原理（「法治主義」）の最低限度の矩を超えることなく、ギリギリの判断、いわば地方行政活動の「知恵」として、非権力的な手段・方法による法令の適用・運用により、「要綱による行政」という法令の弾力的な、より実質的な適用・運用という柔軟な発想への転換をもたらした意義は、大きいと考えられる。

解 決 法

1　宅地開発等指導要綱の意義、法的性質

　「宅地開発等指導要綱」は、地方公共団体あるいは行政庁が宅地開発等をしようとする開発事業者などに対して公益上の必要があると認めて、宅地開発等に伴い地域環境の悪化のおそれを防止し、あわせてその公共的な財源負担を軽減するために行政指導しようとする具体的事項を定めた行政指導の指針としての性質を有する。

　本件宅地開発指導要綱は、A市における実際の宅地開発等の事務処理に当たっては、行政庁であるA市長として一般的に行う行政指導の規準となるべきものであり、本事例においてもA市都市計画部建築指導課は、本件宅地開発指導要綱に基づき、

その所定の手続に従って、開発事業者Dに対し「任意的、自発的な」協力を求める、事実行為としての行政指導を行うこととなる。

2 宅地開発等指導要綱の規定内容のうち、特に問題となる条項

宅地開発等指導要綱の具体的な規定の内容としては、開発計画について関係法令に定める所定の手続を履践するに先立って地方公共団体あるいは行政庁と協議し、その指導、勧告に応ずべきことを定める「協議事項」、開発計画を関係住民に説明し、その同意を得ることを定める「同意条項」、「規制強化条項」、地方公共団体に対し、公共施設用地の提供、開発負担金の拠出などをすることを定める「負担条項」「制裁条項」などが規定されている。

本件事例においてA市都市計画部建築指導課が開発事業者Dに対し行政指導を行うに当たっても、また、関係住民や「住宅団地Bマンション建設を考える会　E」との関係においても、場合により本件宅地開発指導要綱に定める「協議事項」「同意条項「負担条項」「制裁条項」などが特に問題になると考えられる。

3 宅地開発等指導要綱の運用をめぐる問題

宅地開発等指導要綱の運用をめぐっては、「問題解決の手がかり」の3において言及したとおり、国からその行き過ぎを是正するよう通達（昭和58年8月2日付け建設事務次官通知「宅地開発等指導要綱に関する措置方針について」）も発出されている。

また、平成5年6月25日には、改めて建設省建設経済局長・住宅局長通知（「宅地開発等指導要綱の適切な見直しの徹底について」）が発出され、これを受けて地方公共団体においても、公共用地の提供、開発負担金の拠出など、宅地開発等指導要綱の内容の見直しが行われた。

なお、現在は、行政指導、行政指導要綱についても明文をもって定める行政手続法が制定され、平成6年10月1日から施行されており、本件事例においてA市都市計画部建築指導課が開発事業者Dに対し行政指導を行うに当たっても行政手続法の規定の趣旨を踏まえ、A市が制定しているA市行政手続条例の規定に基づき行うこととなる。

4「要綱行政」の意義と問題

新たな行政需要の増大に対し、既に制定されている法令の規定の不備を補完し、又は住民生活の高度化・複雑化に対処するなどの必要から、もちろん「法律による行政」の原理（「法治主義」）の最低限度の矩を超えることなく、ギリギリの判断、いわば地方行政活動の「知恵」として、非権力的な手段・方法による法令の適用・運用により、「要綱による行政」という法令の弾力的な、より実質的な適用・運用という柔軟な発想への転換をもたらした意義は大きいと考えられるが、A市都市計

第9講 地方行政の「活動手段」(2)〜行政指導

画部建築指導課が開発事業者Dに対し行政指導を行うに当たっても、究極においては「法律による行政」の原理（「法治主義」）を基底において、なお、行政指導に関し行政手続法、行政手続条例も施行されているという状況を踏まえ、要綱行政の意義と限界を明確に意識して、これを展開すべきである。

関係判例等

・武蔵野市マンション建設指導要綱事件仮処分決定（東京地裁八王子支部昭50.12.8決定）

・宅地開発等指導要綱に基づく給水拒否（武蔵野市）に関する決定（最高裁平元.11.7第二小法廷判決　水道法違反被告事件）

・指導要綱による開発負担金の納付（武蔵野市）に関する判決（最高裁平5.2.18第一小法廷判決）

・武蔵野市宅地開発等指導要綱（昭和46年10月1日　施行）

・指導要綱による開発協力金の徴収（堺市）に関する判決（大阪地裁堺支部昭62.2.25判決）

関係図 40　**「行政指導」とは「なに」か**

「関係図39　高層マンションと行政指導」参照

事例 No.41 「農用地区域からの除外の申出」に係る行政指導と行政手続法、行政手続条例の適用関係

「農用地区域からの除外の申出」に係る行政指導と行政手続法、行政手続条例の適用関係

～行政指導は、行政手続法、行政手続条例によってどのような手続的制約を受けるのか～

> **Q** A県知事が定めた基本方針等を踏まえ、B市農業委員会では事務処理要領を制定し処理してきた。
> B市の専業農家Cから諸般の事情からB市農業振興地域整備計画を変更し、農用地区域から土地を除外したい旨の申出があった。
> B市農業委員会はCに対してなにを根拠にどのように説明すればよいのか。

【事務処理要領に基づいた適切な事務処理】

B市農業委員会においては、農業振興地域の整備に関する法律第13条第2項の規定による農業振興地域整備計画の変更、農振地域（農用地区域）からの除外の申出（これまで農用地区域であった土地について、これを非農用地区域とする申出）があった場合や農地転用等に関する事務処理を円滑に進めるため、「B市農用地区域からの除外の申出等に関する事務処理要領」を制定し、これまで適切に事務処理してきた。

【住民からの異例の申出】

ところが今回、専業農家であるCから、農業を継いでくれることとなった次男が結婚することになり、そのため次男の住宅を建てる目的で、今後の効率的な農作業のことも考え、自ら所有する広大な一団の農地のど真ん中に、そこに至るB市道からの道路用地も含め、相当な面積の土地に係る農用地区域からの除外の申出がB市農業委員会にあった。

しかし、A県知事が定めた農業振興地域整備基本方針、農業振興地域の指定を踏まえ、また、自然的経済的社会的諸条件を考慮して、一体として農業の振興を図ることが相当であると認められる地域という農振地域の性格に鑑みるとき、B市農業地域振興整備計画を変更し、専業農家Cの広大な農地のど真ん中の土地を農用地区域から除外するという申出については、これを認めることができるか。

従来はもちろん、B市農業委員会においては、除外の申出のあったほとんどのケースについてこれを認めていたという状況を考慮に入れるとき、極めて異例のことではあるが、本件申出を認めないことと決定したいと考えている。

【住民への説明のための根拠は何か】

しかし、これまでにない極めて異例のケースでもあり、B市農業委員会事務局長

第9講 地方行政の「活動手段」⑵〜行政指導

Dは、本件事例については慎重な手続をとる必要があると考え、会長の了解もとった上、事前に、本件農用地区域からの除外の申出をした専業農家Cを数回にわたり説得した。

しかし、専業農家Cは、断固これを拒否し、自分としてはようやく説得して農業を継いでくれることになった次男の気持ちを考えるとき、到底、承服することはできない、もういい加減にして早急に農用地区域からの除外の申出を認めてくれ、「なに」を根拠にいつまでも説得を続けるのかと、強い口調で抗議する始末である。

B市農業委員会事務局長Dとしても、専業農家Cとは旧知の仲でもあり、どう対応すべきか、ほとほと困り果てているが、農業振興地域の整備に関する法律の規定に基づく農振地域（農用地区域）からの除外の申出に関し、行政手続法、B市行政手続条例も踏まえ、B市農業委員会として、実際の事務処理に当たっては「B市農用地区域からの除外の申出等に関する事務処理要領」に基づき、専業農家Cに対し、その根拠を説明することも含めどのように対応すればいいのか。

問題点の整理

1　行政指導と行政手続法、行政手続条例の適用関係
2　法律の規定に基づく許認可等処分、国の機関がする行政指導と行政手続法の関係
3　条例の規定に基づく許認可等処分、地方公共団体の機関がする行政指導と行政手続条例の関係

・・・・・・・・・・・・・・・・ 問題解決の手がかり ・・・・・・・・・・・・・・・・

1　行政指導は、行政指導を直接授権する法律又は条例上の規定のほか、一般的には許認可等処分を授権する規定（法令又は条例が一定の行政機関に対して許認可等処分権限を賦与している場合には、同一内容の行政指導を行う権限も同時に授権されているものと解される。）を根拠として、これを行うことができると考えられる。

実際の地方行政活動において、許認可等処分とこれに関係する行政指導が問題となる若干の具体的な事例を挙げれば、次の2、3のとおりである（事例№38「問題解決の手がかり」の2、3を再掲）。

2　法律の規定に基づく許認可等処分とこれに関係する行政指導
・都市計画法第29条第1項の規定による開発行為の許可

●264●

- 農業振興地域の整備に関する法律第13条第2項の規定による農業振興地域整備計画の変更（農用地区域からの除外）
- 森林法第10条の2の規定による開発行為（林地開発）の許可
- 建築基準法第6条第1項に規定による建築確認
- 墓地、埋葬等に関する法律第10条第1項の規定による墓地経営の許可
- と畜場法第4条第1項の規定によると畜場の設置許可
- 廃棄物の処理及び清掃に関する法律第15条第1項の規定による産業廃棄物処理施設（最終処分場）の設置許可
- 食品衛生法第52条第1項の規定による飲食店営業の許可

3　条例の規定に基づく許認可等処分とこれに関係する行政指導

- 青少年保護育成条例の規定による有害図書の指定等
- 公害防止条例、モーテル規制条例の規定による許認可等
- 公の施設の設置及び管理に関する条例の規定による当該公の施設の使用許可
- 公営住宅の設置及び管理に関する条例の規定による入居決定
- 情報公開条例の規定による公文書の公開請求に対する公開の可否の決定

解 決 法

1　本件事例に関する許認可等処分、行政手続と行政手続法、行政手続条例の適用関係については、事例№38「解決法」の1から3までを踏まえ、次の2及び3のとおりである。

2　本件事例における「農用地区域からの除外」は、農業振興地域の整備に関する法律という法律の規定に基づく許認可等処分であり、行政手続法の規定が適用される。

3　また、農業振興地域の整備に関する法律の規定に基づく処分である「農用地区域からの除外」に関して行われる農家に対する行政指導については、地方公共団体の機関がする行政指導であり、行政手続条例が適用される。

関係判例等
- 申請に対する応答の「留保」（中野区）（最高裁昭57.4.23第二小法廷判決　特殊車両通行認定）
- 行政指導と建築確認の「留保」（東京都）に関する判決（最高裁昭60.7.6第三小法廷判決）
- 武蔵野市マンション建設指導要綱事件仮処分決定（東京地裁八王子支部昭50.12.8決定）

第9講 地方行政の「活動手段」⑵〜行政指導

- 宅地開発等指導要綱に基づく給水拒否（武蔵野市）に関する決定（最高裁平元.11.7第二小法廷判決　水道法違反被告事件）
- 指導要綱による開発負担金の納付（武蔵野市）に関する判決（最高裁平5.2.18第一小法廷判決）
- 武蔵野市宅地開発等指導要綱（昭和46年10月1日　施行）
- 指導要綱による開発協力金の徴収（堺市）に関する判決（大阪地裁堺支部昭62.2.25判決）

事例 No.41　「農用地区域からの除外の申出」に係る行政指導と
　　　　　　　行政手続法、行政手続条例の適用関係

関係図 41　「農用地区域からの除外の申出」に係る行政指導と行政手続法、行政手続条例の適用関係

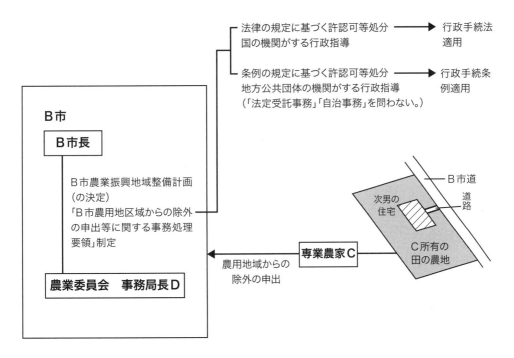

地方行政の「活動手段」

第10講　地方行政の「活動手段」(3)〜私法上の契約

〜地方行政活動への民法総則の規定の適用、私経済関係における活動手段である私法上の契約などをめぐって〜

地方行政活動には「法の一般原則」について定める民法総則の規定が適用されるのか

〜「地方行政法総則」のない地方行政活動に対する「法の一般原則」について定める民法総則の規定（意思表示、期間の計算、時効など）の原則的適用〜

> **Q** 地方行政活動に対して「法の一般原則」について定める民法総則の規定（意思表示、期間の計算、時効など）が適用されるのか。

【許認可等処分の効力の発生：意思表示の「到達」】

　A県知事が設置許可をした産業廃棄物処理施設（安定型の産業廃棄物最終処分場）の設置者である株式会社Bが廃棄物処理法の違反行為を繰り返したため、廃棄物担当課Cにおいて当該産業廃棄物処理施設の設置許可を取り消すこととなった。

　廃棄物担当課Cとしては、もちろん、何回も行政指導を行い、廃棄物処理法の規定により措置命令を出し、翌年度の4月1日から設置許可を取り消すこととしたが、事案の性質・内容がきわめて異例であり、かつ、その重大性に鑑み、当該設置許可の取消しに係る指令書を株式会社B代表取締役Dに直接手交しようとして3月の初めから再三にわたり、代表取締役Dを呼び出したが、代表取締役Dはこれに応じない。

　このような状況の中において、廃棄物担当課Cとしては、翌年度の4月1日から設置許可の取消しの効力を確実に発生させたいと考えているが、どうすればよいか。

【期間計算：初日不算入の原則】

　A市総務課では、専ら職員の便宜を図るために、関係の業者に対し、毎年度4月1日から期間を1年とする行政財産の目的外使用の許可をして、A市役所の庁舎内に職員食堂、書店、旅行会社の営業所を設けている。

　ところが、ある年の暦で、年度末の3月31日（土）、年度初めの4月1日（日）という、曜日の並びが起こった。このような場合、行政財産の目的外使用の許可の効力を当該年度の4月1日から発生させるためには、A市総務課としてはどのようにすればよいか。

【公物の時効取得：公物を時効取得することができるか】

　A市建設部土木課では市道の拡幅工事をするため拡幅する予定の箇所について改

めて関係する10数人の土地所有者との間で民有地との境界確認をしたところ、市有地が市民Bの敷地の一部になっている事実が判明した。

市民Bは、当該土地の部分は祖父の時代から50年以上にわたって、自宅の敷地として使用しており、いまさらA市の所有する土地であるといわれても納得できない、仮に、そうであるとしても、自分は時効取得しているのではないかと主張している。

公有地についても取得時効が成立する、という市民Bの主張は、認められるか。

問題点の整理

1　地方行政をめぐる法律関係、地方行政活動と民法の規定の適用

地方行政活動と第1条から第1044条まである民法の規定の適用関係は、次のとおりである。

地方行政をめぐる法律関係は、基本的には、地方行政の「主体」である公法人たる地方公共団体又は行政庁たる執行機関と、その「相手方」である住民との間における権利義務の発生、変更、消滅の関係である。

この法律関係は、さらに、それぞれ支配原理、あるいはその法的性質を異にする権力関係、行政上の管理関係、私経済関係の三つの法律関係(その基底には、公法関係、私法関係がある。)に区別することができる。このうち、私経済関係は、もちろん、地方公共団体が行う経済取引である以上、地方自治法、関係条例等による公法的観点からする制約はあるが、原則として、民法財産編(物権編、債権編)などの規定が適用されることとなる。

しかし、地方行政をめぐる法律関係、地方行政活動と民法の規定との関係は、これにとどまらず、「法の一般原則」あるいは「法技術的な分野に属する規定」について定める民法総則の規定が、ことの性質上、権力関係、行政上の管理関係、私経済関係を通じて適用されることとなる。

(1)　地方行政活動と民法総則の規定の適用

民法総則に規定する意思表示の「到達」、「期間の計算」、取得時効など「法の一般原則」に関する規定は、その性質上当然に地方行政活動に適用される。

(2)　地方行政活動と民法財産編(物権編、債権編)の規定

地方行政をめぐる法律関係のうち、私経済関係については、関係法令、条例等による公法的観点からする制約はあるが、民法物権編、債権編の規定が適用される。

(3)　地方行政活動と民法親族編、相続編編の規定の適用

地方行政をめぐる法律関係のうち、私経済関係については民法総則、物権編、

債権編だけではなく、親族編・相続編の規定も当然に適用される。

2 （国家）行政法と「地方行政法」との関係

　公法関係、私法関係の区別についてその根拠となるべき法律をみると、公法関係に属する実定法としては行政法、刑法などがその代表的なものであり、私法関係に属する実定法としては民法、会社法などがその代表的なものとしてあげられる。

　「刑法典」「民法典」がある刑法、民法などとはちがい、行政法には統一的な「行政法典」というべきものはなく、また、「行政法総則」ともいうべき行政法に関する一般的なルールを定める法律もない。

　行政法は、国家行政の組織、作用、救済に関する固有の国内公法であり、講学上、その内容については「行政法総則」「行政組織法」「行政作用法」及び「行政救済法」に分けられている。

　「行政組織法」としては内閣法、国家行政組織法、地方自治法、国家公務員法、地方公務員法などがあり、「行政作用法」としては宗教法人法、食品衛生法、農業振興地域の整備に関する法律、森林法、都市計画法、建築基準法など行政の分野ごとに行政作用に関する多くの法律がある。また、「行政救済法」としては行政手続法、行政不服審査法、行政事件訴訟法、国家賠償法などがある。

　しかし、行政に関する一般的なルールを定める「行政法総則」については、これに関する実定法は存在しない。

　以上において言及したのは、いわば「（国家）行政法」についてであり、地方行政をめぐる法律関係、実際の地方行政活動についてこれを直視するとき、いまや現代の地方行政においては「（国家）行政法」と同じく、地方行政をめぐる法律関係について、これを統一的・体系的に解明しようとする「地方行政法」においても、「地方行政法」学それ自体が、（国家）行政法あるいは民法という従来の法解釈学のいわば「共通の遺産」の上に成り立っており、同じく「地方行政法総則」という地方行政をめぐる法律関係、地方行政活動に関する一般的なルールを定める実定法はない。

　この点に関しては、民法総則などの規定のうち、法秩序全体に通じる「法の一般原則」を定める規定や法技術的なルールを定める規定、例えば信義則、権利濫用禁止の法理、住所、期間、時効さらに不当利得に関する規定などは、確かに民法に規定されてはいるが、民法あるいは私法関係にのみ特有の規定ではなく、公法関係においても妥当すべきものであると考えられ、地方行政法においても、これらの規定が適用あるいは類推適用されることとなる。

3 民法総則に定める「法の一般原則」

地方行政をめぐる法律関係については、権力関係、行政上の管理関係、私経済関係を通じて、「法の一般原則」について定める民法総則の規定は、その性質上当然に地方行政活動に適用される。

（国家）行政法であっても、「地方行政法」であっても、行政法には、「行政法総則」というべきものはなく、特別の明文の規定がない限り、民法総則に定める「法の一般原則」は、その性格上地方行政活動についても適用される。

なお、地方行政活動に対する「法の一般原則」としての性格を有する民法総則の規定の適用については、次の二つのグループに分けて考える必要があり、本件事例において問題となるのは「②　法技術的な分野に属する規定」である。

① 民法による明文の規定をまつまでもなく、「法の一般原則」が具現化された規定

信義誠実の原則、権利濫用禁止の原則（民法第1条第2項、第3項）、人格の自由の原則（同法第3条）、法律行為（契約）自由の原則（同法第90条、第91条、第92条等）、過失責任の原則（同法第709条）

② 法技術的な分野に属する規定

意思表示の効力の発生に関する到達主義（民法第97条第1項）、期間の計算に関する規定（同法第138条〜第143条）、時効（同法第144条〜第174条の2）　など

・・・・・・・・・・・・・・・・・・・・・・・ 問題解決の手がかり ・・・・・・・・・・・・・・・・・・・・・・・

本件事例に直接関係する民法総則の規定は、次のとおりである。

(1) **意思表示**　民法総則　第5章

法律行為（契約）自由の原則の下、強行規定、公序良俗に反しない限り、任意規定と異なる意思表示がその効力を有する。

意思表示の効力の発生に関し、隔地者に対する意思表示については、到達主義（民法第97条）がとられている。

(2) **期間の計算の通則**

期間の起算（民法第139条）、初日不算入の原則（民法第140条本文、ただし書）が問題となる。

(3) **時効**　民法総則　第7章

取得時効に関し公共用財産の取得時効が、なお、消滅時効に関しては公営住宅の家賃債権の消滅時効など、公法上の債権、私法上の債権の区別が問題となる。

第10講 地方行政の「活動手段」(3)〜私法上の契約

解 決 法

　以上において言及してきたところを踏まえ、本件事例(1)(2)(3)の解決法は、次のとおりである。

(1) 許認可等処分の効力の発生：意思表示の「到達」

　廃棄物担当課Cとしては、翌年度の4月1日から設置許可の取消しの効力を確実に発生させるためには、当該年度の3月30日（金）までに当該設置許可の取消しに係る指令書を、株式会社B代表取締役Dあるいは同人から受領の権限を付与されていた者にとって了知可能の状態におくこと、換言すれば意思表示の書面がそれらの者のいわゆる勢力範囲（支配圏）内におかれることをもって足りる。

　したがって、実際の地方行政活動における事務処理としては、通常、相当の期間をもって3月30日（金）までに「到達」するよう配達証明付き郵便で郵送することとなる。

(2) 期間の計算：初日不算入の原則

　行政財産の目的外使用の許可の効力を当該年度の4月1日から発生させるためには、意思表示の「到達」関する民法第97条第1項の規定、期間計算の通則に関する民法第138条の規定、期間の起算に関する民法第140条ただし書の規定により、前年度末の3月30日（金）までに、行政財産の目的外使用の許可に係る指令書が関係の業者に「到達」することを要する。したがって、(1)における場合と同様の取扱いをすることとなる。

(3) 公物の時効取得：公物を時効取得することができるか

　公物であるA市の所有する土地についても取得時効が成立する、という市民Bの主張については、公共用財産と取得時効に関する判決（最高裁昭51.12.24第二小法廷判決）に照らし、「黙示的に公用が廃止されたもの」といえるかどうかについて、適切に判断すべきである。

関係判例等

・民法

　（隔地者に対する意思表示）

　第97条　隔地者に対する意思表示は、その通知が相手方に到達した時からその効力を生ずる。

・意思表示の「到達」の意義に関する判決（最高裁昭36.4.20第　小法廷判決）

　「ここに到達とは会社の代表取締役ないし同人から受領の権限を付与されていた者によって受領され或いは了知されることを要するの謂ではなく、それらの者にとって了知可能の状態におかれたことを意味するものと解すべく、換言すれば意思表示の書面がそれらの者のいわゆる勢力範囲（支配圏）内におかれることを以

て足りるものと解すべき」である）。

・民法

　（期間の計算の通則）

第138条　期間の計算方法は、法令若しくは裁判上の命令に特別の定めがある場合又は法律行為に別段の定めがある場合を除き、この章〔民法第6章〕の規定に従う。

　（期間の起算）

第140条　日、週、月又は年によって期間を定めたときは、期間の初日は、算入しない。ただし、その期間が午前零時から始まるときは、この限りでない。

　（期間の満了）

第141条　前条の場合には、期間は、その末日の終了をもって満了する。

・年齢計算ニ関スル法律

①　年齢ハ出生ノ日ヨリ之ヲ起算ス

・国会法

　（期間の計算）

第133条　この法律及び各議院の規則による期間の計算は、当日から起算する。

・民法

　（所有権の取得時効）

第162条　20年間、所有の意思をもって、平穏に、かつ、公然と他人の物を占有した者は、その所有権を取得する。

　2　10年間、所有の意思をもって、平穏に、かつ、公然と他人の物を占有した者は、その占有の開始の時に、善意であり、かつ、過失がなかったときは、その所有権を取得する。

・公共用財産と取得時効に関する判決（最高裁昭51.12.24第二小法廷判決）

　「公共用財産が、長年の間事実上公の目的に供用されることなく放置され、公共用財産としての形態、機能を全く喪失し、その物のうえに他人の平穏かつ公然の占有が継続したが、そのため実際公の目的が害されるようなこともなく、もはやその物を公共用財産として維持すべき理由がなくなった場合には、右公共用財産については、黙示的に公用が廃止されたものとして、これについて取得時効の成立を妨げないものと解するのが相当である。」

第10講 地方行政の「活動手段」(3)〜私法上の契約

関係図42　地方行政活動と「法の一般原則」について定める民法総則の規定の適用

(1) 許認可等処分の効力の発生

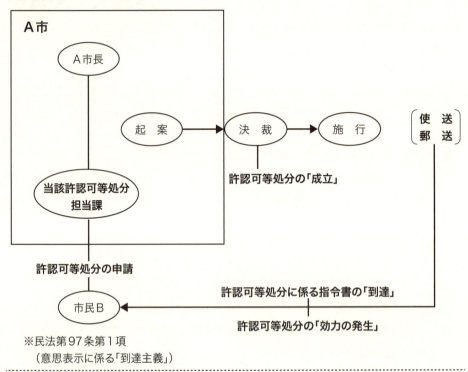

(2) 公物の時効取得

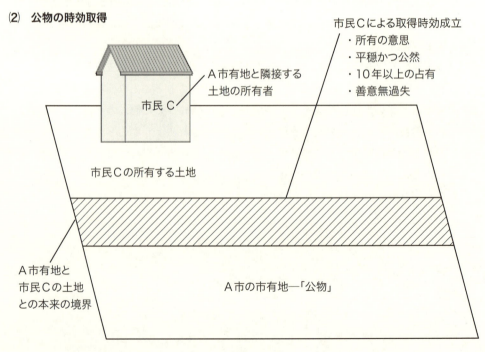

※公有地の取得時効に関する判例（最高裁昭51.12.24第二小法廷判決）

公共用地の取得と民法物権編、債権編の規定の適用

～民法物権編、債権編の規定の適用と地方自治法、関係条例等による公法的観点からする制約とは「なに」か～

Q 地方自治体が「任意買収」により地権者から用地を買収する場合、法的な問題点は「なに」か。

【公共事業への人手不足】

A市総務課長Bのところに、地方自治体が、道路用地など公共用地を取得しようとする場合、どうやれば公共用地をスムーズに取得することができるか、用地買収をめぐる法的諸問題について、用地買収を担当している職員に対し研修をやってくれないかと、建設課長Cから依頼があった。

建設課長Cによれば、最近A市においても大型の公共施設の建設など公共事業が多く、A市建設課としては公共事業を円滑に実施し、工期どおりに完成させたいとは考えているが、受注者側である建設業者としては、資材の高騰、建設現場における人手不足などの問題に悩んでいる。

【用地買収をめぐる法的諸問題】

しかし、発注者側として、それにもまして深刻なのは、なによりも建設課が行っている公共事業に係る用地の確保、用地買収が、用地買収を担当している職員と、最近とみに権利意識の高まった市民など地権者との話合いが難航する場合が多く、用地買収が円滑に進まないため、公共事業の着手が大幅に遅れるというケースが出てきているという事情があるということである。

総務課長Bから指示を受け、総務課法務班の担当職員Dは、用地買収をめぐる法的問題のポイントについてどのようにまとめ、研修のレジュメを作成するべきか。

問題点の整理

「任意買収」による公共用地の取得に関しては、次のような問題点があげられる。

(1) 地方行政をめぐる法律関係、私経済関係には、法令、条例等による公法的な観点からする制約はあるが、原則として民法物権編、債権編の規定が適用される。

第10講 地方行政の「活動手段」⑶〜私法上の契約

⑵ 用地買収の「主体」：「だれ」が用地買収するのか。

　地方公共団体が公共用地を任意買収するに当たっては、私経済関係において買収の目的物である土地所有権の最終的な帰属者である「公法人」である地方公共団体が、地方自治法、関係条例等による公法的観点からする制約はあるが、原則として民法などが適用される私法関係において土地所有者との間において、公共用地として必要な当該土地に係る売買契約及び当該土地の上に存する建物、樹木等の移転、滅失等に係る損失補償契約を締結することにより、これを行う。

⑶ 用地買収の「相手方」：「だれ」を相手方として用地買収するのか。

　買主である公法人たる地方公共団体が土地の売買等に係る「合意」を成立させるべき相手方としては、目的物である土地等の売主等として個人（自然人）、法人（営利法人、中間法人、公益法人等）、権利能力なき社団（財団）、民法上の組合などの「任意団体」があげられる。

⑷ 用地買収の「客体」：「なに」を買収するのか。

　民法上の権利の客体としては、その権利の法的性格により、売買契約にあっては所有権の客体として「物」（動産及び不動産）であり、損失補償契約にあっては債権の客体としては「給付（＝債務者の行為）」すなわち家屋、樹木等の滅失、移転であるということができる。

　任意買収を行う場合は、通常、土地売買契約（物権契約）と損失補償契約（債権契約）を締結することとなる。

⑸ 用地買収の「方法」：「いかに」して完全な所有権を取得するのか。

　任意買収については、行政処分である土地収用処分とは異なり、地方自治法、関係条例等による「公法的観点からする制約」はあるが、その法的性格は民法上の有名契約・典型契約である「売買契約」と、無名契約・非典型契約である「損失補償契約」によるものであり、したがって、売買代金請求権は私法上の債権としての性格を、損失補償は私法上の契約の対価としての性格を有し、なお、その法的紛争の解決に当たっては民事訴訟法、民事執行法等が適用される。

.... **問題解決の手がかり** ....

1 地方行政をめぐる法律関係：権力関係、行政上の管理関係

⑴ 私経済関係において地方行政をめぐる法律関係は、基本的には、地方行政の「主体」である公法人たる地方公共団体あるいは行政庁たる執行機関と、その「相手方」である住民（個人、法人、法人格なき社団（財団）等）との間における権利

事例 No.43 公共用地の取得と民法物権編、債権編の規定の適用

義務の発生、変更、消滅の関係である。

　住民との間における法律関係は、それぞれ支配原理あるいはその法的性質を異にする三つの法律関係に区別することができる。

⑵　「命令・強制」という公法原理が適用される「権力関係」においては、その具体例として、「実質的行政処分」といわれる税の賦課徴収、各種の営業許可処分、建築確認、土地収用処分などがあげられる。

⑶　「自由・平等」という私法原理の適用があり、地方自治法等による公法的観点からする制約はあるが、原則として民法などの私法の規定が適用される「私経済関係」においては、その具体例として公共工事請負契約、業務委託契約、土地売買契約、損失補償契約などがあげられる。

⑷　これら二つの公法原理、私法原理がいわば交錯して適用される「行政上の管理関係」においては、その具体例として、多くの場合「形式的行政処分」という形をとる公の施設の利用の申込みに対する公の施設の「利用の決定」、補助金の交付申請に対する補助金の「交付決定」、行政財産の目的外使用の許可申請に対する行政財産の「目的外使用の許可」などがあげられる。

⑸　これら地方行政をめぐる「三つ」の法律関係の特質、そのちがいは、その基底にある公法関係、私法関係の特質、ちがいが投影され、それぞれの法律関係において、個別・具体的な法律問題が最終的に「法律上の争訟」という形をとって争われるとき、訴訟手続についてもっとも端的に明らかになる。

　すなわち、当該法律問題が、原則として民事訴訟法の規定により解決されるのが私経済関係、行政事件訴訟法の規定の適用により解決されるのが権力関係、そして当該法律問題の法的性格に応じ、二つの訴訟法のいずれかが適用されるのが行政上の管理関係である。

2　公共用地の取得と私経済関係：任意買収である私法上の契約（売買契約、損失補償契約）による場合

　私経済関係においては、地方公共団体は、個人、法人、権利能力なき社団（財団）等と、自由・対等の立場においてその経済活動（取引行為）を行い、その関係は基本的に私法関係であり、原則として民法の物権編、債権編の規定をはじめ私法関係の規定が直接適用される。

　したがって、地方公共団体は、相手方たる土地の所有者等と「合意」を成立させ、私法上の契約（目的たる土地に係る民法上の有名契約・典型契約である「売買契約」、民法上は無名契約・非典型契約である当該土地の上に存する建物、竹木等の消滅等に係る「損失補償契約」を締結することにより、公共用地を取得することとなる。

Ⅵ 地方行政の「活動手段」

277

第10講 地方行政の「活動手段」⑶〜私法上の契約

3　地方自治法、関係条例等による「公法的観点からする制約」

　地方公共団体が公法人として、私経済関係において経済取引を行うに当たっても、究極においては「住民の福祉の増進を図る」という地方公共団体としての存立目的に照らし、ある意味では当然のことではあるが、地方自治法、関係条例等による「公法的観点からする制約」を受けることとなる。

　例えば、都道府県が公共用地を取得するに当たっては、地方自治法第96条第1項第8号及び公有財産条例の関係規定により、「1件　2万平方メートル以上、予定価格　7千万円以上」の土地の買い入れについては、都道府県議会の議決を要することとされている。

　なお、地方自治法第96条第1項の規定により議決事件とされている不動産の買入れ、工事又は製造の請負など私法上の契約について議会の議決を欠いている場合における当該契約の効力に関しては、判例もその多くはこれを「絶対的無効」と解すべきではなく、「相対的無効」と解しており、民法第116条の無権代理行為の追認の規定を類推適用して、議会の「追認」の議決があれば、瑕疵が治癒され、当該契約締結時に遡及して有効になるものと解している。

解決法

⑴　地方行政をめぐる法律関係、私経済関係への原則としての民法物権編、債権編の規定の適用

　民法物権編の規定は「強行規定」（「物権法定主義」等）であり、民法債権編の規定「任意規定」であるという点に留意すべきである。

⑵　「だれ」が用地買収するのかという用地買収の「主体」

　任意買収の目的物である土地所有権は、最終的には「公法人」たる地方公共団体に帰属するが、実際の地方行政活動において公共用地の買収を担当するのは、もちろん、土木事務所用地課などの用地担当職員（都道府県知事、市町村長の補助機関である職員）であり、この点については後に言及するが、用地買収は「権限の委任」（受任者が、その名義で行う。）によるのではなく、「補助執行（先決・代決）」（都道府県知事、市町村長の名義で行う。）によるという点についても、用地担当職員をはじめ用地買収の関係者はきちんと認識しておく必要がある。

⑶　「だれ」を相手方として用地買収するのかという用地買収の「相手方」

　①　個人（自然人）が相手方である場合

　　意思主義の原則に基づき、「意思能力」がなければ法律行為は「無効」とされるということ、そのほか行為能力、代理権の有無等について十分確認する必要がある。

　②　法人（営利法人、中間法人、公益法人等）が相手方である場合

● 278 ●

相手方となった法人の存否、総会等の法人の意思決定機関、代表機関、代表権限の有無などについて、また、関係法令、法人内部の定款、規約等所定の手続の履践の有無などについて、法人登記事項証明書、定款、議事録等により確認する必要がある。

③　権利能力なき社団（財団）、民法上の組合などの任意団体が相手方である場合

当該団体の構成員の範囲、団体としての意思決定の方法、代表者の選任方法等、構成員の個人財産から独立した財産の有無、「共有、合有、総有」という共同所有の形態等当該団体の組織及び運営の実態を十分に確認し、いったい、相手方はだれか、構成員全員を相手にしなければならないのか、それとも当該団体の代表者を相手方とすればいいのか、十分に確認する必要がある。

⑷　「なに」を買収するのかという用地買収の「客体」（目的物）

物権契約である土地売買契約の「客体」は、「完全な」土地所有権であるが、これに関しては、例えば、一筆の土地の一部についてこれを土地売買契約の客体とすることができるか、あるいは墳墓や農地の取扱いについてはいかにするべきかという問題が生じることがある。

債権契約である損失補償契約の「客体」は、債務者である売主のなすべき、用地買収の目的物である土地の上にある建物、樹木等の滅失、移転等という「行為」である。

現行の民法等の下では、建物は、土地とは別個の、独立した不動産として取り扱われ、また、樹木については立木法による登記をした樹木の集団あるいはその他の樹木のうち明認方法を施したものも、独立した不動産として取り扱われるという点、さらに温泉権、流水利用権などの慣行上の物権の取扱いについても、留意する必要がある。

⑸　「いかに」して完全な所有権を取得するのかという用地買収の「方法」

任意買収については、「完全な」土地所有権の取得にとって障碍となるべき土地取引、土地利用関係法令による制限、瑕疵ある意思表示、瑕疵担保責任などのほか、土地所有権の移転に関し民法第176条（意思主義）の適用が問題となる契約当事者間における法律関係と、物権変動の対抗要件である登記の有無、先後に関し民法第177条の規定の適用が問題となる第三者との間における法律関係を明確に区別して考える必要がある。

①　契約当事者間における法律関係

契約当事者間における「合意」の成立の有無、所有権の移転時期についての原則（意思表示又は契約の時）と、その例外（引渡し、代金支払等の特約がなされた時）、売買契約書のもつ意義、権利証、実印、印鑑証明の法的性格などが問題となる。

②　第三者との間における法律関係

不動産物権変動の対抗要件としての登記については、、特に「公示力はあっても、

第10講 地方行政の「活動手段」⑶〜私法上の契約

「公信力」はないという点について明確に認識すべきである。すなわち、たとえ、登記名義を有していたとしても、実体法上当該土地の所有権を有しない者からの用地買収は無効であり、二重売買など、いわゆる対抗問題が生じたときは、登記の有無、先後により優劣を決定することとなる。

なお、実際の地方行政活動における用地買収（任意買収）に当たって、留意すべき点として、任意買収の「主体」が公法人である地方公共団体（例　○　○　県）であるということを、いかに表示すべきかということが問題となる。

土地売買契約書の「買主」の表示は、公法人である地方公共団体に所有権が帰属するということ明確にするため、

「買主　　　○　○　　県

（代表者）○　○　県知事　□　□　△　△　」と表示すべきであり、決して

「買主　　　○　○　　県知事　□　□　△　△　」と表示すべきではない。

関係判例等

・民法

（物権の設定及び移転）

第176条　物権の設定及び移転は、当事者の意思表示のみによって、その効力を生ずる。

（不動産に関する物権の変動の対抗要件）

第177条　不動産に関する物権の特捜及び変更は、不動産登記法（平成16年法律第123号）その他の登記に関する法律の定めるところに従いその登記をしなければ、第三者に対抗することができない。

（所有権の内容）

第206条　所有者は、法令の範囲内において、自由にその所有物の使用、収益及び処分をする権利を有する。

（売買）

第555条　売買は、当事者の一方がある財産権を相手方に移転することを約し、相手方がこれに対してその代金を支払うことを約することによって、その効力を生ずる。

※「有名契約」「典型契約」である売買契約と「無名契約」「非典型契約」である損失補償契約

・議会の「追認」議決と取引行為の遡及的有効

大阪高裁昭53.10.2判決、東京高裁昭53.11.16判決　など

事例 No.43 公共用地の取得と民法物権編、債権編の規定の適用

関係図 43 公共用地の取得と民法物権編、債権編の規定の適用

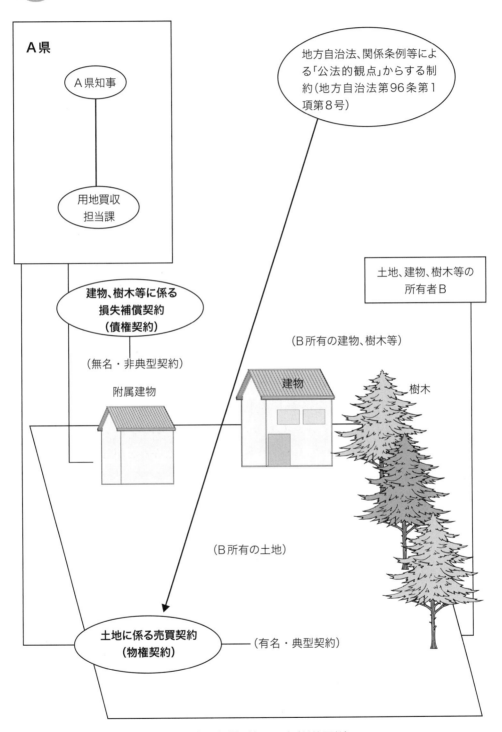

第10講 地方行政の「活動手段」⑶〜私法上の契約

修学資金の借主の死亡による返還義務の相続、複数の相続人を相手方とする用地買収をめぐって、「なに」が問題となるのか

〜民法親族・相続編の規定の地方行政活動への適用〜

> **Q** 修学資金の借主の死亡による返還義務の相続、用地買収による複数の相続人を相手方とする用地買収をめぐる問題とは。

【修学資金の借主が死亡した場合の返還義務】

⑴ 修学資金の借主の死亡と返還債務：債務の相続

　公立大学医学部在学中にA県のへき地医師修学資金の支給を受け、卒業後、4年間の卒後臨床研修も終え、勤務医として過疎地域市町村の診療所に勤務し、地域の住民からも慕われていた医師Bが、自らが癌に罹り、長い闘病生活の末、妻と小学生の二人の子供を残して35歳の若さで亡くなった。

　この場合、医師Bに支給されていたへき地医師修学資金の返還債務はどうなるのか。

【用地買収に当たり、複数の相続人がいる】

⑵ 複数の相続人を相手方とする用地買収：遺産の共同相続

　A市建設課BにおいてA市道の拡幅工事のため、道路用地としてCの土地を買収しようとしたところ、登記名義人であるCは既に10年前に亡くなっており、相続人として妻Dと男、女合わせて3人の子供E、F、Gがいることが分かった。

　A市建設課Bとしては、だれを相手に用地交渉を進めたらいいのか、3人の子供のうち長男Eは地元にいて被相続人の妻Dと同居しているが、次男Fと長女Gは、東京都、大阪府に住んでいる。

問題点の整理

⑴ 地方行政をめぐる法律関係のうち、私経済関係への民法親族編・相続編の規定の適用

⑵ 修学資金の借主の死亡、返還債務の相続：債務の相続
　　地方公共団体との金銭消費貸借により修学資金の貸付けを受けていた修学資金の借主が死亡した場合、各共同相続人は、その相続分に応じて被相続人の権利義務を承継する。

⑶ 複数の相続人を相手方とする用地買収：遺産の共同相続

事例 No.44 修学資金の借主の死亡による返還義務の相続、複数の相続人を
相手方とする用地買収をめぐって、「なに」が問題となるのか

相続人が数人あるときは、相続財産は、その「共有」（「合有」）に属すると
されており、用地買収に当たっては、相続人全員をその相手方としなければ
ならない。

···················· 問題解決の手がかり ····················

　相続については、相続人は被相続人のすべての権利義務（積極財産、消極財産）
を包括承継し、複数の相続人（がいる場合）による共同相続が行われる。

解 決 法

(1)　**地方行政をめぐる法律関係のうち、私経済関係への民法親族編・相続編の規定
の適用**

　地方行政をめぐる法律関係のうち、私経済関係については民法総則、物権編、債
権編だけではなく、親族編・相続編の規定も当然に適用される。

(2)　**修学資金の借主の死亡、返還債務の相続：債務の相続**

・共同相続人による修学資金の返還債務の共同相続

・地方自治法の規定に基づく、修学資金貸付条例又は議会の「権利の放棄」の議決
による返還債務の免除

　　①　条例の明文の（裁量免除、当然免除に関する）規定による一般的な免除の
　　　場合

　　②　「権利の放棄」に係る議会の議決による個別的な免除の場合

(3)　**複数の相続人を相手方とする用地買収：遺産の共同相続**

　なお、共同所有の形態としては「総有、合有、共有」があるが、共同相続の法的
性格としては「合有」であると解されている。

関係条文

・地方自治法

　（議決事件）

　第96条　普通地方公共団体の議会は、次に掲げる事件を議決しなければならない。

　　⑽　法律若しくはこれに基づく政令又は条例に特別の定めがある場合を除くほ
　　　か、権利を放棄すること。

・民法

　（相続の一般的効力）

　第896条　相続人は、相続開始の時から、被相続人の財産に属した一切の権利義
　　務を承継する。ただし、被相続人の一身に専属したものは、この限りでない。

Ⅵ
地方行政の「活動手段」

●283●

第10講 地方行政の「活動手段」(3)〜私法上の契約

（共同相続の効力）

第898条　相続人が数人あるときは、相続財産は、その共有に属する。

第899条　各共同相続人は、その相続分に応じて被相続人の権利義務を承継する。

（法定相続分）

第900条　同順位の相続人が数人あるときは、その相続分は、次の各号に定めるところによる。

　(1)　子及び配偶者が相続人であるときは、子の相続分及び配偶者の相続分は、各2分の1とする。

　(2)〜(4)　略

事例 No.44　修学資金の借主の死亡による返還義務の相続、複数の相続人を相手方とする用地買収をめぐって、「なに」が問題となるのか

関係図 44　修学資金の借主の死亡と返還債務、共同相続人を相手方とする用地買収

(1) 私経済関係と親族編・相続編の適用

　地方行政をめぐる法律関係のうち、私経済関係においては、民法親族編・相続編の規定(第896条、第898条、第899条など)も適用される。

　相続人が数人いれば共同相続が開始し、相続財産は数人の相続人の「共有(合有)」に属する(第898条)。

　各共同相続人は、「相続分に応じて」被相続人の権利義務を継承するが(第899条)、最終的には遺産分割によって、個々具体的な相続財産を相続人各自に配分しなければならない。

　この過渡的法律関係を「遺産の共同所有」という。この「遺産の共同所有」の法的性格については「共有説」と「合有説」が対立している。

(2) 修学資金の借主の死亡、返還債務の相続

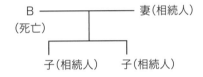

- 相続人である妻と2人の子が修学資金の返還債務を相続する。
- 修学資金貸与条例に免除(当然免除、裁量免除)の明文の規定があれば、当該規定を適用して免除することができる。
- 修学資金貸与条例に免除の規定がない場合は、地方自治法第96条第1項第10号の規定に基づき、議会に「権利の放棄」の議案を提出し、議決された後、返還請求権を放棄する。

(3) 複数の共同相続人を相手方とする用地買収、遺産の共同相続

- 共同相続の場合、遺産は相続人である妻D、子E、F、Gの「共有(合有)」であり、遺産分割前に用地買収しようとすれば、共同相続人全員の売却する旨の承認が必要となり、共同相続人全員を相手方として用地買収を進めなければならない。
　なお、例えば、相続人D、E、FがGに用地交渉を委任したような場合は、もちろんGを相手方として用地交渉をすることができる。

地方行政の「公開」と「説明責任」

（第11講　事例№.45～事例№.48）

～守秘義務（実質秘、形式秘）、プライバシー（古典的プライバシー、現代的プライバシー）と「知る権利」（「報道の自由」、情報公開（開示）請求権の根拠）の「二つ」の意義～

～いま、地方自治体、自治体職員が果たすべきは、「コンプライアンス」視点に立った「説明責任」！～

　第11講　地方行政の「公開」の進展と「説明責任」
　　　　　の確立

第11講 地方行政の「公開」の進展と「説明責任」の確立

第11講　地方行政の「公開」の進展と「説明責任」の確立

〜守秘義務（実質秘、形式秘）、プライバシー（古典的プライバシー、現代的プライバシー）と「知る権利」（「報道の自由」、情報公開（開示）請求権の根拠）の「二つ」の意義〜
〜いま、地方自治体、自治体職員が果たすべきは、「コンプライアンス」視点に立った「説明責任」！〜

「公文書」（「行政文書」）、「組織共用文書」と個人的な「メモ（備忘録）」のちがい、「決裁」済みの文書の「書き換え」はありうるのか

〜「公文書」「組織共用文書」の意義、個人的な「メモ（備忘録）」等とのちがいとは？〜
〜公文書の管理等に関し、最近における学校法人「加計学園」獣医学部新設をめぐる問題、学校法人「森友学園」国有地払下げ問題の経緯等から、地方自治体、自治体職員として「なに」を学ぶべきか〜

> **Q**　A市において、A市長と近い不動産会社への市有地の払下げに関するメモを入手したという新聞報道がでた。A市の内部文書流出の問題とともに、A市長の関与も疑われている。
> 　市長は否定するも、強い要請もあり再調査をしたところ、「市長の意向」という、A市長の関与を窺わせる文書や文書の内容の削除や書き換えが発覚した。
> 　公文書の意義、あり方は「なに」か。

【市有地の払下げに関する新聞報道がでた】

　中核市であるA市において、13億円に上る市有地の払下げの経緯等に関するA市総務部契約課の関係職員作成に係る「メモ」の写しを手に入れたとする全国紙のB新聞が、本件払下げはA市長の意向を受けてA市の関係課において必要な手続が進められ、A市長の永年の知己であるCが経営する不動産会社に市有地が不当に安く払い下げられた疑いがあると大きく報道した。

　この報道については、A市の内部文書と疑われる「メモ」の写しが外部に流出したことに対し、職員の「守秘義務」違反ではないか、いや、情報公開制度や公益通報制度の趣旨・目的に照らしても「メモ」の写しを外部に出した関係職員の行為は許されるのではないか、など市議会や市民の間で問題となった。

　そこで、A市長は、臨時の記者会見を開き、「本件メモは全く、怪文書みたいな文書であり、出どころも明確になっていない。」などと強気で否定したが、市議会や市民からは、改めて調査すべきであるという声が上がった。

事例 №.45 「公文書」（「行政文書」）、「組織共用文書」と個人的な「メモ（備忘録）」
のちがい、「決裁」済みの文書の「書き換え」はありうるのか

【再調査をすると、関係文書の内容の削除や書き換えが発覚】

　このため、A市長は、総務部長Dに命じて払下げの経緯等について調査を行わせ、その結果「市長の意向」を受けて払下げをしたという事実はなかったと否定する報告を受け、その旨公表した。

　しかし、その後、再び「内部告発」があり、改めて再調査したところ、「本件払下げについては市長の意向を受けたものである。」などと記載された関係文書がA市総務部契約課や建設部の関係課にあったとの結果を公表せざるを得なかった。

　また、この再調査の中で、その対象となっていた本件払下げに関する13件の決裁伺書等のうち、A市長の関与を窺わせる部分の記載が、約30か所にわたって削除され、「書き換え」られていたという通常では考えられない事実も明らかになった。

※国における学校法人「加計学園」の獣医学部新設計画をめぐる問題の背景・理由等

　政治と行政との関係、その在り方をめぐる動き、「行政国家」化の進行、政治と行政との関係をめぐり「政治主導」の確立の動きがあり、平成24年5月30日の国の各省庁の審議官級の人事を内閣官房において集中して管理する「内閣人事局」の新設に象徴される「国家公務員制度改革」の進展があった。

　ちなみに、この問題の進展の中で、今後の行政と政治との関係を端的に表わす「忖度」という言葉が繰り返し使われた。

　なお、政府は、有識者でつくる公文書管理委員会が進める公文書管理のガイドライン見直し案（年内にガイドライン改正の方針）として浮上している。関係書類を行政文書として保存する可否を判断する責任者を各省庁に設置する検討を始めた。学校法人「加計学園」や「森友学園」問題で公文書管理の在り方が問われたのを受け、責任の所在を明確化する狙いがある。複数の省庁にまたがる記載は責任者同士が事実確認する仕組みを想定する。

（平成29年8月20日　新聞報道）

問題点の整理

1　実定法上の「公文書」「行政文書」の意義

・公文書等の管理に関する法律（平成21年法律第66号）

（目的）

第1条　この法律は、国及び独立行政法人等の諸活動や歴史的事実の記録である公文書等が、健全な民主主義の根幹を支える国民共有の知的資源として、主権

者である国民が主体的に利用し得るものであることにかんがみ、国民主権の理
念にのっとり、公文書等の管理に関する基本的事項を定めること等により、行
政文書等の適正な管理、歴史公文書等の適切な保存及び利用等を図り、もって
行政が適正かつ効率的に運営されるようにするとともに、国及び独立行政法人
等の有するその諸活動を現在及び将来の国民に説明する責務が全うされるよう
にすることを目的とする。

（定義）

第2条

4　この法律において「行政文書」とは、行政機関の職員が職務上作成し、又は
取得した文書（図画及び電磁的記録（電子的方式、磁気的方式その他人の知覚
によっては認識することができない方式で作られた記録をいう。以下同じ。）を
含む。第19条を除き、以下同じ。）であって、当該行政機関の職員が組織的に
用いるものとして、当該行政機関が保有しているものをいう。ただし、次に掲
げるものを除く。

(1)　官報、白書、新聞、雑誌、書籍その他不特定多数の者に販売することを目
的として発行されるもの

(2)　特定歴史公文書等

(3)　政令で定める研究所その他の施設において、政令で定めるところにより、
歴史的若しくは文化的な資料又は学術研究用の資料として特別の管理がされ
ているもの（前号に掲げるものを除く。）

・行政機関の保有する情報の公開に関する法律

第2条

2　この法律において「行政文書」とは、行政機関の職員が職務上作成し、又は取
得した文書、図画及び電磁的記録（電子的方式、磁気的方式その他人の知覚によっ
ては認識することができない方式で作られた記録をいう。以下同じ。）であって、
当該行政機関の職員が組織的に用いるものとして、当該行政機関が保有してい
るものをいう。

2　内部通報、外部通報、公益通報、「内部告発」

・「通報」には、内部通報、外部通報があるが、外部通報はさらに公益通報者
保護法の規定に基づく「公益通報」とこれによることなく、事実上の通報で
ある「内部告発」に分けられる。

・「内部通報」とは、企業あるいは国、地方自治体内部における当該所定の通
報に関する内部規程に従った企業あるいは国の行政機関、地方自治体の担当
部署に対する通報をいう。

・「外部通報」には、公益通報と「内部告発」とがあり、そのちがいは、

① 「公益通報」とは、公益通報者保護法所定の手続に従って報道機関や当該官署などの企業あるいは地方自治体の外部の機関、団体等に対してなされる公益通報者保護法上の通報である。

② 「内部告発」とは、公益通報者保護法に基づくことなく、報道機関や当該官署などの企業あるいは地方自治体の外部の機関、団体等に対してなされる事実上の通報である。

3 「説明責任」

・行政機関の保有する情報の公開に関する法律（「情報公開法」）

（目的）

第1条 「この法律は、国民主権の理念にのっとり、行政文書の開示を請求する権利につき定めること等により、行政機関の保有する情報の一層の公開を図り、もって政府の有するその諸活動を国民に説明する責務が全うされるようにするとともに、国民の的確な理解と批判の下にある公正で民主的な行政の推進に資することを目的とする。」

4 マスコミ対応

なお、今回のA市内部の文書が外部に流出した問題に関し、現代の高度情報社会、インターネット社会において、「権力分立制（三権分立）」における立法、行政、司法と並び、「第四の権力」であると称される報道機関、マスコミの対応に当たって、平成13年4月1日の情報公開法施行から15年を経過したという事実をも踏まえ、文書管理、情報管理という視点にとどまらず、最終的には「コンプライアンス」視点に立った危機管理という視点も考慮に入れて、より適切に行うべきことが求められている。

············· 問題解決の手がかり ·············

公文書、行政文書の意義、文書管理、情報管理、守秘義務、「内部告発」、公益通報などの原理・原則についてきちんと理解し、認識することが求められている。

国家行政、地方行政を問わず、21世紀において、行政に関し「現代的・標準的」装備となっている情報公開、その前提・基礎である文書管理、情報管理、守秘義務が、また、関連する制度である公益通報が、そしてなによりも関係職員の公開意識、「説明責任」が、公務の世界において未だ十分には浸透していない。

行政情報は国民、住民のいわば「共有財産」であり、また、国、地方レベルの政治、行政を問わず、何事につけても、国民、住民に対しコンプライアンス視点に立って「説明責任」を果たす、という意識をきちんと自覚することが不可欠である。

第11講 地方行政の「公開」の進展と「説明責任」の確立

　なお、国家公務員については、いま一度、政府において内閣人事局を設置した意義、一人一人の職員は、公務員としての「矜持」ということについて思いを致すべきではないかと考えられ、翻って、一人一人の自治体職員については、特に任命権者である首長との距離の近さもあり、より一層、この点について考えるべきではないかと考えられる。

解 決 法

　今回のＡ市内部の文書が外部に流出した問題の解決に関しては、次のように考えるべきである。

1　今回の問題において明らかとなった「市長の意向」等と記されたＡ市内部の文書は、存在したのか。存在した場合、それが公文書、「組織共用文書」といえるのか、それとも職員個人の私的な「メモ（備忘録）」なのか。

　　この場合、Ａ市としては最初から、頭から否定してかかるのか、それともいったん相手方の意見を聴き、一度は事実関係を調査するという姿勢を見せるのかということが問われるが、この点については、いうまでもなく、後者の姿勢を見せるべきである。

　　この点に関しては、公文書等管理法の規定も踏まえ、情報公開法の規定により情報公開請求の対象となるべき公文書は、「組織共用文書」として当該行政機関が保有しているものをいい、したがって、職員の個人的な「メモ（備忘録）」は、情報公開法上の公開請求の対象となるべき公文書とはならない。

2　今回の問題において明らかとなった「市長の意向」等と記されたＡ市内部の文書が外部に流出したことにＡ市の職員が関わっていたとした場合、当該職員に対し地方公務員法上の守秘義務違反の責任を追及することができるのか。

　　この点に関しては、関係する最高裁の判例を踏まえ、地方公務員法上の「守秘義務」の対象を「実質秘」と解する場合、広く新聞報道され、いまや公知の事実となっている、今回Ａ市から流出した文書について守秘義務違反を問うことはできないのではないかと考えられる。

　　なお、また、公益通報者保護法制定の意義、「内部告発」の動向などについてについて、きちんと認識すべきことが求められる。

3　今回の問題において明らかとなった「市長の意向」等と記されたＡ市内部の文書が外部に流出したという事実については、「主権者」である市民や「第四の権力」であるマスコミに対し、コンプライアンス視点に立った「説明責任」を十分に果たすよう努める必要がある。

4　再調査の中で、その対象となっていた本件払下げに関する13件の決裁伺書等の

事例 №.45 「公文書」(「行政文書」)、「組織共用文書」と個人的な「メモ (備忘録)」
のちがい、「決裁」済みの文書の「書き換え」はありうるのか

うち、A市長の関与を窺わせる部分の記載が、約30か所にわたって削除され、「書き換え」られていたという事実も明らかになった。

したがって、これまでA市議会やマスコミに対しては「書き換え」られた文書に基づいて説明してきており、「虚偽」の事実を語っていた、その責任はどうなるのか。

この点に関しては、公文書の管理、情報管理のレベルにとどまる問題ではなく、A市における「意思決定」の在り方そのものに大きな汚点を残し、ひいてはA市民の市政に対する理解と信頼を失墜させ、民主政治の根幹をも揺るがしかねない重大な問題であり、今後、当該「書き換え」の目的、経緯等について徹底的に調査し、必要に応じ刑事責任、懲戒責任の追及を行うことなどにより、市民やマスコミの前にその全貌を明らかに再発防止に努める必要がある。

5 今回の問題に関し、現代の高度情報社会、インターネット社会において、「第四の権力」であると称される報道機関、マスコミの対応に当たって、平成13年4月1日の情報公開法施行から15年を経過したという事実をも踏まえ、文書管理、情報管理について、最終的にはコンプライアンス視点に立った危機管理という視点をもいれて、より適切に行うべきではなかったか。

関係判例等

・守秘義務、実質秘、形式秘　関係

① 地方公務員法

（秘密を守る義務）

第34条　職員は、職務上知り得た秘密を漏らしてはならない。その職を退いた後も、また、同様とする。

（罰則）

第60条　次の各号のいずれかに該当する者は、1年以下の懲役又は50万円以下の罰金に処する。

　　⑵　第34条第1項又は第2項の規定（第9条の2第12項において準用する場合を含む。）に違反して秘密を漏らした者

② 国家公務員法第100条第1項の「秘密」の意義に関する二つの見解

　① 実質秘説　客観的・実質的に秘密として保護に価するものだけがこれに当たるとする見解

　② 形式秘説　国家機関が適式に秘扱いの指定をしたものがこれに当たるとする見解

　③ 実質秘説をとるいわゆる「徴税トラの巻」事件に関する最高裁決定（最高裁昭52.12.19第二小法廷決定）

　　「国家公務員法100条1項の文言及び趣旨を考慮すると、同条項にいう『秘密』

第11講 地方行政の「公開」の進展と「説明責任」の確立

であるためには、国家機関が端にある事項につき形式的に秘扱いの指定をしただけでは足りず、右『秘密』とは、非公知の事項であって、実質的にもそれを秘密として保護するに価すると認められるものをいうと解すべき」である旨判示している。

④ 外務省機密漏えい事件上告審決定（最高裁昭53.5.31第一小法廷決定）

「国家公務員法109条12号、100条1項にいう秘密とは、非公知の事項であって、実質的にもそれを秘密として保護するに価すると認められるものをいい（最高裁昭52.12.19第二小法廷決定）、その判定は、司法判断に服するものである」と判示して、本決定を確認しており、本決定は確固とした判例となっている。

⑤ なお、実際の地方行政活動においては、「秘密」とは、「一般的に了知されていない事実であって、それを了知せしめることが一定の利益の侵害になると客観的に考えられるもの」をいう（行実昭30.2.18　自丁公発第23号））。

　　具体的には、典型的なものとして、例えば、職員採用試験問題、犯罪人名簿、人事記録、課税台帳などが考えられる。

・「説明責任」関係

行政機関の保有する情報の公開に関する法律（平成11年法律第42号）

（目的）

第1条　この法律は、国民主権の理念にのっとり、行政文書の開示を請求する権利につき定めること等により、行政機関の保有する情報の一層の公開を図り、もって政府の有するその諸活動を国民に説明する責務が全うされるようにするとともに、国民の的確な理解と批判の下にある公正で民主的な行政の推進に資することを目的とする。

事例No.45 「公文書」（「行政文書」）、「組織共用文書」と個人的な「メモ（備忘録）」のちがい、「決裁」済みの文書の「書き換え」はありうるのか

関係図45 「公文書（「行政文書」）」「組織共用文書」、個人的な「メモ（備忘録）」のちがいとは

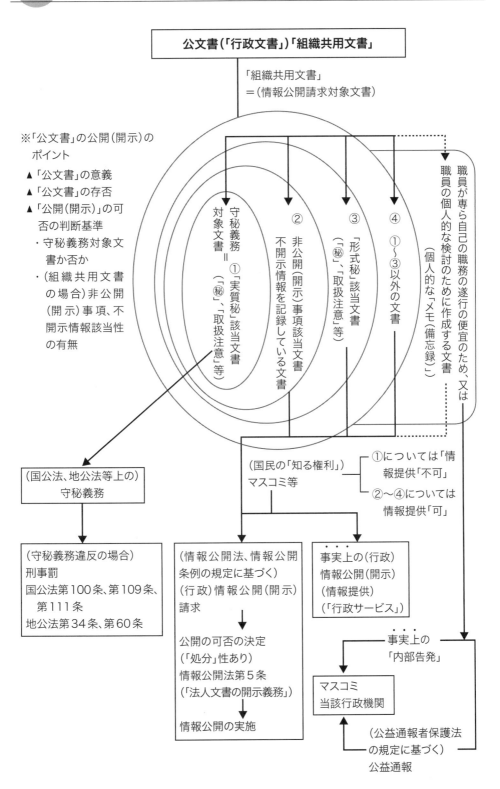

第11講 地方行政の「公開」の進展と「説明責任」の確立

事実上の公文書の公開・閲覧の要求、弁護士法23条の2の規定による照会等への対応は、いかにすべきか

～マスコミ、職員等からの事実上の公文書の公開・閲覧、資料要求等、所属弁護士会を通じた弁護士の照会等に対し、回答する必要があるのか、また、公務所等に対する報告の請求に対し、必ず報告しなければならないのか、「守秘義務」との関係はどうなるのか～

～「知る権利」とその対極にある「守秘義務（実質秘）」、究極において国民、住民の「知る権利」に基づくと主張するこれらの資料要求等に対し、「守秘義務（実質秘）」に照らしいかに対応すべきか～

Q 情報公開条例の規定に基づかず、事実上の公文書の公開・閲覧要求があった場合、いかに対応すべきか。

【情報条例の規定に基づかずに、公文書の公開・閲覧要求があった場合】

1　情報公開条例の規定に基づくことなく、事実上の公文書の公開・閲覧の要求があった場合

　一市民、マスコミ、市議会議員から情報公開条例の規定に基づくことなく、事実上の公文書の公開・閲覧の要求があった場合にいかに対応すべきか、これに応じるべきか。

【法律又は情報公開条例の規定による公文書の公開・閲覧の要求又は請求があった場合】

2　関係法律の規定による公文書の公開・閲覧等の要求があった場合とは、概ね、次の場合をいう。

- 地方自治法第100条の規定によるいわゆる「100条調査権」の行使の方法としての議会からの文書による照会、記録の提出の請求
- 行政不服審査法第33条の規定による書類その他の物件の所持人に対する審査請求人等からの物件の提出要求
- 弁護士法第23条の2の規定による当該弁護士からの所属弁護士会を通じた公務所等に対する報告の請求（いわゆる「弁護士照会」）
- 民事訴訟法第186条の規定による官庁等に対する調査の嘱託
- 刑事訴訟法第197条第2項の規定による公務所等に対する報告の請求

3　情報公開条例の規定に基づき、公文書の公開・閲覧の請求があった場合

問題点の整理

公開・閲覧等をするか否かの判断基準は、事実上の公開・閲覧等の要求に対

事例 No.46　事実上の公文書の公開・閲覧の要求、弁護士法23条の2の
　　　　　　規定による照会等への対応は、いかにすべきか

しては、当該文書が「守秘義務（実質秘）」に該当するか否か、情報公開条例
に基づく公開請求に対しては、当該情報公開条例上の「非公開事項（実質秘を
含む。）」に該当するか否かである。

1　情報公開条例の規定に基づくことなく、事実上の公文書の公開・閲覧の要
　求があった場合

　これに応じるとした場合、自治体の担当職員の裁量の範囲内において、それ
ぞれ、公開・閲覧すべきか否かの判断に差異をつけることができるかというこ
とが問題となる。

2　関係法律の規定による公文書の公開・閲覧等の要求があった場合

　これに応じるとした場合、公開・閲覧等をするか否かの判断基準については、
当該公文書が「守秘義務（実質秘）」に該当するか否かということになる。

3　情報公開条例の規定に基づき、公文書の公開・閲覧の請求があった場合

　この場合については、当然、情報公開条例に定める非公開事項（実質秘を含
む。）に該当するか否かによって判断されることとなる。

・・・・・・・・・・・・・・・・・・・・・・・・ 問題解決の手がかり ・・・・・・・・・・・・・・・・・・・・・・・・・・

・「守秘義務」とは、実質秘、形式秘とは「なに」か

・「非公開事項」該当情報（「不開示情報」）とは、なにか

・地方公務員法上の守秘義務の対象である「実質秘」に該当する情報と情報公開条
　例上の「非公開事項（実質秘を含む。）」に該当する情報との関係については、ど
　う考えるのか

　（「実質秘」該当情報＜「非公開事項」該当情報＜「形式秘」該当情報）

解決法

　関係住民等（「何人も」）から、事実上の公文書の公開・閲覧の要求があった場合、
関係法律の規定による公文書の公開・閲覧等の要求があった場合、情報公開条例の規
定に基づき、公文書の公開・閲覧の請求があった場合のいずれであるかを問わず、現
代の高度情報社会においては、地方自治体の行政活動の過程において発生した「行政
情報」は、地方自治体と住民とのいわば「共有財産」であり、この行政情報の積極的
な利用により、主権者たる住民と地方自治体の関係において適度の緊張関係をもたら
すとともに、地域社会、ひいては経済社会の発展に資することが期待されている。

　我が国において、昭和57年4月1日に山形県金山町（翌昭和58年4月1日に神
奈川県、同年6月1日に埼玉県）において情報公開条例が施行されて、今年で35

Ⅶ

地方行政の「公開」と「説明責任」

●297●

第11講 地方行政の「公開」の進展と「説明責任」の確立

年になる。

国が「行政機関の保有する情報の公開に関する法律」（「情報公開法」）を施行したのが、16年前の平成13年4月1日である。

この間、とりわけ、地方自治体の情報公開条例の解釈・運用をめぐって、多くの判例が積み重ねられ、情報公開制度は国及び地方自治体の行政運営に関し定着している。

しかし、特に国の行政運営においてみられる情報公開制度の適正管理運営、その前提・基礎である公文書の適正な管理に関し、情報公開法、公文書管理法の運用について、最近、「公文書」の定義をめぐって、あるいは公文書・メールの存否・廃棄、保存期間など基本的な問題をめぐって、さらには「決裁」済みの公文書の「書き換え」をめぐって、危惧される状況も多発している。

このような状況を踏まえ、自治体職員として、私たちは、情報公開制度を導入した「原点」に立ち返り、住民に対し自治体あるいは自治体職員自らが行っている仕事について「説明責任」を果たす、という情報公開制度の目的を改めてきちんと確認する必要があると考えられる。

「知る権利」、「プライバシー」、「守秘義務」には、本来「二つ」の意義があり、情報公開法の第1条にはいまだ「知る権利」が明記されていないことなど、情報公開制度について、いま一度、自らに問いかける姿勢こそが求められているのではないかと考えられる。

このことにより、おのずから、事実上の公文書の公開・閲覧の要求、弁護士法第23条の2の規定による照会、刑事訴訟法第197条第2項の規定による報告の請求等への対応は、いかにするべきかという問題に対する答えは、明らかとなると考えられる。

すなわち、事実上の公文書の公開・閲覧の要求があった場合や、関係法律の規定による公文書の公開・閲覧等の要求があった場合については、当該公文書が「守秘義務（実質秘）」に該当するか否かによって決定すべきである。

また、情報公開条例に基づく公開請求（公文書の公開・閲覧、写しの交付の請求）があった場合には、当然に、当該情報公開条例上の「非公開事項（実質秘を含む。）」に該当するか否かによって決定すべきこととなる。

関係判例等

・守秘義務（いわゆる「徴税トラの巻」事件）に関する判決（最高裁昭52.12.19第二小法廷判決）

・弁護士法に基づく前科照会とプライバシーに関する判決（最高裁昭56.4.14第三小法廷判決）

・外務省機密漏えい事件上告審決定（最高裁昭53.5.31第一小法廷決定）

事例 No.46　事実上の公文書の公開・閲覧の要求、弁護士法23条の2の規定による照会等への対応は、いかにすべきか

関係図 46　事実上の公文書の公開・閲覧の要求、弁護士法23条の2の規定による照会等への対応は、いかにすべきか

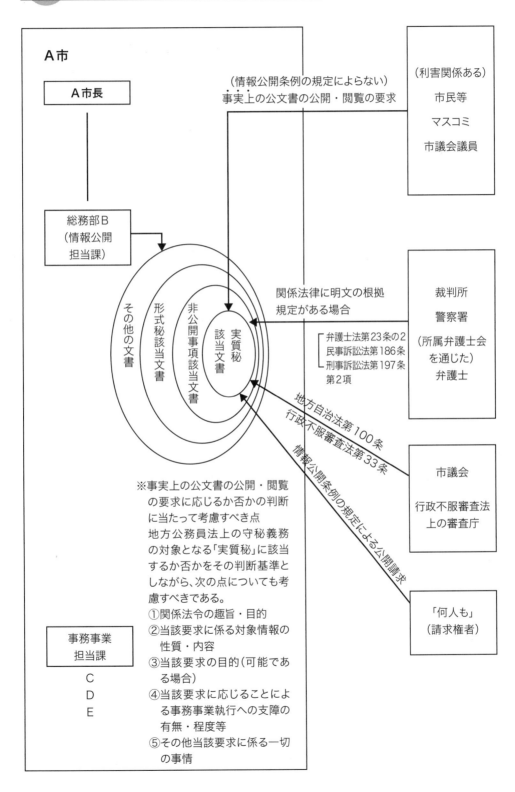

第11講 地方行政の「公開」の進展と「説明責任」の確立

プライバシーの「二つ」の意義、ちがい
～「宴のあと」事件に関する東京地裁判決の「プライバシー」と、住基ネット事件に関する最高裁判決において原告らが主張した「プライバシー」とは、どうちがうのか～

> **Q** 「私生活をみだりに公開されない法的保障ないし権利」、「そっとしておいてもらう権利」という古典的・伝統的（消極的）プライバシーと、自己情報コントロール（管理）権に基づき、（自己情報）開示請求権、訂正請求権、利用停止請求権をその内容とする現代的（積極的）プライバシーのちがいとは。

【古典的プライバシーとは】
・「宴のあと」事件東京地裁判決の概要

「正当な理由がなく他人の私事を公開することが許されてはならないことは言うまでもないところである。このことの片鱗はすでに成文法上にも明示されているところであって、たとえば他人の住居を正当な理由がないのにひそかにのぞき見る行為は犯罪とされており（軽犯罪法第1条第1項第23号）その目的とするところが私生活の場所的根拠である住居の保護を通じてプライバシーの保障を図るにあることは明らかである。」

「プライバシーの侵害に対し法的な救済が与えられるためには、公開された内容が
(イ) 私生活上の事実または私生活上の事実らしく受け取られるおそれのあることがらであること、
(ロ) 一般人の感性を基準にして当該私人の立場に立った場合公開を欲しないであろうと認められることがらであること、換言すれば一般人の感覚を基準として公開されることによって心理的な負担、不安を覚えるであろうと認められることがらであること、
(ハ) 一般の人々に未だ知られていないことがらであることを必要とし、このような公開によって当該私人が実際に不快、不安の念を覚えたことを必要とするが、公開されたところが当該私人の名誉、信用というような他の法益を侵害するものであることを要しないのは言うまでもない。すでに論じたようにプライバシーはこれらの法益とはその内容を異にするものだからである。

本判決は、裁判上、「私生活をみだりに公開されないという法的保障」としてのプライバシー権を最初に認めた判決である。

【現代的プライバシーとは】
・住基ネット住民票コード削除請求事件最高裁判決の概要

事例 №.47 プライバシーの「二つ」の意義、ちがい

　「憲法13条は、国民の私生活上の自由が公権力の行使に対しても保護されるべきことを規定しているのであり、個人の私生活上の自由の一つとして、何人も、個人に関する情報をみだりに第三者に開示又は公表されない自由を有するものと解される（最高裁昭44.12.24大法廷判決）。」

　「住基ネットによって管理、利用等される本人確認情報は、氏名、生年月日、性別及び住所から成る4情報に、住民票コード及び変更情報を加えたものにすぎない。このうち4情報は、人が社会生活を営む上で一定の範囲の他者には当然開示されることが予定されている個人識別情報であり、変更情報も、転入、転出等の異動事由、異動年月日及び異動前の本人確認情報にとどまるもので、これらはいずれも、個人の内面に関わるような秘匿性の高い情報とはいえない。」

　「住基ネットによる本人確認情報の管理、利用等は、法令等の根拠に基づき、住民サービスの向上及び行政事務の効率化という正当な行政目的の範囲内で行われているものということができる。（中略）住基ネットにシステム技術上又は法制度上の不備があり、そのために本人確認情報が法令等の根拠に基づかずに又は正当な行政目的の範囲を逸脱して第三者に開示又は公表される具体的な危険が生じているということもできない。」

　「行政機関が住基ネットにより住民である被上告人らの本人確認情報を管理、利用等する行為は、個人に関する情報をみだりに第三者に開示又は公表するものということはできず、当該個人がこれに同意していないとしても、憲法13条により保障された上記の自由を侵害するものではないと解するのが相当である。

　また、以上に述べたところからすれば、住基ネットにより被上告人らの本人確認情報が管理、利用等されることによって、<u>自己のプライバシーに関わる情報の取扱いについて自己決定する権利ないし利益</u>が違法に侵害されたとする被上告人らの主張にも理由がないものというべきである。

　以上は、前記大法廷判決の趣旨に徴して明らかである。」

問題点の整理

1　「個人情報」とは「なに」か。

　個人情報保護条例において保護の対象として規定されている「個人情報」と、情報公開条例上の非公開事項の一類型としての「個人情報」とは、どこが、どうちがうのか。

2　「プライバシー」の「二つ」の意義のちがいは、どこにあるのか。

　「プライバシー」については実定法上明確な定義はなく、いまだ最高裁判決

では認められておらず、下級審判決、学説の見解にとどまるが、「古典的・伝統的（消極的）」プライバシーにとどまらず、「現代的（積極的）」プライバシーが主張されている。そのちがいはどこにあるのか。

3 「個人情報」と「古典的・伝統的（消極的）」プライバシーとの関係は、どうなっているのか。

　情報公開条例上非公開事項の一類型として、個人情報保護条例において保護の対象として、それぞれ「個人情報」が規定されているが、それぞれ、「古典的・伝統的（消極的）」プライバシーとの関係は、どうなるのか。

4 「自己情報管理（コントロール）権」と「現代的（積極的）」プライバシーとの関係は、どうなっているのか。

　個人情報保護条例において「自己を本人とする個人情報の開示、訂正及び利用停止の請求権」（「自己情報管理（コントロール）権」）が明文をもって規定されているが、「現代的（積極的）」プライバシーとの関係は、どうなるのか。

5 個人情報保護条例と「個人情報」「プライバシー」との関係

　個人情報保護条例において「個人情報」と「古典的・伝統的（消極的）」プライバシー、「現代的（積極的）プライバシー」との関係は、どうなっているのか。

・・・・・・・・・・・・・・・・・・・・・・・・・ 問題解決の手がかり ・・・・・・・・・・・・・・・・・・・・・・・・・

　自己情報開示請求権等の基底にある「現代的（積極的）」プライバシーと、非公開事項の一類型である個人情報の基底にある「古典的・伝統的（消極的）プライバシーとのちがい、実際の地方行政活動の事務処理に当たって、個人情報と「二つ」のプライバシーの関係についてどう考えるべきか。

解 決 法

1 「個人情報」の意義

　個人情報保護条例において保護の対象として規定されている「個人情報」と、情報公開条例上の非公開事項の一類型としての「個人情報」とについては、次のようなちがいがある。

　① 「生存する個人に関する情報であって、当該情報に含まれる氏名、性別、住所、生年月日、電話番号などによって特定の個人を識別することができるもの
　　　また、職業、学歴、収入、健康状態などそれだけでは誰のものかわからない情報であっても、他の情報と突き合わせるとだれのものかわかるもの」（個人

情報保護条例）

② 「氏名、性別、生年月日などによって、特定の個人を識別することができるもの

また、特定の個人を識別することはできるが、公開することにより個人の権利利益を害するおそれのあるもの」（情報公開条例）

2 「プライバシー」の「二つ」の意義のちがい

実定法上の明文の規定はなく、下級審判決、学説の見解によれば、次のとおりである。

① 伝統的（消極的）プライバシー

「私生活をみだりに公開されない法的保障ないし権利」

「そっとしておいてもらう権利」

② 現代的（積極的）プライバシー

「自己情報コントロール（管理）権」

（自己情報）開示請求権、訂正請求権、利用停止請求権等

3 「個人情報」と「古典的・伝統的（消極的）」プライバシーとの関係

「個人情報」とは、生存する個人に関する情報であって、当該情報に含まれる氏名、生年月日その他の記述等により特定の個人を識別することができるものをいい、「個人情報」は、「私生活をみだりに公開されない法的保障ないし権利」「そっとしておいてもらう権利」という「古典的・伝統的（消極的）」プライバシーの視点に立って、それぞれ、情報公開条例においては非公開（開示）事項の一類型として「個人に関する情報（個人情報）」について、個人情報保護条例においては保護の対象として「個人情報」について規定している。

4 「自己情報管理（コントロール）権」と「現代的（積極的）」プライバシーとの関係

個人情報保護条例において明文をもって規定されている、「自己を本人とする個人情報の開示、訂正及び利用停止の請求権」（「自己情報管理（コントロール）権」）と、いまだ最高裁判決で認められていないが、「現代的（積極的）」プライバシーとの関係については、「現代的（積極的）」プライバシーは、「自己情報管理（コントロール）権」の根拠となりうると解される。

5 個人情報保護条例と「個人情報」「プライバシー」との関係

個人情報保護条例においては、「古典的・伝統的（消極的）」プライバシーの視点に立って「個人情報」の取扱いについて定めるとともに、「現代的（積極的）プライバシー」の視点にも立って「自己を本人とする個人情報の開示、訂正及び利用停止の請求権」（「自己情報管理（コントロール）権」）について規定している。

第11講 地方行政の「公開」の進展と「説明責任」の確立

関係判例等

・弁護士法第23条の2の規定による前科照会とプライバシー（最高裁昭56.4.14第三小法廷判決）

・プライバシーと表現の自由に関する判決（「宴のあと」事件）（東京地裁昭39.9.28判決）

・ノンフィクションと前科等事実の公表（「逆転」事件に関する判決）（最高裁平6.2.8第三小法廷判決）

・プライバシー侵害と表現の自由（「石に泳ぐ魚」事件）（最高裁平14.9.24第三小法廷判決）

・講演会参加者リストの開示とプライバシー侵害〜早稲田大学江沢民講演会名簿提出事件〜（最高裁平15.9.12第二小法廷判決）

・住民基本台帳ネットワークの運用とプライバシー（最高裁平20.3.6第一小法廷判決）

事例 №.47 プライバシーの「二つ」の意義、ちがい

関係図 47 「プライバシー」の「二つ」の意義

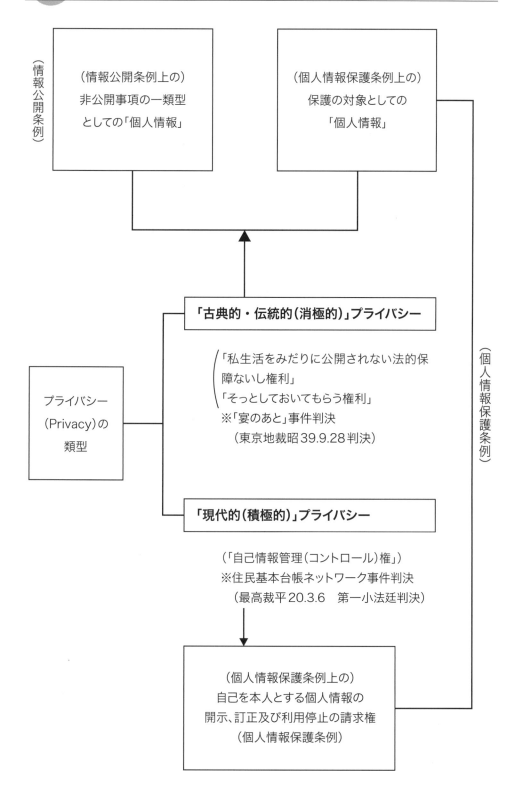

第11講 地方行政の「公開」の進展と「説明責任」の確立

「知る権利」の二つの意義、ちがい

〜マスコミから守秘義務に該当するおそれもあると考えられる情報について取材の要求があった場合、又は情報公開請求の手続の流れの中で、結果的に2年8か月にわたり公開の実施を遅延させ、請求者から「知る権利」の侵害であるとして損害（慰謝料）賠償訴訟が提起された場合、いかに対応すべきか〜

> **Q** 報道の自由、取材の自由の根拠としての「知る権利」と情報公開請求権の根拠としての「知る権利」のちがいとは「なに」か。

【「知る権利」の侵害との訴訟が起こされた】

A市総務課に対し、マスコミから、住民（国民）の「知る権利」に奉仕するためとして、守秘義務に該当するおそれもあると考えられる情報についてB新聞社の記者から取材があった場合、又は市民CからA市教育委員会に対する情報公開請求がなされたが、諸般の事情があったにせよ、結果的に、実施機関である教育委員会が公文書の公開の実施を2年8か月という長期間にわたり遅延してしまい、当該請求者Cから「知る権利」の侵害である、としてA市に対し損害（慰謝料）賠償等訴訟が提起された場合、A市としてはいかに対応すべきか、これら二つのケースにおいてそこで主張されている「知る権利」にはどのようなちがいがあると考えたらいいのか。

【「知る権利」の二つの意義】

報道の自由、取材の自由の根拠として、最高裁判決で認められており、特定秘密保護法でも明文（第22条第1項）をもって規定されている「知る権利」と、いまだ実定法上も明文化されておらず、最高裁判決においても認められていない情報公開請求権の根拠としての「知る権利」という、「知る権利」の「二つ」の意義についてどう考えるべきか。

1　報道の自由、取材の自由の根拠としての「知る権利」に関する判例等
・博多駅取材フィルム提出命令に対する抗告棄却決定に対する特別抗告事件決定

　「報道機関の報道は、民主主義社会において、国民が国政に関与するにつき、重要な判断の資料を提供し、国民の『知る権利』に奉仕するものである。したがって、思想の表明の自由と並んで、事実の報道の自由は、表現の自由を規定した憲法21条の保障のもとにあることはいうまでもない。また、このような報道機関の報道が正しい内容をもつためには、報道の自由とともに、報道のための取材の自由も、憲法21条の精神に照らし、十分尊重に値するものといわなければならない。」

事例 №.48 「知る権利」の二つの意義、ちがい

・特定秘密保護法第22条第1項

　　この法律の適用に当たっては、これを拡張して解釈して、国民の基本的人権を不当に侵害するようなことがあってはならず、国民の知る権利の保障に資する報道又は取材の自由に十分に配慮しなければならない。

2　情報公開請求権の根拠としての「知る権利」に関する判例等

・京都府知事交際費関係文書公開請求事件判決

　　「一般に、民主主義社会において、国民が合理的な範囲で公的情報に接近することができるような制度を創設することは、国民の『知る権利』を実効あらしめるものであり、情報公開条例は、地方自治の場において、住民の地方公共団体に対する『知る権利』を具現化し制度化するものである。

　　しかしながら、『知る権利』が、憲法21条等の派生原理として導かれるものであり、表現の自由と表裏一体のものとして尊重されるべきものであるとしても、それが知ることを妨げられない自由権としての性格を有することは格別、そのほかに、積極的に公権力、行政機関に対して情報の開示を求めることまでできる権利であるとはいえず、明定する立法がなければ具体的な請求権が発生しないという意味で抽象的権利にとどまるものであると解するのが相当である。

　　そうすると、住民に公的情報に対する開示請求権を付与するか否か、いかなる限度でどのような要件の下で付与するかについては、いずれも当該地方公共団体における立法政策の問題であり、具体的な情報公開請求権の内容、範囲等を判断するにあたり、憲法21条等の趣旨、目的等から解釈基準を導き出し、適用されるものではなく、各条例の規定の文理を解釈適用することによって判断すべきものである。」

・なお、関連する判決として、公文書の公開遅延損害賠償請求事件判決（大分県教育委員会の公文書非公開決定処分に対する原告からの異議申立てに対し、大分県教育委員会が、平成10年2月22日に大分県情報公開審査会による答申が出された後、2年8か月にわたって決定を行わなかった手続の遅延（平成13年3月29日になってようやく公開を実施）が違法であるとして、原告が大分県に対し国家賠償法第1条第1項の規定に基づき慰謝料（100万円）等を請求した事件である。）

　　大分地裁は、大分県教育委員会には原告の国家賠償法上の法的利益侵害に向けた作為義務違反があったことが認められ、大分県情報公開条例によって創設された情報公開請求権の一環として保護される「適切な時期に決定を受ける利益」を違法に侵害するものとして、原告に生じたと認められる精神的苦痛を慰謝するために5万円の支払義務を認めている。

※情報公開条例における「知る権利」の規定の状況（都道府県、政令指定都市

第11講 地方行政の「公開」の進展と「説明責任」の確立

53／60条例）

① 条例に前文を置いて、前文の中で明記するもの（26条例）。

② 条例の第1条（目的規定）で規定するもの（34条例）。

問題点の整理

1 マスコミから守秘義務に該当するおそれのある情報について取材があった場合 確定した最高裁判決、秘密保護法の明文の規定との関係で、いかに対応すべきか。

2 情報公開請求に当たり、その根拠として「知る権利」が主張された場合 情報公開条例の前文で規定している場合、情報公開条例の本則（第1条）で規定している場合、情報公開条例の前文にも本則にもなんら規定されていない場合によって情報公開条例の解釈・適用がどうちがうのか。

3 実際の地方行政の事務処理に当たり、「知る権利」とどう向き合うか。

················· **問題解決の手がかり** ·················

平成8年12月16日に行政改革委員会が内閣総理大臣に提出した「情報公開法制の確立に関する意見」（「情報公開法要綱案の考え方」の「1 情報公開法の目的（第1）」）

(1) 略

(2)「知る権利」について

「『知る権利』という言葉を、情報公開法の目的規定の中に書き込むべきであるかについても検討した。確かに、我が国における情報公開法の制定に関する議論の中で、『知る権利』という言葉は、国民の情報公開法制に対する関心を高め、その制度化を推進する役割を果たしてきたところである。

しかしながら、法律の条文の中でその言葉を用いることが適当であるかどうかは、法律問題として別に検討する必要がある。

『知る権利』については、憲法学上、国民主権の理念を背景に、表現の自由を定めた憲法第21条に根拠付けて主張されることが多い。この主張は、表現の自由は、国民が広く思想や情報を伝達し、またそれを受け取る自由のみならず、政府が保有する情報の開示を求める権利（政府情報開示請求権）をも含むという理解であり、この場合、後者が特に『知る権利』と呼ばれている。

このような理解に立つ場合でも、『知る権利』は基本的には抽象的な権利にとどまり、法律による制度化を待って具体的な権利になるという見解が有力である。

また、最高裁判所の判例においては、請求権的な権利としての『知る権利』は認

知されるに至っていない。

このように、『知る権利』という概念については、多くの理解の仕方があるのが現状である。

上記のような理由から、本要綱案では、情報公開法の目的規定に『知る権利』という言葉を用いることはしなかったが、(1)に述べたとおり、「国民主権の理念にのっとり」という表現によって、憲法の理念を踏まえて充実した情報公開制度の確立を目指していることを明確にしておきたい。」

解 決 法

1 マスコミから守秘義務に該当するおそれのある情報について取材があった場合

確定した最高裁判例、秘密保護法の明文の規定を踏まえて対応すべきであり、守秘義務に該当するおそれのある情報について、守秘義務の意義、しくみについて十分に説明した上で、マスコミの取材に応じることはできないというべきである。

2 情報公開請求に当たり、その根拠として「知る権利」が主張された場合

情報公開条例の前文で規定している場合、情報公開条例の本則（第1条）で規定している場合、情報公開条例の前文にも本則にもなんら規定されていない場合によって情報公開条例の解釈・適用がどうちがうのか、とりわけ、非公開（開示）事項の適用に当たって、非公開とすべき情報の範囲について、これを必要最小限とすべきであるが、この点に関し、それぞれの規定の状況によって、どのようなちがいが出てくるか、きちんと認識すべきである。

実際情報公開の実施に当たっては、公開すべき文書の範囲について広狭の差が出てくることとなる。

3 実際の地方行政の事務処理に当たり、「知る権利」とどう向き合うか

解釈論的解決、立法論的解決がありうるが、解釈論的解決には、限界があり、情報公開制度の統一的・的確な運用のためには、最終的には現行の情報公開法を一部改正し、その第1条（目的規定）に「知る権利」を明記するという立法論的解決を図るしかないと考えられる。

なお、いうまでもないが、行政情報は住民との「共有財産」であり、行政情報については「原則公開、例外非公開」という情報公開制度の「原点」に立ち返るとともに、職員一人一人の公開意識の涵養が求められる。

● 309 ●

第11講 地方行政の「公開」の進展と「説明責任」の確立

関係判例等

（「報道の自由、取材の自由」と「知る権利」に関する判例）

・博多駅取材フィルム提出命令に対する抗告棄却決定に対する特別抗告事件決定（最高裁昭44.11.26大法廷決定）

・外務省機密漏洩事件上告審決定（最高裁昭53.5.31第一小法廷決定）

・日本テレビ取材ビデオ押収処分に対する準抗告棄却決定に対する特別抗告事件決定（最高裁平元.1.30第二小法廷決定）

・放送済み取材ビデオテープの押収と取材の自由―TBSビデオテープ押収事件決定（最高裁平2.7.9　第二小法廷決定）

（「情報（公文書）公開（開示）請求権」と「知る権利」に関する判例）

・京都府知事交際費関係文書公開請求事件判決（京都地裁平7.10.27判決）

・知事交際費の公開（大阪府）に関する判決（最高裁平6.1.27第一小法廷判決　再上告事件　最高裁平13.3.27第三小法廷判決）

・公文書の公開遅延（大分県）損害賠償請求事件判決（大分地裁平14.1.28判決）

事例 No.48　「知る権利」の二つの意義、ちがい

「知る権利」の「二つ」の意義

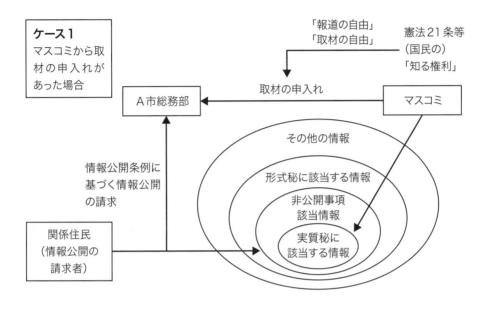

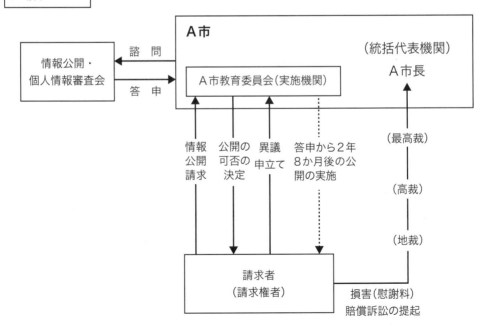

地方行政と「コンプライアンス」の確立の動き

(第12講 事例No.49〜事例No.51)

〜地方行政に求められている「説明責任」の前提・基礎としての「コンプライアンス」とは「なに」か、いま、なぜ「コンプライアンス」が問題となるのか？〜
〜政治的責任、法的責任、行政責任だけではなく、いま、地方自治体が厳しく問われているのは、その「社会的責任」であるという認識を！〜

第12講　地方行政と「コンプライアンス」の確立

第12講　地方行政と「コンプライアンス」の確立

～地方行政に求められている「説明責任」の前提・基礎としての「コンプライアンス」とは「なに」か、いま、なぜ「コンプライアンス」が問題となるのか？～

～政治的責任、法的責任、行政責任だけではなく、いま、地方自治体が厳しく問われているのは、その「社会的責任」であるという認識を！～

事例No.49　市職員採用試験の合否の結果を「事前通知」することは許されるか

～地方自治体とコーポレート・ガバナンス、コンプライアンス、「社会的責任」～

Q A市では職員採用試験の合否結果を、依頼があった場合に事前に知らせる慣行があった。この「事前通知」は許されるのか。

【採用結果を「事前通知」する慣行があった】

　A市総務部人事課では、毎年度、職員採用試験を実施しているが、A市では従来から志願者の保護者、市議会議員等から、合否の結果を合格発表に先立って、前日に知らせてもらいたいと依頼された場合、これに応じて当該結果を知らせるという慣行があった。

　今年も人事課長Bは、合格発表の前日、勤務時間の午後5時15分が過ぎた後、二人の課長補佐C、Dとともに、手分けして依頼のあった志願者の保護者等に対し知らせることとし、その準備をしていた。

【「事前通知」について疑問の声があがった】

　ところが、その準備の最中、今年4月に採用されたばかりの新採用職員Eから、自分が去年採用試験を受けたとき、自分も両親も、このような「事前通知」の依頼はしなかった、依頼をしてきた志願者にだけこのような対応をするのはおかしいのではないかと、率直な疑問が出された。この疑問に対し、人事課長Bはどう答えるべきか。

　なお、もちろん、A市ではA市職員倫理規程が制定され、施行されている。

問題点の整理

　企業、地方自治体のコーポレート・ガバナンス（企業統治、自治体の統治）の確立が主張され、その具体的な内容として、パフォーマンス（業績の向上、

住民の福祉の増進）とコンプライアンス（企業活動の健全性の確保、地方行政
活動の健全性の確保）ということがいわれているが、ここでいう「コンプライ
アンス」という考え方に立つとき、本件「事前通知」は、許されるか。

1 本件「事前通知」と「コンプライアンス」

「コンプライアンス」とは「法令の遵守」だけではなく、「（倫理、道徳規範
をも含む）社会規範の遵守」を包摂する概念であるが、「コンプライアンス」
という視点に立って、本件「事前通知」と地方公務員法、職員倫理規程等との
関係についてどのように考えるべきか。

2 合格発表の前日、志願者の保護者等に対し「事前通知」をすることについて、
地方公務員法の守秘義務に関する規定（第34条）との関係で、どのように
考えるべきか。（「法令の遵守」との関係）

3 本件「事前通知」は、A市職員倫理規程に違反するか。
（「（倫理、道徳規範をも含む）社会規範の遵守」との関係）

················· 問題解決の手がかり ·················

1 現代の地方行政の運営、実際の地方行政活動に関する事務処理に当たっては、
ガバナンス（Governance）（企業の統治、地方自治体の統治）の確立が求められる。

2 ガバナンスの具体的な内容としては、パフォーマンス（Performance）（企業
の業績の向上、住民の福祉の増進）とコンプライアンス（Compliance）（企業
活動の健全性の確保、地方行政活動の健全性の確保）ということがいわれている。

とりわけ、「コンプライアンス」は、「法令の遵守」だけではなく、「（倫理、道
徳規範を含む）社会規範の遵守」をも包摂する考え方であり、「法治主義」の射
程範囲のいわば「外延的な」拡がりをいうものと考えられる。

3 このことは、究極においては、企業の、地方自治体の「社会的責任」（CSR
Corporate Social Responsibility）という問題につながっている。

4 企業、地方自治体の「社会的責任」を論じるに当たっては、高度情報社会、イ
ンターネット社会の中において「第四の権力」であるマスコミ（報道機関）からの、
また、企業、自治体のステーク・ホルダー（利害関係人、地方自治体にあっては、「主
権者」たる住民など）からの監視・批判に十分に耐えられるかということが問わ
れることとなる。

また、「法の支配」「法治主義」という「基本的視点」だけではなく、「公正の確保」
「透明性の向上」「説明責任」（「法治主義」のさらなる深化、いわばその「内延的
な拡がり」）という「新しい視点」に立って論じることが求められる。

第12講 地方行政と「コンプライアンス」の確立

5 さらに、企業ないし企業活動と決定的に異なるのは、地方自治体の運営、地方行政活動は、基本的に「公金」（住民の税金）によって賄われており、その範囲は最小限、住民の安心・安全の確保することから始まって、住民生活の各分野における住民の福祉の増進まで多岐にわたっている。

　地方行政の運営、地方行政活動の展開に当たっては、この点に十分留意すべきことはいうまでもない。

解 決 法

1　本件「事前通知」と「コンプライアンス」

　コンプライアンスとは「法令の遵守」だけではなく、「（倫理、道徳規範をも含む）社会規範の遵守」を包摂する概念である。

　次の「2」「3」において言及するとおり「コンプライアンス」という視点に立って、本件「事前通知」について地方公務員法、職員倫理規程等との関係を考えることが必要となる。

2　本件「事前通知」と地方公務員法第34条との関係

　合格発表の前日、志願者の保護者等に対し確定した合否の結果を知らせること（本件「事前通知」）は、その内容、行為の態様等から、「実質秘（非公知の事実であって、実質的にもそれを秘密として保護するに価すると認められるもの）」を漏らしたとまではいうことはできず、その違反に対して罰則（地方公務員法第60条　1年以下の懲役又は3万円以下の罰金）をもって担保している同法の「守秘義務」（第34条）に違反するとまではいえない、と考えられる。（「法令の遵守」との関係）

3　本件「事前通知」は、A市職員倫理規程に違反するか

　しかし、A市職員倫理規程との関係においては、現在、国においては国家公務員倫理法、国家公務員倫理規程施行されており、地方自治体のレベルにおいても、多くの場合、職員倫理条例、職員倫理規程が施行されている。

　これらは、地方公務員法第30条に定める服務の根本基準を実施するために制定されたものであり、職員倫理条例、職員倫理規程の規定する内容は「地方公務員の職務に係る倫理の保持に資するため必要な措置」であると考えられる。

　この「地方公務員の職務に係る倫理の保持」に当たって、基本となるべきは、憲法第14条（「法の下の平等」）の平等原則であり、職員倫理条例、職員倫理規程は、このような考え方に基づいて制定されている。

　地方行政活動における実際の事務処理に当たって、あらゆる局面において住民を平等に取り扱わなければならないことは、現代の地方行政のいわば「公序」ともいうべきものである。

事例 №.49　市職員採用試験の合否の結果を「事前通知」することは許されるか

　このような視点に立つとき、本件「事前通知」は、平等原則に照らして、A市職員倫理規程には違反するものといわざるをえない、と考えられる（「（倫理、道徳規範をも含む）社会規範の遵守」との関係）。

関係判例等

　コンプライアンスに関しこれまで問題となった判例、事例にはどのようなものがあるか、そこでは「なに」が問題となったのか。

①　大和銀行株主代表訴訟（大阪地裁平12.9.20判決　大阪高裁平13.12.10和解）

②　神戸製鋼所株主代表訴訟（神戸地裁平14.4.5和解）

（住民訴訟の対象とされている地方公共団体の請求権を放棄する旨の議決が適法となる要件に関する判決　「権利の放棄」議決事件判決）

③　神戸市外郭団体派遣職員人件費補助金返還請求住民訴訟判決（最高裁平24.4.20第二小法廷判決）

④　さくら市「権利の放棄」無効確認請求住民訴訟判決（最高裁平24.4.23第二小法廷判決）

⑤　船場吉兆食べ残し料理「使い回し」事件（平20.5.2発覚　平20.5.28「10年以上前から16品目」）

⑥　東京電力福島第一原発事故と「想定外」発言（平23.3.11　平23.3.23　土木学会、地盤工学会、日本都市計画学会「共同緊急声明」）

⑦　九州電力「原発賛成」メール指示事件（平23.6.22　九州電力「原発賛成メール」指示　平23.6.26　経済産業省が住民説明会実施　平23.7.6　九州電力が「原発賛成メール」（「やらせメール」）を指示した事実が発覚）

⑧　みずほ銀行反社会的勢力不適正融資問題（平25.9.27発覚）

⑨　教育長の専決事項である案件に関する職員団体との「事前協議」の問題（大分県　平14.1.21廃止）

⑩　教員「不正」採用選考事件に係る合否の結果の「事前通知」問題（大分県　平20.6.14発覚）

Ⅷ　地方行政と「コンプライアンス」の確立の動き

第12講 地方行政と「コンプライアンス」の確立

関係図49 市職員採用試験の合否の結果を、あらかじめ依頼のあった志願者の保護者等に対し、合格発表の前日に「事前通知」することは許されるか

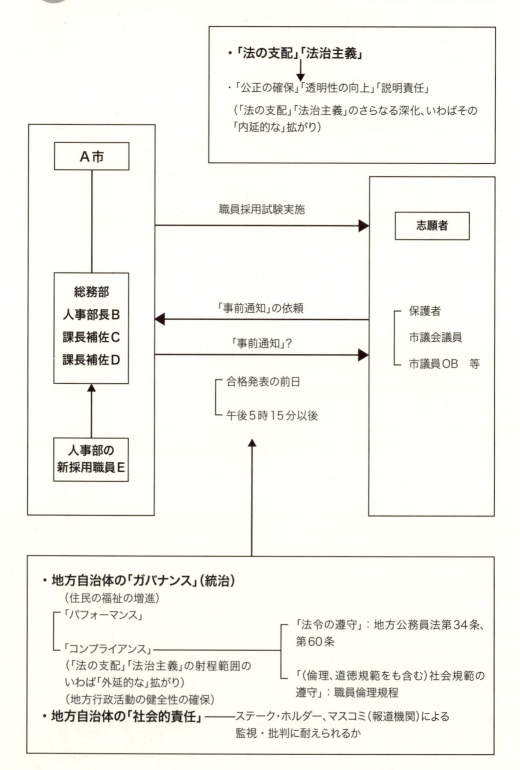

事例 No.49 　市職員採用試験の合否の結果を「事前通知」することは許されるか

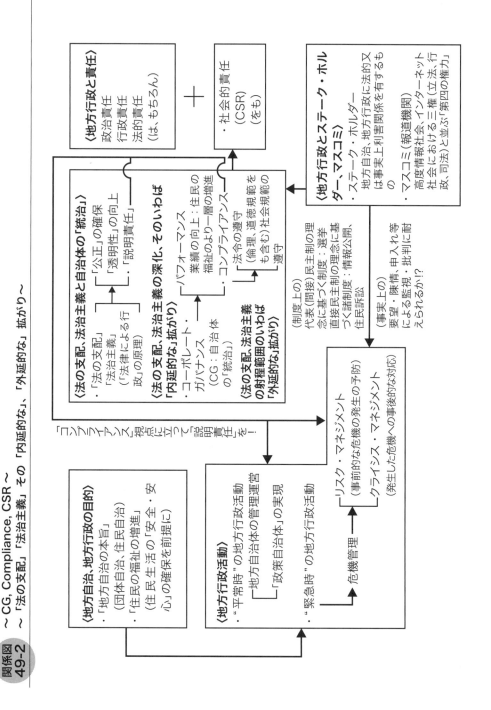

地方公務員法と職員倫理条例、職員倫理規程との関係

～職員の権利、その義務と責任についても定めている地方公務員法があるのに、なぜ、職員倫理条例、職員倫理規程等を制定するのか～

> **Q** 地方公務員法が制定されているにもかかわらず、「職員倫理条例」や「倫理規程」などを制定している自治体もある。これらの関係についてどのように考えるか。

【国家公務員法と倫理法、倫理規程】

国においては、昭和22年10月に国家公務員法が制定されているが、平成8年以降大蔵省接待汚職事件など、国家公務員による不祥事が続発したため、平成11年8月に議員立法により国家公務員倫理法が制定され、平成12年4月1日から国家公務員倫理規程とともに施行されている。

【地方公務員法と職員倫理条例、倫理規程】

地方自治体においても、昭和25年12月に地方公務員法が制定されているが、平成7年以降、いわゆる「市民オンブズマン」により「官官接待」「カラ出張」等が厳しく追及されたことなどから、独自に「職員倫理条例」を制定している地方自治体もあり、また、平成12年4月以降は、国の動きを受けて、「職員倫理規程」を制定している地方自治体も出てきている。

地方自治体の職員の公務員倫理をめぐる動き、地方自治体の職員に関する地方公務員法、関係条例等の規定の状況は、次のとおりである。

(1) 地方公務員法の「第3章 職員に適用される基準」の第6節 服務において第30条（服務の根本基準）から第38条（営利企業への従事等の制限）まで9条にわたって地方公務員の服務について規定

(2) 国家公務員倫理法等の施行
国における国家公務員倫理法、国家公務員倫理規程の施行 平成12年4月1日

(3) 地方自治体の職員倫理条例
道県の条例 平成9年4月1日に施行された「北海道職員の公務員倫理に関する条例」など 11道県
政令指定都市、特別区の条例 福岡市職員の公務員倫理に関する条例など 11市区

(4) 地方自治体の職員倫理規程等（訓令など）

事例 No.50 地方公務員法と職員倫理条例、職員倫理規程との関係

平成12年4月1日に施行された大分県職員倫理規程など　18都道府県

(1)の地方公務員法の関係規定と、(3)及び(4)の職員倫理条例、職員倫理規程との関係について、自治体職員として、どのように考えるべきか。

問題点の整理

(1)　国家公務員の「倫理」を問題とする国家公務員倫理法、国家公務員倫理規程の施行を背景・理由として、地方行政レベルにおいても、自治体職員の「倫理」を問題とする関係条例、関係規程等の整備が進展している。

(2)　その一方で、地方行政レベルにおいては、情報公開、住民監査請求・住民訴訟をその手段・方法とするいわゆる「市民オンブズマン」活動が活発化している。

　　市民オンブズマンが問題としたのは「なに」か、市民オンブズマンは「法令の遵守」だけではなく、「(倫理、道徳規範を含む) 社会規範の遵守」をも問題としていると考えられる。

　すなわち、市民オンブズマン活動の狙いは、「コンプライアンス」視点に立った地方行政活動の展開の要求、地方自治体の「社会的責任」の追及である。

(3)　地方自治体の職員としては、地方行政活動のあらゆる局面において、いま、当該の問題が、地方行政の最高かつ究極のステーク・ホルダーである「主権者」たる住民、現代の高度情報社会における（立法、行政、司法と並び立つ）「第四の権力」であるマスコミによる監視・批判に耐えられるかという問題と、常に直面しているという基本認識を持つべきである。

················· 問題解決の手がかり ·················

(1)　国家行政のレベルで、続発した国家公務員の不祥事等を受けて、はじめて実定法上、国家公務員倫理法において「倫理」について規定され、国家公務員について国家公務員法上の「法令の遵守」に違反した「法的責任」にとどまらず、「(倫理、道徳規範をも含む) 社会規範の遵守」に違反した「社会的責任」についても、実定法上明文化されたことについて、どのように考えるべきか。

(2)　地方行政のレベルにおいても、地方公務員の不祥事、国家公務員倫理法の制定等の動きを受けて、各地方自治体において職員倫理条例や職員倫理規程の制定など、地方自治体の職員の「倫理」について、これを、真正面から規定し、制度化する動きが出てきたことについて、どのように考えるべきか。

(3)　特に、平成7年から平成8年にかけ、地方行政のレベルにおいては、情報公開

第12講　地方行政と「コンプライアンス」の確立

請求、住民監査請求、住民訴訟（四号訴訟）を駆使したいわゆる「市民オンブズマン」の活動の活発化により、「官官接待」「カラ出張」など、公費の不適正支出問題が明らかとなり、その範囲も25都道府県に及ぶとともに、地方自治体職員をして303億8,722万円を当該自治体に返還させることとなった。

　この公費の不適正支出問題において、市民オンブズマンは「なに」を問題としたのか、会計手続上「適法に」処理された支出負担行為、支出命令により支出された公金と、その実際の使途との齟齬、すなわち当該公金の支出に関する背任、業務上横領等の「法的責任」ではなく、その使途に関する地方自治体及び自治体職員の公務員としての倫理、道徳規範の遵守、まさに組織ぐるみの地方自治体及び自治体職員としての「倫理」の問題、その「社会的責任」が問われたのではないかと考えられる。

(4)　いま、企業経営においてだけではなく、地方自治体の運営に関しても、コーポレート・ガバナンス（CG）の確立、その社会的責任（CSR）ということがいわれており、地方自治体にとっても、その運営の健全性を示すコンプライアンスは、運営の業績向上（「住民の福祉の増進」）を示すパフォーマンスと並んで、コーポレート・ガバナンスの一環をなすものであると考えられる。

　この意味において、地方自治体の運営の健全性を示し、「法令の遵守」と「（倫理、道徳規範をも含む）社会規範の遵守」を包摂する「コンプライアンス」視点に立って、地方自治体の社会的責任をも常に考えながら、この問題の解決に当たるべきである。

解　決　法

地方公務員法と職員倫理条例、職員倫理規程との関係について、どう考えるべきか。

(1)　国家公務員法第1条第1項の規定、また、第96条の規定から明らかなように、国家公務員倫理法は、国家公務員法をはじめとする国家公務員制度の法体系において、服務の根本基準（第96条）の実施に関して定められた法律であり、国家公務員倫理法の規定する内容は、「国家公務員の職務に係る倫理の保持に資するため必要な措置」であり、この措置を講ずることにより、「職務の執行の公正さに対する国民の疑惑や不信を招くような行為の防止を図り、もって公務に対する国民の信頼を確保する」（第1条）としている。

(2)　このような国家公務員法と国家公務員倫理法との関係は、その制定の経緯等に鑑みるとき、原則として、国家公務員法とほぼ同じ構成である地方公務員法と職員倫理条例、職員倫理規程との関係についても妥当するものと考えられる。

すなわち、職員倫理条例、職員倫理規程は、原則として、地方公務員法第30条に定める服務の根本基準を実施するために制定されたものであり、職員倫理条例、職員倫理規程の規定する内容は、「地方公務員の職務に係る倫理の保持に資するため必要な措置」であると考えられる。

(3) また、地方行政レベルにおいて職員倫理条例、職員倫理規程が制定されたのは、これにとどまらず、昭和57年4月の山形県金山町を嚆矢とし、昭和58年4月の神奈川県など、国に先駆けて制定された情報公開条例に基づく情報公開（公文書の公開請求）、国にはその制度がない、地方自治法上の住民監査請求・住民訴訟の提起などの手段・方法により、いわゆる「市民オンブズマン」活動が活発化したということもその背景・理由の一つとして考えられる。

関係事件等

・昭和63年6月	川崎市助役への未公開株譲渡発覚（リクルート事件の発端）
平成5年6月	ゼネコン汚職事件（茨城県知事、仙台市長逮捕）
平成8年12月	特別養護老人ホーム汚職事件（厚生省前事務次官逮捕）
平成9年1月	関西空港汚職事件（元運輸事務次官逮捕）
平成10年1月	大蔵省接待汚職事件
平成12年11月	KSD事件
平成19年11月	防衛省汚職事件（山田洋行事件）（防衛省元事務次官逮捕）
平成20年6月	大分県教育委員会教員「不正」採用選考に係る贈収賄事件
平成20年6月	「居酒屋タクシー」事件（中央省庁の官僚、東京都、京都市、大阪市など地方自治体でも発覚）
平成22年2月	福岡県前副知事贈収賄事件

第12講 地方行政と「コンプライアンス」の確立

関係図 50　職員の権利、義務、責任についても定めている地方公務員法があるのに、なぜ職員倫理条例、職員倫理規程等を制定するのか

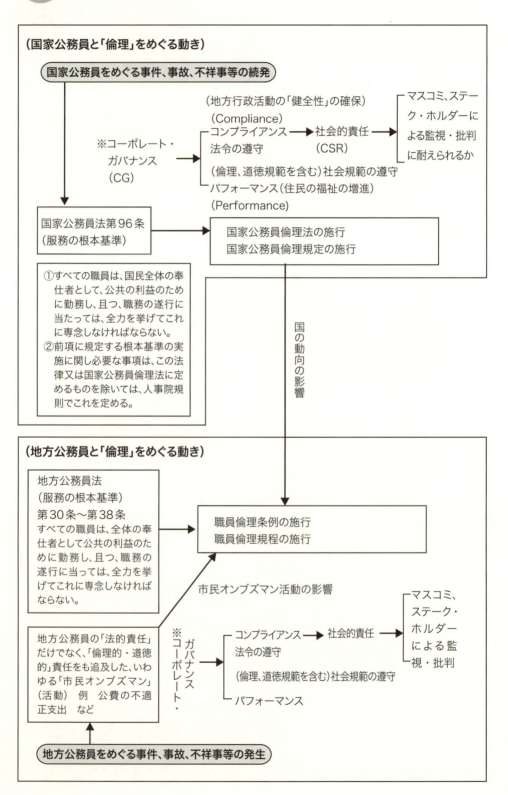

事例No.51 JR「不正」乗車問題とコンプライアンス視点に立った対応とは

～「可罰的違法性」という点においては実際に難しい問題がある法令違反の行為について、「コンプライアンス」視点に立って、「なに」をなすべきか～

Q 公立大学法人A大学の最寄り駅「A大学前駅」の不正乗車が横行しているため、駅長からの申入れもあり、A大学でもオリエンテーションや一斉メール等での注意喚起を行っており、啓発にも努めているが、不正乗車は減る兆しがない。コンプライアンスの視点に立った場合、なにをなすべきか。

【不正乗車が横行している】

A大学は、A県の県庁所在地であるJRのB駅から所要時間10分の場所にあり、講義のある日には学生らが「A大学前駅」を利用し、毎日約2,000人が乗降している。

しかし、「A大学前駅」は駅員2人で、現在、毎日19時20分以降は無人駅となっているが、JRとしてはさらに「A大学前駅」の「無人化」を検討しているとも報道されている。

もちろん、A大学の周辺には住宅団地があり、「不正」乗車する者はA大学の学生だけではないと考えられるが、毎日多数の「不正」乗車（専らB駅からの最短区間であるC駅までの大人160円切符、場合によっては子供80円切符による。）が横行している。

なお、B駅から「A大学前駅」までは、片道250円切符である。

【駅長からの申入れにより、学内で注意喚起】

このような状況にたまりかねた「A大学前駅」の駅長からの申入れを受け、A大学としては、入学者に対するオリエンテーションにおいて「学生生活と『法』」という科目の講義の中など、あらゆる機会に「不正」乗車について学生に注意喚起をしている。

4学部約6,000人の学生に対し一斉メールを7回にわたって送信し、各学部にポスター、チラシを張り、立て看板を設置するなど、学生に対する啓発に努めてきているが、「不正」乗車はいっこうに減る様子が見られない。

特に、4月の新入生歓迎コンパ、9月末から10月にかけての後学期の開始、12月の部活やゼミの忘年会などの時期になると、多い日には30枚から40枚というような「不正」乗車の切符が多数確認されているという状況にある。

第12講 地方行政と「コンプライアンス」の確立

問題点の整理

（「コンプライアンス」―「法令の遵守」という視点から）

1　「不正」乗車をする行為は、詐欺利得罪（刑法第246条第2項）、電子計算機使用詐欺罪（刑法第246条の2）に当たるが、「可罰的違法性」という点から見るとき、法的に見て「なに」が問題となるか。

2　また、刑事訴訟法第239条第1項の規定には、「何人でも、犯罪があると思料するときは、告発をすることができる。」と規定されており、法的に見てA大学の関係職員が事実上学生等を「告発」することもできるが、実際に「告発」することができるか。

（「コンプライアンス」―「（倫理、道徳規範をも含む）社会規範の遵守」という視点から）

3　「（倫理、道徳規範をも含む）社会規範の遵守」という視点に立って、A大学として、「告発」という法的措置はともかく、「事実の概要」において言及した対応以外に「コンプライアンス」の確立という視点に立って、「なに」をすることができるか、また、なすべきか。

·········· 問題解決の手がかり ··········

　「コンプライアンス」とは、「法令の遵守」だけではなく、「（倫理、道徳規範をも含む）社会規範の遵守」を求めるものであるが、本件のような「法令の遵守」という視点に立つだけでは、問題の解決につながらないような事例について、「法令の遵守」「社会規範の遵守」というこれら二つの関係について改めてどう考えるべきか。

　「コンプライアンス」が、究極においては、地方自治体の「社会的責任」につながり、地方自治体あるいはその活動がステーク・ホルダー、マスコミによる監視・批判に耐えられるか、ということを問題にするものである限り、明白に「法令の遵守」に違反する行為についても、「社会規範の遵守」という視点にも立って、なんらかの措置について考える必要がある。

解決法

（「コンプライアンス」―「法令の遵守」という視点から）

1　詐欺利得罪、電子計算機使用詐欺罪の構成要件該当性

　「可罰的違法性」という点から見るとき、累犯の場合は格別、例えば1回限りの「不正」乗車等について、実際にどこまで処罰されるかという点については、疑問が残る。

●326●

2 刑事訴訟法の規定による「告発」の可否

　学生等について、被疑者不詳として「告発」することはもちろん可能であるが、この場合においても、1において言及した疑問が残る。

（「コンプライアンス」―「（倫理、道徳規範をも含む）社会規範の遵守」という視点から）

3 「法令の遵守」の実質化

（「法令の遵守」と「（倫理、道徳規範をも含む）社会規範の遵守」の関係の捉え直し）

　上記1、2において言及したとおり、本件「不正」乗車行為に対する措置としては、「コンプライアンス」の一要素である「法令の遵守」という視点に立った措置について疑問が残り、限界がある。

　しかし、我が国は、いうまでもなく法治国家であり、「法の支配」「法治主義」の実現は、地方自治、地方行政においても当然の事理とされ、そのためには現代の地方自治、地方行政における「法」概念の変容（「法の支配」「法治主義」の射程範囲のいわば「外延的な」拡がり）をもたらしている「コンプライアンス」についても、その構成要素である「法令の遵守」と「（倫理、道徳規範をも含む）社会規範の遵守」という二つの関係をダイナミックに捉え直す必要があると考えられる。

　これを本件事例に即していえば、「コンプライアンス」の一要素である「法令の遵守」のいわば実質化を図るためにも、A大学として、「コンプライアンス」のもう一つの要素である「（倫理、道徳規範をも含む）社会規範の遵守」という視点に立って、最後は、学生の保護者等のステーク・ホルダー（大学運営に関する利害関係人）、現代の高度情報社会、インターネット社会において「第四の権力」であるマスコミ（報道機関）に対し、幅広く訴えていき、学生の「法令の遵守」という意識のさらなる高揚を図るということにつなげていくことが不可欠となる。

　なお、A大学において「コンプライアンス」の確立のため、新たに「学生生活と『法』」という科目の講義を実施し、一斉メールの送信、ポスター、チラシ、立て看板等による学生等に対する啓発に努めるという事実上の措置を執ることも当然の措置であると考えられる。

関係判例等

刑法第246条（詐欺）関係判決

・大阪高裁昭和44年8月7日詐欺被告事件判決

刑法第246条の2（電子計算機使用詐欺）関係判決

・東京地裁平成24年6月25日電子計算機使用詐欺被告事件判決

第12講 地方行政と「コンプライアンス」の確立

関係図 51 多数の学生による長期間にわたるJR「不正」問題への対応はいかにすべきか

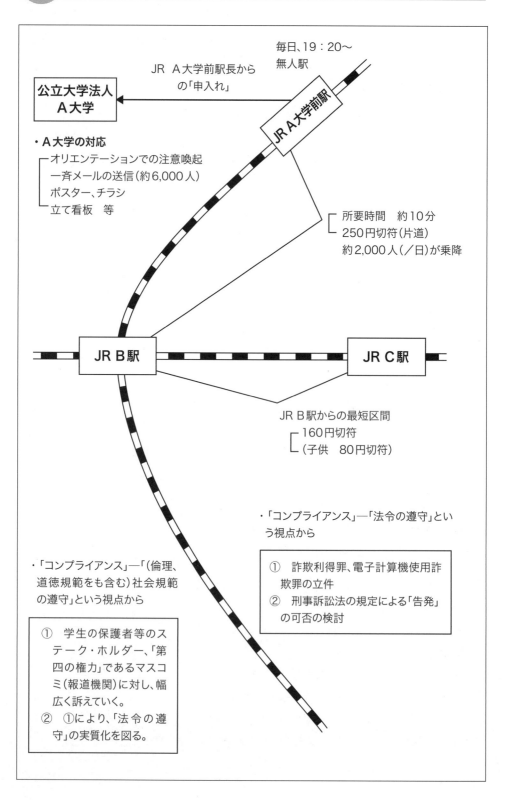

地方行政と「危機管理」

(第13講 事例№.52〜事例№.55)

〜いまこそ求められる「コンプライアンス」視点に立った危機管理の確立！〜
「内部告発」、公益通報、行政対象暴力、クレーマーなどにいかに対応すべきか？
「クライシス・コミュニケーション（『危機管理広報』）」とは「なに」か？〜

・

第13講　地方行政と危機管理

・

第13講　地方行政と危機管理

～いまこそ求められる「コンプライアンス」視点に立った危機管理の確立！～
「内部告発」、公益通報、行政対象暴力、クレーマーなどにいかに対応すべきか？
「クライシス・コミュニケーション（『危機管理広報』）」とは「なに」か？～

事例No.52　市民オンブズマンから、県立美術館の「議会の議決」のない美術品の買入れ等について申入れがあった場合、いかに対応すべきか

～地方行政活動と「危機」「危機管理」をめぐって～

Q 市民オンブズマンから県立美術館の「議会の議決」のない美術品の買入れ、「不適正」な会計処理の事実について申入れがあった。どのように対応すればよいか。

【「議会の議決」のない美術品の買入れがあった】

1　「議会の議決」のない美術品の買入れ

　A県教育委員会に対し、本来地方自治法第96条第8号の「議決事件」である県立美術館の美術品の買入れが、「議会の議決」を経ることなく行われたのではないか、とNPOである市民オンブズマンから情報公開請求が行われるとともに、「公開質問状」が提出され、県議会で一般質問がなされるなどの一連の動きがあった。

　そこで、A県教育委員会において県立美術館が設置された20年前まで遡って調査したところ、直近の過去5年間にわたって合計6件、総額2億8,300万円余の美術品の買入れについて「県議会の議決」を経ることなく行われていた事実が明らかになった。

　このため、A県教育委員会においては、当時、喫緊の課題として、県議会の「追認の議決」を得るための議案の提出、県議会議員への「根回し」等の対応に追われることとなった。

　なお、本件美術品の買入れについて県議会の「追認の議決」があった後、関係職員に対し懲戒処分等を行った。

【市民オンブズマンから「不適正」会計処理も明らかにされた】

2　美術館における「不適正」会計処理、公益通報

　また、情報公開請求等にあわせて、市民オンブズマンが口頭ではあったが、これまで美術館において「不適正」会計処理の事実があったのではないかという疑いを指摘した。この指摘された「不適正」会計処理の事実についても調査したところ、

事例 №52　市民オンブズマンから、県立美術館の「議会の議決」のない美術品の
買入れ等について申入れがあった場合、いかに対応すべきか

当該事実があったことが明らかになった。

　しかし、A県教育委員会としては、当面、1で言及した喫緊の課題である「議会の議決」を経ることなく行われた美術品の買入れに係る「追認の議決」などの事後処理の対応を最優先し、当該指摘のあった「不適正」会計処理の事実の裏付けとなる関係資料については、これを「封印」して教育委員会の書庫で保管し、結果的には、その後「放置」したままになってしまった。

　本件問題が発生した4年後、A県教育委員会に対し教育委員会事務局の職員（当時、県立美術館に勤務）から公益通報者保護法の規定による「公益通報」がなされたため、A県教育委員会が外部の有識者（弁護士、大学教授、公認会計士、各1人）からなる「第三者委員会」を設置し、その「調査・報告書」が提出された後、必要な措置をとるとともに、関係職員に対し懲戒処分等を行った。

問題点の整理

　ここでは、二つの事例に関する「問題点の整理」に先立って、実際の地方行政活動における「危機」とは「なに」か、「危機管理」とは「なに」かについて考えてみる必要がある。

1　実際の地方行政活動と「危機」「危機管理」についてどのように考えるか

(1)　「危機」の意義、「危機」とは「なに」を、どういう事態をいうのか、「危機」には、どのような類型があるのか、また、危機の発生原因は「なに」か、とりわけ、「内部告発」、公益通報とどのように向き合うのか。

(2)　「危機管理」に関する基本的な考え方は、どうあるべきか。

　　「コンプライアンス」視点に立って「危機管理」を実践するとは、どういうことか。

(3)　実際の地方行政活動において「危機管理」をどのように実践するのか、「危機管理」のポイントとは、「なに」か。

2　「議会の議決」を経ることなく行われた美術品の買入れの効力をめぐる事例

　「議会の議決」を経ることなく行われた美術品の買入れの効力は、どうなるのか、法的には「無効」か、法的に「無効」ということになれば、買い入れた美術品は返却し、支払った買入れ代金を返還してもらうべきか。

3「不適正」会計処理をめぐる事例

　公益通報者保護法の規定により「公益通報」がなされた場合、どのように対応すべきか。

Ⅸ

地方行政と「危機管理」

●331●

第13講 地方行政と危機管理

・・・・・・・・・・・・・・・・・・・・・・・・・・ 問題解決の手がかり ・・・・・・・・・・・・・・・・・・・・・・・・

　いまや、地方行政の「現代的・標準的」装備であり、実際の地方行政活動の展開に当たって必要不可欠な制度となっている地方行政の「公開」、その中核的な制度である「情報公開制度」、「公的」オンブズマン制度（↔いわゆる「市民オンブズマン」活動）、公益通報制度（↔「内部告発」）などについて習熟することが必要であり、また、なによりも「危機管理」意識の涵養に努めることも求められる。

解 決 法

1 実際の地方行政活動と「危機」「危機管理」についてどのように考えるか。

⑴ 「危機」の意義、「危機」とは「なに」か、「危機」の類型にはどのようなものがあるか

　危機の発生原因は「なに」か、とりわけ、「内部告発」、公益通報とどのように向き合うのか。

　① 「危機」の意義

　「危機」とは、国家行政、地方行政のレベルを問わず、国・地方自治体又は国、地方自治体の職員にとって予想外の出来事、悪い結果をもたらす出来事をいい、仕事を中断しても対応すべき、あるいは組織全体として対応を必要とする事件、事故、不祥事等の問題をいう。

　「危機」に当たるかどうかというその判断の基準は、主権者たる国民、住民（「納税者」）からの批判の発生と国民、住民の国家、地方行政に対する信頼感の喪失（国民、住民に対して「説明できないこと」、「説明しても、国民、住民に納得してもらえないこと」）という一点に関わっているといっても過言ではない。

　② 「危機」の類型

　国家行政レベルでの「危機」の類型としては、"A（atomic），B（Biology），C（Chemical, Computer, Cult），D（Disaster）"危機、さらに"E（Economy），F（Finance）"危機がある。

　地方行政レベルでは、国家行政レベルにおける「危機」の類型とは、異なる視点に立って、実際の地方行政活動の状況等も踏まえるとき、次のような「危機」の類型があげられる。

類型1　地方自治、地方行政システムの根幹に関わる、いわば「制度的」危機

（例）市町村合併の推進、道州制の導入の推進に係る検討

類型2　地震、風水害等、住民の生活基盤そのものを脅かしかねない、いわば「自然的・物理的」危機

（例）東日本大震災、東京電力福島第一原子力発電所事故

●332●

事例 No.52 市民オンブズマンから、県立美術館の「議会の議決」のない美術品の
買入れ等について申入れがあった場合、いかに対応すべきか

類型3　地方自治体の存立そのものに直結しかねない「行政運営上の」危機

（例）1,000兆円を超える国・地方の長期債務残高等未曾有の国家・地方の財政
　　　危機

　　　平成29年度末　1,093兆円（国　898兆円　地方　195兆円）

類型4　自治体職員の事件、事故、不祥事等、「内部告発」・内部通報等による「人
　　　的・内部起因型」危機

（例）九州電力「やらせメール」事件、大分県教育委員会教員採用選考合否「事
　　　前通知」事件、ハラスメント

類型5　情報公開請求、住民訴訟の提起等法的な手段・方法、行政対象暴力、事
　　　実上の申入れ等事実上の手段・方法により、自治体の外部からもたらさ
　　　れる「人的・外部起因型」危機

（例）情報公開訴訟、住民監査請求・住民訴訟、行政対象暴力、クレーマー等

③　「危機」を発生させる主たる原因

　まず、「大したことにはならないだろう。」という自治体及び自治体職員の独善
的な判断、勝手な思い込み、根拠のない楽観主義、「危機管理意識」の欠如である。

　次に、地方自治体の部内処理と自治体ぐるみの事件、事故、不祥事等「隠し」、
公表することなく秘密裡に行う関係職員等の辞職など「組織防衛のための隠ぺい
体質」である。

　また、「見ざる」「聞かざる」「言わざる」という「問題を指摘しにくい職場の
雰囲気」である。

⑵　「危機管理」に関する基本的な考え方

　「危機管理」とは、国レベルでは、実定法上「国民の生命、身体、又は財産に重
大な被害が生じ、又は生じるおそれがある緊急の事態への対処及び当該事態の発生
の防止（国の防衛に関するものを除く。）」（内閣法第15条第2項）とされている。

　一方、地方行政レベルにおける「危機管理」については、地方自治体が住民にとっ
て最も身近な存在であり、地方行政活動が住民の生活に深く関わっていることから、
国家行政における概念よりもこれを広くとらえる必要があり、「地方行政の制度の
存立に関わり又はその運営を危機にさらす虞のある問題への対処及び当該問題の発
生の防止」をいうと考えられる。

　「危機管理」については、「コンプライアンス」視点に立ってこれを実践すること
が不可欠であるが、「コンプライアンス」視点に立った「危機管理」とは、「なに」
をいうのか、「コンプライアンス」視点に立って「危機管理」を行うことが求めら
れる理由としては、地方自治体及び自治体職員が、

①　いまや「法令の遵守」にとどまらず、「（倫理、道徳規範をも含む）社会規範

第13講 地方行政と危機管理

の遵守」を要求する「コンプライアンス」という考え方（法の支配、法治主義の射程範囲のいわば「外延的な」拡がりを意味する。）の登場による、現代の地方行政における「法」概念の「変容」について明確に認識することが求められている。

② 地方行政活動に当たって、高度情報社会、インターネット社会の進展という状況の中にあって、「第四の権力」といわれるマスコミと真摯に向き合い、その監視・批判に耐えることが求められている。

③ 地方行政の最高かつ究極的な存在であり、最大のステーク・ホルダーである主権者たる住民に対し、「コンプライアンス」視点に立って「説明責任」を果たすことが求められている。

という三つの点が挙げられる。

因みに、地方行政の運営に当たり「コンプライアンス」視点に立ってこれを行う必要があることは、緊急時においてだけではなく、平常時においても同様であることはいうまでもない。

(3) 「危機管理」のポイント

「危機管理」のポイントとしては、(1)の③「危機」を発生させる主たる原因を踏まえ、これら三つの主たる原因の対極にあるといえるが、次のような三点に集約される。

まず、「危機」を「危機」と考えたくない地方自治体自治体職員一人一人の思いが、逆に作用すること、この思いを払拭することこそが、危機管理の第一歩である。

次に、「事実はいつか必ず明るみに」（"Murder will out（cannot be hide）."）ということを常に意識し、また、これまでの経験則に照らしても、事件、事故、不祥事等は、隠していても、いつかは明るみに出るものであり、それが明るみに出たときは、時間の経過とともに、そのいわば「傷口」は大きくなってしまうということに思いを致すべきである。

なお、この点に関し、留意すべきは、「上司の関与は、即自治体ぐるみとみなされる。」ということである。

また、平成18年4月1日からの公益通報者保護法の施行（「公益通報」の制度化）を一つの契機とし、これが誘因となり、自治体の内部においては、心ある自治体職員からの「内部告発」を招くような状況にもなっている。

この点に関しては、地方自治体としても、また自治体職員としても、いまや「法の支配、法治主義」という「法令の遵守」は自明の理であり、さらに、「法治主義」のさらなる深化、いわばその「内延的な」拡がりである「公正の確保」「透明性の向上」「説明責任」という視点に立って、いわば「内部告発」されても、これに耐えうるような地方行政の運営あるいは事務処理に努めるべきである。

事例 No.52 市民オンブズマンから、県立美術館の「議会の議決」のない美術品の買入れ等について申入れがあった場合、いかに対応すべきか

(4) 過去の危機管理事例に学ぶ

次のような視点から、他の自治体等における過去の事件、事故、不祥事等をめぐる危機管理の例に学ぶことも、また重要である。

① 「危機」は、なぜ発生したのか、その経緯等を明らかにし、原因の究明をきちんとすること。

② 「危機」を発生させないための事前の対策はどうなっていたのか、可能な限り明らかにすること。

③ 発生した事件、事故、不祥事等への地方自治体あるいは自治体職員としての対応上の「誤り」はなかったのか、きちんと検証すること。

④ 「第四の権力」であるマスコミ、ステーク・ホルダー等は「なに」を最も問題視したのか、その立場に立って考えてみること。

⑤ 今後の再発防止策、首長をはじめ関係職員の懲戒処分等は、マスコミ、ステーク・ホルダーを納得させられるものであったかどうか、改めて検討すること。

(5) 「類型的・段階的」危機管理論

① 「危機管理」には、危機に陥らないための①「危機の予防」(いわば「平常時」における危機管理ともいうべきもの)(リスク・マネジメント Risk Management)、②「いったん発生した危機への対処」(「緊急時」における危機管理 Crisis Management)がある。

なお、最近東南海・南海地震などを想定する必要等もあり、「事業継続」という新しい視点に立ったBCP(Business Continuity Plan「事業継続計画」)、BCM(Business Continuity Management「事業継続」)という「危機管理」に関する新しい考え方も主張されている。

② 地方行政レベルにおける「危機管理」に当たっては、(1)の②「危機」の類型で言及した類型1から類型5までに応じ、それぞれ適切に対応すべきこととなる。

しかし、ここで展開する「類型的・段階的」危機管理論については、専ら実際の地方行政活動において日常的に発生する可能性のある類型3〜類型5を念頭において言及することとする。すなわち、

第一段階 迅速かつ的確な事実、情報の収集、トップへの報告
第二段階 事実(経緯等)、情報、原因等の確認・整理
第三段階 問題点の抽出、処理方針案の検討、決定
第四段階 具体的な処理案の決定、再発防止策の決定
第五段階 責任の所在の明確化、マスコミ等への公表

③ 「類型的・段階的」危機管理論のポイントは、実際の地方行政活動において事件、事故、不祥事等が発生したときは、いずれの局面においても、常に「情

報公開」ということを念頭に置き、スピード感をもって、「第四の権力」であるマスコミ、議会、住民等の「ステーク・ホルダー（Stake holder）」（地方行政活動の利害関係者）に対し「説明責任」をきちんと果たすことが求められる。

最後に、「危機管理」については、

"Accidents will happen."

"Murder will out（cannot be hide）."

「危機」には終わりがある、「問題」は必ず解決すると、信じてこれに対処することが求められると考えられる。

2 「議会の議決」を経ることなく行われた美術品の買入れの効力をめぐる事例

(1) 地方自治体も一の社会的実体であり、その存立目的を達成するために必要な限りにおいて住民と自由・対等の立場に立つ私経済関係における一方当事者、経済活動の主体として、当然に取引行為を行うことができる。このような関係は基本的に「私法関係」であり、原則として民法の物権編及び債権編の規定が適用されることとなる。

(2) しかし、地方自治法第96条第1項は、条例の制定改廃、予算の議決のほか、地方公共団体が条例で定める契約を締結し、条例で定める財産の取得又は処分をすることなどの一定の場合に「議会の議決」を要するとしている。

地方自治法が、このように地方公共団体が行う一定の契約の締結、財産の取得等について一般的な条例の定めがあるか、又は個別的な議会の議決を要するとしたのは、地方公共団体が行うこれらの財産上の行為に、これを地方公共団体の長の独断専行に委ねることなく、議決権を有する議会による制約を加えることにより、地方公共団体における地方財政の民主的かつ健全な運営を図るためであると考えられる。

これが、地方自治法第96条第1項の立法趣旨であると考えられる。地方公共団体は、私経済関係において経済活動の主体として私経済活動を行うに当たっても、究極において「住民の福祉の増進を図る」という、その存立目的に照らして、一定の重要な取引をするに当たっては、地方自治法、関係条例等による「公法的観点」からする制約を受けることとなるのである。

(3) 地方自治法第96条第1項の規定により「議会の議決」を要するとされている一定の契約の締結、財産の取得等について、「議会の議決」を経ることなく、これらの行為をした場合は、(2)において言及したその立法趣旨から考えて、当該行為を「無効」と解すべきであり、判例もこれを「無効」とするものが多い。

しかし、また、「議会の議決」を要する行為について、これを経ることなく行った場合、当該行為は「無効」であるが、その「無効」は確定的なものではなく（い

事例 №.52 市民オンブズマンから、県立美術館の「議会の議決」のない美術品の
買入れ等について申入れがあった場合、いかに対応すべきか

わば「相対的無効」）、事後的に議会が「追認の議決」を行うと、瑕疵が治癒され、
遡及して有効となる（民法第116条の無権代理行為の追認の規定の類推適用）と
解すべきであり、その趣旨の判例も多く出されている。

　なお、現在国家公務員だけではなく、地方公務員の「矜持」ということが問われ
ており、本件美術品の買入れ問題について関係職員に対し、懲戒処分等を実施
し、いわば「けじめ」をつけることは当然である。

3 「不適正」会計処理をめぐる事例

　公益通報者保護法の規定により「公益通報」がなされた場合、原則として同法の
施行に伴いA県教育委員会が定めている、公益通報者保護関係規程所定の手続を履
践し、適切に対応すべきは当然である。

　しかし、「内部調査委員会」による内部調査・検討には限界があり、その調査・
検討結果について、ステーク・ホルダーやマスコミの信頼を確保し、「説明責任」
をきちんと果たすためにも、公益通報者保護関係規程所定の手続による「内部調査
委員会」の設置にとどまらず、当該調査の客観性・公平性の確保という観点から、
「外部調査委員会」である「第三者」による「調査・検討委員会」（いわゆる「第三
者委員会」）の設置についても検討し、その「調査・報告」の尊重、再発防止策等
の実施ということも考えられる。

　なお、現在国家公務員だけではなく、地方公務員の「矜持」ということが問われ
ており、本件「不適正」会計処理問題についても、関係職員に対し、懲戒処分等を
実施し、いわば「けじめ」をつけることは当然である。

関係判例等

（議決を経ないでした行為と議会の追認の議決に関する判決）
・仙台高裁昭33.4.15判決
・大阪高裁昭53.10.27判決
・東京高裁昭57.5.25判決

第13講 地方行政と危機管理

関係図52 市民オンブズマンから、県立美術館の「議会の議決」のない美術品の買入れ、「不適正な」会計処理について申入れ等があった場合、いかに対応すべきか

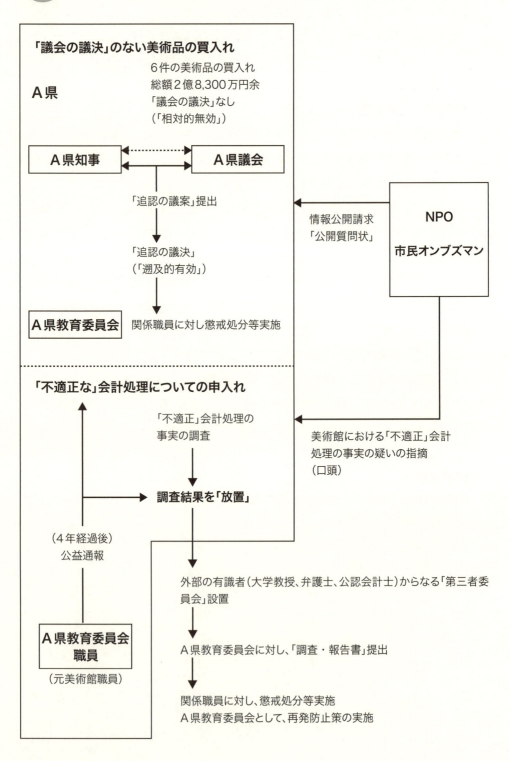

事例No.53 発生した事件、事故、不祥事等への対応のポイント

～行政対象暴力、クレーマー、「不当要求行為」への対応のポイント～

 行政対象暴力やクレーマー、不当要求行為への対応はいかにすべきか。

【行政対象暴力への対応のケース】

(1) 県の高齢者福祉行政の担当課において、最近軽費老人ホーム等を運営する財団法人を解散、清算して社会福祉法人を設立したというが、常務理事である自分が知らないうちに理事会の解散、清算の議決がなされており、当該解散、清算を決定した理事会の議事録は「偽造」であるとして、理事の一人から当該議事録が「真正」であるか否か、担当課として事実関係について調査し、偽造の事実確認をするよう、厳しい要求がなされ、長期間にわたる執拗な、当該担当課との話合いの中では、時として職員に対し模造の短刀を突き付け、あるいは課内の応接台を蹴飛ばすなどして、対応した職員を畏怖させ、軽いけがを負わせるなどの行為を繰り返し行った。

(2) 県立高校で、1年から2年に進級させるに当たり、ある生徒に対し「原級留置」処分をしたところ、保護者は地方裁判所に対し、地位保全の仮処分の申立てをするとともに、県教育委員会又は「原級留置」処分をした県立高校に当該保護者の代理人と称する男が連日のように押しかけ、「教育的配慮」をしろ、当該原級留置処分を撤回しろと、激しい抗議、申入れが繰り返され、県教育委員会や県立高校の正常な業務の運営が妨げられる状況となっている。

このように、暴力的な言辞を弄する等して、行政対象暴力を行う住民に対し、担当課長又は県立高校長等は、いかに対応すべきか。

(3) と畜場法第3条第1項の規定に基づきと畜場を設置しようとしていた食肉処理業者が、土地利用規制に関する農振法、森林法等に定める所定の手続等をすることなく、建築基準法第6条1項の規定に基づき建築確認だけをとって（建築確認は、裁量の余地のない覊束行為であり、知事などの特定行政庁の下におかれている建築主事は、建築確認申請がなされてから21日（現在は35日）以内に応答すべき義務がある。）、7か月間、昼夜兼行の突貫工事をした上、事実上のと畜場の施設を完成させ、知事に対し、と畜場の設置許可申請がなされた。

と畜場の設置許可申請書が提出された後、当該許可申請者は、連日のように担当課に押しかけてきては、机をたたき、大声を上げるなどして担当課長など関係

第13講 地方行政と危機管理

職員を威圧し、直ちに設置許可をしろ、知事に合わせろ、などと、その要求をエスカレートさせていった。

　ちなみに、と畜場の設置については、県全体としての適正配置を図る必要から整備計画が策定されており、また、と畜場を設置すれば、その規模に応じ、県がと畜検査員（獣医師）を配置することとなっている。

　このような要求に対し、知事としては、いかに対応すべきか。

【クレーマーへの対応のケース】

(1)　ある年度末に、県の土木部において急に予算の執行が可能となったため、所管の土木事務所用地課が、かねてから地元住民が強く要望していた当該地区の道路改良工事を行い、ぎりぎり年度内に工事が完成した。

　しかし、本来は正規の用地買収の手続を行った上、当該工事に着工すべきであるが、年度末も迫っており、これをする暇がなかったため、やむを得ず、用地買収の対象となる土地の3人（母、長男、次男）の共同相続人のうち、地元在住の長男1人の了解をもらって、長男名義の「起工承諾書」をとり、口頭で了解を得て、道路工事に着工し、完成させ、4月末になって、事務処理に必要なため、県外在住の共同相続人の1人（次男）に対し、「私は、被相続人から生前に十分な贈与を受けており、私には相続分がないことを証明します。」という旨の証明書及び本人の印鑑証明を提出するよう、文書により依頼した。

　すると、この文書を受け取った県外在住の共同相続人の1人（次男）から、相続人である自分の意思を事前に確認することもなく工事を行ったのは、自分の土地所有権の侵害であり、違法であるとして、その後6か月間にわたって当該土木事務所用地課に対し文書により、あるいは勤務時間中に長時間にわたる電話をかけてくるなどの行為を繰り返し、執拗な抗議がなされ、担当職員がしばしば仕事を中断せざるを得ないような状況となった。

　これまで土木部の内部で慣行的に行われてきたが、民法の共同相続を前提とした場合、法的にはなんら意味がなく、用地買収の相手方（土地所有者）との個人的な信頼関係に基づいてのみ成り立つ「起工承諾書」又は権原を有しない者との口頭了解についてどのように取り扱うべきか。

(2)　県の土木部の契約担当課の職員が、発注した公共工事に関し、事実上倒産した請負業者の下請け工事代金債権に関する公共工事請負契約約款の解釈について、当該公共工事の下請業者に対し誤った教示をしたため、当該下請業者が最終的に下請代金債権を回収することができなくなり、そのため、約5か月間にわたって、連日のように土木部に押しかけて抗議し、あるいは庁舎の敷地内で抗議の座込みを行い、県に対し、繰り返し損害賠償の請求等をしてきた場合、いかに対応すべきか。

340

事例 No.53　発生した事件、事故、不祥事等への対応のポイント

このように、担当職員が関係住民に対し、誤った「教示」をした場合、どのような措置をとるべきか。

(3)　37歳になり、卒業後25年を経過した、公立大学の卒業生から、ある日突然、自分が経営学部在学中に2年から3年に進級できなかったのは、ドイツ語の単位を認定しなかった当時のドイツ語担当教授の所為であるとして、数回にわたり公立大学に対し、執拗に電話、メールあるいは手紙により抗議し、当該進級を審議した教授会の議事録等関係法人情報の情報公開の請求を行い、その後、自分の住所を管轄する地方裁判所に、公立大学及び当該教授を被告として損害（慰謝料）賠償請求訴訟を提起した。

このように、執拗に抗議し、訴訟を提起したクレーマーに対し、公立大学としては、裁判外で、あるいは裁判上どのように対応すべきか。

(4)　ある70代の元建設業を経営していた県民は、「何でもいいから、常に、県か、県知事相手に裁判が係属していなければ！」と言って、六法全書片手に地方裁判所に対し「本人訴訟」を繰り返し提起し、地裁判決で敗訴しても、毎回、高等裁判所に控訴していた。

問題点の整理

1　「行政対象暴力」とは「なに」か。

　「行政対象暴力」とは、暴行、威迫する言動その他の不当な手段により行政機関に対し、違法又は不当な行為（公務員に対して、作為や不作為を問わず、職務上の一定の行為を求めるための暴行、脅迫等「社会的相当性」を超えた、いわゆる「不当要求行為」その他の行為）を直接間接に要求し、行政の公正・中立を害する行為をいう。

　公務員個人に向けられた行為であっても、その目的が行政の公正・中立を害する行為であれば、行政対象暴力である。

　最近における「行政対象暴力」が問題となった大きな事件としては、岐阜県御嵩町の産業廃棄物処理問題をめぐる町長襲撃事件（平8.10.30）、産業廃棄物行政をめぐるトラブルによる栃木県鹿沼市の廃棄物担当参事殺害事件（平13.10.31）、暴力団員による長崎市長襲撃殺害事件（平19.4.17）、宝塚市の市税滞納トラブルによる市役所放火事件（平25.7.12）などがある。

2　「不当要求行為」とは「なに」か。

　「不当要求行為」とは、一般的には、暴行、脅迫等社会的相当性を欠く行為、及び公正な職務の執行を阻害するおそれのある一切の行為をいうが、具体的に

IX

地方行政と「危機管理」

341

はおおむね、次のような手段により、自らの要求の内容を実現しようとすることをいう。

(1) 面談している最中に机をたたくなど、暴行、暴力行為

(2) 「月夜の晩ばかりではないぞ、夜道に気をつけろ」と暴言を吐くなど、威迫、脅迫行為

(3) 殊更に煙草の煙を吐きかけるなど、粗野な行為

(4) 事務室、庁舎内に長時間居座るなど、業務を妨害し、庁舎内等の施設の保全及び庁舎等における行政機関の円滑な事務事業の遂行を阻害する行為

(5) 正当な理由なく、首長等に面会を強要する行為

(6) 職員にミスがないにもかかわらず、ミスがあると一方的に主張し、その是正、職員の謝罪、自治体の損害賠償を要求するなど、正当な権利がないにもかかわらず、権利があると主張する行為

(7) 許認可等その他契約に関し特定の事業者個人に有利な取扱いを要求する行為

(8) 入札の構成、公正な契約事務を阻害する行為

(9) 人事の公正さを阻害する行為など、公正な職務の遂行を阻害し、又は阻害するおそれのある一切の行為

(10) 自治体あるいは職員個人に対する誹謗、中傷

3 「クレーマー」とは「なに」か。

(1) 「クレーマー」とは、「住民本位」との行政の方針を利用し、又は行政窓口の住民に対する誤信に応じて、経済的又は精神的な自己の要求を満たすために、「社会的相当性」を超えた要求、すなわちいわゆる「不当要求行為」を行う者をいう。

(行政の平穏、円滑な業務遂行と対峙する、外形的には市民の顔を装った単なる不当要求行為者)

(「市民至上主義」「市民第一主義」の上位概念としての「市民平等主義」：憲法第14条（平等原則))

(2) クレーマーの類型

ア 要求実現型クレーマー（「経済目的」「経済的要求」)

経済原理に裏打ちされており、時間と手間が最大の障害要因である。

イ パーソナリティー型クレーマー

(「他者の苦痛」が目的 「精神的自己満足」)

他人が自分の言動等によって苦しむ姿を見て優越感に浸り、自己の存在感を確認、「正義の味方」として行動し、権力に対して対抗しているとい

事例 №.53 発生した事件、事故、不祥事等への対応のポイント

う独自の正義感に裏打ちされている。

「筋論クレーマー」

「その筋のクレーマー」

ウ　要求実現型・パーソナリティー型混在クレーマー

エ　権限行使要求型、金品要求型クレーマー

　なお、具体的には、一般的なクレーマーのほか、教育現場における「モンスター・ペアレンツ」、医療現場における「モンスター・ペイシェンツ」など、地方行政の第一線で働く、いわゆるストリート・レベルの自治体職員が向き合っていかなければならない、いわば「モンスター」化した住民が存在することについても、きちんと認識しておく必要がある。

···························· **問題解決の手がかり** ····························

　基本的考え方としては、自治体の「ガバナンス」を確立し、その「社会的責任」を履行するために、主権者たる住民をはじめ、マスコミなど、地方行政のステーク・ホルダー（利害関係人）に対し、「コンプライアンス」視点に立った「説明責任」を十分に果たすということである。すなわち、

　いまや、「法の支配」「法治主義」、いわば「法令の遵守」だけでよかった時代が終焉し、「（倫理、道徳規範をも含む）社会規範の遵守」が要求される時代が到来し、なお、現代の高度情報社会、インターネット社会の中で、個別・具体的な地方行政活動がマスコミやステーク・ホルダーの監視・批判に耐えられるかどうかが問題とされる状況になっている。

　実定法上も、行政手続法第1条に「公正の確保」「透明性の向上」が、情報公開法の第1条に「説明責任」が、それぞれ明文をもって定められている。

　このような基本的考え方に立つとき、「行政対象暴力」「不当要求行為」や「クレーマー」に対応する具体的な基準としては、「住民平等主義」基準、「社会的相当性」基準があげられる。すなわち、全ての住民を、その性別、職業、社会的地位などにかかわらず、平等に取り扱う、また、要求の内容と行為の態様が健全な社会通念に照らし相当性の範囲内と認められるかどうかということである。

解　決　法

1　解決するための基本的考え方

　基本的な考え方としては、「問題解決の手がかり」において言及したとおり、自

第13講 地方行政と危機管理

治体の「ガバナンス」を確立し、その「社会的責任」を履行するためには、主権者たる住民をはじめ、マスコミなど、地方行政のステーク・ホルダー（利害関係人）に対し「コンプライアンス」視点に立った「説明責任」を十分に果たすということである。

この点に関し、私の体験論的・実践論的な「行政対象暴力」、クレーマー等への対応に関する基本的考え方に言及すれば、（これまで言及したところと一部重複するところもあるが）、次のとおりである（相手方住民等に「ひるむことなく」、また、決して相手方住民等を「見くびることなく！」、常に「主権者」たる地位にある住民という意識を！）。

(1) 自治体職員として、いかなる場合においても、常に、住民と同じ「目線」に立って考え、行動するという意識を（住民に対し「上から目線」は絶対ダメ！）

(2) 地方行政活動を担う自治体職員として「できること、できないこと（その理由）」を明言、直言する勇気を！なにごとにつけても、説明責任を果たすよう努めること。

(3) 住民意識よりも常に「一歩」先んじて！

(4) 「知事（市町村長）に直接会わせろ！」

　⇒「決裁権者は、担当部長（課長）である私だ。私が言ったことは、すなわち知事（市町村長）が言ったことになる。」

「口頭ではなく、文書で回答しろ！」という回答の方法の指定

(5) 「○月○日までに回答しろ！」という一方的な回答期限の設定

　⇒「回答するか否か、回答するとしても、文書で回答するか、口頭で回答するかという回答方法、あるいはいつまでに回答するかという回答期限の設定は、地方自治体が自主的・主体的に決めることである。」

(6) 住民との交渉、面談、話し合い等に当たっての要諦

　① しっかりとした理屈、根拠をもって臨むこと（「いくら言われても、できないことはできない！」）、最後は結局「気合いの問題」であるということを明確に認識すること。

　② 電話等による応対は、極力差し控え、とにかく、可能な限りこちらから足を運ぶこと。「面談」こそが最上の交渉、話し合い等の方法であるという認識を！

　③ 「面談」に当たっては、相手方住民の目を凝視し、面談中絶対に相手方住民の目から自分の目をそらさないこと！

　④ 面談に当たっては、時間を気にすることなく（最初から時間を制限する必要は全くない！）、じっくり相手方住民の話を聴くこと。

　⑤ 相手方住民が来庁した場合は、まず「椅子」を進め、お茶を出し、必ず複数

事例 №.53 発生した事件、事故、不祥事等への対応のポイント

の職員で、オープン・スペースでその話を聴くこと。

⑥ 面談中、相手方住民が激昂すればするほど、担当職員としてより一層冷静に対応することが必要となること！

⑦ この世の中、「理屈（理性）」に訴えるだけではなく、時として「感情（感性）」（相手方住民の「心情」）に訴えることが必要となる場合があることも！

⑧ 最初から「裁判だ、訴訟だ！」と、声高に叫ぶ住民に限って、裁判、訴訟を提起する可能性は少ない。

いわゆる訴訟マニアへの対応は格別、通常の場合、仕事をするに当たって、いたずらに裁判、訴訟をおそれる必要はない。

(7) 以上言及してきたところから、主権者たる住民をはじめ、マスコミなど、地方行政のステーク・ホルダー（利害関係人）に対し「コンプライアンス」視点に立った「説明責任」を十分に果たすためには、自治体職員は、「仕事の根拠」は「なに」か、地方行政における「法」とは「なに」かという、法治主義の射程範囲のいわば『外延的な』拡がりという問題、また、地方行政の「公正」の確保、「透明性」の向上、「説明責任」という新しい考え方の提起ともいうべき、法治主義のさらなる深化、いわばその『内延的な』拡がりという問題と、常に、向き合わなければならないということができる。

2 「行政対象暴力」への対応

「反社会的行為である暴力には決して妥協しない」という視点に立って、組織としては、「コンプライアンス」視点に立ち、毅然とした対応、体制の確立、情報の共有化、緊密な連携、日ごろからの研修を実施するほか、職員としては、次のような点に留意すべきである。

(1) 厳正な態度をとること

(2) 普段と変わらない応対をすること

(3) 冷静沈着な対応をすること

(4) 原質をとられないようにすること

(5) 相手方の威迫の手口を把握すること

(6) 職員相互間の連携を密にすること

(7) 日ごろの研さんに努めること

(8) 決して無理な解決をしないこと

(9) ルールに従った厳正な対応をすること

3 「クレーマー」への対応

「クレーム」対応はほとんどの場合、「法的問題」ではなく、「誠意」の問題であり、「住民はみんな平等に取り扱う」「クレームの内容が社会的相当性を超えていないか

どうか」という視点に立って、「**2 「行政対象暴力」への対応**」において言及した点のほか、次のような点に留意すべきである。

(1) 相手方住民からみて「対応に誠意が感じられなかった」と指摘されるような対応、言動は絶対にとらないこと（「傾聴」に努めること。）。

(2) できるだけこちらから出向いて面談すること。

(3) 結果において「満足」させることはできなくても、(その過程も含めて)「納得」させるよう努めること。

(4) 「迅速な対応」をすること。

(5) 担当職員の「善意」「誠意」「努力」は、通用しないという点について認識しておくこと。

(6) クレーマーの要求は、過大、法外なものであるということ。

(7) 「首長を出せ」「首長名義の覚書を書け」など、自治体の組織、運営のルールを無視した要求をするということ。

　なお、クレーマーに対してとるべき法的措置としては、各地方自治体において制定されている「不当要求行為対策要綱」「コンプライアンス条例」「暴力団排除条例」をはじめ、「暴力団対策法」（「暴力団員による不当な行為の防止に関する法律」）、あるいは民事手続として庁舎管理権等に基づく差止訴訟、面談強要禁止仮処分、街宣禁止仮処分の申立てなども、必要に応じて適用し、又はこれを行うことができる。

関係判例等

・岐阜県御嵩町の産業廃棄物処理問題をめぐる町長襲撃事件（平8.10.30）
・産業廃棄物行政をめぐるトラブルによる栃木県鹿沼市の廃棄物担当参事殺害事件（平13.10.31）
・暴力団員による長崎市長襲撃殺害事件（平19.4.17）
・宝塚市の市税滞納トラブルによる市役所放火事件（平25.7.12）　など

事例 No.53 発生した事件、事故、不祥事等への対応のポイント

関係図 53 行政対象暴力、クレーマー（claimer）への対応はいかにすべきか

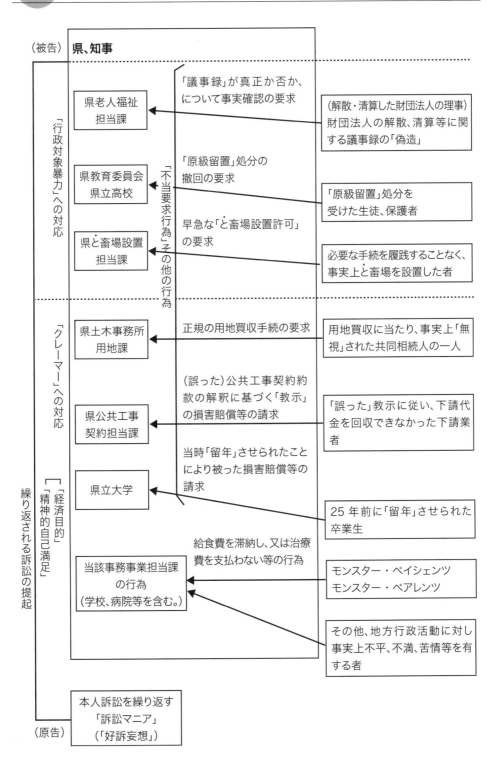

第13講　地方行政と危機管理

事件、事故、不祥事等の発生とマスコミ対応、「記者会見」のポイント

〜「第四の権力」であるマスコミへの対応はどうすべきか、クライシス・コミュニケーション（「危機管理広報」）のポイントとは？〜

Q ある日突然、事件、事故、不祥事が起こった場合のマスコミ対応、クライシス・コミュニケーション（危機管理広報）のポイントとは

【職員による贈収賄事件が発覚】

　総務課の広報担当の職員が、係長、係員、嘱託職員を入れても3人しかいない公立大学法人A大学で、施設・設備担当課のある職員による贈収賄事件が発覚し、連日、多数のマスコミがA大学に取材のため押しかけてくることとなった。

【マスコミへの対応のポイントとは】

　このように、公立大学法人A大学において、ある日突然に、事件、事故、不祥事等が起こった場合、マスコミへの対応は、いかにすべきか、クライシス・コミュニケーション（「危機管理広報」）のポイントとは「なに」か。

問題点の整理

　地方自治体の広報については、究極において、自治体として、その「社会的責任」(Corporate Social Responsibility)(CSR)を果たすということが要求される。

　そのためには、最小限度、「（倫理、道徳規範をも含む）社会規範」の遵守を求める「コンプライアンス」(Compliance)視点に立って広報するよう努めなければならない。

　現代の高度情報社会、インターネット社会において、クライシス・コミュニケーション（「危機管理広報」）（事件、事故、不祥事等が発生した場合、信用失墜などのダメージを最小限にとどめるためのコミュニケーション活動、広報活動）については、特に、「コンプライアンス」視点に立って、「第四の権力」であるマスコミやステーク・ホルダーである住民に対し、「説明責任」を十分に果たすことが求められる。

　この点に関しては、「危機管理広報」という考え方についてはじめて言及した、東京商工会議所広報部発刊の小冊子「組織を危機から守るクライシス・コミュニケーション」（平成19年7月刊行）について、次のようにまとめられている。

事例 №.54 事件、事故、不祥事等の発生とマスコミ対応、「記者会見」のポイント

---

① 不測の事態を未然防止するため

② そして、万一、不測の事態が発生した場合に

③ その影響やダメージを最小限にとどめるための

④ 「情報開示」を基本にした

⑤ 内外の必要と考えられるさまざまな対象に対する

⑥ 「迅速」、適切な「コミュニケーション活動」

　自治体にとって、「クライシス」とは、社会との間に深刻なコミュニケーション・ギャップが生じた局面、すなわち社会から厳しい「批判」「非難」を受け、社会との間に「不信感」「対立」を生じさせた場合である。

　この「コミュニケーション・ギャップ」を少しでも減少させようとする上で機能するのが、「クライシス・コミュニケーション」である。

　"Accidents will happen."（「事故とは起こるものだ。」）という諺もあり、起こってしまったことはいかんともし難いことかもしれないが、その後の対応については努力することができるのではないか、その後の対応について問題はなかったのか？

　実際に、これまでの事件、事故、不祥事については、その後の対応において、「コミュニケーション・ギャップ」を少しでも減少させようとする努力がなされることなく、「クライシス・コミュニケーション」（「危機管理広報」）を欠如したことにより、「クライシス」を惹起したケースが少なくない（**関係判例等** 参照）。

・・・・・・・・・・・・・・・・・・・ 問題解決の手がかり ・・・・・・・・・・・・・・・・・・・

　これまで発生した事件、事故、不祥事における数多くのマスコミ対応、「クライシス・コミュニケーション」（「危機管理広報」）の失敗事例から、次のような問題点、問題解決の手がかりが見えてくる。

　これら過去の失敗事例から我々は、「なに」を学ぶべきか。

① 組織内における事件、事故、不祥事等は、いつかは必ず露見する。

　"Murder will out."

　　この点に関しては、公益通報、「内部告発」に対するきちんとした認識を持つ必要がある。

② 「多分、大丈夫だろう」というなんら根拠のない思い込みを払拭し、「待てよ、本当に大丈夫かな……？」と、一度は立ち止まって考えてみる必要があるのではないか？

③ 都合の悪い情報については「なんとか上司、上層部に知られないよう、自分

の段階で処理を……！」という管理職等による「情報ブロック」が、後日問題をより大きくする。

④ 「行政（大学）の常識は、世間の非常識！」という認識が欠如している。

行政（大学）の価値判断の基準を、世間（一般社会）のそれと彼我比べてみるということが重要である。

⑤ 「見ざる、言わざる、聞かざる」という問題点を指摘しにくい職場環境、雰囲気をどうやって打破するか、よく考えてみる必要がある。

⑥ 悪い情報はいずれ、必ず悪い結果をもたらす。悪い結果をより小さくするため、「悪い情報ほど上司に早く報告する。」という報告、連絡、相談（「報連相」）を素早く行う必要がある。

⑦ 何よりも「クライシス・コミュニケーション」（「危機管理広報」）についての認識の欠如

解 決 法

1 「クライシス・コミュニケーション」（「危機管理広報」）への対応
～「段階的危機管理論」を前提・基礎として～

① 迅速かつ的確な事実、情報の収集、トップへの報告

常にいわば「アンテナ」を高くして、拙速報告に努めることがその出発点であるという認識をもつべきである！

② 事実（経緯等を含む。）、情報、原因等の確認、確定

複数のルートによる事実、情報の確認、整理が不可欠である。

③ 問題点の抽出、処理方針案の検討、決定

「法令違反」の事実か、それとも「（倫理、道徳規範をも含む）社会規範違反」の事実か、峻別すべきである。

「行政の論理（『役所の論理』）」ではなく、あくまでも「住民の目線」に立って問題点の有無を決定すること。

④ 具体的な処理案、再発防止策の決定

結果において関係住民を「満足」させることはできなくても、「説明責任」を十分に果たし、手続において住民の「納得」が得られるよう努めることが必要である。

少なくとも、決定された処理案等に対し、行政に対する新たな批判や、不信感を抱かせることのないように努めること。

⑤ 「責任」の所在の明確化、議会、マスコミ等への公表

関係職員に対し、厳正な処分を行い、マスコミ等に迅速に公表することが必要

である。

責任の所在を明らかにし、いわば「けじめ」をつけること。

2 「クライシス・コミュニケーション」(「危機管理広報」)のポイント

1において言及したところから、「危機管理広報」のポイントは、次のとおりである。

① 「行政の論理(『役所の論理』)」ではなく、あくまでも「住民の目線」に立った問題点の有無の決定

② 迅速・的確な、スピード感ある事実の確定、情報の収集、事実の確定、処理案、再発防止策の決定

③ 適時、適切な、徹底した情報公開(開示)を行い、住民の「納得」が得られる「説明責任」を果たすこと。

④ 「行政」の論理ではなく、「住民の目線」に立って、最終的な判断をすること。

⑤ 責任の種類(「法的責任」「倫理的・道義的責任」「社会的責任」 など)、責任の所在の明確化、関係職員等に対する懲戒処分等の実施

3 事件、事故、不祥事等の発生と自治体の「記者会見」

〜「段階的危機管理論」の最終段階である「記者会見」は、いかに行うべきか、マスコミに対し、コンプライアンス視点に立って「説明責任」を!〜

・マスコミ(「報道機関」)は、現代の高度情報社会、インターネット社会において、立法、行政、司法と並ぶ「第四の権力」であり、「主権者」である住民とともに、地方行政の究極かつ最高のステーク・ホルダー(stake holder)(「利害関係人」)であるという基本認識を!

・"攻める"記者会見か、"守る"記者会見かという、記者会見に臨む姿勢を明確に!この姿勢が、当該事件等に関するその後の流れをも決定づけるということを認識すべきである。

・日ごろからの記者との"信頼関係"の構築こそが、広報担当職員の役割である。

・「コンプライアンス(『法令の遵守』、『(倫理、道徳規範をも含む。)社会規範の遵守』)」の視点に立って、マスコミ、住民の監視・批判に耐えられるか否かについて考え、自治体としてきちんと「説明責任」を果たすことが不可欠!

(事前の検討・準備)

1 記者会見の要否 "(できれば)したくない!"というのが」自治体の本音

2 記者会見の「テーマ」の決定 "事件等がメインか、再発防止策等か"

3 出席者の"顔ぶれ"の決定 "少なくとも(自分は)出たくない!"

※記者発表までの徹底した情報管理、守秘義務の徹底

(記者会見の実施)配布資料・手持ち資料等

第13講 地方行政と危機管理

1 事件等の経緯、関係図等

"時系列、関係者を明らかに！一覧性を！"

"想定問答"の作成の要否、"想定問答"に頼らない説明を！

2 関係規程、判例等

例 ハラスメント、「安全配慮義務」違反関係 など

3 "コメント""盛り込むべき内容"の精査

4 進行要領（司会者）、記者会見後の問合せ先（担当課）の明示

5 記者クラブのメンバー、地元紙、全国紙と記者の"顔ぶれ"（年齢なども）を承
知しておくこと

（その他 留意点）

1 記者会見の"時刻"の決定 "地元紙の夕刊"締切り、TVのニュース

2 記者会見の"時間"の設定 "会見時間を制限するのか"

3 記者クラブ関係判例

市政記者室の使用に関する住民訴訟判決（京都地裁平4.2.10判決）

参考 「改訂版 実戦 危機管理広報」田仲正博著（時事通信社 2011年2月25日）

関係判例等

・大分県芸術会館「不適正」会計処理問題（平14.4.24 平18.11.2）

・船場吉兆食べ残し料理「使い回し」事件（平20.5.2～5.28）

・大分県教育委員会教員「不正」選考採用事件（平20.6.14）

・大阪地検特捜部主任検事証拠（FD）改ざん事件（平22.9.1 平22.10.1）

・九州電力玄海原子力発電所再開「やらせメール」指示事件（平23.7.6～平23.9.30）

・東京電力福島第一原子力発電所事故（平23.3.11）

・大津市立皇子山中学校生徒「いじめ」自殺事件（平23.10.11 平27.3.5）

・みずほ銀行「反社会的勢力」に対する不適正融資問題（平25.8.27）

・国立大学法人大分大学経済学部学生「ハラスメント」自殺問題（平27.2.13 平28.7.2～平28.12.27）

その他最近では東芝「不正」会計問題、三菱自動車工業燃費「不正」問題、学校法人「森友学園」国有地払下げ問題事件、文部科学省組織的「天下り」あっせん問題、学校法人「加計学園」獣医学部新設をめぐる問題 など

事例 No.54 事件、事故、不祥事等の発生とマスコミ対応、「記者会見」のポイント

関係図 54　事件、事故、不祥事等の発生とマスコミ対応、「記者会見」のポイントとは

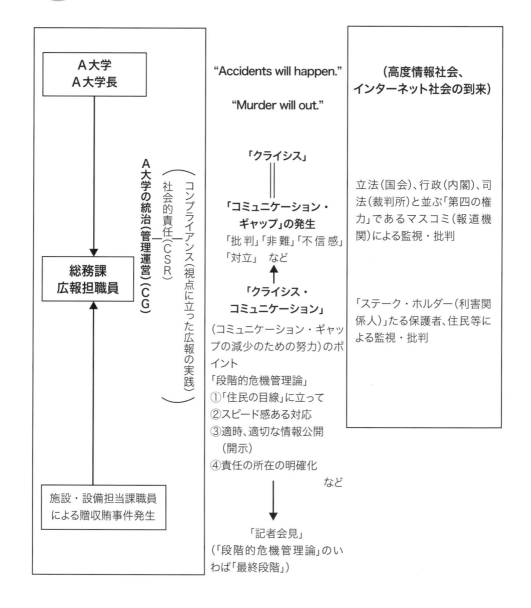

第13講 地方行政と危機管理

学生に対する教員のハラスメントと「内部調査委員会」「第三者委員会」
~「第三者委員会」とは「なに」か、なぜ、つくるのか~

> **Q** 学生に対する教員のハラスメントの事実が認定され、学内に「内部調査委員会」が設置されたが、外部の有識者による「第三者委員会」も設置された。「第三者委員会」の設置の意義とは「なに」か。

【アカハラの事実が認定され、内部調査委員会が設置された】

　公立大学Aの「内部調査委員会」であるイコール・パートナーシップ委員会(「ハラスメント調査委員会」)において、自殺した学生Bの保護者Cらからの申立てに基づき当該学生Bに対するゼミ担当教員Dによるパワー・ハラスメント(いわゆる「アカハラ」)の事実を認定した。

　公立大学Aの「内部調査委員会」であるイコール・パートナーシップ委員会の権限は、学内規程やこれまで実際の運用状況からも、アカハラの事実の有無の認定に限られており、アカハラの事実の有無の認定を受けて、関係教職員等に対しどのような措置をとるか、例えば教職員懲戒審査委員会を開催するかなどについては、学長の判断に委ねられている。

　しかし、この点に関し、自殺した学生Bの保護者Cらからは、「アカハラの事実を認定しただけでは終わらない、亡くなった学生Bの名誉のためにも真実を、アカハラと学生Bの自殺との間の因果関係を、明らかにしてほしい。」、場合によっては訴訟も辞さない、という強い思いもイコール・パートナーシップ委員会の手続の中で窺い知ることもできた。

【外部有識者による「第三者委員会」が発足された】

　このため、学長は、最終的には公立大学Aとして、当該学生が自殺したという重い事実、その後の経緯等を総合的に斟酌し、公に認定したアカハラの事実と当該学生Bの自殺との間の「因果関係」の有無について調査・検討する必要がある、という結論に達した。

　そこで、学長は、自ら最終的な判断をするに先立って、外部の有識者である弁護士3人、精神科医、臨床心理士各1人からなる、「外部調査委員会」として「第三者委員会」を発足させることとした。

　ところが、当該自殺した学生Bが在籍していた学部の学部長Eなどから、「第三者委員会」とは「なに」か、「大学の自治」という考え方もあり、「因果関係」の有

無も含め最後まで大学の内部で調査・検討すればいいのではないか、「大学のことは大学人でなければわからないのだ。」、そもそもなぜ、「第三者委員会」をつくるのか等という意見が強く主張された。

問題点の整理

1　公立大学Ａの「内部調査委員会」であるイコール・パートナーシップ委員会（「ハラスメント調査委員会」）の設置の根拠、目的、所掌事項はどうなっているのか。
2　弁護士３人、精神科医、臨床心理士各１人からなる、「外部調査委員会」である「第三者委員会」の設置の根拠、目的、所掌事項はどうなっているのか。
3「第三者委員会」を設置した公立大学Ａと「第三者委員会」との関係はどのようなものか、公立大学Ａは、その運営にどのように関わるのか。
4「第三者委員会」が作成し、公立大学Ａの学長に提出した「調査・検討報告書」について、公立大学Ａは、最終的にこれをどのように取り扱うべきか。
5　自殺した学生Ｂの保護者（遺族）Ｃらとの関係では、「調査・検討報告書」はどのように取り扱われるべきか。

······················ 問題解決の手がかり ······················

（日本弁護士連合会のガイドライン策定をめぐる動き）

　2010年7月15日　「企業不祥事等における第三者委員会ガイドライン」策定

　2010年12月17日　「企業不祥事等における第三者委員会ガイドライン」改訂

「企業不祥事等における第三者委員会ガイドライン」の構成

第1部　基本原則

　本ガイドラインが対象とする第三者委員会（以下、「第三者委員会」という）とは、企業や組織（以下、「企業等」という）において、犯罪、法令違反、社会的非難を招くような不正・不適切な行為等（以下、「不祥事」という）が発生した場合及び発生が疑われる場合において、企業等から独立した委員のみをもって構成され、徹底した調査を実施した上で、専門家としての知見と経験に基づいて原因を分析し、必要に応じて具体的な再発防止策等を提言するタイプの委員会である。

　第三者委員会は、すべてのステーク・ホルダーのために調査を実施し、その結果をステーク・ホルダーに公表することで、最終的には企業等の信頼と持続可能性を回復することを目的とする。

第13講 地方行政と危機管理

　第1　第三者委員会の活動

　第2　第三者委員会の独立性、中立性

　第3　企業等の協力

第2部　指針

　第1　第三者委員会の活動についての指針

　第2　第三者委員会の独立性、中立性についての指針

　第3　企業等の協力についての指針

　第4　公的機関とのコミュニケーションに関する指針

　第5　委員等についての指針

　第6　その他

解 決 法

1　公立大学Aの「内部調査委員会」であるイコール・パートナーシップ委員会（「ハラスメント調査委員会」）の設置の根拠等

　公立大学Aの内部において制定した設置規程に基づき、（調査の段階では、必要に応じ、例外的に外部の弁護士等の専門家が加わる場合もあるが、）通常は専ら内部の関係教職員で構成され、発生した事件、事故、不祥事等についてハラスメントに関し、事実調査を行い、結論を得て関係当事者に勧告等、強制力はない事実上の措置を行う常設の、合議制の機関である。

　イコール・パートナーシップ委員会は、学生Bが自殺したという事実についてハラスメントがあったか否かについては、本件ハラスメントの事実があったと、認定した。

2　弁護士3人、精神科医、臨床心理士各1人からなる、「外部調査委員会」である「第三者委員会」の設置の根拠等

　公立大学Aの学長裁定により特別に、臨時的に設置された合議制の機関で、公立大学Aから独立した外部の委員のみをもって構成され、発生した事件、事故、不祥事等について徹底した調査を実施した上で、専門家としての知見と経験に基づいて検討し、本件ハラスメントと当該学生Bの自殺との「因果関係」の有無については、相当因果関係があったと認め、具体的な再発防止策等についても報告した。

　なお、現行法上設置の根拠となるべき法令はないが、2010年7月15日（2010年12月17日改訂）に策定された「企業不祥事等における第三者委員会ガイドライン」があり、また、学校における「いじめ」など、重大事態への対処に関する「組織」（通常の場合、「第三者委員会」）については、いじめ防止対策推進法第28条第1項に明文の規定があり、参考としたところである。

● 356 ●

3 「第三者委員会」を設置した公立大学Aと「第三者委員会」との関係、公立大学Aの、「第三者委員会」の運営への関わり

「第三者委員会」は、公立大学Aが設置したものではあるが、その運営に当たっては、公立大学Aから独立した組織として、事実認定についても改めて行い、なお、「因果関係」の有無の判断に当たっては、公平・中立を旨として、アカハラを行ったとされるゼミ担当教員D、自殺した学生Bの保護者Cらにとどまらず、十数人のゼミ関係者等から事情を聴取するなど、可能な限りの手続を尽くし、公立大学Aの関係職員も、最大限の支援を行い、第三者委員会の手続の円滑な遂行に協力した。

4 「第三者委員会」が作成し、公立大学Aの学長に提出した「調査・検討報告書」の最終的な取扱い

「第三者委員会」の委員長が「調査・検討報告書」を公立大学Aの学長に提出した後、学生Bの本件自殺の社会的影響等を考慮して、もちろんプライバシーに配慮しながらも、公立大学Aとして、ステーク・ホルダーやマスコミに対して「説明責任」を果たすため、臨時の記者会見において、ハラスメントの事実、自殺との因果関係等について公表した。

5 自殺した学生Bの保護者（遺族）Cらとの関係

本件「調査・検討報告書」が公立大学Aの学長に提出された後、学長自らこれを持参して自殺した学生Bの自宅に弔問のため訪問し、霊前に報告した。

なお、付言すれば、公立大学Aとしては当該自殺した学生Bの在籍していた学部の学部長等について事実上の訓戒措置を行うとともに、それまで20回以上にわたる保護者（遺族）Cらとの話合いを経て、自殺した学生Bの三回忌を前に、公立大学Aと自殺した学生Bの保護者Cらとの間で示談（和解）も成立した。

関係判例等

1 「第三者委員会」が設置された最近における主な事例

・九州電力「やらせ」メール事件に関する第三者委員会（平23.9.30最終報告）

・東芝不適切会計問題に関する第三者委員会（平27.7.20　報告書発表）

・三菱自動車燃費不正問題に関する第三者委員会（三菱自動車燃費不正問題に関する特別調査委員会）（平28.8.2　報告書発表）

・日本将棋連盟将棋ソフト不正行為に関する第三者調査委員会（平28.12.27　調査報告発表）

・新国立競技場問題に関する第三者委員会（平27.9.24　報告書発表）

・日本年金機構「情報流出」問題に関する第三者委員会（平27.8.21　報告書発表）

・大津市中2「いじめ」自殺事件に関する第三者委員会（「大津市立中学校におけるいじめに関する第三者調査委員会」）（平25.1.31　調査報告書発表）

第13講 地方行政と危機管理

2 「いじめ防止対策推進法」 平25.9.28施行

第5章 重大事態への対処

（学校の設置者又はその設置する学校による対処）

第28条 学校の設置者又はその設置する学校は、次に掲げる場合には、その事態（以下「重大事態」という。）に対処し、及び当該重大事態と同種の事態の発生の防止に資するため、速やかに、当該学校の設置者又はその設置する学校の下に組織を設け、質問票の使用その他の適切な方法により当該重大事態に係る事実関係を明確にするための調査を行うものとする。

(1) いじめにより当該学校に在籍する児童等の生命、心身又は財産に重大な被害が生じた疑いがあると認めるとき。

(2) いじめにより当該学校に在籍する児童等が相当の期間学校を欠席することを余儀なくされている疑いがあると認めるとき。

2～3 略

事例 No.55 学生に対する教員のハラスメントと「内部調査委員会」「第三者委員会」

関係図 55 学生に対する教員のハラスメントと「内部調査委員会」「第三者委員会」

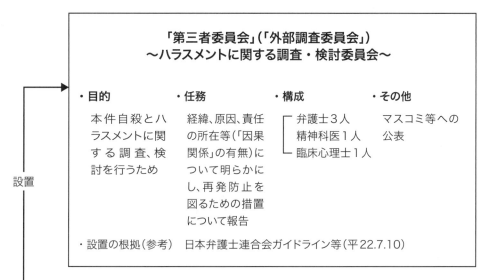

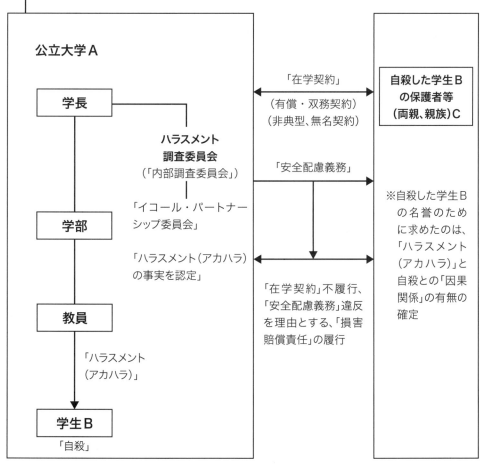

あとがき

―新「事例集」発行に当たっての「覚書」―

> 以下の記述において、「事例№○」は、「私の歩んできた道」とそれぞれ関わりのある判例、実例等のうち、この事例集に収録した事例を参考のために示している。

1 地方自治体との関わりの中で教えられ、見えてきたものとは

~大分県、別府市、大分県教育委員会に勤務して、自治体職員39年間の"軌跡"から学んだこと~

⑴ 大分県　大分県職員（昭43.4.1～平10.3.31）

~訴訟と条例づくり20年間で学んだリーガル・マインド~

・昭和43年4月1日　大分県採用

・大分県職員研修所、大分県人事委員会事務局、大分県総務部総務課（法規係（現 法務室）情報公開準備室　県政情報室）、大分県総務部総務課参事、保健環境部環境保全課長、環境企画課長、総務部地方課長、企画部過疎・地域振興局長

・就中、大分県総務部総務課法規係（現 法務室）20年間／30年間

　~訴訟と条例づくりの20年間（昭和49年4月～平成5年3月まで）

　情報公開条例、青少年保護育成条例等の条例づくり、

　訟務（住民訴訟、損害賠償訴訟、処分取消訴訟、情報公開訴訟）

　公益法人事務、宗教法人事務

　――（事例№12）（事例№17）（事例№34）

① 主基斎田抜穂の儀（大嘗祭関係儀式）知事等参列「違憲」住民訴訟（「抜穂の儀」公費支出返還等代位請求住民訴訟補助参加上告事件）（大分地裁平3.1.25提訴～最高裁平14.7.9第三小法廷判決）――（事例№4）（事例№30）

　昭和天皇の「崩御」に伴う、皇室の公的行事としての「大嘗祭」の関係儀式である「主基斎田抜穂の儀」への知事等の「公人」としての参列と、憲法の定める「政教分離」原則との関係が争われた住民訴訟（「平成の主基斎田抜穂の儀等の状況について」平成4年　大分県刊）

② 平成5年4月1日に知事が適合認定した産業廃棄物処理施設の堰堤が同月29日に崩壊したことと、当該適合認定取消等請求訴訟（平5.8.30～最高裁平15.1.30第一小法廷判決）

③ 公金の「不適正使用」に係る公文書非公開決定処分取消等請求上告・上告受理申立事件（最高裁平16.11.11第一小法廷判決）

④ 社会福祉法人となった財団法人の解散決議議事録「偽造」、当該社会福祉法人「売買」等事件（昭58.3.6～昭60.8.9）――（事例№53）

⑤ 農業振興地域の整備に関する法律等関係法令に違反する事実があるにもかかわら

あとがき

ずなされた、と畜場設置許可申請「留保」等事件（昭58.8.22〜昭61.9.4）——（事例№53）

⑥　「大分県情報公開条例」の制定（昭和64年1月1日施行）

昭和56年（1981年）10月4日から1か月間、情報公開制度の調査のためスウェーデンをはじめヨーロッパ5か国派遣

「ヨーロッパ諸国における情報公開法制とその運用の実態について」（「海外派遣研修報告書」昭和56年度　大分県刊）——（事例№45）（事例№46）

⑦　青少年の健全な育成に関する条例（青少年保護条例）の数次にわたる改正（昭和41年度〜平成5年度）

・保健環境部環境保全課、環境企画課

環境・自然保護（合併処理浄化槽、自然公園）、温泉、廃棄物（一般廃棄物、産業廃棄物）行政

※昼休みに希望する職員対象の課内研修（平成6年度〜平成7年度）

・総務部地方課（平成8年度）

市町村行財政の指導、選挙事務

※"水曜セミナー"市町村から地方課への派遣職員（5人）、希望する職員対象の課内研修

⑵　別府市　別府市助役（平10.4.1〜平12.3.31）

〜先例踏襲主義、横並び意識の払拭、「国・県依存症候群」からの脱却という職員の「意識改革」が喫緊の課題〜

・第三セクターの「破綻」の回避等"A、B、C"問題の解決（Argeriti、B–CON、Cosmopia）

①　「別府アルゲリッチ（Argeriti）音楽祭」開催をめぐる問題

②　第三セクターである財団法人別府コンベンションビューロー（B–CON）の管理運営をめぐる問題（平10.10.27〜平11.10.19）

③　第三セクターである「財団法人　別府商業観光開発公社」が管理、運営し、48のテナントが入居する商業施設"コスモピア"（Cosmopia）の6か月間（平10.4.1〜平10.9.30）での「借入金　約67億円」の処理、施設等の第三者への譲渡等によるその「経営破たん」の回避（平10.11.30）

・APU　立命館アジア太平洋大学の開学（平12.4.1）準備への関わり

※別府市職員対象、"トワイライト・セミナー"（Twilight Seminar）の実施

⑶　"再び"の大分県　監査事務局長　教育長　副知事

大分県監査事務局長（平12.4.1〜平13.3.31）

業務監査、会計監査、行政監査の実施

平22.4.1からの母校大分大学「業務監査担当　監事」への就任に当たり、その経

験が大いに役立つことに！

⑷　大分県教育委員会　教育長（平13.4.1～平15.5.20）

　～大分県の教育行政、職員団体との関係の正常化─従来のいわば「逆立ち」した教育行政の是正改善、教育の「主役」は教育現場の教員と児童・生徒！教育委員会は教育のいわば「黒衣」であるという発想の転換がその根底に！～

・職員団体との関係の正常化

（初めての教育行政、教育長就任当時、大分県の教育は"H_2O"と揶揄されていた！「教育委員会の常識は、世間の非常識である。」ということを痛感！）

①　「2001年度　平和カレンダー」撤去問題（平13.8.24）

②　「事前協議」の廃止問題（平14.1.21）

　　"大分県には教育長が二人いる！""ゼロからの出発ではなく、マイナスからの出発である！"教育長就任あいさつのために文部省（現 文部科学省）を訪問した時に、文部省の関係職員から真っ先に言われた、いまでも記憶に残る言葉

③　いわゆる「自宅研修」適正化問題（平14.7.8）

④　教職員による不祥事の続発と、教職員の信頼回復のための"緊急アピール"の発出（平14.7.29）

　　セクハラ、飲酒運転等事件、事故、不祥事等への対応

　　「県立学校教職員等に対する懲戒処分等の基準」告示（平14.12.1施行）

　　"飲酒運転は、一発、懲戒免職！"

⑤　「4.4全県一斉職場交渉」に関する通知の発出（平15.3.27）

・犬飼町「町長」被告訴訟提起事件──（事例№22）

・県立高等学校入学許可不作為違法確認等請求事件（大分地区合同選抜　「違憲」訴訟）（昭62.2.23～平元.11.24）

・情報公開実施「遅延」損害賠償請求訴訟（平13.5.28～平14.1.28）──（事例№48）

・県立芸術会館「高客聴琴図屏風」等買入れ事件──（事例№52）

　　（平8.5.24（左五扇　買入れ）、平9.6.19（右五扇　買入れ）～平14.12.20）

　　平9年度～平12年度にかけて県立芸術会館が「県議会の議決」を経ることなく高山辰雄、福田平八郎の絵画5点を買い入れ

　　※大分県教育庁職員対象、"ウエンズデー・セミナー"（Wednesday Seminar）の実施

⑸　大分県副知事（平15.5.21～平19.4.27）

　～行財政改革、市町村合併の推進（副知事としての立場において）～

・大分県の行財政改革

　　平成15年7月9日　知事が「財政危機宣言」（当時1兆円を超える大分県の県債残高）

　　「香りの森」博物館の廃止（10年前、約44億円で建設した「公の施設」を2億3千万円である学校法人に売却）などの外郭団体の整理・統廃合、職員給与のカット、

既存の労働協約の解約等による人件費の削減等、聖域なき「行政改革」の推進

・市町村合併の推進（大分県における「平成の大合併」）

大分県　58市町村から18市町村へ、40の町村が合併により消滅（市町村減少率→69％　全国第5位）

（全国　平11.3.31現在→3,232市町村から平30.4.1現在→1,718市町村へ）

2　大学との関わりの中で学んだこととは!?

～ APU　立命館アジア太平洋大学、国立大学法人大分大学に勤務して～

⑴　APU 立命館アジア太平洋大学（学校法人　立命館）

・APU 立命館アジア太平洋大学特別招聘教授（平19.9.21 ～平22.3.31）

平成10年4月1日から、APU 立命館アジア太平洋大学が開学した平成12年3月31日までの2年間、開学直前の準備に地元別府市の助役として関わり、設置主体である学校法人立命館の"底力"を見せつけられた！

・立命館アジア太平洋大学客員教授（平22.4.1 ～平30.3.31）

39年間の地方行政の実務経験等を踏まえ、「地方行政法」「現代地方行政学」の講義を担当

※平成19年11月15日

「実践　政策法務～地方行政における『法』とは～」発刊

※平成22年2月10日

「図解　自治体職員必携～分権時代を生き抜く力を～」発刊

⑵　大分大学（国立大学法人大分大学）

・国立大学法人大分大学監事（「業務監査」担当）（平22.4.1 ～平26.3.31）

「大学の常識は、世間の非常識である。」ということを痛感！

徹底した業務監査の実施

・大分大学顧問（平26.4.1 ～平26.9.30）

※平成23年1月20日

「図解　自治体職員のためのトラブル解決事例集」発刊

※平成26年7月31日

「自治体職員と説明責任―判例・実例に学ぶ法令の遵守とコンプライアンスの確立」第1刷発刊・平成27年1月15日　第2刷発刊・平成27年1月15日

（平元.10.1 ～平30.3.31　経済学部非常勤講師「地方行政論」講義）

⑶　"再び"の大分大学

～母校大分大学の「ガバナンス」改革の断行～

理事（法務・コンプライアンス担当）（非常勤）（平26.10.1 ～平26.12.31）

理事（法務・コンプライアンス担当）（常勤）（平27.1.1 ～現在）

少子化の急激な進展、「2018年問題」という社会経済的状況、背景があり、国立大学法人として、生き残りをかけて、「ガバナンス」改革、学長のリーダーシップの確立が喫緊の課題となっているという基本認識が不可欠！

・平成26年5月30日真夜中のインターネットの"衝撃"

　　"86ある国立大学法人の中で。……機能強化をしない大学　Ｂ大学（大分大学）"という指摘（財政制度等審議会　平26.5.30）を受け、第三者委員会の設置、答申、ガバナンス改革の実施

・ガバナンス改革のための体制づくり

　　「国立大学法人大分大学のこれからの在り方検討懇談会」の設置（平成26年7月30日〜平成27年3月31日）

　　平成26年9月10日　第一次答申

　　平成27年2月16日　第二次答申

・ガバナンス改革の実施──（事例№49）

　①　学長選挙：「意向投票の廃止」、学長選考会議による選考の確立

　　　2期目以降の任期を4年に延長

　②　学部長等の選考：学部教授会における学部長選挙の廃止、学長による学部長等の指名

　③　教授会の権限の見直し：教育、研究に関する審議機関としての明確な位置づけ）

・いま、「ガバナンス」改革の、その先にあるものとは!?

　　"明日の大分大学を考える有識者懇談会"（平29.11.27発足）

・（一方で、）各学部におけるパワー・ハラスメント（アカデミック・ハラスメント）等問題事例の続発

　①　ある学部教員の"パワー・ハラスメント"による学生の"自殺"

　　　──（事例№27）（事例№55）

　②　ある学部ある学科教員による"パワー・ハラスメント"の申立て

　③　新入生のオリエンテーション、共通教養教育科目としての「学生生活と『法』〜学生生活を安全・安心のうちに送るために〜」の開設

　※平成30年6月1日

　　「新　図解　自治体職員のためのトラブル解決事例集」　発行

3　これからの地方自治、地方行政を担う自治体職員の皆さんへ

　〜39年間の地方自治体（大分県、別府市、大分県教育委員会）、10年間の大学（APU立命館アジア太平洋大学、国立大学法人大分大学）での「私の歩んできた道」から〜

⑴　メッセージ

・「仕事の根拠」を明らかにすること。

　　地方行政における「法」とは「なに」かについて問い続けること、なにごとにつけても「コンプライアンス」視点に立った「説明責任」を果たすために！

・「改革」なき自治体、「改革」の意識なき自治体職員、「改革」なき大学、「改革」の意

識なき大学の教職員に、明日はない！と知ること、常に、「改革」する気持ちを持ち続けること！

・"これまでのものの考え方、既成の価値観が通用しない時代"が確実に到来していると認識すること。

学生によるJR「不正」乗車問題──（事例№51）

自治会・町内会、PTAの加入、退会──（事例№32）

給食費の滞納──（事例№15）

・「高度情報社会」「インターネット社会」における「第四の権力」であるマスコミと、"ことばの持つ力"を思い知ること。

東日本大震災、東京電力福島第一原子力発電所事故と「想定外」「未曾有」──（事例№19）

・自治体、大学の目的は、住民、学生の「安全・安心」を確保し、住民、学生の「福祉の増進」を図ること、「出口」を保障することであると認識すること。

この場合、「平常時」、就中「緊急時」の対応がポイントとなる。

・政治的責任、行政責任、法的責任、「社会的責任」を果たすこと。

ステーク・ホルダー（自治体、大学の利害関係人）、マスコミ、報道機関（「第四の権力」）の監視・批判に耐えられるか、ということが、基準となると知ること。

・最近の国における「加計学園」問題、「森友学園」問題から「なに」を学ぶべきか？
行政情報（「公文書」）の管理と情報公開に関する基礎知識の修得、「公開意義」の涵養、自治体職員、大学の教職員としての「矜持」！

自治体、大学としてガバナンスの実現、コンプライアンスということを念頭におき、客観的な事実に基づく適正な行政情報（「公文書」）の管理に努め、また、その「説明責任」ひいては「社会的責任」を果たすため、自治体職員、大学の教職員としての「矜持（自分の能力を信じて抱く誇り、自負、プライド）」を保つこと！

⑵　日本の「いま」を、地方の「いま」をどう見るか

・少子化、高齢化、人口減少社会の到来

「2018年問題」「2025年問題」への対処

・高度情報社会、インターネット社会の到来とどう向き合うか。

・「第四次産業革命」の進展という状況についての認識

第四次産業革命　21世紀　ビッグデータ、IoT、AI、ロボット等いくつかのコアとなる技術革新

AI（人工知能　Artificial Intelligence）

IoT（モノのインターネット　Internet of Things）

・「男女共同参画、イコール・パートナーシップ、ダイバーシティ」の推進

・アベノミクス、「地方創生」「働き方改革」の今後の動向に注視！

・1,000兆円を超える国、地方の借金、プライマリー・バランスの実現

平成30年度　97.7兆円の国家予算

・世界的なポピュリズムの潮流、地方政治における「劇場型首長」の登場！

　　政治は、「パフォーマンス」か？

・いま、日本は、地方は、国立大学法人は!?

　国：行政改革、規制改革の推進

　地方：地方分権（分権改革）の推進

　　　　明治維新、戦後改革に次ぐ「第三の改革」

国立大学法人ないし国立大学：「ガバナンス」改革の推進、国立大学法人の統廃合の動き

・分権改革の進展と「地方自治の本旨」（「団体自治」「住民自治」）の実現、「国立大学法人」と「ガバナンス」改革の進展をいかにして図るか。

・「法の支配」「法治主義」（「法律による行政」の原理）の実現、その実質化を図るという強い要請

①　「法治主義」のさらなる深化、いわばその「内延的な」拡がり

　　：公正の確保、透明性の向上（「行政手続」）、説明責任（「情報公開」）

　　　21世紀におけるいわば「公序」、パブリック・オーダー

②　「法治主義」の射程範囲のいわば外延的な拡がり

　　：「法令の遵守」にとどまらず、「（倫理、道徳規範をも含む）社会規範の遵守」を包摂する概念としての「コンプライアンス」という新しい考え方の登場

・情報公開の進展と「説明責任」、官（公）民を問わない「コンプライアンス」（社会）の実現！

(3)　箴言、法諺に学ぶ

・「則天去私」夏目漱石　"自らに対して"

　　「小さな私を去って自然にゆだねて生きること。」

・「一期一会」山上宗二　"他者に対して"

　　「一期に一度の会」（山上宗二記）

・「不易流行」松尾芭蕉　"事象・問題に対して"

　　「不易を知らざれば基立ちがたく、流行を知らざれば風新たならず」

　　しかも「その本は一つなり」

・「人生の目的」五木寛之

　　人生の目的は、「自分の人生の目的」をさがすことである。「自分の人生の目的を見つけるのが、人生の目的である。」

・この「新　図解　自治体職員のためのトラブル解決事例集」を作成してみて、いま想うこと。

　　"Accidents will happen."（「事故とは起こるものだ。」）

最後に、やはり

　　"To err is human, to forgive divine."（「過つは人の常、許すは神の業」）

参考文献

　この事例集の作成に当たっては、特に必要があると認める場合を除き、原則として、その都度逐一引用はしていませんが、この「参考文献」に掲げたものをはじめ、憲法、行政法、行政学、地方自治法、民法等に関する著作、関係する国の審議会の答申等を参考とさせていただきました。ここに厚くお礼申し上げます。

　なお、法令等の引用に当たっては、法律番号等は省略するとともに、また、それぞれの箇所で掲げている数値については、逐一根拠は挙げていませんが、できる限り作成時点での最新のものとしています。

　この事例集の作成に当たっては、特に、事例集というその性格に鑑み、昭和43年度から平成28年度までの各年度の「重要判例解説」（有斐閣）をはじめ、

　「憲法判例百選　Ⅰ Ⅱ」（有斐閣）

　「行政判例百選　Ⅰ Ⅱ」（有斐閣）

　「地方自治判例百選」（有斐閣）

　「月刊　判例地方自治」（ぎょうせい）

のほか、次に掲げる文献を参考にさせていただきました。重ねて厚くお礼申し上げます。

第1講　地方行政と「法」　関係

　「法学入門」（平成7年）（星野英一著　（財）放送大学教育振興会）

　「民法のすすめ」（平成10年）（星野英一著　岩波書店）

　「自治体・住民の法律入門」（平成13年）（兼子仁著　岩波書店）

　「行政法総論」（平成12年）（小高剛ほか著　ぎょうせい）

　「行政法Ⅰ　現代行政過程論　第3版」（平成28年）（大橋洋一　有斐閣）

第2講　地方自治、地方行政と憲法　関係

　「憲法　第六版」（平成27年）（芦部信喜著　高橋和之補訂　岩波書店）

　「自治体職員のための　憲法判例　INDEX」判例地方自治別冊（平成29年）（ぎょうせい）

　「日本年号史大事典　普及版」（平成29年）（所　功編著　雄山閣）

　「天皇と民の大嘗祭」（平成2年）（高森明勅著　展転社）

　「ジュリストNo.933　象徴天皇制　資料集成・象徴天皇制1／年表」（1989年　有斐閣）

　「ジュリストNo.938　資料集成・象徴天皇制2・完／文献・分類目録」（1989年　有斐閣）

　「ジュリストNo.974　即位の礼・大嘗祭」（1991年　有斐閣）

第3講　分権改革の進展と条例　関係

　「分権型社会の創造　地方分権推進委員会中間報告」（平成8年）（地方分権推進委員会
　　事務局編　ぎょうせい）

「分権型社会の創造　地方分権推進委員会第1次勧告」（平成9年）（地方分権推進委員会事務局編　ぎょうせい）

「分権型社会の創造　地方分権推進委員会第3次・第4次勧告」（平成9年）（地方分権推進委員会事務局編　ぎょうせい）

「逐条解説　地方分権改革推進法」（平成19年）（地方自治制度研究会編　ぎょうせい）

「地方分権改革」（平成19年）（西尾勝　東京大学出版会）

「自治基本条例のつくりかた」（平成19年）（松下啓一著　ぎょうせい）

「自治基本条例は活きているか!?　ニセコ町まちづくり基本条例の10年」（平成24年）（木佐茂男・片山健也・名塚昭編　公人の友社）

第4講　地方行政をめぐる法律関係の「全体像」関係

「要説　地方自治法　第十次改訂版　新地方自治制度の全容」（平成30年）（松本英昭著　ぎょうせい）

「新　地方自治法」（平成11年）（兼子仁　岩波書店）

「新版　地方自治の法としくみ　改訂版」（平成17年）（原田尚彦　学陽書房）

「市民生活と行政法」（昭和60年）（関哲夫　学陽書房）

「自治体のための　債権管理マニュアル」（平成20年）（東京弁護士会弁護士業務改革委員会自治体債権管理問題検討チーム編　ぎょうせい）

第5講　地方行政活動と訴訟　関係

「要説　住民訴訟と自治体財務　改訂版」（平成14年）（碓井光明　学陽書房）

「改正住民訴訟制度逐条解説」（平成14年）（地方自治制度研究会編集　ぎょうせい）

「改正　行政訴訟事件法　改正法の要点と逐条解説」（平成18年）（宇賀克也著　青林書院）

「未曾有と想定外―東日本大震災に学ぶ」（平成23年）（畑村洋太郎著　講談社）

「行政訴訟の実務」（平成19年）（行政事件訴訟実務研究会編集　ぎょうせい）

「地方公共団体の訴訟事務の手引　地方公共団体職員のための訴訟対策ガイド」（平成21年）（行政関係訴訟事務研究会編集　ぎょうせい）

「コンメンタール行政法2　行政事件訴訟法・国家賠償法　第2版」（平成18年）（室井力・芝池義一・浜川清編　日本評論社）

「コンメンタール行政法1　行政手続法・行政不服審査法　第2版」（平成20年）（室井力・芝池義一・浜川清編　日本評論社）

「逐条解説　行政不服審査法　新政省令対応版」（平成28年）（一般財団法人行政管理研究センター編集　ぎょうせい）

第6講　地方行政活動の「主体」としての「公法人」たる地方公共団体又は「行政庁」たる都道府県知事、市町村長等　関係

「政策法務と自治体」（平成元年）（天野巡一ほか編著　日本評論社）

「政策法務の新展開―ローカル・ルールが見えてきた―」（平成17年）（磯崎初仁編著　ぎょうせい）

「自治体法務改革の理論」（平成19年）（鈴木庸夫編　勁草書房）

「地方自治ことばの基礎知識　キーワードを通して地域主権を考える」（平成22年）（兼子仁著　ぎょうせい）

第7講　地方行政活動の「相手方」である住民（「地方行政をめぐる三つの法律関係」の相手方としての住民、当該地方公共団体の区域内における「主権者」たる）住民）関係

「オンブズマン法　新版」（平成9年）（園部逸夫・枝根茂著　弘文堂）

「公的オンブズマン　自治体行政への導入と活動」（平成11年）（篠原一・林屋礼二編集　信山社）

「オンブズマン制度　日本の行政と公的オンブズマン」（平成14年）（林屋礼二著　岩波書店）

「オンブズマンとは何か」（平成8年）（潮見憲三郎著　講談社）

「改正住民訴訟制度逐条解説」（平成14年）（地方自治制度研究会編　ぎょうせい）

「平成14年度　大分県訟務資料（別冊）「抜穂の儀」公費支出返還等代位請求住民訴訟補助参加上告事件」（平成15年　大分県総務部総務課）

第8講　地方行政の「活動手段」(1)〜許認可等処分　関係

「新訂　早わかり食品衛生法　食品衛生法逐条解説」（平成16年）（公益社団法人日本食品衛生協会）

「墓地の法律と実務」（平成9年）（茨城県弁護士会編　ぎょうせい）

「だれが墓を守るのか　多死・人口減少社会のなかで」（平成27年）（小谷みどり　岩波書店）

第9講　地方行政の「活動手段」(2)〜行政指導　関係

「現代行政法学全集　5　行政指導」（平成3年）（関哲夫著　ぎょうせい）

「要綱行政が生んだ日照権　宅地開発等に関する指導要綱の記録」（平成9年）（武蔵野百年史編さん室編集　ぎょうせい）

「実務のための宅地開発等指導要綱見直しのポイント　魅力ある地域づくりのためのパートナーシップ」（平成9年）（建設省建設経済局民間宅地指導室監修・開発指導研究会編著　ぎょうせい）

「逐条解説行政手続法　改正行審法対応」（平成28年）（一般財団法人行政管理研究センター編集　ぎょうせい）

「行政手続法の解説　第5次改定版」（平成17年）（宇賀克也著　学陽書房）

第10講　地方行政の「活動手段」(3)〜私法上の契約　関係

「民法案内　1　私法の道しるべ」（平成17年）（我妻榮著　遠藤浩・川井健補訂　勁草書房）

「民法案内　2　民法総則」（平成17年）（我妻榮著　幾代通・川井健補訂　勁草書房）

「民法I―総則」（平成19年）（山田卓生ほか著　有斐閣）

「民法II―物権」（平成22年）（淡路剛久ほか著　有斐閣）

「民法III―債権総論」（平成24年）（野村豊弘ほか著　有斐閣）

「民法IV—債権各論」（平成21年）（藤岡康宏ほか著　有斐閣）

「民法V—親族・相続」（平成24年）（佐藤義彦ほか著　有斐閣）

第11講　地方行政の「公開」の進展と「説明責任」　関係

「開かれた政府を　情報公開世界の現状」（昭和56年）（朝日新聞情報公開取材班　朝日新聞）

「開かれた政府を　日本での情報公開」（昭和56年）（朝日新聞情報公開取材班　朝日新聞）

海外派遣研修報告書「ヨーロッパ諸国における情報公開法制とその運用の実態について」
（昭和56年）（石川公一著　大分県）

「情報公開」（昭和56年）（清水英夫　日本評論社）

「情報公開　現状と課題」（昭和61年）（八木敏行　有斐閣）

「情報公開法要綱案（中間報告）」（平成8年）（行政改革委員会行政情報公開部会　行政
改革委員会事務局監修　第一法規）

「情報公開法制　行政改革委員会意見」（平成9年）（行政改革委員会事務局監修　第一
法規）

「詳解　情報公開法」（平成13年）（総務省行政管理局編　財務省印刷局）

「情報公開制度改善のポイント　総務省・情報公開法制度運営検討会報告」
（平成18年）（IMA＝行政管理研究センター編集　ぎょうせい）

「行政機関等個人情報保護法の解説（増補版）」（平成17年）（総務省行政管理局監修
社団法人行政情報システム研究所編集　ぎょうせい）

「個人情報保護法の逐条解説　第3版」（平成21年）（宇賀克也著　有斐閣）

「新・情報公開法の逐条解説　第5版」（平成22年）（宇賀克也著　有斐閣）

第12講　地方行政と「コンプライアンス」の確立　関係

「コンプライアンスの考え方　信頼される企業経営のために」（平成17年）（浜辺陽一郎
中公新書）

「なぜ企業不祥事は、なくならないのか　危機に立ち向かうコンプライアンス」（平成
17年）（国広正・五味祐子著　日本経済新聞出版社）

「公務員倫理講義」（平成19年）（原田三朗著　ぎょうせい）

第13講　地方行政と危機管理　関係

「組織の危機管理入門—リスクにどう立ち向かえばいいのか」（平成20年）（林春男ほか
著　丸善）

「改訂新版　実践　自治体の危機管理」（平成21年）（田中正博著　時事通信社）

「行政対象暴力Q＆A　改訂版」（平成22年）（行政対象暴力問題研究会編著　ぎょうせい）

「改訂版　実戦　危機管理広報」（平成23年）（田中正博著　時事通信社）

「未曾有と想定外—東日本大震災に学ぶ」（平成23年）（畑村洋太郎　講談社）

「第三者委員会は企業を変えられるか」（平成24年）（郷原信郎著　毎日新聞社）

「検証　ドキュメント!!　九電メール問題第三者委員会」（平成26年）（「メール問題」
研究会編　メール問題研究会）

キーワード索引

【あ】

安全配慮義務・・・・・・・・・・・・126, 133, 138

【お】

覚書・・・・・・・・・・・・・・・・・・・・・・・・・・8

【か】

ガイドライン・・・・・・・・・・・・・・・・・・・188
ガバナンス・・・・・・・・・・・・・・・315, 318
カラ出張・・・・・・・・・・・・・・・・・・・・216
官官接待・・・・・・・・・・・・・・・・・・・・216

【き】

議員・・・・・・・・・・・・・・・・・・・・・・・・121
議会の議決・・・・・・・・・・・・・・・330, 336
機関意思の決定・・・・・・・・・・・・・・・236
危機管理・・・・・・・・・・・・・・・・・・・・331
記者クラブ・・・・・・・・・・・・・・・・・・・107
規制・・・・・・・・・・・・・・・・・・・・・・・・43
基本条例・・・・・・・・・・・・・・・・・・・・60
給付型奨学金・・・・・・・・・・・・・・・・・13
許認可等処分・・・4, 5, 6, 92, 230, 235, 243
行政財産・・・・・・・・・・・・・・・・107, 111
行政指導・・・2, 4, 5, 6, 243, 248, 251, 263
行政対象暴力・・・・・・・・193, 195, 339, 345
行政庁・・・・・・・・・・・・・・・・・145, 231
強制徴収・・・・・・・・・・・・・・・・・・・・97
行政手続条例・・・・・・・・・・・・・・・・・263
行政手続法・・・・・・・・・・・5, 243, 247, 263

【く】

クライシス・コミュニケーション（危機管理
広報）・・・・・・・・・・・・・・・・・・・330, 348
クレーマー・・・・・・・・193, 339, 345, 347

【け】

権利義務・・・・・・・・・・・・・・・・・・・・117
権利能力なき社団・・・・・・・・・・・・・・・156
権利の放棄・・・・・・・・・・・・・・・・・・・207
憲法・・・・・・・・・・・・・・・・・19, 43, 64

【こ】

公権力の行使・・・・・・・・・・・・6, 139, 141
抗議・クレーム・・・・・・・・・・・・・・・・・193

公人・・・・・・・・・・・・・・・・・・・・37, 90
公文書・・・・・・・・・・・・・・・・・288, 295
公文書の公開・閲覧請求・・・・・・・・296, 299
公法関係・・・・・・・・・・・・・・・・・・・・96
公法上の債権・・・・・・・・・・・・・・96, 106
公有財産・・・・・・・・・・・・・・・・・・・・108
個人情報・・・・・・・・・・・・・・・・・・・・301
国家公務員法・・・・・・・・・・・・・・・・・320
国家賠償訴訟・・・・・・・・・・・・・144, 148
国家賠償法・・・・・・・・・・・・・・・・6, 139
コンプライアンス・74, 189, 195, 314, 325

【さ】

債権・・・・・・・・・・・・・・・・・・・・・・・・96

【し】

自殺・・・・・・・・・・・・・・・・・・・・・・・・133
自然災害・・・・・・・・・・・・・・・・・・・・126
事前通知・・・・・・・・・・・・・・・・・・・・316
実行委員会・・・・・・・・・・・・・・・156, 158
実効性の担保・・・・・・・・・・・・・・・・・238
自治会・・・・・・・・・・・・・・・211, 213, 215
自治基本条例・・・・・・・・・・・・・・・・・60
指導要綱・・・・・・・・・・・・・・55, 248, 258
私法関係・・・・・・・・・・・・・・・・・・・・96
私法上の債権・・・・・・・・・・・・・・96, 106
市民オンブズマン・・・・・・・・216, 320, 330
宗教法人・・・・・・・・・・・・・・29, 220, 228
出席停止・・・・・・・・・・・・・・・・121, 125
住民監査請求・・・・・・・・・190, 200, 216
住民総会・・・・・・・・・・・・・・・161, 167
住民訴訟・・・・・・・・・・37, 190, 200, 207
住民投票・・・・・・・・・・・・・・・・・・・・190
取材の自由・・・・・・・・・・・・・・・・・・・306
守秘義務・・・・・・・・・・・・・・・171, 296
消滅時効・・・・・・・・・・・・・・・・・・・・96
職員倫理条例・・・・・・・・・・・・・320, 324
職員倫理規程・・・・・・・・・・・・・320, 324
情報公開・・・・・・・・・・・・・・・・・・・・85
情報公開条例・・・・・・・・・190, 243, 296
情報公開請求・・・・・・・・・168, 243, 309
除名・・・・・・・・・・・・・・・・・・・121, 125

条例・・・・・・・・・・・・・・・・・・・・・・・13, 60, 68
知る権利・・・・・・・・・・・・・・・・・・・・306, 311
紳士協定・・・・・・・・・・・・・・・・・・・・・・・・ 11

【す】

ステーク・ホルダー・・・・・・・・・・・・ 16, 321

【せ】

政教分離の原則・・・・・・・・22, 29, 37, 203
政策自治体・・・・・・・・・・・・・・・・・・・・・・152
政策法務・・・・・・・・・・・・・・・・・・・・ 73, 152
説明責任・・・・・・・・・・168, 189, 195, 291

【そ】

相続・・・・・・・・・・・・・・・・・・・・・・・・・・・282
組織共用文書・・・・・・・・・・・・・・・288, 295
損害賠償責任・・・・・・・・・・・・・・・・・・・145
損害賠償訴訟・・・・・・・・・・・・・・・139, 144

【た】

第三者委員会・・・・・・・・・・・・・・・・・・・354
滞納・・・・・・・・・・・・・・・・・・・・・・・・・・・ 95
団体意思の決定・・・・・・・・・・・・・・・・・236

【ち】

地方公務員法・・・・・・・・・・・・・・・・・・・320
地方自治法・・・・・・・・・・・・・・・・・・・・・150
懲戒処分・・・・・・・・・・・・・・・・・・・・・・・ 49

【と】

同意書・・・・・・・・・・・・・・・・・・・・・・・・・・ 2
土地収用法・・・・・・・・・・・・・・・・230, 233
土地収用処分・・・・・・・・・・・・・・・231, 234
土地売買契約・・・・・・・・・・・・・・・・・・・231

【な】

内部調査委員会・・・・・・・・・・・・・・・・・354

【に】

任意団体・・・・・・・・・・・・・・・・・・・・・・・157
任意買収・・・・・・・・・・・・・・・・・・230, 275

【は】

ハラスメント・・・・・・・・・・・・180, 186, 354

【ひ】

東日本大震災・・・・・・・・・・・・・・・・・・・126

【ふ】

附属機関・・・・・・・・・・・・・・・・・・・・・・・160

不当要求行為・・・・・・・・・・・・・・・193, 339
普通財産・・・・・・・・・・・・・・・・・・・・・・・108
プライバシー・・・・・・・・・・・・・・・・300, 305

【ほ】

法・・・・・・・・・・・・・・・・・・・・・・・・・・・・ 13
法源・・・・・・・・・・・・・・・・・・・・・・・・・・・ 15
報道の自由・・・・・・・・・・・・・・・・・・・・・306
法の一般原則・・・・・・・・・・・・・・・・・・・268
法治主義・・・・・・・・・・・・・・・・・・・・ 5, 169
法定受託事務・・・・・・・・・・・・・・・・ 69, 85
法的責任・・・・・・・・・・・・・・・・・・・・・・・126
法律上の争訟・・・・・・・・・・・・・・・ 13, 118
法律による行政の原理・・・・・・・・・169, 174
法令違反・・・・・・・・・・・・・・・・・・・・・・・238
法令遵守・・・・・・・・・・・・・・・・・・・・・・・ 49

【ま】

マスコミ・・・・・・・・・・・ 16, 291, 306, 348
まちづくり基本条例・・・・・・・・・・・・・・・ 60

【み】

民法・・・・・・・・・・・・・・・・・・・・・・275, 282
民法総則・・・・・・・・・・・・・・・・・・・・・・・268

【も】

申入れ・・・・・・・・・・・・・・・・・・・・・・・・・193

【ゆ】

有形力の行使・・・・・・・・・・・・・・・・・・・143

【よ】

要綱・・・・・・・・・・・・・・・・・・・・・・・ 13, 68
要綱行政・・・・・・・・・・・・・・・・・・・・・・・258
用地買収・・・・・・・・・・・・・8, 84, 230, 275
要望・陳情・・・・・・・・・・・・・・・・・193, 199

【れ】

連帯保証人・・・・・・・・・・・・・・・・・116, 120

◆著者略歴

石川　公一（いしかわ・こういち）

一橋大学大学院法学研究科修士課程修了。
昭和43年大分県採用。大分県総務部総務課参事、地方課長、企画部過疎・地域振興対策局長を経て、平成10年に別府市助役。その後、大分県監査事務局長、教育委員会教育長を経て、平成15年から平成19年まで大分県副知事を務める。その後、立命館アジア太平洋大学特別招聘教授、客員教授、国立大学法人大分大学監事、顧問を経て、現在、同大学理事（法務・コンプライアンス担当）

新　図解　自治体職員のためのトラブル解決事例集

2018年6月1日　第1刷発行
2018年8月14日　第3刷発行

　　　著　者　　石川　公一

　　　発　行　　株式会社 ぎょうせい

〒136-8575　東京都江東区新木場1-18-11
電話　編集　03-6892-6508
　　　営業　03-6892-6666
フリーコール　0120-953-431

〈検印省略〉

URL：https://gyosei.jp

印刷　ぎょうせいデジタル㈱　　　©2018 Printed in Japan
※乱丁・落丁本はお取り替えいたします。
※禁無断転載・複製

ISBN978-4-324-10486-6
(5108419-00-000)
〔略号：新自治体トラブル〕